Beck'sche Reihe
BsR 467

„Günther Anders ist zweifellos einer der wichtigen Denker unseres Jahrhunderts. Kaum einer hat wie er versucht, den selbstzerstörerischen Fortschritt unserer technischen Zivilisation, der den Menschen zu einer ‚antiquierten' Gattung macht, in seinen vielfältigen Erscheinungsformen zu beschreiben, zu analysieren und auf den Begriff zu bringen. Kaum einer hat wie er das vielleicht gravierendste Ereignis dieses Jahrhunderts – den Abwurf der Atombomben auf Hiroshima und Nagasaki – philosophisch und politisch reflektiert. Viele Probleme – von der Mediengesellschaft bis zum Diktat der Gerätewelten – hat er schon früh erkannt und auf ihre soziale, politische und philosophische Bedeutung hin untersucht." (Aus der Einleitung von Konrad Paul Liessmann)

Dieses Buch führt erstmals die ganze Breite der wissenschaftlichen und publizistischen Auseinandersetzung mit Günther Anders vor. Es fragt nach dessen geistigen Wurzeln und seinen Beziehungen zu Husserl, Heidegger und Bloch, analysiert seine Arbeiten zur Literatur, Musik und zu den Medien, arbeitet seine Kampfthesen zur Geschichte der Technik und der Vernichtungsmittel heraus und setzt sich kritisch mit seiner Philosophie von der Antiquiertheit des Menschen auseinander.

*Konrad Paul Liessmann* ist Universitätsdozent am Institut für Philosophie in Wien. Weitere Angaben über den Herausgeber und die Autoren siehe S. 316.

# Günther Anders kontrovers

Herausgegeben von
Konrad Paul Liessmann

VERLAG C.H.BECK MÜNCHEN

Die Deutsche Bibliothek – CIP-Einheitsaufnahme

*Günther Anders kontrovers* / hrsg. von Konrad Paul Liessmann. – Orig.-Ausg. – München : Beck, 1992
(Beck'sche Reihe ; 467)
ISBN 3-406-34059-8
NE: Liessmann, Konrad Paul [Hrsg]; GT

Originalausgabe
ISBN 3 406 34059 8

Umschlagentwuf: Uwe Göbel, München
Umschlagbild: Archiv C. H. Beck

Gesamtherstellung: Georg Appl, Wemding
Printed in Germany

# Inhalt

## *III. Technik, Geschichte und die atomare Drohung*



## *IV. Günther Anders in der Diskussion*

## *Konrad Paul Liessmann*
## Einleitung

Im Erscheinungsjahr dieses Bandes jährt sich zum neunzigsten Mal der Geburtstag von Günther Anders. Und ohne Pathos könnte man davon sprechen, daß sich im Leben und im Werk von Günther Anders tatsächlich die Konturen dieses Jahrhunderts wie durch ein Brennglas gebündelt abzeichnen, er zum philosophischen Kronzeugen einer Epoche wurde, die vom Zerfall des alten Europa im Zuge des Ersten Weltkrieges bis zum Zerfall der dem Zweiten Weltkrieg folgenden Ordnung am Ende dieses Jahrhunderts reicht. Günther Anders hat diese gewalttätige Epoche, in der das Grauen vor den sich akkumulierenden Vernichtungskapazitäten der Menschheit alle Fortschrittseuphorie abdämpfen muß, nicht nur – wie viele – erlebt und erlitten, sondern stets auch reflektiert, zum Ausgangspunkt und Gegenstand seines Denkens gemacht. Seine Philosophie folgte tatsächlich dem Anspruch Hegels: Sie hat ihre Zeit in Gedanken gefaßt.

Kaum einer hat wie Günther Anders versucht, den selbstzerstörerischen Fortschritt unserer technischen Zivilisation, der den Menschen zu einer „antiquierten" Gattung macht, in seinen vielfältigen Erscheinungsformen zu beschreiben, zu analysieren und auf den Begriff zu bringen. Kaum einer hat wie er das vielleicht gravierendste Ereignis dieses Jahrhunderts – den Abwurf der Atombomben auf Hiroshima und Nagasaki – philosophisch und politisch reflektiert. Viele Probleme – von der Mediengesellschaft bis zum Diktat der Gerätewelten – hat er schon früh erkannt und auf ihre soziale, politische und philosophische Bedeutung hin untersucht. Konsequent wie wenige, hat Günther Anders die katastrophalen Tendenzen unserer Gesellschaft zu Ende gedacht – ohne dabei zu resignieren oder dem Zynismus zu verfallen. „Wenn ich verzweifelt bin, was geht's mich an! Machen wir weiter, als wären wir es nicht!" – diese Maxime nennt Anders sein Prinzip angesichts einer in ihrer Existenz bedrohten Menschheit.

Daß Anders daneben noch ein luzider Kunst- und Kulturphilosoph war, daß er in jungen Jahren – lange vor Sartre und Gehlen – eine negative Anthropologie konzipierte, daß er ein herausragender Tagebuchschreiber und Prosaist ist, sich auch als Lyriker versuchte, daneben noch zeichnete und sich zeit seines Lebens mit Musik auseinandersetzte, dokumentiert eine erstaunliche Breite der Begabungen und Interessen. Erstaunlich aber muß es auch genannt werden, daß Anders trotz alledem lange Jahre in der Öffentlichkeit eher unbekannt blieb, seine Philosophie nur sehr zögernd Einlaß in die akademischen Vorlesungen und Seminare findet, ihm jene auch kritische Aufmerksamkeit, die sein Denken längst verdiente, nur langsam zuteil wird. Dies verwundert umso mehr, als Anders' Werk wie weniges in der Philosophie tatsächlich gegenwärtig genannt werden muß.

Im Jahre 1902 wurde Günther Anders in Breslau geboren. Sein Vater war William Stern, der bekannte Psychologe, der als Begründer der differentiellen Psychologie gilt und den Begriff „Intelligenzquotient" geprägt hatte. Der Heranwachsende beschäftigt sich fast ausschließlich mit Musik und Malerei. 1915 übersiedelt die Familie nach Hamburg, zwei Jahre später muß der 15jährige Schüler mit einem paramilitärischen Verband nach Frankreich und wird zu einer entscheidenden Erfahrung gezwungen: Er wird von antisemitischen Kameraden mißhandelt. Nach dem Ersten Weltkrieg studiert Anders bei Cassirer und Panofsky Philosophie und Kunstgeschichte, später in Freiburg Philosophie bei Husserl und Heidegger. Bei Husserl promoviert er dann auch 1923 über „Die Rolle der Situationskategorie im Logischen" – eine akademische Karriere scheint noch denkbar. Anders arbeitet zwar als Kunstberichterstatter für die Vossische Zeitung, publiziert aber 1928 seine erste philosophische Schrift „Über das Haben" und faßt eine Habilitation ins Auge. Der heraufdämmernde Faschismus zerschlägt diese Pläne, der junge Philosoph beginnt beim Börsen-Courier zu schreiben, zunehmend nicht mehr unter „Stern“, sondern unter dem angenommenen Namen „Anders“.

In den Jahren 1930 bis 1932 arbeitet Anders dann an dem antifaschistischen Roman „Die Molussische Katakombe“, der weder in Deutschland noch in Frankreich erscheinen konnte. Bis heute ist dieser Roman, eine Summe scharfsinniger Parabeln über totalitäre Herrschaftsformen, auf Wunsch des Autors unveröffentlicht geblieben. 1933 emigrierte Anders nach Paris, schreibt politische Gedichte, 1936 trennt er sich von seiner ersten Frau, der Philosophin Hannah Arendt, und flieht weiter nach den USA, wo er die verschiedensten odd jobs annehmen muß, Fabrikarbeiten, aber auch Lektorate über Ästhetik. Er unterhält Beziehungen zu Brecht, Marcuse, Thomas Mann und Adorno. Doch auch im Exil bleibt Anders ein Außenseiter.

Die langsam durchsickernden Wahrheiten über die Vernichtungspolitik der Nazis und dann vor allem die Nachricht vom Abwurf der ersten Atombombe über Hiroshima haben dem Leben und Denken von Günther Anders eine entscheidende Wende gegeben. Er kehrte 1950 nach Europa zurück, nicht in eines der beiden Deutschland, sondern nach Wien, schlug aber eine mögliche Karriere als literarischer Essayist, die sich nach dem Erfolg eines Buches über Kafka („Kafka – Pro und Contra“) hätte einstellen können, ebenso aus wie eine von Ernst Bloch für ihn bereitgehaltene Professur in Halle. Die durch die Konstruktion der Atombombe möglich gewordene Ausrottung der Menschheit wurde das Thema, dem er, als freier Publizist, die folgenden Jahrzehnte seines Lebens widmete. 1956 erscheint der erste Band seines philosophischen Hauptwerkes „Die Antiquiertheit des Menschen“, der neben einer luziden Kritik des neuen Mediums Fernsehen auch die erste systematische Abhandlung „Über die Bombe und die Wurzeln unserer Apokalypseblindheit“ enthält.

Anders wird einer der Initiatoren der Internationalen Anti-Atombewegung, 1958 fliegt er nach Tokio, um am dort stattfindenden Anti-Atomkongreß teilzunehmen, leitet dabei ein Seminar über „Moral im Atomzeitalter“, korrespondiert mit dem Hiroshima-Piloten Claude Eatherly, analysiert den Vietnam-

Krieg und wird von Bertrand Russell eingeladen, als Richter am War Crimes Tribunal teilzunehmen. 1980 erscheint der zweite Band der „Antiquiertheit des Menschen“, in Summe vielleicht die authentische Philosophie des technischen Zeitalters. 1983 bekommt Günther Anders den Theodor W. Adorno-Preis der Stadt Frankfurt. Und wenig später lösen seine Thesen über die Legitimität von Gewalt als eine Form von Notwehr gegen die atomare Bedrohung der Menschheit eine heftige Diskussion aus – die durch den Golfkrieg an trauriger Aktualität gewonnen hat.

Trotz – oder wegen – der Brisanz seiner Thesen hat Anders in der Öffentlichkeit nur langsam Anerkennung gefunden. Und zögernd beginnt nun auch eine wissenschaftliche Rezeption der Philosophie von Günther Anders – wobei zu bedenken bleibt, daß Anders nie für Gelehrte geschrieben hat. Seine Philosophie war und ist unmittelbar an den Menschen gerichtet.

Die in diesem Band versammelten Beiträge zu Philosophie und Werk von Günther Anders gehen zum größeren Teil zurück auf das Internationale Günther-Anders-Symposion der Stadt Wien, das durch eine Initiative der Kulturstadträtin von Wien, Ursula Pasterk, ermöglicht worden war. Ziel des Symposions, das im Oktober 1990 unter reger Publikumsbeteiligung stattfand, war es, sich den vielfältigen Facetten des Werkes von Günther Anders zu widmen, nicht um sie zu archivieren, sondern um daran kritisch und produktiv weiterzuarbeiten. Die bislang wenig bekannten frühen Arbeiten von Anders, seine Tagebücher, seine literarischen und ästhetischen Texte sollten dabei ebenso Gelegenheit zur Auseinandersetzung bieten wie seine zentralen philosophischen Überlegungen und politischen Kampfthesen. Die heftigen Auseinandersetzungen, zu denen das Symposion provozierte, das Interesse und die Resonanz, auf die es auch in einer breiteren Öffentlichkeit stieß, legitimieren nicht nur die Drucklegung der Symposionsreferate, sondern dokumentieren auch die ungebrochene Aktualität von Anders' Denken, unterstreichen, daß sein Leben und Werk eine Herausforderung bedeutet, der sich die Referenten bewußt und auf hohem Niveau zu stellen bereit waren.

Die langsam einsetzende wissenschaftliche Auseinandersetzung mit Günther Anders ist im ersten Abschnitt dokumentiert. Im Zentrum dieser Beiträge stehen denn auch die nicht nur philosophiehistorisch interessanten Fragen nach den geistigen Wurzeln von Anders, sein Verhältnis zu Husserl und Heidegger, seine Beziehung zum Judentum und seine „freundschaftliche" Kontroverse mit Ernst Bloch. Erstaunlich ist es ja, daß Anders im Diskurs der Phänomenologen bislang genauso fehlt wie in der Debatte um Heidegger, daß er von kritischen Marxisten genausowenig wahrgenommen wurde wie von einer institutionalisierten Technikphilosophie. Möglich aber, daß diese geistige und politische Exterritorialität auch einer seiner Vorzüge war und ist.

Ein weiteres Kapitel versammelt Beiträge zur Medientheorie von Anders sowie zu seinen vielfältigen Tätigkeiten als Tagebuchschreiber, Kulturphilosoph und Literat. In diesen Darstellungen kommt nicht nur die Breite des Denkens und Schaffens von Günther Anders ins Bewußtsein, es werden auch jene Texte aus frühen Tagen behandelt, die noch nicht veröffentlicht sind: die Musikphilosophie und die „Molussische Katakombe". Diese Aufsätze dokumentieren wohl auch, daß man Anders unterschätzt, reduziert man ihn auf einen Propheten der atomaren Apokalypse – was nichts daran ändert, daß der theoretische und geistige Kampf gegen die nukleare Aufrüstung seit 1945 im Zentrum seines Denkens und Handelns stand.

Der nächste Schwerpunkt ist denn auch diesem philosophischen und politischen Vermächtnis von Anders gewidmet: seiner Auseinandersetzung mit der atomaren Bedrohung als letzter Konsequenz einer apokalyptischen Arbeitswelt und Technik. Aus unterschiedlichen Perspektiven werden dabei vor allem die geschichtsphilosophischen Konsequenzen von Anders' Überlegungen diskutiert. Das Schlimmste wäre, wenn man Anders' Philosophie unangefochten archivierte, zum toten Buchstaben degradierte. Gerade in der intelligenten Kritik, die sie zu provozieren imstande ist, erweist sich auch ihre Lebendigkeit.

Im letzten Abschnitt wird dann die notwendige Auseinandersetzung mit Günther Anders geführt. Denn die Provokationen seines Denkens fordern auch zu einer Kritik heraus, die Anders in der Weise ernst nimmt, die er sich selbst stets gewünscht hat: als einen Vertreter von Kampfthesen, der es zumindest verdient, attackiert zu werden.

Der Herausgeber möchte an dieser Stelle noch einmal allen danken, die das Wiener Anders-Symposion und diesen Band ermöglicht haben: der amtsführenden Stadträtin für Kultur in Wien, Frau Dr. Ursula Pasterk, dem Verlag C. H. Beck und seinen Mitarbeitern, vor allem Herrn Dr. Schiwy, die sich für diese Publikation engagierten und sie großzügig unterstützten, und vor allem den Damen und Herren, die das produktive Wagnis einer Beschäftigung und Auseinandersetzung mit Günther Anders auf sich genommen haben. Daß dieser Band als Gabe zu Günther Anders' 90. Geburtstag gedacht ist, ist für alle, die daran mitgearbeitet haben, eine besondere Freude und Ehre.

Wien, im November 1991 *Konrad Paul Liessmann*

## *Ursula Pasterk*
## Geleitwort

In Wien ein Symposion über Günther Anders zu veranstalten, ist gleichermaßen fern- wie naheliegend. Zwar lebt Günther Anders seit vierzig Jahren in Wien – aber das Verhältnis von Günther Anders zu Wien war und blieb stets so problematisch wie das von Wien zu Günther Anders.

Als Anders, der geborene Breslauer, von Hitler aus Deutschland vertrieben, im Jahre 1950 aus dem amerikanischen Exil nach Europa zurückkehrte, wählte er Wien als Wohnsitz – aus privaten Gründen und weil ihm beide Deutschlands suspekt waren. Unmittelbar nach seiner Ankunft in dieser Stadt notierte er in sein Tagebuch: „Hier, soweit es noch Stationäres gibt, Station gemacht. Da wäre ich also ‚zurückgekehrt'. – Aber als sei ich unfähig, mich sofort von der Vertrautheit des Fremdseins, von den Gewohnheiten des langjährigen Exil-Lebens zu trennen, bin ich in ein Land gekommen, in dem ich niemals zuvor gelebt habe." Günther Anders ist in Wien geblieben – bis heute.

Kaum in Wien angekommen, entwickelte er jenen kritischen Blick, der ihn zu einem unbeugsamen, unbequemen und gerade deshalb wichtigen Denker machte, auch für diese Stadt. Nur wenige Monate nach seiner Ankunft notierte er: „Nein, Provinz ist das hier nicht. Viel trostloser als Provinzialismus. Denn wie abgelegen oder winzig ein Provinznest auch sein mag, niemals besteht Zweifel über sein Gravitationszentrum, immer weiß es, wessen Provinz es ist." Wien aber, so Anders, sei „die Provinz seiner eigenen, glänzenden, weitentfernten Vergangenheit". Aber Anders hielt auch, nach einem Spaziergang durch Hietzing, fest, daß dieses Anachronistische von Wien etwas „Beglückendes" sei, weil es ein menschliches Maß bewahrt habe. Und dann findet sich in seinen Tagebüchern auch eine Bemerkung über Wien, die wenig von ihrer Gültigkeit eingebüßt hat, ja gerade heute wieder an Aktualität gewinnt: „Und doch ist Wien in gewissem Sinne ein Mittelpunkt der Welt. Gewiß, der Flecken hier ist utopisch, ein Niemandsland; aber welch ein Rundblick!"

Wer sich auf Günther Anders einläßt, läuft Gefahr, mit sich selbst konfrontiert zu werden. Wien hat es deshalb vorgezogen, Günther Anders jahrzehntelang zu ignorieren. Gerade der zeitgenössische Philosoph, der Philosophieren im ursprünglichsten Sinn ernst nimmt als Auseinandersetzung mit der Wirklichkeit, wurde von der akademischen Zunft in Österreich kaum beachtet. Während die Freie Universität Berlin Anders eine Professur anbot, reichte es hier nicht einmal zu einem Lehrauftrag. Gewürdigt wurde Anders von Österreich erst in späten Jahren, als seine Bedeutung unübersehbar war – aber auch nicht als Philosoph oder Gesellschaftskritiker, sondern als „Kulturpublizist" – was Anders wenig verstand, denn, so seine Reaktion, er habe nie über Kultur, immer nur über die Barbarei geschrieben. Der unerbittliche philosophische, publizistische und politische Kampf von Günther Anders gegen diese Barbarei, gegen die „Zerstörung des Lebens" im technischen Zeitalter, gegen die mediale Entmündigung der Bürger, gegen die atomare Bedrohung der Menschheit, hat bis heute den Charakter des Anstößigen, des Unbequemen bewahrt. Anders, den man oft als Panikmacher, als Kassandra, als Pessimisten denunzieren wollte, paßt nicht in eine Welt, die vor ihren wirklichen Problemen nur allzu gerne die Augen verschließt. Was Anders vom Philosophen schlechthin sagte, gilt im besonderen Maße für ihn selbst: „Der Philosoph ist grundsätzlich ein unhöflicher Geselle: er widerspricht, er ist hartnäckig, er hat Prinzipien." Und Anders ist auch nicht der Moralist, als den ihn manche gerne sehen wollen, sondern er bezeichnete sich selbst mit einem gar nicht gern gehörten Wort als „moralischen Nihilisten". Die vordergründigen Normen und Werte unserer Gesellschaft unterzieht er immer wieder einer unerbittlichen Kritik, einer Kritik, deren Wahrheit schmerzen kann. So notiert Anders einmal zum Begriff der „Treue": „Was wir gewöhnlich Treue nennen, läuft fast immer auf Bequemlichkeit hinaus." Und über die Weisheit des Alters, seines Alters, schrieb er in den „Philosophischen Stenogrammen", sich selbst nicht schonend: „Die Tatsache, daß das Sterben täglich näher und näher rückt, wirkt gewissermaßen wie eine Moralversicherung, deren Akkumulation wir händereibend beobachten dürfen. Da das Äußerste uns ja sowieso unentrinnbar bevorsteht, kann uns nichts mehr passieren. Welch ein Spaß, welch ein Geschenk, alt zu werden. Tugend wird gratis. Und nicht einmal mutig zu sein, erfordert mehr Mut."

Anders kann man deshalb auch nicht feiern oder ehren wie andere. Seine radikale Hellsichtigkeit sich und anderen gegenüber verbietet das. Sich mit Günther Anders auseinanderzusetzen, heißt immer auch, sich mit den gravierendsten Problemen unserer Zivilisation auseinanderzusetzen: mit den Folgen der Technisierung, mit der Mediengesellschaft, mit den Selbsttäuschungen der Menschen, mit der ökologischen Krise und vor allem: mit Auschwitz und mit Hiroshima, mit der Möglichkeit einer Vernichtung der Menschheit durch Menschen.

Günther Anders zum Thema eines Symposions zu machen, ist deshalb auch heute noch etwas Außergewöhnliches und Riskantes. Er ist und war nie einer der etablierten und gehätschelten Denker, die sich leicht zum Anlaß für Festreden und Vorträge machen lassen. Und eine wissenschaftliche Beschäftigung mit Anders in größerem Stil scheint erst zu beginnen. Wenn die Stadt Wien nun ein Symposion über Günther Anders veranstaltet, dann nicht nur, um diesen gleichermaßen wichtigen wie provokanten Denker zu ehren, sondern auch, um sich den von Anders in aller Schärfe aufgeworfenen Problemen der modernen Welt zu stellen. Das Günther Anders-Symposion der Stadt Wien soll nicht nur einen Initialbeitrag zur Forschung über Günther Anders leisten, sondern auch an jenen kritischen Fragen weiterarbeiten, die Anders so radikal wie nur wenige gestellt hat.

Dieses Symposion soll aber auch daran erinnern, daß Anders gerne Musikphilosoph, Kunsttheoretiker und Dichter geworden wäre und diese Interessen und Begabungen vernachlässigen mußte, weil die Bedrohung allen Lebens ihm keine andere Wahl ließ, als sich zur Wehr zu setzen – auch dann, als der Kampf aussichtslos schien. „Wenn ich verzweifelt bin, was geht's mich an! Machen wir weiter, als wären wir es nicht!" Diese, von Anders immer wieder zitierte Maxime ist zum Motto dieses Symposions gewählt worden, weil sich in ihr ein unbedingtes Bekenntnis zum Menschen ausspricht: Solche Humanität muß heute jedoch ohne sichere Optionen, ohne klare Perspektiven, ohne geschichtsphilosophische Tröstungen, ohne schöne Utopien und ohne trügerische Hoffnungen auskommen.

# I. HERKÜNFTE, BEZIEHUNGEN, DIFFERENZEN

## *Eckhard Wittulski*
## Der tanzende Phänomenologe

Das Jahr 1913: Karl Jaspers besucht Edmund Husserl in Göttingen. Neugierig stellt der Besucher die scheinbar triviale Frage, die jeder andere auch gestellt hätte: was denn die Phänomenologie eigentlich sei. Husserl darauf zu Jaspers: „Sie treiben Phänomenologie in ihren Schriften ausgezeichnet. Sie brauchen nicht zu wissen, was es ist, wenn Sie es richtig tun. Machen Sie nur weiter".[1]

1989: Ein gewisser Eckhard Wittulski besucht Günther Anders in Wien. Der Besucher stellt nach kurzer Zeit die Frage, wie die von Anders eingeforderte und von ihm selber ja so ausgezeichnet angewandte „moralische Phantasie" sich habe ausbilden können: „Ich weiß nicht wie ich dazu kam. Ich habe sie wie meinen Leib." Aber die „Spurensuche" in seinen Texten nach Genese und Gründen sei legitim.

Also Spurensuche:

„Ich, *Günther* Sigmund Stern, geboren den 12. 7. 1902 zu Breslau (Schlesien) als Sohn des Universitätsprofessors W. Stern, besuchte humanistische Gymnasien in Breslau und Hamburg, wo ich 1920 abschloß. Ebendort studierte ich auch die ersten beiden Semester bei den Herrn Professoren Cassirer und Görland und bei meinem Vater; das nächste ganze Jahr studierte ich in Freiburg; darauf ein Semester in München bei den Herren Professoren Wölfflin und Geiger, und ein Semester in Berlin bei den Herren Professoren Köhler, Wertheimer, Spranger und Goldschmidt. Vom Jahre 1923 studierte ich bis jetzt bei

Herrn Professor E. Husserl und Herrn Professor Jantzen, bis vor einem Jahre bei Herrn Professor M. Heidegger (jetzt Marburg). Ihnen bin ich umsomehr zu größtem Dank verpflichtet, weil ein großer Teil vom direkten Übernommenen nicht buchmäßig zuteil werden *konnte;* dies war nicht möglich, weil Vieles, was den Schülern durch Vorlesungen und Seminar Allgemeinbesitz geworden, nicht veröffentlicht vorliegt." So Günther Stern 1924 in seinem, seiner Dissertation beigefügten, „Lebenslauf".[2]

Deutlich wird, daß der Beschäftigung mit dem Verhältnis, den Beziehungen zwischen Stern und Husserl zunächst einmal eine gewisse Willkür und Beliebigkeit anhaftet: Schrieb Stern bei Husserl auch seine Dissertation, so waren es doch gerade einmal gut zwei Lehr-Jahre, die der damals 23jährige bei dem Begründer der Phänomenologie verbrachte. Dann folgten Semester und Seminare bei Heidegger, Scheler, Mannheim, Tillich; Arbeiten in den 20er und 30er Jahren zur Philosophie der Musik, zur philosophischen Anthropologie und über Ideologie; Aufsätze zu Rilke, Brecht und Döblin; Rezensionen, Lyrik, Beiträge für Zeitungen und Zeitschriften, und vieles mehr. Und unter dem Titel „Herkünfte, Beziehungen, Differenzen" müßte noch gefragt werden nach Kant, Nietzsche, Hegel und Marx sowie nach Simmel, Kracauer, Benjamin und nicht zuletzt nach William Stern. Und doch nimmt, dies hoffe ich zu zeigen, die „Freiburger Zeit" eine Sonderstellung ein.

Nach dem Ersten Weltkrieg war es Edmund Husserl und „seine" Phänomenologie, die die größte Anziehungskraft auf die junge, geistig interessierte Generation ausübte. Der Zusammenbruch der alten Ordnungen und Werte machte es unmöglich, an bisher fraglos gültige Traditionen anzuknüpfen. Max Horkheimer 1926 in seiner Vorlesung „Einführung in die Philosophie der Gegenwart": „Man ist unsicher geworden, man weiß gesellschaftlich nicht mehr aus und ein, man bedarf eines Haltes und sucht ihn in fieberhafter Hast überall dort, wo man meint, daß eine Aussicht sein könnte, ihn zu finden. Dort stellte die Philosophie einer morschen traditionellen Ideologie neue, vielleicht in gewissem Sinne naive, jedenfalls aber robuste und großartige Systeme gegenüber. Heute fehlt es gerade an einer durch die Tradition geheiligten, allgemein anerkannten Weltanschauung, die das Bestehende schützen helfen könnte, und die eminenten Gefahren, denen eben dieses Bestehende ausgesetzt ist, motivieren das fortwährende Suchen nach weltanschaulich festem Land."[3] Und: „[...] die gesamte Phänomenologie mit ihrer Prätention, absolute Wesenheiten und Wesensgesetze in ewig gültiger Form zu erschauen und auszusprechen, alle diese Strömungen sind im Grunde motiviert durch das Bedürfnis, mitten in der allgemeinen Destruktion alles Geglaubten und bisher Verehrten irgendetwas absolut Gültiges zu retten oder aufzurichten."[4]

Husserls Parole „Zu den Sachen selbst!" erschien als der Ausweg. Edmund Husserl wollte, insbesondere direkt in den Jahren nach dem Ersten Weltkrieg eine ethische Lebensform für den einzelnen wie für die Gemeinschaft philosophisch bestimmen. So schrieb er am 3.7. 1920 an den amerikanischen Philosophen Hocking: „Nie habe ich in den 30 Jahren eine solche Hörerschaft gehabt, von solchem Hunger nach Idealen getrieben, so ernst strebend, so sehr nach philosophischer, nach religiös-ethischer Anregung dürstend, von solcher Begeisterung für eine wahrhafte strenge, wissenschaftlich gründliche Philosophie erfüllt und von solchem Haß gegen alle Phrase, gegen alles und jedes Scheinwesen."[5] [...] „Was der Krieg enthüllt hat, ist das unsägliche, nicht nur moralische und religiöse, sondern auch philosophische Elend der Menschheit."[6] Auch dazu ist eine „strenge Wissenschaft" von Nöten: Zur Entwicklung von einsehbaren und einsichtig zu rechtfertigenden Vernunftnormen, an denen sich das einzelpersonale und das gemeinschaftliche Leben orientieren könne. „Philosophie", so Husserl 1919 an von Keyserling, „ist gewiß dazu berufen, den Menschen und der sozial verbundenen Menschheit Ziele vorzuzeichnen, nach denen sie ihr Leben von Grund aus umgestaltet und endlich erkennt, daß nur ein auf Verwirklichung gerichtetes, d. i. ein radikal wahrhaftig seinen eigensten Sinn selbst ausgestaltetes Leben selig machen könne. [...] (Es bedürfe daher in der) Weltepoche der Wissenschaft (einer Philosophie als) strenger Wissenschaft."[7]

Das Programm dafür war, wie bekannt, allerdings schon 1911 entworfen worden, in dem Aufsatz „Philosophie als strenge Wissenschaft",[8] wo es heißt, Philosophie als strenge Wissenschaft soll „den höchsten theoretischen Bedürfnissen Genüge leiste(n) und in ethisch-religiöser Hinsicht ein von reinen Vernunftnormen geregeltes Leben ermögliche(n)".[9] Und: „Sie (die Philosophie, EW) verfügt nicht bloß über ein unvollständiges und nur im einzelnen unvollkommenes Lehrsystem, sondern schlechthin über keines. Alles und jedes ist hier strittig, jede Stellungnahme ist Sache der individuellen Überzeugung, der Schulauffassung des *Standpunktes*."[10] Alle bisherige Philosophie bezeichnete Husserl als unwissenschaftlich.[11] Diesen Zustand wollte Husserl ein für allemal beenden: Nach dem Ende der großen metaphysischen Systeme galt es für die Philosophie Anfang des 20. Jahrhunderts ein neues Selbstverständnis zu finden. Es ging um die Frage ihrer Eigenständigkeit gegenüber den Einzelwissenschaften, die immense Fortschritte zu verzeichnen hatten, und um Zweck und Ziel angesichts der historischen Erfahrungen. Philosophie, sollte sie noch einen reellen Platz haben, mußte selber Wissenschaft, zur metaphysikfreien wissenschaftlichen Philosophie werden. So jedenfalls die Überzeugung von Husserl 1910/11: Philosophie als strenge Wissenschaft, Wissenschaft letzterreichbarer Gründe allen Wissens und Erkennens; Tiefsinn nicht als Anzeichen des Chaos sondern zu rationalen Gestaltungen umprägend.[12]

Es galt also eine konkrete, nachvollziehbare gemeinsame Basis zu schaffen, mit allgemein zustimmungsfähigem Bezugsrahmen. Husserl vertrat die Auffassung, daß seinem Vorhaben nur mit einer Methode nachzukommen sei, die lediglich auf sorgfältige Beschreibung und Analyse des „Gegebenen", der Phänomen sich stützte, und die Darlegung und Erörterung seiner jeweiligen Gegebenheitsweisen sowie auf Durchsichtigkeit und Kontrollierbarkeit der benutzten analytischen Mittel und Wege. Die Phänomenologie sollte ein Gebiet neutraler Forschungen werden und dem Prinzip der Vorurteilslosigkeit genügen:

also völlige Theorie- und Metaphysikabstinenz, Ahistorizität, statt dessen im wahrsten Sinne des Wortes Neubegründung der reinen Logik und Erkenntnistheorie, mit der Besinnung und Verständigung über das Wesen von Denken und Erkennen.

Nach Otto Pöggeler war Husserls befreiende Tat, „daß er die Philosophie, indem er sie als Phänomenologie und phänomenologische Forschung faßte, der Forderung ‚Zu den Sachen selbst' unterstellte. [...] Die Phänomenologie, die die Sachen selbst unverdeckt in den Blick bringen will, sucht herauszuarbeiten, was in allen Variationen der Phänomene invariant bleibt, das Eidos oder Sein. So ist die Phänomenologie nicht nur *deskreptive* Phänomenologie – unvoreingenommene Beschreibung –, sondern auch eidetische oder ontologische Phänomenologie, ein Herausarbeiten dessen, was im Seienden das Eidos oder Sein ist. Ein Phänomen in seinem Eidos, ein Seiendes in seinem Sein zeigt sich aber nicht, wenn nicht ein Bewußtsein durch seine unterschiedliche Leistungen Seiendes *als* ein bestimmtes Seiendes nimmt, es in seinem Sein oder Eidos konstituiert. Die Phänomenologie die fragt, wie Seiendes in seinem Sein durch Leistungen des Bewußtseins konstituiert ist, ist konstitutive oder *transzendentale Phänomenologie.* [...] Für Husserl ist das transzendentale ‚Ich' Bewußtsein, ein reines Sehen; das Sein des Seienden ist folglich Eidos, das Allgemeine jenes sich ständig durchhaltenden Anblicks, der als das Invariante verschiedenen Variationen in gleicher Weise zukommt. Husserls Größe liegt darin, daß er die Philosophierenden in immer neuer Eindringlichkeit dazu aufforderte, ihre Augen zu gebrauchen, sich den Blick auf die Phänomene durch nichts verstellen zu lassen."[13] Wer dann den Schritt von der natürlichen hin zur phänomenologischen Einstellung gemacht hat, betrachtet die Dinge nicht mehr geradehin. Er fragt, wie diese Welt sich konstituiert, und setzt dabei die quasi natürliche Einstellung außer Kraft, wird zum nichtteilnehmenden Beobachter. Diese Haltung muß nun eingeübt werden, daraus bestand ein großer Teil der Freiburger Seminare.

In der konkreten Analyse ging Husserl in seinen, nach Anders Worten, „nicht endenden phänomenologischen Seminaren“[14] gewöhnlich so vor, daß er durch meistens vom gewöhnlichen Sprachgebrauch geleistete erste Beobachtungen (z. B. des Redepults, des Schreibgeräts etc.) an verschiedenen verwandten Bewußtseinsarten einen „Vergleichshorizont“ schuf, über den „[...] wir von vornherein verfügen müssen, um schrittweise jede dieser Anschauungsarten (Wahrnehmung, Phantasie, Bildbewußtsein, Erinnerung) [...] einer Wesenserkenntnis unterziehen zu können“, so Husserl 1911/12,[15] um letztlich festzustellen, was das Wahrgenommene als solches sei, welche Wesensmomente es in sich selbst berge.

Edmund Husserl wurde zum philosophischen Mittelpunkt der deutschen Philosophie. „Er hat uns alle durch die Meisterschaft der phänomenologischen Analyse, die nüchterne Klarheit des Vortrags und die humane Strenge der wissenschaftlichen Schulung geistig erzogen und uns, über die vorübergehenden Realitäten hinaus, auf das zeitlose „Wesen“ der Phänomene verwiesen, das er nach dem Muster der mathematischen und logischen Wesenheiten verstand. Er zwang uns, in den Seminarübungen alle großen Worte zu meiden, jeden Begriff an der Anschauung der Phänomene zu prüfen und ihm in der Antwort auf seine Fragen statt großen Papiergeldes „Kleingeld“ zu geben.“ So Karl Löwith 1940.[16] Er fährt fort: „Unvergeßlich ist mir, wie dieser große Erforscher des Kleinsten in den Tagen, als man Freiburgs Besetzung durch französische Truppen befürchtete (1919, EW) und die Hörsäle leer wurden, er mit einer erhöhten Ruhe und Sicherheit in seinen Darlegungen fortfuhr, als könne der reine Ernst des wissenschaftlichen Forschens durch nichts in der Welt gestört werden.“[17]

Nach Freiburg kam im Jahre 1921 ein Günther Stern, der wie viele andere auch, die Schrecken des Ersten Weltkrieges am eigenen Leibe erfahren hatte, wenn auch am Rande als Mitglied einer paramilitärischen Jugendgruppe, und der 1917 in Frankreich mit 15 Jahre zum Moralisten wird, wie er rückblickend 1979 feststellt.[18] Und auch ihn zog es zu Husserl, wie er 1946 in „Nihilismus und Existenz“ schrieb: „Die verzweifelte Jugend suchte verbürgende Doktrinen, selbst wenn sie so nüchtern waren wie die Phänomenologie Husserls.“[19] Neben den Seminaren wurde die phänomenologische Analyse, besonders in den Monaten vor Sterns Dissertation, auf langen Spaziergängen eingeübt. In dieser Dissertation aus dem Jahre 1924 – Titel „Die Rolle der Situationskategorie bei den Logischen Sätzen“[20] (logische Sätze deshalb, da sie keiner speziellen Einzelwissenschaft zugehörig sein sollen) – untersucht Stern, ob und wie die phänomenologische Methode auf Urteile und Fragen, auf Sätze im gewöhnlichen Leben anwendbar ist und wie weit dabei die Abhängigkeit von der Situation, in der solche Sätze gebildet werden, eine Rolle spielt.

Was Husserl dort las, dürfte ihn nicht sehr erfreut haben: Unternahm Stern doch nichts weniger, als an dem gewählten Thema die Phänomenologie an einem ihrer tragenden Grundpfeiler zu erschüttern. Denn nach Husserl war, so Stern, jeder subjektive Ausdruck durch einen objektiven, der Entstehungssituation enthobenen, ersetzbar. Dem widersprach Stern mit dem Nachweis, daß ein „Ich“-Satz, der das jeweilige „Da-Sein“ betrifft, also nicht nur empirisch-faktische Data enthielt, nicht durch einen „Er“-Satz ersetzt werden kann, ohne daß dabei das spezifische des „Ich“-Satzes aufgegeben werden müßte. „Der Seinssinn der Rede ist bedingt durch die personale Situation. Das Reden, da es nicht pures personal Indifferentes sein kann, konstituiert selbst eine neue Situation für die Person (Man denke an Beichte, Rechtfertigung, an das Sich-etwas-vom-Herzen-Schreiben, usw.). Wird das im Ich-Satze Ausgesprochene nur auf seinen *noematischen* Gehalt hin untersucht (also den Satz im Wie-seiner-Gegebenheit, EW), so hat man eben nicht die originäre Erfahrung des Noema mit in Betracht gezogen. Sieht man […] auf den Seinssinn der Aussage, so ist das Ausgesagte unmöglich für sich und isoliert zu nehmen; und *dann* ist aus der Aussage *selbst* noch nicht der volle Gehalt zu schöpfen.“[21] „In wirklichen Ich-Aussagen ist der originäre Akt des Ichvermeinens kein eigentlich theoretischer.“[22]

Stern wies damit ein Manko der phänomenologischen Methode auf: Das fundamentale Verdienst der phänomenologischen Bedeutungslehre war die Ausschaltung des „cogitare“, im Sinne der psychisch-subjektiven Genese des Denkaktes, aus der

Analyse der Bedeutung. Danach aber müßten, so Stern, die Kategorien der Zeit und der Realität wieder eingebracht werden, denn bestimmte Sätze sind ohne diese Situationskategorien nicht verständlich, eigentlich gar nicht konstruierbar. Jede Erkenntnis – und mag sie noch so abstrakt sein – gehört zu einer konkreten Situation, möge diese wegen ihrer Selbstverständlichkeit auch nicht gegenwärtig, bewußt sein. Die Entdeckung dieser Besonderheit, d.h., die Einsicht in die Bedingtheit, führt nun nicht zur Vernichtung der frühen Erkenntnis, wohl aber zu einer Relativierung. „Streng gewonnene Erkenntnisse", so Max Horkheimer 1928, „kommen auf diese Weise nicht um ihre Wahrheit, sondern um ihre prätendierte Absolutheit. Bei Husserl wird aber die konkrete Situation als grundsätzlich belanglos für die Erkenntnis angesehen, die in ihr vollzogen wird. Seine Lehre, unmittelbare Einsichtigkeit, *Evidenz,* begründe die absolute Gültigkeit, die Apriorität, ist geradezu ein Mittel, eine bestimmte historische Erkenntnislage zu verabsolutieren; denn die Evidenz bedarf bei ihm (Husserl, EW) niemals eines zeitlichen Index. Er reißt Sinn und Inhalt eines Wissensaktes von allen Voraussetzungen los, denkt sich ihn unabhängig von aller Realität (nicht etwa – wozu er berechtigt wäre – unabhängig von subjektiver Willkür)."[23] So weit ging Sterns Einwand hier freilich nicht.

In ihren gutachterlichen Stellungnahmen gingen weder Husserl noch der zweite Gutachter Jonas Cohn auf Sterns Thesen ein: Gelobt wird hier, daß Stern sich dem Problem der Beziehungen von Sinngebilden und Situation überhaupt angenommen hat; konstatiert wird eine starke eigene Begabung, ein Sinn für prinzipiell Bedeutsames. Aber auch: Der Verfasser sei jugendlich vorschnell, Cohn macht unannehmbare logische Fehler aus. Die Dissertation wird aber, wenn auch mit noch beizubringenden Änderungen, zur Annahme empfohlen, und Stern überstand, (nach eigener Aussage dank der Frau Geheimrat Husserl „schweißgebadet"[24]) auch die mündliche Prüfung. So negativ kann der Eindruck, so tief können die Differenzen aber nicht gewesen sein, denn Husserl bot Stern kurz darauf die Stelle eines Sekretärs an, was Stern ablehnte (ihn zog es zu Martin Heidegger), man korrespondierte in den folgenden Jahren miteinander, und Stern besuchte Husserl 1926.

Daß Stern seine Thesen nicht nur als rein akademische verstand, er aus ihnen auch Konsequenzen ziehen wollte, wird aus einem längeren Artikel mit dem Titel „Aktualität" deutlich, der im Oktober 1924 in der kurzlebigen Berliner Kulturzeitschrift „Das Dreieck" erschien. „*Heute* ist heute für den Philosophen ein *nur-Heute;* d.h. der zufällige Zeitpunkt, in dem ein Überzeitliches – etwa ein Werk – entsteht; nicht aber *aus dem* es seinen eigentlichen Ursprung nimmt. [...] Erkennt der Philosoph das Heute nicht als notwendige Quelle seines Philosophierens an, so erst recht nicht als Inhalt. Als solchen jedenfalls auch nur in nicht ursprünglichen Hinsichten",[25] nämlich u.a. als bloßes Material. Aber „das Heute ist die apriorische Bedingung seiner eigenen Erkenntnis. Das Praktische [...], das Faktische, das Darinstehen im Faktischen, ist – und dies ist rein theoretisch gemeint – Bedingung des Theoretischen. Nicht das interesselose Wohlgefallen, sondern das *Inter-esse,* das Darin-Sein, gibt Objektivität."[26] Stern plädiert an dieser Stelle für eine „Philosophie der Aktualität". Diese solle „weder vom blinden Vorn her normieren, noch von hinten die Wagenspuren der Zeit beriechen, sondern dem Kutscher gleichen. Der *sitzt hinter* den Pferden, aber er *steht ihnen vor.* Im Wagen sitzen, dennoch die Pferde sehen, und nicht nur sehen, sondern von ihnen gezogen werden, und nicht nur gezogen werden; bei jeder Biegung auch in Gefahr sein, da man die Gefahr mitverantworte. Das soll versucht sein. Denn wir wollen gleichzeitig theoretische, das heißt stehend, und in actu, d.h. im Schwunge, gleichzeitig philosophisch und aktuell sein."[27] – Ein Phänomenologe auf dem Kutschbock! Für Husserl undenkbar. War doch für ihn das Kennzeichen radikaler Philosophie die einzigartige Einsamkeit des Philosophen[28] und: Ein Phänomenologe ist immer im Dienst: „Ein Phänomenologe tanzt nicht und zuallerletzt kostümiert",[29] empörte sich Husserl, als er erfuhr, daß Stern eine Faschingsnacht durchtanzt hatte. Was hätte er wohl erst zu Sterns Fähigkeiten auf dem Gebiet des Kopfstandes gesagt?

Zurück zum letzten Zitat aus dem „Dreieck"-Aufsatz: Hier

sind mit „wir" die Herausgeber und Autoren des „Dreieck" gemeint, einer Monatszeitschrift für Wissenschaft, Kunst und Kritik, die für Stern den Beginn seiner Tätigkeiten als Journalist und Rezensent bedeutete und wo 1925, innerhalb eines Sonderheftes, Gedichte von ihm veröffentlicht wurden. Das „mit-verantworten" sollte jedoch noch etwas auf sich warten lassen. Hier und in den nun folgenden Arbeiten macht er erst einmal Front gegen die Lebens- und die wissenschaftliche Philosophie, veröffentlicht Musikkritiken, Rezensionen und, wie gesagt, Gedichte, fragt nach der Möglichkeit der Entstehung von Kunstwerken, greift die Verabsolutierung der Methode der bloß immanenten Kritik als wahrheitsfeindlich an.

In dem 1926 im Philosophischen Anzeiger erschienenen Aufsatz „Über Gegenstandstypen – Phänomenologische Bemerkungen anläßlich des Buches von Arnold Metzger: Der Gegenstand der Erkenntnis"[30] spricht Stern die nahezu ausschließliche Bevorzugung des Optischen gegenüber z.B. den akustischen und haptischen Sinnen durch die Phänomenologie an. Es ist „im Optischen möglich", so Stern 1927 in seinem Artikel „Zur Phänomenologie des Zuhörens",[31] „sich einem Felde so zuzuwenden, daß [...] andere Felder ausfallen; [...] so wird beispielsweise das jeweilige *hinten* (also auch die Abschattungen) niemals gesehen."[32] Die Akustik hingegen besetze immer mehrere Felder, sei schwerer differenzierbar, lokalisierbar und isolierbar. Gleichzeitig hebt jedoch Stern hervor, daß „der phänomenologische Grundsatz, daß nur von dem jeweils der Sache selbst angemessenen Zugang her die Sache selbst sich gibt und über sie etwas ausgemacht werden kann",[33] durch Husserls programmatische Formulierung tiefgreifende Folgen für die Musikwissenschaft und wohl auch für die Hörgewohnheiten habe und haben würde.

1928 – Stern hatte mittlerweile noch bei Heidegger studiert, war Assistent bei Scheler und hält sich in dieser Zeit öfter in Paris auf, zeichnet und arbeitet u.a. als Kulturkorrespondent für die Vossische Zeitung – erscheint Günther Sterns erstes Buch: „Über das Haben – Sieben Kapitel zur Ontologie der Erkenntnis".[34] Die meisten Kapitel entstammen, wie Stern in seiner

Vorbemerkung selbst schreibt, aus der kunst- und musikphilosophischen Beschäftigung. Die Untersuchungen folgen keinem systematischen Plan, sondern entstammen Teilproblemen seiner geplanten musikontologischen Arbeit, die bis heute unveröffentlicht ist.[35]

In „Über das Haben" geht es in sieben Abschnitten um das spezifische Sein der Erkenntnis am Beispiel der Echtheit und der Sichtbarkeit, er behandelt das Naturtreffen, das Haben, Protention und Potentialität, Raum-Indices und das letzte Kapitel bildet die neuformulierte, aber in ihren wesentlichen Aussagen unveränderte Dissertation, in der wie ausgeführt das Verhältnis von Satz und Situation untersucht wird. Es sind eigentliche philosophische Detailprobleme, die Stern untersucht, von denen aus er aber zu einer Ontologie der Erkenntnis beitragen will. Im zentralen Kapitel seiner Arbeit, dessen Überschrift seinen Untersuchungen insgesamt den Titel gibt, rekurriert Stern noch einmal, und es sollte in dieser Deutlichkeit das letzte Mal sein, auf zentrale Husserlsche Begriffe: Husserl sieht in Intention und Erfüllung stets und prinzipiell vorerst Verschiedenes – zunächst ist die Intention gegeben (Vorstellung von z. B. Blau), erst danach gibt sie sich als Anschauung (z. B. blaues Meer). Stern erklärt, daß solch eine Trennung am Beispiel „Ich habe einen Leib" unmöglich sei. „Intention und Erfüllung dekken sich von Beginn an. Im Meinen des eigenen Leibes oder der eigenen Leibstelle hat man – ohne einen noch dazukommenden Akt – Leib und Leibstelle als *da;*"[36] und schärfer, allerdings nur in einer Fußnote: „nur aus der motorischen Garantie eigenen Leibes heraus kann – theoretisch – Leib oder Leibstelle gemeint werden. *Erfüllung* geht hier der *Intention* voraus."[37]

Diese Gedanken waren aber für Husserl zu nah am „Material", wie Anders 1985 in der „Antiquiertheit des Hasses" auch an einem anderen Beispiel demonstriert: „Nicht im ‚Gegenstand der Erkenntnis' haben wir den ‚Urgegenstand' zu sehen. *Der ‚erste Gegenstand' ist vielmehr das auf Grund des Bedürfnisses verfolgte Beutetier.* (Was nicht verfolgt zu werden braucht, wie die unentbehrliche Atemluft, wird nicht zum ‚Gegenstand'.) Daß alles, was als ‚Beute' gemeint wird, in einem konkreten Sinne ‚intentionaler Gegenstand' ist als alle Husserlschen ‚Gegenstände des Wahrnehmens, des Denkens, namentlich des *Vorstellens*', da die Intendierenden – die verfolgenden Lebewesen – den intendierten Opfern *nachstellen*, um sich wirklich dieser zu bemächtigen und sie einzuverleiben, das wird man wohl überall außer in Uni-Hörsälen zugeben. Husserl redete, zurückbebend vor jedem materialismusnahe wirkenden Gedanken, davon, daß sich *‚die intentionale Vorstellung in der Wahrnehmung erfülle'*. Nun, so akademisch spielt sich das Leben nicht ab. Wahr ist vielmehr, daß sich der ‚Intendierende', nämlich *der hungrig Jagende* am Ende der Jagd mit der erjagten Beute *den Bauch vollfüllt*. Das ist der Grundfall von ‚Intention und Erfüllung'."[38]

Auf einen anderen zentralen Bereich von „Über das Haben" weisen sowohl Jürgen Langenbach als auch Werner Reimann in ihren Arbeiten hin:[39] Stern gelange mit seinen Untersuchungen zu der These von der „Unfestgelegtheit des Menschen in seiner Vieldeutigkeit" – im Gegensatz etwa zu den Dingen –, wobei von Stern auch hier immer wieder auf die Notwendigkeit der Berücksichtigung der Situationsgebundenheit und Subjektivität in den und für die philosophischen Analysen und Beobachtungen hingewiesen wird. Hier kündigen sich Gedanken an, die dann 1929 in dem Vortrag „Die Weltfremdheit des Menschen" ihre Ausformung und inhaltliche Weiterführung finden. „Über das Haben" fand neben freundlichen Kritiken[40] kaum Beachtung, fand aber, wie Günther Anders 1982 formuliert, „blamablerweise"[41] Eingang in Gabriel Marcels „Sein und Haben".[42]

Ab 1928/29 arbeitet Stern verstärkt und systematisch an einer philosophischen Anthropologie und an dem schon kurz erwähnten Vortrag: Er wollte sich habilitieren, dieser Vortrag sollte als Empfehlung dienen. Er hielt ihn 1929 vor den Kant-Gesellschaften in Hamburg und Frankfurt. Zuhörer und Diskutanten waren u. a. Adorno, Horkheimer, Mannheim, Tillich, Sternberger und seine damalige Ehefrau Hannah Arendt. Das Echo war außerordentlich positiv, man riet zur Habilitation, schlug auch gleich als Thema eine Arbeit über die Philosophie der Musik vor. Aber Adorno, dem nicht nur der Vortrag sondern auch der von Stern kurze Zeit später vorgelegte Entwurf nicht gefiel, entmutigte Stern (was Adorno Hausverbot durch Hannah Arendt einbrachte); ein anderes Thema, eine Arbeit zu Schelling, wurde 1931 von Tillich angeraten. Aber dazu sollte es nicht mehr kommen.[43]

Ich möchte deshalb nun kurz und völlig unangemessen auf diesen Vortrag von 1929 „Die Weltfremdheit des Menschen" eingehen. Leider gibt es bis heute keine Veröffentlichung des Originalmanuskriptes, lediglich eine zweiteilige französische Übersetzung und Veröffentlichung aus den Jahren 1934 und 1936,[44] und dies bei einem Text, der u. a. in vielem Arnold Gehlens spätere Theorie vorwegnimmt, der nicht unwichtig für die Formulierung der Philosophie von Sartre gewesen ist und auf den auch Günther Anders später immer wieder Bezug nimmt. Ich möchte deshalb kurz auf diesen Vortrag zu sprechen kommen, weil E. Husserl gut zwei Jahre später, nämlich am 1. 6. 1931, an gleicher Stelle, ebenfalls vor der Frankfurter Kant-Gesellschaft, auf Vermittlung von Horkheimer einen Vortrag hielt mit dem Titel: „Phänomenologie und Anthropologie". Es soll lediglich deutlich werden, wie weit Stern sich schon 1929 von der Phänomenologie, dem Projekt der Begründung einer „Philosophie als strenger Wissenschaft" entfernt hat.

Husserl ging es in seinem Vortrag in erster Linie darum, seine transzendale Phänomenologie gegen andere Richtungen des phänomenologischen Denkens zu verteidigen. Er erläutert seine Methode der transzendentalen Reduktion, betont ihre Unersetzlichkeit als Ausgangspunkt einer methodologisch fundierten phänomenologischen Philosophie und grenzt diese gegenüber Dilthey und Scheler ab. Worum es Husserl im Besonderen ging, ist die Formulierung seiner deutlichen Ablehnung einer „naiven" Haltung zur Welt: „Entsagt haben wir uns nur der Naivität, in welcher wir uns von der allgemeinen Erfahrung die Welt vorgeben ließen als seiende und jeweils soseiende. Die Naivität wird aufgehoben, wenn wir, und das war das treibende Motiv, die Geltungsleistung der Erfahrung als autonome Subjekte verantwortlich auslegen und die rationale Einsicht suchen, in der wir sie eben verantworten und ihre Tragweite bestimmen können. Anstatt naiv die Welt zu haben und naive Weltfragen, Wahrheitsfragen des gewöhnlichen Sinnes zu stellen, stellen wir jetzt neue Weltfragen, Fragen an die Welt rein als Welt der Erfahrung und des sonstigen Weltbewußtseins – also an die Welt, die rein in uns und zunächst rein von mir her und in mir Sinn und Geltung gewonnen hat."[45] Dies bedeutet gleichzeitig eine Absage an die Anthropologie als philosophische. „Jedwede Lehre vom Menschen, ob nun empirisch oder apriorisch, setzt seiende Welt bzw. möglicherweise seiende voraus. Philosophie vom menschlichen Dasein her fällt also in jene Naivität zurück, die zu überwinden, wie wir meinen, der ganze Sinn der Neuzeit ist. Nachdem diese Naivität enthüllt ist (nämlich geschichtlich erstmals durch Husserl, EW), nachdem das echte transzendentale Problem in seiner apodiktischen Notwendigkeit gewonnen ist, gibt es zu ihr keine Rückkehr. Ich kann nicht anders, denn die Entscheidung als eine endgültige anzusehen und auch alle phänomenologisch sich nennenden Philosophien als Verirrungen zu erklären, die die eigentlich philosophische Dimension überhaupt nie erreichen können."[46] Mit philosophischer Dimension meint Husserl natürlich seine Phänomenologie.

Sterns Ausgangspunkt in „Die Weltfremdheit des Menschen" ist die Stellung des Menschen in der Welt, in die er nicht natürlich-instinkthaft eingebunden, sondern von der er abgetrennt ist, der er gegenübersteht. Die Um-Welt muß der Mensch erfahren, Erfahrung machen, eine sich ihm gemäße Welt erschaffen, verändern, erhalten; verwandelt er aber die Welt, so auch wieder sich selbst und so fort. „Künstlichkeit ist die Natur des Menschen und sein Wesen ist Instabilität". Und es ist „Die Tat, durch die der Mensch sich letztlich fortwährend definiert, durch die er bei jeder Gelegenheit determiniert, was er ist. [...] *Die Frage, was der Mensch eigentlich ist, ist folglich zu Unrecht gestellt*",[47] denn diese sich endgültig gebenden Definitionen bleiben im Bereich des sich als „ewig" gerierenden Nur-Theoretischen. Wenn überhaupt, so Anders 1982 den Gedankengang noch einmal kurz aufnehmend, dann ist „Nötighaben [...] die Urform der *Intentionalität*".[48] Denn jedes Lebewesen ist angewiesen auf etwas. Und dies bedeute intentional leben. Dies quasi als Defekt, denn wir sind, um überleben zu können, weltbedürftig im Sinne von: wir *müssen* auf etwas aus sein. *Dies,* so Anders, ist der von Husserl noch nicht einmal erfragte „Sinn" unserer Intentionalität.[49]

Was Stern und Husserl in ihren Vorträgen hier formal eint, ist die Absage an eine philosophische Anthropologie, die meint, das Wesen des Menschen definieren und daraus Direktiven herleiten zu können. Aber während Husserl den Fehler in der Herangehensweise, der Haltung zu dem Problem sieht, ist für Stern die Unmöglichkeit dieser Betrachtungsweise im „Menschen" selber zu suchen. Mit Reimann: „Der sich unaufhörlich in seiner Praxis selbst definierende Mensch verflüchtigt sich als Gegenstand der Philosophischen Anthropologie."[50]

Mit der Betonung der menschlichen Praxis, die bei einer philosophischen Betrachtungsweise nie außer acht gelassen werden darf, knüpft Stern, wenn auch vermittelt, an die Kategorie der Situation wieder an. Aber Günther *Stern* hat sich hier doch schon deutlich von der Phänomenologie in Methode und Sprache getrennt – eine Entwicklung, die sich in den folgenden Jahren weiter fortsetzt, so weit, daß Günther *Anders* sich nicht mehr genötigt sieht, gegen die Phänomenologie und Husserl zu argumentieren, anders als er dies ja mehrmals, und ja auch gerade wieder, nachlesbar in den Manuskripten zu Band III der „Antiquiertheit des Menschen",[51] gegenüber Heidegger tut. Für Anders gilt die Phänomenologie als überwunden in der Form, das sie kein taugliches Mittel der Analyse und Interpretation der „Endzeit" und ihrer Sprache darstellt.

Was also bleibt aus den „Freiburger Jahren"? Denn nur um diese, daran sei noch einmal erinnert, geht es hier. Wobei auch an dieser Stelle die Frage unerörtert bleiben muß, mit welchen Interessen und Anlagen Günther Stern nach Freiburg kam, dort möglicherweise lediglich eine Verstärkung erfuhr. Aufschluß darüber könnten die Tagebücher geben, die Clara Stern, seine Mutter, bis 1918 über ihren Sohn geführt hat. Also, es blieb:

1. Anders' grundsätzliches Mißtrauen gegen überkommene, überlieferte Termini, seine Absage an die „Esoterik der philosophischen Sprache“ (so ein Aufsatztitel aus dem Jahre 1943),[52] eine Haltung, die in seiner, in den „Ketzereien“ dokumentierten und formulierten, Vokabelaskese kulminierte.[53]
2. Seine Detailfixiertheit. „Hört endlich auf, die philosophischen Bücher zu lesen, und betrachtet statt dessen die Sachen selbst.“[54] Dieser Aufforderung ist Anders, wenn auch wohl „anders“ als von Husserl beabsichtigt, nachgekommen. In Freiburg hat er gelernt, die Dinge scharf, vorurteilslos und nüchtern zu sehen, von ihnen auszugehen. Und vielleicht liegt hier ein Grund, liegen hier Ansätze für das Gelingen einer „moralischen Phantasie“?
3. Die Vorurteilslosigkeit der Betrachtung und des Denkens.
4. Das Ausgehen von den Erfahrungen der eigenen Lebenswelt.

Dies alles allein erklärt aber noch gar nichts, gibt allenfalls einige Hinweise; größer, wichtiger und folgenreicher als die Übereinstimmungen sind allemal die Differenzen: das Verlassen der Sphäre reinen Bewußtseins, das Aufspüren der Geschichte in den Gegenständen, die Erklärung der Phantasie als Korrektur der Wahrnehmung zu einer Methode der Empirie, allgemein das „Philosophieren bei offener Tür“, und vieles mehr, was hier während des Symposions sicherlich noch zur Sprache kommen wird.

Sicher, Anders übernimmt zum Teil methodische Elemente aus der Phänomenologie Husserls, radikalisiert sie und wendet sie kritisch auf Erscheinungen der industriellen Lebenswelt an. Aber dies alles macht noch keinen Phänomenologen, und Anders Analysen und Betrachtungen sind keine phänomenologischen.[55] Es gibt bei ihm weder eine Phänomenologie der Technik,[56] noch eine der „modernen Selbstmordmöglichkeiten des Menschen“,[57] keine Phänomenologie der Liebe[58] und keine des Weltverlustes.[59] Einzig für sein Kapitel aus der „Antiquiertheit des Menschen“, Bd. I, über die Prometheische Scham[60] mag die Kennzeichnung als „Phänomenologie der Scham“ zutreffen.[61] Zwar bedürfen Anders' Reflexionen immer auch der Anschauung, dies reicht aber keinesfalls aus, diese als „phänomenologische" zu bezeichnen. Ganz abgesehen davon, daß „Anschauung" heute eine epochal andere ist als zu Husserls Zeiten. Die Epoche dieses Ausdrucks ist vorüber, und Aussehen ist antiquiert, denn vom empirisch Gegebenen empfangen wir über sehendes Wahrnehmen keine Vorstellung mehr – jedenfalls in den überlebenswichtigen Bereichen nicht. Keine „Vorstellung" mehr im Sinne Husserls, der davon ausging, daß jede Vorstellung in einem original gebenden Akt der Wahrnehmung sich zu vollziehen habe. Heute entziehen sich sowohl Ereignisse als auch deren Vorbedingungen der Wahrnehmung und auch der Vorstellung. Diese ist nach der Seite des Verstandes hin vielleicht, vielleicht noch auflösbar – und die „moralische Phantasie" Günther Anders' ist *das* Beispiel für ein partielles Gelingen; nach der Seite der Sinnlichkeit hin aber gelingt das nicht, grundsätzlich nicht.

Günther Anders ist so sehr Phänomenologe,[62] wie, um es billig zu machen, Jürgen Habermas Vertreter der „Kritischen Theorie".[63] Wer Anders' Arbeiten bewußt, hilflos oder weil er die Namen, die Anders selber vorgeschlagen hat (Philosophie der Barbarei, Philosophie der Diskrepanz),[64] ablehnt, dennoch phänomenologisch nennt, verharmlost ebenso wie derjenige, der nicht wenigstens prüft, ob Anders' „Funde" der heutigen Situation angemessen sind.

*Helmut Hildebrandt*

# Anders und Heidegger

Mein Beitrag zu Anders und Heidegger gliedert sich in zwei Teile: Während ich mich im ersten Teil auf eine Systematisierung der Kritik von Anders an der Heideggerschen Philosophie konzentriere, geht es mir im zweiten Teil um die Verfolgung der Spuren, die Heideggers Werk in demjenigen Anders' hinterlassen hat. Mit anderen Worten, im ersten Teil wird es darum gehen, mit Anders einen Blick auf Heidegger zu werfen, während der zweite Teil den Versuch darstellt, mit Heidegger einen Blick auf Anders zu werfen.

Kein anderer Philosoph wird von Anders so häufig – und zumeist kritisch – erwähnt wie Heidegger. Erst mit weitem Abstand folgen – was die Zahl der expliziten Bezüge betrifft – Kant und Husserl; dabei läßt sich auch für Anders' Verhältnis zu Husserl und Kant feststellen, was für das Verhältnis von Anders zu Heidegger gilt: daß deren Werk deutliche Spuren im Oeuvre Anders' hinterlassen hat und daß neben der Kritik eine produktive Anverwandlung von Theoremen stattfindet.

Eine nachzeichnende Systematisierung der Kritik von Anders an Heidegger hat auszugehen von einer Vielzahl kritischer und manchmal polemischer Bezüge, die das gesamte Werk Anders' durchziehen; sie hat ferner auszugehen von wenigen längeren Texten, die sich zum größten Teil und interessanterweise in den Anmerkungen seiner Werke befinden. Von zwei Aufsätzen sei vor allem ein Aufsatz genannt, in dem Anders seine Heidegger-Kritik am ausführlichsten darstellt.[1] Dieser Aufsatz, dessen Titel den Kern der Andersschen Kritik bezeichnet mit der Feststellung, daß Heideggers Philosophie pseudo-konkret sei, stellt gleichzeitig, und nicht nur für den amerikanischen Sprachraum, eine der ersten Heidegger-Kritiken überhaupt dar.[2]

Anders' Kritik an Heidegger ist zumeist Kritik an Heideggers

Existenzialontologie in „Sein und Zeit" und ist Kritik der Anthropologie, als welche die Existenzialanalytik interpretiert werden kann. Sie ist nicht – wie etwa bei Adorno – Kritik der Ontologie.[3] Heideggers Anthropologie, die Daseinsanalytik von „Sein und Zeit" ebenso wie seine späteren Aussagen über den Menschen als „Hirt des Seins", verfällt zunächst der Kritik, die Anders jeder Form von Anthropologie, die das Wesen des Menschen definiert, entgegenbringt. Anders kritisiert die das Wesen des Menschen definierende Anthropologie, also auch die von „Sein und Zeit", indem er – gleich Nietzsche, Scheler und Gehlen – immer wieder betont, daß der Mensch als das *„nichtfestgelegte, das indefinite Wesen"*[4] zu verstehen sei. Aus dieser Feststellung zieht er die Konsequenz, daß Anthropologie allenfalls als „negative Anthropologie" möglich ist, also auf die Definition des Wesens des Menschen verzichten muß. Der Titel „negative Anthropologie" meint dabei im Werk Anders' zweierlei: Zum einen begreift der frühe Anders die *„Freiheit des Menschen als die Positivierung seiner Unfestgelegtheit"*[5] – ein Theorem, dem Sartre einiges verdanken dürfte.[6] Zum anderen fügt sich der Begriff einer „negativen Anthropologie" Anders' späteren Analyse von der „Antiquiertheit des Menschen", weil durch die fundamentale faktische „Verändertheit des Menschen"[7] im „‚Technik' genannten Weltzustand"[8] jedes Wesen des Menschen, wie es die traditionelle Anthropologie beschrieben hatte, obsolet wurde, obwohl Anders einräumt, daß seine Diagnose der ‚Antiquiertheit des Menschen' von einem bestimmten Begriff vom Menschen geleitet sein muß, den zu explizieren er sich allerdings weigert.[9]

Anders gesteht Heideggers Existenzialontologie in „Sein und Zeit" zwar zu, über die Sphäre reinen Bewußtseins hinausgelangt zu sein durch die Universalisierung der Husserlschen Intentionalität, womit Heidegger zu dem gelangt ist, was als menschliche Praxis im weitesten Sinne bezeichnet werden kann – ein Schritt vom reinen Bewußtsein zum Dasein, der durchaus Anders' Zustimmung findet, kritisiert er doch an Husserls Phänomenologie – am Beispiel des Hungers – die Beschränkung auf die Immanenz reiner Bewußtseinsakte.[10] Aber in einer Konfrontation der Existenzialien von „Sein und Zeit" mit den Bedingungen und Kennzeichen des menschlichen Lebens im Industriezeitalter, im Zeitalter, das – wie Anders sagt – *„von der Technik konstituiert* (und vermutlich auch beendet)"[11] wird, führt Anders immer wieder den Nachweis, daß die Existenzialien von „Sein und Zeit" eine Konkretheit nur vortäuschen, in Wahrheit aber keine Kategorien der realen Existenz des Menschen sind, daß sie ein Versprechen konkreten Philosophierens geben und nicht einlösen, daß Heidegger zwar einen wichtigen Schritt vom Bewußtsein zum Sein des Seienden Mensch unternimmt, dabei aber auf die Analyse der faktischen Lebenssituation verzichtet, obwohl er immer davon zu handeln scheint. Heidegger handelt in „Sein und Zeit" bekanntlich vom Dasein, von der Welt, in der sich das Dasein je schon befindet, vom Zeug, welches das Dasein herstellt oder benutzt, von der Sorge, von der Geschichtlichkeit und vom Tod. Die überwältigende Wirkung von „Sein und Zeit" ist ja nicht nur damit zu erklären, daß Heidegger hier ganz unterschiedliche Strömungen der Philosophie wie Ontologie, Anthropologie, Phänomenologie, Kierkegaards Existenzlehre und Diltheys Philosophie der Geschichte in eine epochemachende Verbindung zwingt und einen – so Anders – „Durchbruch, nicht nur zur Metaphysik, sondern zur Ontologie" vollzieht, „die ihm nach mehr als zweitausend Jahren wieder gelungen zu sein scheint";[12] „Sein und Zeit" handelt in einer kaum zu vergleichenden Sprachkraft von Themen, die in der von Phänomenologie und Neukantianismus geprägten philosophischen Landschaft der damaligen Zeit eine neue und radikal andere Art des Philosophierens verheißen, die von der Schulphilosophie wegzuführen scheinen zu einer konkreten Philosophie des Menschen, des Lebens, der Geschichte, der Welt, so daß Marcuse etwa meinen konnte, mit „Sein und Zeit" sei ein „Wendepunkt in der Geschichte der Philosophie" bezeichnet, „wo die bürgerliche Philosophie sich von innen her selbst auflöst und den Weg frei macht zu einer neuen ‚konkreten' Wissenschaft".[13]

Nicht nur Marcuse äußert sich später enttäuscht über die dann doch ausgebliebene Konkretion in Heideggers Philosophie; auch Günther Anders, der eigenen Angaben zufolge mehrere Jahre unter dem „dämonischen ‚spell'"[14] Heideggers stand, unterzieht Heideggers Philosophie einer wiederholten Kritik, indem er immer wieder darauf hinweist, daß die Kategorien von „Sein und Zeit" angesichts der realen geschichtlichen und gesellschaftlichen Situation des Menschen unkonkret sind, obwohl sie eine Nähe dazu suggerieren.

„Wenn Heidegger" – so sagt Anders, indem er die Meinung, Heideggers Philosophie sei hybrid durch die Verwechslung von Gott und Mensch, zurückweist – „Wenn Heidegger einerseits die ‚Geschichtlichkeit', andererseits das ‚Sichvorweg-sein' des Menschen (in der ‚Sorge') zu tragenden Begriffen macht und dennoch beide – die zusammen politisch würden – nicht verbindet; wenn er das Phänomen der ‚Verdinglichung des Menschen' zwar sieht (im ‚man'), es aber so apriorisiert und ihre jeweiligen empirisch-geschichtlichen Ursachen so wenig ins Auge faßt, daß ihre effektive Beseitigung nicht in Frage kommt; wenn er das ‚Mit-anderen-sein' des Menschen als fundamentale Bestimmung seines Wesens zugesteht, diesen Charakter aber so allgemein (d. h. so unverbindlich) läßt, daß jede Gemeinschaftsform oder Gemeinschaftsideologie auf ihn sich berufen kann; wenn er die Eingebautheit des Erkennens in die Praxis wohl sieht, niemals aber, wie praktisch und für wen praktisch Erkenntnisformen sein können; wenn er das Problem des ‚Seins des Seienden' zwar aufwirft, aber nicht als Problem der ‚Praktischen Vernunft', die über das *to be or not be,* also über das ‚Sein oder Nichtsein eines Seienden', eines Dinges, einer Person, einer Situation zu entscheiden hat; wenn er das Feld des ‚Ich' zwar im Vergleich zur Transzendentalphilosophie bereichert, aber nur durch Hineinnahme des Emotionalen, dem der Mensch *unterworfen* ist, also genau durch Hineinnahme der Passivität des Menschen; wenn er – und hier schließt sich der Kreis – die Seinsfrage gerade aus den extremsten Formen dieser Passivität entspringen läßt: aus Angst und Langeweile, in denen menschlicher Wille und Entscheidung effektiv gelähmt sind und in denen das Sein nun tatsächlich zum ‚Nichts' wird, dann scheint es sehr zweifelhaft, ob Heideggers Philosophie wirklich so mutig ist, wie es der Titel ‚Hybris' glauben machen müßte; aber über alle Zweifel erhaben ist, daß Heideggers Idealismus nur ein *‚Idealismus der Unfreiheit'* ist."[15]

Ich meine, daß dieses Zitat von Anders seine Kritik an Heidegger recht deutlich macht. Heidegger übernimmt gewisse ontische Merkmale des menschlichen Daseins, ontologisiert – das ist Adornos Vorwurf der Ontologisierung des Ontischen – und apriorisiert diese und abstrahiert dadurch von ihrem ontischen, mit einer bestimmten realen Lebenssituation – die ohnehin nicht die des Menschen im technischen Zeitalters ist – verbundenen Gehalt. Unter seinem abstrahierenden und ontologisierenden Zugriff verflüchtigt sich die Konkretion, und was bleibt, ist ein verdunsteter ontischer Gehalt und eine ontologische Abstraktheit, die nicht mit den konkreten Erscheinungen vermittelt wird.

Ohne Übertreibung läßt sich sagen, daß die Kritik an Heideggers ontologischer Anthropologie und der Nachweis ihrer Pseudo-Konkretheit einen wichtigen Teil von Anders' eigener Philosophie ausmacht. Die Heidegger-Kritik bildet ein wichtiges Element von Anders' „Philosophie der Technik", genauer: seiner *„philosophischen Anthropologie im Zeitalter der Technokratie"*,[16] weil insbesondere „Sein und Zeit" sozusagen die Folie bildet, von der Anders seine eigenen Reflexionen über den Menschen im technischen Zeitalter immer wieder kritisch abhebt. „Sein und Zeit" ist die positive philosophische Anthropologie und Hermeneutik des Daseins, in deren Kritik Anders seine negative Anthropologie und Hermeneutik der faktischen Lebenssituation des Menschen entwickelt. Anders scheint seine Zustandsdiagnostik des Menschen im technischen Zeitalter geradezu im Protest gegen Heideggers pseudo-konkrete Daseinsanalytik, in der Technik keine Rolle spielt, zu entwickeln, und der Titel „Hermeneutik der Faktizität", den Heidegger einer Vorlesung 1923 gab, scheint erst in Anders' Analysen, die er selbst als „prognostische Hermeneutik"[17] bezeichnet, zu seinem Recht zu kommen.

An dieser Stelle möchte ich anhand von zwei Beispielen die Kritik von Anders an Heidegger weiter ausführen und zugleich deutlich machen, worin der Unterschied besteht zwischen einer sich fundamental gebenden Daseinsanalytik bei Heidegger und einer Analyse der konkreten geschichtlichen Situation bei Anders.

Zu den berühmtesten Teilen von „Sein und Zeit" dürfte zweifellos die Zeuganalyse gehören, in der Heidegger ein Beispiel genauester phänomenologischer Deskription gibt. Das Zeug, Seiendes in der Seinsart der Zuhandenheit, ist orientiert auf das „primäre Wozu", das „Worum-willen",[18] also das Seiende, welches der Mensch ist, das Dasein, „dem es in seinem Sein wesenhaft *um* dieses Sein selbst geht":[19] „Zeug ist wesenhaft ‚etwas, um zu ...'. Die verschiedenen Weisen des ‚Um-zu' wie Dienlichkeit, Beiträglichkeit, Verwendbarkeit, Handlichkeit konstituieren eine Zeugganzheit".[20] Konstitutiv für das Zeug ist ferner, daß es eine vorbegriffliche Auffassung seiner Bewandtnis ermöglicht: die des Hammers wird im Hämmern, nicht in theoretischen Überlegungen begriffen. Das Begreifen ist ein tatsächliches Ergreifen und Benutzen des Gegenstandes: „Je weniger" – so Heidegger – „das Hammerding nur begafft wird, je zugreifender es gebraucht wird, um so ursprünglicher wird das Verhältnis zu ihm, um so unverhüllter begegnet es als das, was es ist, als Zeug. Das Hämmern selbst entdeckt die spezifische ‚Handlichkeit' des Hammers."[21]

Nun ist es offensichtlich, daß nur bestimmte Gegenstände Zeug sein können; Heidegger spricht etwa vom „Schreibzeug, Nähzeug, Werk-, Fahr-, Meßzeug".[22] Damit wird aber auch deutlich, daß Heideggers Zeugwelt, er selbst nennt sie einmal die „Werkwelt des Handwerkers",[23] trotz des fundamentalontologischen Anspruchs einer bestimmten Zeit angehört, deren Obsoletheit von Anders mit einer Asynchronisiertheit Heideggers mit seiner eigenen Zeit erklärt wird:[24] „Seine ‚Zeugwelt' " – so Anders – „ist eine des dörflichen Handwerkers, eine Werkstattwelt. Scheler nannte seine Philosophie zu Recht eine ‚Schuster-Ontologie'. Fabriken gibt es in *Sein und Zeit* noch nicht, die Analysen sind nicht nur un- oder anti-, sondern vormarxistisch, nein sogar vorkapitalistisch."[25]

Können einerseits also nur bestimmte Gegenstände Zeug

sein, etwa diejenigen, die Heidegger als Beispiele nennt und denen gemeinsam ist, daß sie einfache Gebrauchsgegenstände sind, dann folgt daraus andererseits, daß andere Gegenstände, z.B. technische Geräte, nicht Zeug sein können und damit die Analyse Heideggers, die doch bestimmten Gegenständen sehr nahekommt, vor anderen, und dies sind Gegenstände, die die moderne Zivilisation prägen, aber versagt. Der Hammer ermöglicht ein vorbegriffliches Verständnis eines Wesens, nicht aber gilt dies für die Atombombe, die Giftbehälter in den Konzentrationslagern, das Atomkraftwerk, um Gegenstände zu nennen, denen begrifflich beizukommen Anders versucht. Diesen Gegenständen – und sie sind paradigmatisch zu nehmen für viele technische Gegenstände – ist gemeinsam, daß sie nichts über ihre Bewandtnis, ihre Verwendung und die ihnen eventuell inhärierenden Gefahren verraten. Sie sind in ihrer scheinbaren Harmlosigkeit keine Phänomene, wenn man mit Heidegger das Phänomen als das „*Sich-an-ihm-selbst-Zeigende,* das Offenbare“[26] versteht, und enthüllen sich nicht selbst, auch wenn man voraussetzt, daß es auch bei ihnen den „gebrauchend-hantierenden Umgang“[27] geben kann, den Heidegger als für das Zeug wesentlich bezeichnet.

Bereits in den dreißiger Jahren hat Anders in dem eingangs erwähnten Aufsatz Zweifel an der Relevanz des seine Bewandtnis enthüllenden Heideggerschen Zeugs angemeldet: „Enthüllen moderne Maschinen sich wirklich selbst in ihrer Tätigkeit? Ist ihr Erzeugnis ihre Wirkung? Ist ihre Wirkung nicht erst dann zu erkennen, wenn viel mehr enthüllt wird als dies die Maschinen selbst tun? Bildet nicht eine illegitime Vorstellung von Direktheit die Grundlage von Heideggers Annahme? Tatsächlich kommt Selbstenthüllung des ‚Zeugs‘ nur in Akten vor, deren *‚Vermittelung‘*[28] von extremer Einfachheit ist, d.h., wo Hersteller und Hergestelltes, Behandelnder und Behandeltes, Verbraucher und Ware, eine einfache, offenkundige und funktionelle Einheit bilden, wie es der Fall sein mag beim Schuhmachen und beim Apfelessen.“[29]

Aus dem Gesagten wird deutlich, warum Anders als ein Beispiel für die Pseudo-Konkretheit der Heideggerschen Fundamentalontologie die Zeuganalyse aufgreift: Sie bildet ein Muster phänomenologischer Beschreibung von einer bestimmten Gegenstandsart und ihrer Beziehung zum Menschen und ist auf ihre Weise sehr konkret. Sie ist aber pseudo-konkret, weil die Gegenstände, die Zeug sein können, für die fortgeschrittene wissenschaftliche Zivilisation kaum noch Bedeutung haben. Indem Heideggers Analyse sich auf das Zeug beschränkt, ignoriert sie letztlich die für das gegenwärtige Zeitalter wirklich relevanten Gegenstände. Das ist im übrigen auch noch der Fall, als Heidegger sich nach der „Kehre" dem Ding zuwendet, denn indem hier eine quasi postmaterielle und postindustrielle Dingbeziehung, die das Ding nicht funktionalisiert, beschrieben wird, überspringt Heidegger eben die Gegenstände des technischen Zeitalters, in dem wir leben.

Weil bei Heidegger technische Geräte keine Rolle spielen, ist die „Werkwelt des Handwerkers" in „Sein und Zeit" historisch ziemlich genau zu verorten: „Das Gebiet von Heideggers Konkretheit" – so Anders – „beginnt hinter dem Hunger und endet vor Wirtschaft und Maschine; in der Mitte sitzt das ‚Dasein' herum, hämmert sein ‚Zeug' und beweist dadurch ‚Sorge' und die Wiedergeburt der Ontologie."[30]

Als zweites Beispiel für Anders' Kritik an Heidegger möchte ich eingehen auf beider Positionen zu dem, was man mit Scheler die „Stellung des Menschen im Kosmos" nennen könnte. Anders' Kritik an diesem Titel wie am Inhalt der Schrift Schelers ist aus seinem grundsätzlichen Mißtrauen gegen alle Anthropologie, die das Wesen des Menschen definiert, zu erklären. Aber seine Kritik geht hier noch einen Schritt weiter und trifft dadurch auch Heidegger. Anders wendet sich nicht nur gegen Versuche einer Definition des Wesens des Menschen, sondern auch gegen jede metaphysische Sonderstellung des Menschen, wie sie Scheler ja in der erwähnten Schrift begründet. Für Anders sind jene Heraushebungen des Seienden, das der Mensch ist, also jede Form von Anthropozentrismus, charakteristisch für die Metaphysik des Abendlandes, die auf Grund jener Hervorhebung des Menschen alles übrige Seiende zum Mittel degradiert und damit letztlich nicht nur zur Ausbeutung, sondern auch zur Zerstörung der Natur führt. „Daß der Mensch *Ziel* und die Welt *Mittel* sei, dieser Anthropozentrismus war der (nur selten durch pantheistische Intermezzos unterbrochene) Generalnenner der europäischen Philosophien und Vulgär-Weltanschauungen, deren zahllose Verschiedenheiten im Vergleich mit dem, was ihnen gemeinsam war, kaum zählen."[31]

Weniger auf Grund der Auffassung vom Dasein als „Worum-willen" der sinnvollen Bezugsganzheit Welt, wie sie den Anthropozentrismus in „Sein und Zeit" ausmacht, sondern mehr auf Grund der im Humanismusbrief geprägten Bezeichnung des Menschen als „Hirt des Seins"[32] zählt Anders auch die Heideggersche Philosophie zur anthropozentrischen Tradition des Abendlandes. Mit dem Titel „Hirt des Seins" hat Heidegger – so Anders – sich als „Enkel des alttestamentarischen Anthropozentrismus"[33] erwiesen und aus „Hochnäsigkeit gegenüber den Millionen Spezies, die es im Universum gibt",[34] dem Menschen eine „ontologisch abenteuerlich unbescheidene Rolle"[35] zugesprochen. Gegen diese Bezeichnung – und damit komme ich zu einem Kern der Andersschen Anthropologie – setzt Anders ironisch den Titel *„Objekthirte"*[36] – er meint damit den Automationsarbeiter, der das Funktionieren automatischer Abläufe überwacht. Dieser Titel „Objekthirte" ist allerdings mehr als nur eine ironische Verdrehung eines Heideggerschen Begriffs; er bezeichnet ja zugleich den Status des Menschen in einer Welt von Geräten, in einer Welt, die Anders zufolge selbst zum Apparat wurde und den Menschen als ein Teil des Apparats eingegliedert hat. Aus der Dezentralisierung und Entsubstantialisierung des Menschen durch die Technik, die das *„Subjekt der Geschichte"*[37] wurde, resultiert auch das Problem der Anthropologie, die nicht reflektiert, „was die Technik aus uns gemacht hat",[38] dem nachzugehen das Hauptanliegen von Anders sein dürfte. Der Gegenstand der Anthropologie ändert sich und hat sich schon im technischen Zeitalter faktisch verändert, indem der Mensch nicht mehr das Subjekt der Geschichte ist, sondern die Technik, die ihn zum Vollstrecker technischer Maximen und Apparateteil degradiert hat. Dieser Diagnose Rechnung tragend, postuliert Anders bekanntlich eine *„,Dingpsychologie'“*,[39] die den Beziehungen der Geräte zum Menschen nachgehen soll, ebenso spricht er von einer erforderlichen *„,Soziologie der Dinge'“*.[40] Ich meine, daß Anders hier einerseits die von Adorno und Gehlen diskutierte Frage, ob die Soziologie eine Wissenschaft vom Menschen sei, erneut aufwirft und auf Grund des Status des Menschen in der technischen Welt nicht eindeutig bejaht, denn Anders meint, *„daß die Alltagswelt, mit der Menschen zu tun haben, in erster Linie eine Ding- und Apparatewelt ist, in der es auch Mitmenschen gibt; nicht eine Menschenwelt, in der es auch Dinge gibt und Apparate“*.[41] Und ich meine, daß Anders andererseits mit den genannten Titeln das Schwinden des Subjekts Mensch reflektiert, dessen Schwinden und dessen – wie Anders sagt: Antiquiertheit – folglich auch die Wissenschaften vom Menschen nicht unberührt lassen kann. Hingewiesen sei in diesem Zusammenhang auf Heideggers Überzeugung, daß die Kybernetik als neue „Grundwissenschaft“ der Einzelwissenschaften und „Theorie der Steuerung des möglichen Planens und Einrichtens menschlicher Arbeit“[42] der neuzeitlichen Bestimmung des Menschen entspricht.

Als Zwischenbilanz ließe sich sagen, daß Anders der Existenzialphilosophie Heideggers materialistische und ideologiekritische Einwände entgegenbringt, wie dies ähnlich Marcuse – für J. Taubes neben Anders ein weiterer „protestierender Linksheideggerianer“[43] –, Lukács und andere getan haben. Nachdem die Existenzphilosophie nur noch von philosophiegeschichtlicher Bedeutung ist und allerorten ohnehin das Ende der Metaphysik als beschlossene Sache verkündet wird, könnte man diese Kritik ebenfalls ad acta legen, wenn sie nicht, erstens, in der bestimmten Negation einer philosophischen Anthropologie zu bündigen Aussagen über den Menschen im technischen Zeitalter gelangte und nicht, zweitens, im höchst aktuellen Werk von Günther Anders neben der Kritik eine Aneignung, Umdrehung und Umformulierung Heideggerscher Theoreme stattfände, die nicht nur einen erneuten Blick auf Heidegger lohnt, sondern auch geeignet ist, die Feststellung eines Endes der Metaphysik als Gerücht über diese zu erweisen.

Ich erwähnte bereits, daß Anders bekundet hat, einige Jahre unter Heideggers Einfluß gestanden zu haben auf Grund von Heideggers Durchbruch zur Metaphysik und Ontologie, „die ihm nach mehr als zweitausend Jahren wieder gelungen zu sein scheint". Heideggers Metaphysik und Ontologie sind denn auch – und damit komme ich zum zweiten Teil meines Beitrags – für das Werk von Anders von großem Einfluß gewesen, nicht nur für die „Kosmologische Humoreske", die auf amüsante Weise die Geschichte von Sein und Nichts, von Gott Bamba und Frau Nu, und deren Erzeugnis, der Welt, berichtet. Metaphysik und Ontologie sind in der Andersschen Philosophie dort gegenwärtig, wo er der Metaphysik und Ontologie des industriellen Zeitalters nachgeht, die Seiendes als Verwertbares und Ausbeutbares, als Hergestelltes und Herstellbares festlegt: *„Die Welt gilt als eine auszubeutende Mine."*[44]

Gleich Heidegger, der die Technologie als „Metaphysik des Atomzeitalters"[45] bezeichnet, führt Anders den „Weltzustand Technik" auf ein metaphysisches und ontologisches Fundierungsgeschehen zurück, das in einer bestimmten, nämlich technischen, Weise das Sein des Seienden festlegt. Die Metaphysik, die Heidegger zufolge ein Zeitalter begründet, „indem sie durch eine bestimmte Auslegung des Seienden und durch eine bestimmte Auffassung der Wahrheit den Grund seiner Wesensgestalt gibt",[46] konstituiert im technischen Zeitalter das Seiende unter dem Aspekt der Verwertbarkeit: *„Rohstoffsein ist criterium existendi,* Sein ist Rohstoffsein – dies ist die metaphysische Grundthese des Industrialismus"[47] – so Anders, aber auch Heidegger hat sich ganz ähnlich geäußert.

Die neuzeitliche Technik und die damit verbundene Bedrohung des irdischen Lebens ist für Heidegger und Anders Ergebnis und Symptom einer letztlich technischen Weltauslegung – so konstatiert Heidegger eine „aus der Metaphysik stammende Verwüstung der Erde"[48] –, die Heidegger auf ihre Ursprünge bei Platon zurückverfolgt, während Anders sich auf eine Beschreibung des Ist-Zustands beschränkt. Er ist weniger an der Genese des technischen Weltzustands als an den Erscheinungen dieses Zustands interessiert, wohingegen Heidegger sich zu

Zeiterscheinungen meist nur vage äußert und sie zu Fallbeispielen des Wesens der Technik macht, das für ihn mit dem Wesen der Metaphysik identisch ist.

Nicht nur in der Annahme einer metaphysischen und ontologischen Fundierung des technischen Zeitalters konvergieren Anders und Heidegger, auch in der Beurteilung des Platonismus zeigt sich eine erstaunliche Übereinstimmung. Heidegger interpretiert die Metaphysikgeschichte, die zugleich Geschichte des Abendlandes ist, als Verfallsgeschichte, deren Beginn er in der Platonischen Ideenlehre und Ontologie sieht, die einen Abfall vom Anfang bedeutet, weil sie das Sein des Seienden als Seiendheit, das Sein als Wert und das Seiende als zwischen Sein und Nichtsein befindlich auffaßt. Gerade an der Auffassung vom Seienden als dem eidos Nachgebildeten, das dadurch ontologisch einen niedrigen Rang einnimmt als das eidos selbst, weist Heidegger technische Züge der Platonischen Philosophie nach, die das Seiende nach dem Modell der Artefakte, der techne onta, begreift. In dieser Auffassung der wirkmächtigsten Philosophie des Abendlandes sieht Heidegger eine Festlegung des Seins, welche die gesamte abendländische Metaphysik geprägt und die neuzeitliche Technik ermöglicht hat.

Obwohl, wie bereits erwähnt, Anders sich weniger für die Geschichte der Metaphysik interessiert als für den Status der technisierten Welt, liefert er in einer evidenten Analyse der industriellen Massenfabrikate einen Beweis für Heideggers These von der Metaphysik als Platonismus und vom Platonismus als technisch geprägter Metaphysik. Anders demonstriert – in Übernahme und quasi praktischer Anwendung von Heideggers These –, daß man den Status der industriell verfertigten Serienprodukte mit Hilfe der Platonischen Ontologie begreifen kann und folgert, daß wir „im zweiten platonischen Zeitalter"[49] leben. „Nicht im Zeitalter des Materialismus, wie alle Banausen klagen, leben wir, sondern im zweiten platonischen Zeitalter. Erst heute, in der Epoche der Massenindustrie, kommt dem einzelnen Objekt tatsächlich ein geringerer Seinsgrad zu als seiner ‚Idee': nämlich seinem blue print. Was taugt schon die Glühbirne der Firma Soundso mit der Nummer 7 846 539[30] neben deren nicht-physischem Modell? Sie ist nur eine bloße Nachahmung der Idee, damit ein μὴὄν, ein Nicht-Seiendes."[50]

Dieser „Industrie-Platonismus"[51] hat fatale Folgen: Das eigentliche Seiende sind die potentiell unzerstörbaren Ideen, das Know-how, die blue prints, die nach der Formulierung von Popper „objektive Erkenntnis"[52] wurden, wohingegen das Seiende das potentiell Nichtseiende ist, dem Verbrauch, der Zerstörung und dem Ersatz ausgeliefert. Daraus resultiert zum einen etwa das Dilemma, die Atombombe nicht abschaffen zu können, weil das Wissen um ihren Bau jederzeit rekonstruierbar ist, mithin immer nur einzelne Exemplare abgeschafft werden können, nicht aber das potentiell unvergängliche Muster. Zum anderen aber verliert das Seiende durch die Möglichkeit der unbegrenzten technischen Reproduzierbarkeit nicht nur die Aura, von der Benjamin beim Kunstwerk sprach, sondern jede Bedeutung – insofern setzt Heidegger zu Recht Metaphysik, Platonismus und Nihilismus in eins.[53] Daß die unbegrenzte Herstellung von techne onta mittlerweile und paradoxerweise dazu geführt hat, daß sich physei onta als zerstörbar erwiesen haben in der zunehmenden Ausbeutung und Zerstörung der Natur, sei hier nur am Rande bemerkt.

Daß Anders in seiner Analyse der Serienprodukte einen evidenten Beweis für Heideggers These vom Platonismus als technisch geprägter Metaphysik gibt, zeigt meiner Ansicht nach aber auch, daß Begriffe der Metaphysik, und damit vielleicht sie selbst, möglicherweise doch nicht das allenthalben konstatierte Ende erreicht haben. Anders setzt traditionelle Begriffe in eine Konstellation mit den Dingen, um deren Enträtselung es ihm geht, bringt die Dinge, aber auch die Begriffe, zum Sprechen und läßt diesen eine anschauliche Erfüllung zukommen, die er ihnen ursprünglich so nicht zugedacht hat. Dieses Prinzip der Montage und Konstellation, das viel mit dem Verfahren Benjamins gemeinsam hat und Begriffe der Tradition mit neuem Leben erfüllt, könnte vielleicht Anlaß geben, der gängigen These vom Ende der Metaphysik kritisch zu begegnen.

Nachdem ich anfangs über Differenzen und dann über Gemeinsamkeiten von Anders und Heidegger gehandelt habe, möchte ich zum Schluß auf eine Art unfreiwilliger Gemeinsamkeit hinweisen, die in engem Zusammenhang steht mit meiner These, daß Anders' Philosophie Metaphysik und Ontologie nach dem vielbeschworenen Ende beider darstellt. Anders greift nämlich zentrale Aussagen der Heideggerschen Ontologie auf, um ihnen eine praktische Wendung zur heutigen Situation zu geben, auf die Heidegger ursprünglich nicht abzielte.

So weist Anders darauf hin, daß erst in der atomaren Situation, in der Bedrohung des gesamten Lebens, es dem Dasein um das Sein selbst geht und damit Heideggers Formulierung eines Verhältnisses des Daseins zu seinem Sein eine buchstäbliche Bedeutung angenommen hat. Zugleich ist das Sein nicht mehr „je meines",[54] es geht um viel mehr als um das eigene Sein oder Nichtsein, das eigene Leben oder den eigenen Tod, sondern um das Überleben der Menschheit und allen Lebens. An die Stelle von Selbstbezüglichkeit, heroischem Einzeldasein und Solipsismus ist die Sorge – auch dies ein genügend bekannter Terminus Heideggers – um das Fortbestehen der Erde getreten.

Daß nunmehr die Menschheit sich in der Situation des Daseins aus Heideggers Existenzialontologie wiederfindet, ist auch dadurch möglich, daß schon in Heideggers Daseinsanalytik bestimmte gesellschaftliche und psychologische Voraussetzungen und Motive eingegangen sind, die von Heidegger ontologisiert werden und nunmehr eine buchstäbliche Erfüllung erfahren haben. So führt Anders wesentliche Kategorien der Existenzialontologie auf die gesellschaftliche Situation des verunsicherten Kleinbürgers und Mittelständlers zurück, der sich als vereinzeltes Element in einer unsolidarischen Gesellschaft einer unsicheren Zukunft gegenübersieht. Die Existenzphilosophie ist für Anders, der auf Heideggers Philosophie ein dechiffrierendes Verfahren anwendet, das wir auch von den Theoretikern der Frankfurter Schule kennen, „ein Produkt der deutschen Nachkriegsperiode: der Zeit der Verzweiflung des Bürgertums, besonders des Mittelstandes, der Zeit des Vis-à-vis-de-rien-Stehens, der Zeit der aus dem Kriege Heimkehrenden, die sozial nirgendwohin zurückfinden konnten, aber ,da zu sein' entschlossen waren, ihr Leben nicht versäumen und endlich ‚sie selbst' sein wollten."[55]

In einer Zeit, da die Existenzphilosophie nur noch eine philosophiegeschichtliche Rolle spielt, kommt ihr – verspätet und gegen ihre Absicht – ein Moment von Wahrheit zu, da die Menschheit nun in einem furchtbaren und buchstäblichen Sinne vis-à-vis-de-rien steht und es um das Sein geht, das von Gnaden des Nichts ist.

Daß sinnvoll überhaupt von Sein gesprochen werden kann nur dann, wenn man das Nichts hinzudenkt, hat Heidegger erstmals in seiner berühmten Antrittsvorlesung von 1929 exponiert, in der er das Nichts als die „Ermöglichung der Offenbarkeit des Seienden als eines solchen für das menschliche Dasein"[56] bezeichnet. Wenn Seiendes und Sein nur sind auf Grund des sie ermöglichenden Nichts, dann hat sowohl die Rede vom Sein als auch die ontologische Differenz zwischen Sein und Seiendem unter der atomaren Drohung eine furchtbare Rechtfertigung erfahren. Denn nun gibt es Seiendes und Sein des Seienden deshalb und nur deshalb, weil es ein mögliches Nichtsein des Seienden gibt. Weil erst in der atomaren Situation ontologische Überlegungen eine anschauliche Rechtfertigung erlangen, spricht Anders, der Heideggers Metaphysik und Ontologie quasi gegen den Strich bürstet, auch vom „ ‚Kairos der Ontologie' ".[57] Und weil das Sein nunmehr ein bloßes Gerade-noch-Sein ist und zur Frist wurde, die jederzeit ins Zeitenende umschlagen kann, ist der Kairos der Ontologie zugleich der Augenblick, in dem Geschichtsphilosophie zur Eschatologie wird: Seiendes ist, weil noch nicht Nichts ist.

*Burghart Schmidt*

# Anders versus Bloch

Auch Ernst Bloch war ein Jude, der sich seines Judeseins nicht schämte und sich vollkommen als deutscher, deutschsprachiger Jude empfand. Eine von Bloch überlieferte Anekdote ist in dieser Hinsicht aufschlußreich: In der amerikanischen Emigration gingen Hanns Eisler und Ernst Bloch durch Manhattan spazieren. Hanns Eisler, der wußte, daß Bloch sich nicht nur schwer tat, Englisch zu lernen, sondern das auch gar nicht wollte, sagte im Gehen zu ihm, die Rede über das Tausendjährige Reich sei sicher nur eine Rede, aber vielleicht hielte sich dieses Reich doch so lange, wie sie lebten, also müßten sie wohl in Amerika bleiben. Da sei es doch empfehlenswert, Englisch zu lernen.

Bloch erwiderte, er würde trotzdem in deutsch weiterschreiben. Wenn die Amerikaner ihn zur Kenntnis nehmen wollten, sollten sie ihn übersetzen. Alles Alltägliche aber könne man ja mit der aus Karl May und anderen Abenteuerschriftstellern angeeigneten Zeichensprache erledigen. „Na", wandte Hanns Eisler ein, „Indianer gibt es hier kaum. Machen wir eine Wette: Du versuchst auf deutsch vom nächsten Passanten zu erfahren, wo eine bestimmte Bibliothek liegt."

Bloch schien Pech zu haben, denn der erste Passant, der ihnen entgegenkam, war ein schwarzer Amerikaner. Als Bloch ihn auf deutsch ansprach, antwortete ihm dieser auf Bayrisch; er war nämlich längere Zeit in München tätig gewesen. Bloch hatte die Wette gewonnen.

Bloch fühlte sich nur in der deutschen Sprache zuhause und verstand sich daher in erster Linie als deutschsprachiger, europäischer Philosoph. Aus diesem Grund hegte er auch äußerstes Mißtrauen gegenüber Gershom Scholems Versuch, die jüdischen Philosophen als Variateure der jüdischen Theologie zu interpretieren.

Anders versus Bloch: Dazu muß ich gleich hinzufügen, daß ich kein Anders-Spezialist bin, ihn und seine Schriften aber immer von meiner Bloch-Herkunft her als Antidoton (Gegengift) gegen oder besser zu Bloch gebraucht habe. Da ich kein Anders-Spezialist bin, kann ich auch nicht differenzierend über die Herkünfte der Andersschen Philosophie sprechen; mir geht es hier mehr um Querverbindungen und Entsprechungen zu unserer aktuellen Situation. Denn auch das Anders-Bloch-Verhältnis ist eine Querverbindung. Man kann Günther Anders noch weniger als Walter Benjamin als einen Blochschüler im Ansatz bezeichnen. Freunde waren sie so sehr, daß Blochs, wenn sie in den 60er und 70er Jahren aus Wien nach Tübingen zurückkamen, stets von Anders' Überlegungen über Kafka, Beckett und andere berichteten.

Beginnen möchte ich mit den Gemeinsamkeiten von Bloch und Anders in der europäischen Philosophie-Diskussion der zwanziger Jahre, die für beide prägend war. Zum damals so virulenten anthropologischen Problem der Philosophie kann ich nur feststellen: Auf die Frage, was ist der Mensch, haben beide, Bloch wie Anders, die Antwort verweigert, weil sich der Mensch ihrem Verständnis nach erst zu dem mache, was er sein könne. In dieser Frage besteht vollkommene Einigkeit, die das Werk beider bis in die Spätphasen durchklingt. Auch einiges Methodische scheint verwandt zu sein. Wenn Anders immer wieder sein „Gelegenheitsphilosophieren" hervorhebt, so erinnert das an Blochs Insistieren auf dem „Nebenbei", dem nicht richtig oder weit genug gesehenen Kleinen, dem alltäglichen Anlaß zu etwas und so weiter.

Doch hier beginnen auch schon die Differenzen. Denn Blochs „Nebenbei" war in der Tat immer nur Auftakt, Frageansatz, Einstieg, Anriß, selbst wenn man sein erzählerisches Werk „Spuren" heranzieht. Im übrigen ist Bloch, ganz anders als Anders, der Vertreter der großen historischen Abläufe und Durchgänge, etwa beim Materialismus- oder Atheismusproblem, beim Problem des Naturrechts oder in der „Enzyklopädie der Hoffnungsinhalte" (Walter Jens) in „Das Prinzip Hoffnung". Soweit er das nicht war, der historische Jogger langen

Atems, war er der systematische Konstrukteur, der in die Joggerbahn einbrach. Er faßte Probleme, deren historische Dimensionen er durchlaufend auseinandergelegt hatte, auf erzählerische Weise zusammen oder konkretisierte sie in Konstruktionen wie in den entscheidenden Kapiteln „Freiheit und Ordnung" oder „Schichten der Kategorie Möglichkeit" in „Das Prinzip Hoffnung". In diesen Konstruktionen werden die Differenzen zum Andersschen „Gelegenheitsphilosophieren" deutlich.

Man darf allerdings an die Vertreter der Methode „leichter Schläge mit der linken Hand" (Benjamin) oder des Gelegenheitsphilosophierens die Frage stellen: Wurde hier nicht aus der Not eine Tugend? Anders wie Benjamin mußten aus materiellen Gründen journalistisch arbeiten. Bloch übrigens auch, aber er hat daneben noch seine großen Werke verfaßt.

Die Differenzen zwischen Anders und Bloch gehen jedoch über das Methodische hinaus und betreffen auch die inhaltlichen Positionen: Er, nämlich Anders gegenüber Bloch, hat recht behalten, so scheint es, in der Debatte, ob Hoffnung ein Prinzip sein könne. Da darüber in anderen Beiträgen dieses Bandes die Rede ist, hier nur noch diese Anmerkung: In Hinblick auf Bloch gibt es auch das Adorno-Wort, Hoffnung vermöge alles zu sein, nur kein Prinzip. Damit meinte Adorno das Affekthafte der Hoffnung, das psychisch Triebhafte oder psychisch Gestimmte, während Prinzipien immer auf der logischen oder imperativen Seite stehen. Bloch versuchte dem zu entgegnen, indem er – anschließend an spätscholastische, paradoxe Überlegungen – von „docta spes", „gelehrter Hoffnung", redete. Das klingt wie „docta ignorantia", „gelehrte Unwissenheit", von Nikolaus von Kues. „Gelehrte Hoffnung" ist in der Tat mehr und anderes als der Affekt. Bezeichnenderweise gibt es eine Sprache, die diesen Unterschied sozusagen geahnt hat und deswegen zwei Wörter dazu ausprägte: Das Französische bietet „espoir" und „esperance" an. Espoir bedeutet die sensitiv-individuelle, existentielle Hoffnung, Esperance mehr die intellektuelle, diskutierbare, etwa theologische Hoffnung. Deshalb lehnte Bloch als Titel für sein Hauptwerk in französischer Übersetzung „Le Principe d'espoir" ab, obwohl dieser so schön an französische existentialistische Werke angeschlossen hätte. Er bevorzugte „Le Principe d'esperance", weil das seiner Hoffnung im Übergang vom Affekt zu dessen konstruierbaren Möglichkeitshorizonten gerechter wird (vgl. Gérard Raulet).

Doch konzentrieren wir uns auf zwei der drei wichtigsten Andersschen Themen – Technik, Massenmedien, Kriegsindustrie –, um die Unterschiede zwischen Bloch und Anders herauszustellen, und zwar auf Technik und Massenmedien. Hier ist nun entscheidend für die Technikphilosophie von Anders, daß er Technik als System auffaßt. „Denn einzelne Geräte", so Anders, „gibt es nicht. Das Ganze ist das Wahre. Jedes einzelne Gerät ist seinerseits nur ein Geräteteil, nur eine Schraube, nur ein Stück im System der Geräte. Ein Stück, das teils die Bedürfnisse anderer Geräte befriedigt, teils durch sein eigenes Dasein anderen Geräten wiederum Bedürfnisse nach neuen Geräten aufzwingt. Von diesem System der Geräte, diesem Makrogerät, zu behaupten, es sei ein Mittel, es stehe also für freie Zwecksetzung zur Verfügung, wäre vollends sinnlos." (Die Antiquiertheit des Menschen, Bd. 1, München 1956, S. 2)

Vergleichen wir solche Überlegungen jetzt mit Passagen aus Blochs „Prinzip Hoffnung", die die Technikphilosophie und Technikkritik betreffen und die in den vierziger Jahren seiner amerikanischen Emigration niedergelegt wurden. Dort steht schon etwas, was in der „Antiquiertheit des Menschen" auftaucht, nämlich daß die ökonomischen gesellschaftlichen Widersprüche überlagert – nicht ausgelöscht – werden durch die technologischen gesellschaftlichen Widersprüche. Es gibt ja den Habermas-Satz: So sei denn Schellings Naturphilosophie bei Bloch die Natur seiner Philosophie, was Habermas dann als „abgelaufene Romantik" bezeichnet.

Die Systemhaftigkeit der Technik hat Bloch durchaus gesehen. Er überwand allerdings deren sich verschließende Ausweglosigkeit durch einen sehr direkten Optimismus, indem er das Gesamtsystem der Technik für ein Handwerksgerät deklarierte, über das man, es verändernd, schließlich doch noch die Kontrolle erwerben könne. Diese Chance verlagert er in die utopische Perspektive. Er zeigt zwar von der Bombe „down to Hiroshima" bis zum Langeweileelend der Fabrikarbeit durchaus die Verwüstungen durch das technische System. Es bestehe aber die Hoffnung und die Chance, es zu kontrollieren. Das ergänzt er durch eine weitere Hoffnung, weil er unsere Technik, so wie sie sich in der Neuzeit entwickelt hat, begreift als etwas Überholbares oder Konfrontierbares. Er glaubt zur Möglichkeit einer „Allianztechnik" übergehen zu dürfen, einer anderen Technik. Von dieser Blochschen Allianztechnik wurde, seit von Naturtechnik die Rede ist, viel gesprochen. Hier teile ich aber alle Skepsis und alle Vorbehalte Rudolf Burgers. Auch ich kann mir schwerlich eine andere Technik vorstellen: Hier eine falsche Technik, dort eine andere Technik, die gegen die falsche antritt. Wir müssen doch z. B. die Umweltschäden, die unsere Industrie anrichtet und deren Verursacher sie ist, mit der nämlichen Technik auffangen, rückgängig machen oder dämpfen. Oder: Gegen die Verbetoniertheit unserer Welt hilft nur Dynamit. Nun ist Dynamit keine andere Technik gegenüber dem Verbetonisieren. Wenn Anders von der Technik als System spricht und sie nicht mehr als einfach kontrollierbares Handwerkszeug einschätzt und vor allem keinen Horizont anderer Technik kennt, muß gesagt werden: Er hat recht behalten gegenüber Bloch.

Anders hat auch recht behalten in der Einschätzung der gegenwärtigen katastrophalen „apokalyptischen" Gefährdungen im Vergleich zu den früheren, etwa den Seuchen. Die heutige Verstrahlungsgefahr macht keinen Halt vor Klassenunterschieden, da kann man sich nicht in besondere Quartiere zurückziehen, da helfen keine Hygienegesetze, da gibt es nur den Wahnsinn des Atombunkers, in dem schon der geschwinde Nachbar hockt. Es macht allerdings einen Unterschied, ob etwas nur jetzt und realiter als unmöglich eingeschätzt wird oder – wie von Anders – auch in utopischer Perspektive. In utopischer Perspektive muß das heute Unmögliche möglich sein, soll das Mögliche heute eine Chance haben. Daran muß sich das Anderssche Rechtbehalten reiben.

Nun zum Thema Massenmedien, die Anders wiederum als

System sieht und worüber er überzeugend argumentiert, schon zu einer Zeit, in der es nur wenige nicht nicht-konservative Kulturkritiker der Massenmedien gab. Gemeinsam ist, daß sie die Wichtigkeit des Themas sehen, doch sie – Bloch, Benjamin und Anders – sind das Thema verschieden angegangen.

Bloch begriff, was massenmedial übermittelt wurde, rein inhaltlich. Er glaubte, im Inhaltlichen äußerten sich „die Träume nach vorwärts", wenn auch in falscher Art. Blochs Analysen in „Erbschaft dieser Zeit" und breit gestreut auch in „Das Prinzip Hoffnung" entlarven die Träume: Was die Massenmedien übermitteln, entspricht stark dem Konformismus der Gegenwart, daß ausschließlich die Sehnsucht geweckt wird, solches genießen zu wollen oder sich von solchem berauschen zu lassen oder sich – nach Blochs „Staub"-Metapher – bestäuben, verstauben zu lassen. Die leere Sehnsucht allein wäre das einzig Wahre.

Walter Benjamin hat bekanntlich die Produktionstechnik untersucht, wobei er glaubte, innovierte Technik sprenge konformmachende Erfahrungsweisen auf, unter dem Einfluß solcher Technik verschwände konforme Erfahrung mehr und mehr. Es ging ihm um die emanzipatorischen Möglichkeiten durch die Technik. Nun hat Benjamin im Hinblick auf solche Hoffnungen unrecht behalten. Nicht unrecht hatte er in seinen Strukturanalysen der Massenmedien. Im übrigen sah Theodor W. Adorno richtig mit seiner Kritik, man könne die neuen Techniken etwa der Photographie und des Films zurückführen auf die konformierende Theatralisierung massenmedialen Erzählens. Man mache seit Erfinden des Tonfilms aus der Filmerei Theaterstücke, Hollywood stehe paradigmatisch dafür.

Bei Anders taucht die Einsicht in eine zweite durch neue Techniken konfirmierende Erfahrung auf. Zunächst stellen die Massenmedien die Wirklichkeit mittels ihrer spezifischen Technik dar, sie enthalten auch – darin ist er mit Bloch und Benjamin einig – emanzipatorische Anstöße. Dann aber verselbständigt sich die Technik und verdichtet den Darstellungs-Schleier immer mehr, bis die systematische Erzeugung der Phantome dasjenige auslöscht, was die Phantome darstellen und durchleuchten sollten. Sicher ist das in der Geschichte der Lehren der Erscheinungsseite nicht so neu, wenn Hegel schon sagte: Um zu sehen, was hinter dem Vorhang sei, müsse man hinter den Vorhang treten, um zu sehen, daß hinter dem Vorhang der Vorhang sei.

Die Aktualität von Günther Anders liegt auf der Hand: Anders hat in den fünfziger Jahren mit den Begriffen „Matrize" und „Phantom" genau das getroffen, was uns in den achtziger Jahren von Jean Baudrillard mit dem „Aufstand der Zeichen" postmodern wieder geliefert wurde. In seiner Schrift „Kool Killer" spricht Baudrillard von Simulation – doch Simulation, ein Nachmachen meint noch immer Spannung zwischen Nachgemachtem und dem Original. Bei Baudrillard liegt der medizinische Begriff der Simulation vor: Man spielt eine Krankheit so gründlich und wiederholt, das heißt man spielt ihre Symptomatik so lange, bis man die Krankheit hat. Man beginnt Verähnlichungsschleier auszuhängen, bis sie so dicht werden, daß das Original daraus verschwindet.

Anders hat schon in den fünfziger Jahren die Unabschaltbarkeit massenmedial erzeugter Vorhangsschleier betont. Ein allgemeines Bedürfen rege sich ständig nach einer gemeinsamen Erfahrungs- und Informationsbasis, es würde aber keine andere als die massenmediale geliefert oder auch nur lieferbar sein. Diese aber handele von Phantomen. Anders hat also auch hier recht behalten gegenüber den Umfunktionierungshoffnungen von Bloch und Benjamin mit ihrer Erwartung, da würde massenmedial etwas realgesellschaftlich Emanzipatives sich möglich machen lassen. Und doch bleibt die Utopie, selbst die Massenmedien seien mehr als nur Phantom, nicht unwidersprochen. Denn: Die Wurst – z. B. im Werbefernsehen – wäre als bloßes Bild auf die Dauer nicht „haltbar" und erst recht nicht verkaufbar. Es muß ein Rest von ihr im Gesamtverkehr der Realität geben. Simulation und Phantomisierung funktionieren, doch man spürt auch den Real-Trend: Es muß einen Rest Realität geben, bei Strafe des Stillstands. Das ist ein Minimum an Utopie gegen ein Sich-vollenden von Simulation und Phantomatik. (Vgl. meinen Aufsatz in F. Aspetsberger, H. Lengauer, R. Schwendtner, H. Möcker, Hg., Marginalisierung. Die Literatur und die neuen Medien, Wien 1990)

Anders, das wollte ich mit meinem Beitrag andeuten, ist ein gutes Gegengift gegen den immer bereiten Optimismus Blochs, alles und jedes in den Zukunftshorizont zu drehen, ohne dessen systematische Verflochtenheit und Verfallenheit wahrhaben zu wollen. Doch es gibt auch das Utopikum des Wörtchens „trotzdem“ mit seinem Miniprogramm, und das hat weiter recht, auch gegen Anders.

*Werner Reimann*
# Nihilismus und Scham

Es ist immer noch brisant, zu sagen, daß die gegenwärtige Epoche im Zeichen des verschwindenden Menschen steht. Eine solche Aussage ruft das abwehrende Erschrecken aller wahren Humanisten hervor; denn nichts wäre schrecklicher für sie, als vor der Tatsache zu stehen, daß das, was sie wahrhaft zu kultivieren gehofft hatten, nämlich den Menschen und sein Menschliches, sich ihrer Obhut entzogen hat. Um die Erkenntnis dieses Sachverhalts aber geht es gerade, und sie darf man sich von keiner Furcht blockieren lassen. Gegen die illusorischen Bilder des Menschen von sich selbst als ein zur Identität bestimmtes Zentrum betreiben die avanciertesten Humanwissenschaften seine konzeptionelle Auflösung. Der Mensch erscheint ihnen als unberechenbar sich wandelnde Stelle in einer bewegten Matrix multidimensional sich kreuzender Strukturlinien. Und doch sind es nicht die Konzeptionen dieser Wissenschaften, die die stärksten Argumente gegen jene emphatischen Selbstbildnisse des Menschen liefern und für sein Verschwinden verantwortlich gemacht werden könnten. Die katastrophale Wirklichkeit des Menschen selbst ist es, in der er unablässig sich selbst widerlegt und verschwindet. Aus dem endlichen Koordinatensystem von positivem Wissen, Ideologien und Ideen über sich selbst hat er sich schrecklich herauskatapultiert in eine allem moralischen Urteil entzogene Unberechenbarkeit hinein, hinein in ein unberechenbares Nichts, das er nun selbst ist.

Ich blende zurück. Dem zwanzigsten Jahrhundert wird die Unbestimmtheit des Menschen, sein „freier Fall", auf unerbittliche und ahnungsvolle Weise von Nietzsche ins Bewußtsein getrieben. Der Gedanke Nietzsches vom unfestgelegten Menschen kam dann gegen Ende der zwanziger Jahre bei Scheler, Plessner und Heidegger recht zur Blüte, als sie ihre Versionen vom Menschen als das X, als die Unbekannte, als „exzentrische Positionalität", als in eine offene Zukunft geworfenes Dasein publizierten. Diese grundsätzliche anthropofugale Bewegung des Denkens in diesem Jahrhundert vollzog sich nicht ohne innere Widerstände. Die Denkbewegung glich oft einer vom Denkenden selbst ausgelösten unterirdischen Strömung, die ihm nun gerade dort den Boden unter den Füßen wegzog, wo er – aus welch nachträglichen Gründen auch immer – an dieser oder jener Illusion über den Menschen festhalten zu müssen glaubte. Leicht fällt es dem Menschen nicht, Abschied von sich zu nehmen.

Die Philosophie von Günther Anders ist dieser widerstrebenden Bewegung des Denkens, das den Menschen verläßt, von frühem Anfang an ausgesetzt. Sie hat Anteil an diesem zerrissenen Denken über den verschwindenden Menschen. Eine exponierte Stellung allerdings nahm sie in ihm bisher nicht ein. Aber es wird jetzt weniger darum gehen, einem bislang verkannten oder gar unbekannten Zug seines philosophischen Denkens verspätet eine Einflußsphäre zu verschaffen. Vielmehr soll zunächst gegen eine noch davorliegende Verkennung des Denkens von Anders als humanistisch – eine Verkennung, die durch seine Selbsteinschätzung als Moralist und durch seine öffentliche Bekanntheit als Menschenfreund zweifellos befördert wird – das strikt Illusionslose und Anthropofugale aus dem Souterrain seines Denkens gehoben und aufrechterhalten werden.

Jene von Scheler, Plessner und Heidegger vorgelegten Versionen vom Menschen als der unbekannten Größe haben gleich nach ihrem Erscheinen auch Anders' Interesse an einer philosophischen Anthropologie geprägt. Seit etwa 1929 arbeitete Anders an einer philosophischen Anthropologie, von der einzig das vermutliche Kernstück zur Veröffentlichung gelangt. Es erscheint Mitte der dreißiger Jahre im Pariser Exil in Form von zwei französisch publizierten Aufsätzen.[1]

Anders' Ausgangspunkt ist hier die spezifische Situation des Menschen in der Welt, in welche dieser nicht natürlich integriert ist, sondern die er sich nachträglich in den verschiedenen

Formen der Erfahrung aneignen muß. Vor dem Hindergrund des ohne Differenz in seiner Umwelt aufgehenden Tieres erscheint der Mensch unangepaßt und fremd in der Welt. Herausgelöst aus ihr, erfährt er sich ihr gegenüber als frei. Diese Freiheit des Menschen gegenüber der Welt drückt vor der Folie der naturhaft eingebundenen Existenz des Tieres nichts Weiteres aus als „die Tatsache der Individuation, oder vielmehr der ‚Dividuation'; die Tatsache, daß ein endliches Sein (der Mensch), das abgetrennt ist vom Sein als Ganzem, sein Wesen auf relativ autonome und sehr spezielle Weise besitzt".[2]

Wie aber kommt der Mensch über diese Distanz der Freiheit zurück zur Welt? Durch seine Macht der Erfahrung. Erfahrung vollzieht sich zwar immer erst nachträglich, a posteriori: weil der Mensch von der Welt getrennt ist; dennoch aber bildet sie als formale Fähigkeit einen apriorischen Wesenszug des Menschen.

Weder aber Freiheit noch Erfahrung können beanspruchen, ein Erstes des Menschen zu sein. Sie sind vielmehr von gleichem Rang: In der Freiheit des Menschen liegt es, die Welt zum Gegenstand seiner Erfahrung zu machen. Und von dieser Freiheit macht er bisher einen höchst aktiven Gebrauch, indem er die Welt nach seinen Bedürfnissen praktisch umgestaltet. Dazu Anders mit einer entscheidenden Schlußfolgerung: „Tatsächlich verwandelt der Mensch nicht nur die gegebene Welt in eine bestimmte, ihm gemäße, eigene Welt, sondern auch die, die er soeben errichtet hat, verwandelt er sogleich wieder in eine andere. Der Mensch ist auf diese Welt hier nicht zugeschnitten; aber er ist auch auf keine andere zugeschnitten. Ihm ist vor allem wichtig, in einer eigenen, von ihm selbst geschaffenen Welt zu leben. Die Tatsache seiner Unfestgestelltheit ist die Bedingung *sine qua non* seiner Freiheit zur *Geschichte*: der Welt unverbunden, hat er – im Gegensatz zum Tier – keine vorgeschriebene Rolle zu übernehmen; immer anders, kann und muß er die verschiedensten Ausdrucksweisen adaptieren; in der Geschichte, und selbst Geschichte seiend, wechselt er nicht nur die Masken, sondern er verwandelt sich selbst."[3]

Der Mensch verwandelt also *sich selbst*. Er offenbart sich

durch seine Handlungen als der immer andere. „Künstlichkeit ist die Natur des Menschen und sein Wesen ist Unbeständigkeit."[4] In dieser so bündigen wie paradoxen Sentenz faßt Anders das Ergebnis der unternommenen Analyse zusammen. Der sich unaufhörlich in seiner Praxis selbst definierende Mensch verflüchtigt sich als Gegenstand der Philosophischen Anthropologie, die sagen wollte, was der Mensch eigentlich sei.

Der Gedanke des nicht-fixierten Menschen hat seine Gültigkeit für Anders nie verloren. Von seiner ersten Formulierung an ist er bis in Anders' letzte Schriften präsent. Weniger gegenwärtig jedoch ist die seiner negativen Anthropologie implizierte oder vorausgesetzte Differenz: die ontologische zwischen Mensch und Welt. Ich werde jetzt die vorigen Überlegungen noch einmal aufnehmen, aber in veränderter Absicht. Nicht mehr wird es darum gehen, die künstliche Natur des Menschen zu betonen, sondern die ihr zugrundeliegende ontologische Differenz ausführlicher zu behandeln. Denn mir scheint, daß gerade diese Differenz ein strukturelles Initial von Anders' Philosophie darstellt.

Diese ontologische Differenz bildete, wie gesagt, den Ausgangspunkt, ja das Konstituens der negativen Anthropologie. Sie *ist* jener Ausschluß des Menschen aus dem naturwüchsigen Ablauf der Welt, jene Diskrepanz des Menschen zur Welt. Unangepaßt an die Welt, muß der Mensch sie sich nachträglich in den Formen seiner Erfahrung aneignen. Er verändert die Welt und sich selbst. Dazu ist er frei. Der Mensch ist so frei, wie er von der Welt getrennt ist. Abgetrenntheit und Freiheit gegenüber der Welt aber schließen unmittelbar auch *Fremdheit* ein. Sie ist es, die jene ontologische Differenz am stärksten spannt: die Welt ist dem Menschen fremd, und dieser selbst ist weltfremd. Anders' frühes Philosophieren steht vollständig im Zeichen dieser ontologischen Diskrepanz, der Weltfremdheit des Menschen.

Die Vorstellung, daß der Mensch der Welt fremd ist, besagt, daß er ihr nicht notwendig zugehört. Seine Situation in ihr ist die eines Überflüssigen, die eines fünften Rads am Wagen. Der Mensch ist nicht die Mitte der Welt, sosehr er sich auch an deren fernem Rand dafür halten möchte. Die hybriden Unternehmen, mit denen er sich exponiert, um sich über seine tatsächliche Stellung zu täuschen, sie bewahren ihn letztlich nicht vor der Einsicht, daß er nicht die Welt ist, sondern nur ein verschwindender Teil derselben. Diese Erkenntnis seines kontingenten Daseins ist von einem Schock begleitet. Anders nennt ihn den Schock der Kontingenz. Es ist das Erschrecken darüber, gerade als derjenige in der Welt zu leben, der man ist, und nicht als irgendein anderer, zufällig heute zu existieren, und nicht zu irgendeiner anderen Zeit in der Zukunft oder Vergangenheit, grundlos an diesem Ort hier zu sein statt an einem anderen da oder dort, und darüber, daß man als derart begrenzter und zufälliger Mensch – trotz jener Freiheit der Handlung – sich die gleichgültige Unermeßlichkeit der Welt nie zu eigen wird machen können. Keine Notwendigkeit steht hinter dem Menschen, nur Zufall und Überflüssigkeit. Der Mensch – ein Zufall des Überflüssigen. Auch dies fällt unter den Titel der Weltfremdheit des Menschen.

Der Mensch ist der Welt fremd, weil er von ihr abgerissen, abstrahiert ist; *ab-strahiert* in des Wortes ursprünglichem Sinn. Anders bezeichnet die Weltfremdheit des Menschen auch in etwas engerer Weise als dessen Abstraktion. Diese Wortwahl scheint doppelt gegen Heidegger gerichtet zu sein: erstens verneint sie dessen Gedanken, daß der Mensch von nirgendwoher ins Sein geworfen sei, indem sie auf einer Herkunft des Menschen besteht, darauf, daß er von etwas herstamme, von der Welt nämlich, von der er abgerissen sei; und zweitens verneint sie dessen andere Idee des Je-schon-in-der-Welt-Seins des Menschen, indem sie gerade umgekehrt die ex-zentrische Position desselben behauptet, sein Außerhalb-und-vor-der-Welt-Stehen, eben seine Ab-straktion.

Ausgerissen ist der Mensch – soviel ist schon klar – aus einem identischen Urzustand, einer fraglosen Natürlichkeit der Welt. Anders enthält sich näherer Anspielungen darauf, inwiefern dieser differenzlose Zustand wohl der eines ursprünglichen Glücks, des biblischen Paradieses ist. Es kann nur gefolgert werden, daß er mit jener bruchlos mit sich identischen

Welt des Anfangs zumindest die positive Vorstellung von Unversehrtheit und Heilheit verbindet. Denn zur Krankheit verurteilt ist der, der aus der Welt herausgeschleudert wird – wie eben der Mensch. Dessen Abstraktion, seine ontologische Freiheit, ist zugleich seine ontologische Krankheit. Dies genau ist der grundlegende Gedanke, den Anders zum Titel seines zweiten französischen Aufsatzes wählt: Pathologie de la liberté. Da der Ausriß des Menschen unwiderruflich ist, bleibt seine Krankheit unheilbar. Von der suggestiven Idee, daß, wenn schon die Möglichkeit der Rückkehr in den identischen Urzustand verloren ist, doch eine zukünftige Versöhnung, ein eschatologisches Paradies leuchten könnte, läßt Anders sich nicht verführen. Ausweglos leidet der Mensch an der Malaise seiner ex-zentrischen Freiheit. In der ontologischen Differenz zwischen Mensch und Welt schwingt der schicksalhafte Ton des Tragischen. Insofern Anders diesen Sachverhalt betont, kann man seine Anthropologie auch eine tragische nennen.

Getrennt und frei also ist der Mensch von der Fraglosigkeit der Welt mit ihren in sich bestimmten natürlichen Abläufen. In dieser Differenz zur fraglosen Welt aber offenbart sich seine Freiheit als die äußerste Fragwürdigkeit. Denn es gibt rein gar nichts in dieser Welt, das ihm auf sichere Art und Weise gegeben, vorgegeben ist. In dieser Weltlosigkeit liegt ein prekäres Schicksal begründet.

Diese ontologische Differenz zwischen Mensch und Welt formuliert zu Beginn der Neuzeit Descartes in zunächst rein erkenntnistheoretischer Perspektive als den Unterschied von *res cogitans* und *res extensa*. In diesem Unterschied liegt für ihn das Problem von Ich und Welt. Mit Descartes ist es fortan nachdrücklich auf die Tagesordnung des Denkens gesetzt.

Die von Descartes berühmt gemachte Fähigkeit des Zweifelns, die Weigerung, die Wirklichkeit, so wie sie sich gibt, zu sehen und anzuerkennen, das Leugnen aller Gewißheiten des Existierenden bestätigt philosophisch erstmals eine wirkliche Freiheit des Ich. Der Zweifel ist die Lösung der Berührung mit dem Sein. Er ist die großartigste Bestätigung der Herrschaft des Menschen.

Entscheidend aber ist jetzt, daß tatsächlich nicht nur die Welt dem Zweifel ausgesetzt ist, zweifelhaft wird, sondern daß gerade auch das freie Ich als in sich selbst unsicher, fragwürdig, zweifelhaft betrachtet werden muß, denn es steht nicht mehr sicher in seinen selbstverständlichen Gewißheiten. Es ist aus ihnen ausgebrochen. Daß das freie Ich durch den Zweifel selbst in höchste Unsicherheit und Fragwürdigkeit gerät, spart Descartes freilich aus. Den Zweifel an der Welt proklamiert er, keineswegs aber die Reflexion auf sich selbst, den Selbstzweifel, der die prekäre Situation des freien, abgelösten Ich offenbaren würde. Es ist im Gegenteil so, daß er dieses neugewonnene freie Ich all seiner Fragwürdigkeit entzieht. Die existentielle Ungewißheit, von der das Ich, das zweifelt, vollständig durchdrungen ist, wird von ihm kurzerhand zu der Freiheit positiviert, in der die Konstitution des Ich sich ereignet, des autonomen, identischen Ich, das zweifelt, aber selbst nicht zweifelhaft ist; das es versteht, die Negativität seines ausgebrochenen Daseins durch die Herrschaft seines Zweifelns zu verwischen, das im Zweifeln sich selbst setzt, aber verleugnet, daß es sich dabei auch entsetzt.

Im Trotz, der seiner eigenen Dubiosität gilt, mißversteht das Ich sich als autonom, frei, identisch. Es begreift sich als originär, als Atom, als unteilbares Individuum, als Subjekt, als das kleinste Absolute, dem die Absolutheit der Welt zustehe. Daß es Resultat einer Unsicherheit, einer Dekomposition, eines Falls ist, nimmt es nicht wahr. Die objektive Not seiner verzweifelten Situation des Zweifels transformiert es in den Stolz, ein freies, sich selbst setzendes Ich, ein standfestes Individuum zu sein.

Die Liste der Philosophien, die das Ich nach dem Beispiel des Descartes denken, ist lang. Anders hat für sie den Namen „Stolzphilosophien“ parat. Er unterscheidet sie von den „Schamphilosophien“. In diesen ist das Individuum als ein Ausriß gedacht, als „vom Grunde abgefallen“, als Ab-fall, als Fall, als das Resultat einer Dekomposition, einer Katastrophe. Schamphilosophien bejahen jene Frage, die Anders stellt, ob das Individuum nicht nur der Erbe des Schreckens der Individuation sei, den es nun als niemals überwundenen Schmerz des

Individuum-Seins mit sich durchs Leben schleppe. Und deshalb erkennen sie das Scheitern aller Versuche der Selbstidentifikation und Selbstsetzung des Ich. Der Schamphilosophie brennt die unheilbare Wunde der Individualisierung im Gedächtnis. Schamphilosophie betreiben hieße – ich will es mit einem Wort von Emile Cioran sagen –, es zu lieben, den Fall zu kommentieren und zugleich als Parasit der Erbsünde zu leben.

Ob Anders sich als „Parasit der Erbsünde" bezeichnen würde, das sei dahingestellt. Den kryptischen Humor dazu hätte er allemal. Außer Frage aber steht, daß – wenn ich seiner Einteilung folge – sein Denken als Schamphilosophie zu rubrizieren ist. Anders denkt das Individuum nicht als eines, das sich selbst konstituiert, sondern als eines – wie schon angesprochen –, das hinausgeworfen ist aus der Welt, von ihr abgerissen ist, ab-strahiert. Und diese Abstraktion ist das Kennzeichen all seiner Unternehmungen und Verhältnisse. Das Individuum trägt die Spur seines Ausrisses als ewig klaffende Wunde. Daher ist es nicht eigentlich „Individuum", das Unteilbare, sondern eher „Dividuum", womit Anders sagen will, daß das Individuum abgeschnitten, abgetrennt ist. Weil es von der Welt abgeschnitten, also „Dividuum" ist, kann es überhaupt erst „Individuum" sein. Bevor das Individuum Individuum ist, ist es Dividuum. Was so oft in der Philosophie als Autonomie und Freiheit des Individuums gesetzt wurde, das trägt in sich den Makel seiner Abstraktion, seiner Weltfremdheit, seiner Weltlosigkeit. Die Freiheit und ihre Pathologie, sie sind unrettbar eins. Metaphysisch gesprochen ist also die Pathologie dem Individuum inhärent. Als „Individuum" trägt es den Schmerz des Individuum-Seins mit sich durchs Leben, als „Dividuum" leidet es an seiner metaphysischen Weltfremdheit, seiner ontologischen Weltlosigkeit. Beides sind äquivalente Formulierungen derselben Krankheit. Man muß also eine Art metaphysische Zerstörtheit des Menschen und seiner Seele im Bewußtsein behalten. Was sonst tut Schamphilosophie? Schamphilosophie hält dem Individuum seinen heillosen Ausriß, seine heillose Abstraktion vor Augen. Sie sucht die Scham des Individuums über seine Kontingenz zu kultivieren.

Was aber vermag Schamphilosophie in einer Wirklichkeit,

die sich bisher wenig schamhaft gezeigt hat? Die Tragik der ontologischen Differenz zwischen Mensch und Welt, die Tragik des Ausrisses, war bisher nie Anlaß eingedenkender Scham.

Anders unterscheidet in der neuesten Wirklichkeit zwei idealtypische Reaktionsweisen auf die Tragik des Ausrisses. Die erste gehört zum Modelltyp des *geschichtlichen Menschen.*

Der Typus des geschichtlichen Menschen war die bevorzugte Leitfigur des geschichtsphilosophischen Optimismus des 19. Jahrhunderts, wie er besonders von Hegel und Marx vertreten wurde. Der Gang der Menschheit wird als Entzweiung konstruiert, als Entfremdung, deren notwendiges Ziel es ist, sich in einer wie auch immer gearteten Offenbarung einmal selbst aufzuheben. Unendlich ist ihr Vertrauen darauf, daß die Differenz, an der heute gelitten wird, diejenige zwischen Tun und Sache, zwischen der Arbeit und ihren verselbständigten Resultaten, zwischen den Menschen und einer von ihnen selbst als übermächtige Macht produzierten Welt, in der Geschichte ihre Aufhebung finden wird. Zentrum dieser ganzen Bewegung der Geschichte, die als Entfremdung und Aufhebung der Entfremdung gedacht wird, ist der Mensch, genauer: der historische Mensch. Dieser begreift seine Selbstentfremdung als Notwendigkeit des Lebens selbst und wird – statt an ihr zu verzweifeln – sie als eigene akzeptieren. Die Tragik der Entfremdung, die ursprüngliche Schuld der Handlung, ist dem historischen Menschen nur verständlich, wenn er sie in dem größeren Zusammenhang der Erlösung begreifen kann. Durch eine Erlösung am Ende rechtfertigt sich ihm jene Tragik der Entfremdung, die ursprüngliche Schuld der Handlung, die Tragik der Differenz, der Geburt. Die Scham, kontingent zu sein, wird vom Stolz des Menschen, der glaubt die Geschichte zu vollenden, zertreten.

Für Anders hat dieser Typus des historischen Menschen seine Rolle heute unwiderruflich ausgespielt. Wie dieser Typ seine Entfremdung als eigene akzeptiert, wie er sie in eine Geschichte bringt, auf deren Höhe er sich glaubt, wie er sich mit der Geschichte seiner Entzweiung, die ihm immer nach den Regeln von Notwendigkeit und Vernunft abläuft, identifiziert, wie er also letztlich die in eine versöhnte Zukunft weisende Identifikation mit sich selbst zustande bringt, dies alles ist Anders suspekt. Die Ursache seines Mißtrauens ist wohl die geborstene Wirklichkeit des 20. Jahrhunderts, in der der Mensch (und auch dessen Begriff) gesprengt wurde. Zwar erkennt er den historischen Menschen, der sein Selbstvertrauen auf seine die Entfremdung sowohl produzierende als auch aufhebende Produktion gründet, als Typ sui generis an; dagegen aber drängt sich ihm ein ganz anderer Typus als bedeutsam auf, der des *Nihilisten*. Er ist ihm das radikale Bild des Menschen.

Was Kennzeichen des Menschen im allgemeinen ist, daß er das Künstlichste und Unbeständigste überhaupt sei, das beschreibt für Anders einen Typ des Menschen im besonderen: den Nihilisten. Denn wie kein anderer macht der Nihilist aus dem Bruch des Menschen mit der Welt, aus der Wesenlosigkeit und Unbestimmtheit sein ausdrücklich endgültiges Schicksal. Das nihilistische Credo ist die Freiheit von und zu allem. Wie der Nihilist sich als Inkarnation des Unbestimmten sieht und sein Denken und Handeln dieser Maxime aufs reinste folgt, ist er das auf die Spitze getriebene Portrait eben dieses weltfremden, abstrahierten Menschen. Der Nihilist, der die metaphysische Stellung des Menschen so unerbittlich verkörpert und ihr ins Auge sieht, scheint daher für die Analyse der Wirklichkeit der einzig ergiebige Typus zu sein.

Im Bruch von Mensch und Welt fühlt sich der Nihilist in der Freiheit. Als den Freien erfährt er sich selbst immer wieder in seinen freien Akten. Nun aber taucht plötzlich ein Paradox auf. Zwar bestätigt sich der Mensch durch seine freien Akte als der Freie, der sich durch sich selbst bestimmt, doch gleichzeitig entdeckt er sich gerade durch jene freien Akte auch als nicht frei, als in eigenartiger Weise nicht durch sich selbst bestimmt. Der freie Mensch entdeckt, daß er *von* dieser Welt, und *nicht frei von* ihr ist; er entdeckt die seiner Freiheit entgegengesetzte natürliche Schwere seiner Existenz, seinen Leib.

Was als dies Unleugbare an ihm seine Freiheit behindert, das ist in seiner näheren Eigenschaft aber auch das Beliebigste. Sofern der Mensch von dieser Welt ist, ist er zugleich ihr zufälliger Teil. Er erkennt sich als irgendwer, als kontingent. Seine Freiheit ist in jedem Moment von Kontingenz konterkariert. Umgekehrt aber verdankt sich die Möglichkeit, auf alles zuzugehen und alles zu werden, gerade auch der Tatsache der Kontingenz; denn nur wer sich selbst gegenüber fremd ist, wer zufällig und kontingent ist, kann sich selbst verlassen und sowohl dieser als auch jener werden. Das Verhältnis von Freiheit und Kontingenz offenbart sich als eine unlösbare Paradoxie. Im gewöhnlichen Leben wird sie – wenn sie denn überhaupt bemerkt wird – zwar mehr oder weniger von den Menschen ertragen, nicht jedoch vom ausgeprägten Nihilisten, der an ihr verzweifelt und den sie mit aller Macht bis zum Zerreißen spannt. Er erschrickt am deutlichsten über die seine Freiheit begrenzende Kontingenz. Der *Kontingenzschock,* den er erleidet, ist die Enttäuschung darüber, daß die Abstraktion des Menschen von der Welt diesen nicht als das Absolute ihr gegenübergesetzt hat.

Dieser kurze Gedankengang zur „Nicht-Identifikation des Menschen mit sich selbst“ ist eine philosophische Übertreibung. Anders wählt den Nihilisten als Leitbild der Analyse in der Absicht, die Situation der Nicht-Identität des Menschen an einem sie bis zum Wahn erfahrenden Typus zu demonstrieren. Die Übertreibung besteht darin, der übertriebenen Reaktion des Nihilisten auf die paradoxe Situation von Freiheit und Kontingenz nachzugehen. Aber, und dies ist das Beunruhigende – der Nihilist ist nicht irgendein exotischer Extremist, dessen Verhalten nur den vernachlässigbaren Reiz des Untypischen hätte; er ist vielmehr das zugespitzte Porträt des Menschen; er ist derjenige, der – wie eingangs gesagt – mit der ontologischen Verlorenheit des Menschen unerbittlich Ernst macht. Der Nihilist ist die Übertreibung der dem Menschen verborgenen Wahrheit über sich selbst.

Das Kontingenzbewußtsein des Nihilisten ist ineins und zugleich Bewußtsein von der Übermacht der Welt, die ihre Überlegenheit auf allgemeinste Weise in den Bestimmungen von Raum und Zeit ausübt. Vor dieser Übermacht der Welt gerät der Nihilist in Panik. Es ist die Panik desjenigen, der sich frei dünkt und sich plötzlich als kontingent, schwach, unfrei erlebt.

Die tiefste metaphysische Panik, nicht selbst die Welt zu sein, zeigt sich in einer lebensnäheren Version als Panik, die Welt nicht vollständig realisieren zu können, sie zu versäumen. Anders bezeichnet diese Panik später als „Versäumnispanik". Aus der Tragik seiner widersinnigen Existenz gibt es für den Nihilisten kein Entkommen. Nur der Selbstmord könnte sie sprengen, nur durch ihn höbe sich das unerträgliche Paradoxon der Existenz und die so schmerzvoll erfahrene Differenz zur Welt auf. Das Beispiel dazu gibt Empedokles, der in den Krater springt, um mit der Welt zu verschmelzen. Der Selbstmord ist die negativste Antwort auf die Versäumnispanik. In der Regel jedoch findet der Nihilist Modi vivendi.

Der zweifellos bedeutsamste dieser Modi ist derjenige, der jener Panik, die Welt zu versäumen, auf eine gewisse innere Art und Weise positiv korrespondiert: der Modus der panischen Produktion, der beschleunigten Aneignung der Welt in allen ihren Dimensionen. Im Innersten dieses Modus rumort ein Wille zur Macht, ein Wille, die übermächtige Welt zu zwingen, Ich zu werden. Der Nihilist will die Schmach, kontingent zu sein, mit Macht annullieren und den ontischen Riß, durch den er von der Welt getrennt ist, schließen. Der Wille, sich der Totalität der Welt zu bemächtigen, ist Rache für den Ausschluß aus ihr. In der panischen Produktion strebt der Nihilist nach Macht über die Welt, nach Weltmacht.

Letztlich aber ist Skepsis angebracht und damit zu rechnen, daß im Rahmen des Lebens alle Anstrengungen vergeblich bleiben werden, die Übermacht der Welt zu brechen und die peinigende Kontingenz durch Aufhebung jener Kluft zwischen Mensch und Welt loszuwerden. Nur in der Vernichtung wird die Welt zum Ich, und nur im Tod wird das Ich zur Welt. In seiner panischen Produktion jedoch zeigt sich der Mensch unbeeindruckt von der Vergeblichkeit. Seine Produktion kann als sein unablässig wiederholtes Anrennen gegen jene Vergeblichkeit betrachtet werden, als ein Unternehmen, das sich in seiner Panik selbst betäubt und so seine Aussichtslosigkeit nicht mehr wahrnimmt.

Charakterisiert ist der Nihilist durch das permanente Scheitern der Selbstidentifikation. Weil er das Bewußtsein davon, daß der Mensch von der Welt abgerissen ist, in seiner ganzen Schärfe entwickelt, katapultiert er sich selbst in jene quälende Absurdität, in der er gleichzeitig seine Freiheit von und zu allem und die Last seiner Kontingenz übersteigert erfährt. Natürlich macht er in dieser Situation weder eine präzise Bestimmtheit seiner selbst noch gar eine zukünftige Bestimmung für sich aus. Seine Produktion verbürgt ihm nicht die Welt und sich selbst als entfremdete wie zu versöhnende Gewißheiten, sondern demonstriert ihm vielmehr nur noch schlagender seine unberechenbaren Fähigkeiten, seine eigene Unbestimmtheit. Dieser ist er sowenig gewachsen wie schließlich dem System der von ihm produzierten Welttatbestände. Es zeigt sich, daß seine Kontingenz, der er in produzierender Selbstidentifikation ein Ende zu bereiten gehofft hat, tatsächlich von ihm nur erweitert wiederhergestellt wird. Er produziert die zweite Mächtigkeit der Welt als eigene Ohnmacht.

Wo der historische Mensch die Differenz der Verdinglichung oder Entfremdung in der Perspektive ihrer – wie auch immer illusionären – Aufhebung produziert, da produziert der Nihilist sie als den immer schon gescheiterten Versuch dieser Aufhebung. Der historische Mensch glaubt, produzierend an der Aufhebung der Differenz zu arbeiten; dem Nihilisten offenbart sich ohne Gnade das Immer-schon-Scheitern dieser Unternehmung.

In philosophischer Hinsicht erscheint Anders der Typ des nihilistischen Menschen wohl sehr viel geeigneter, um das Geschehen des gegenwärtigen Zeitalters zu begreifen. Denn es ist tatsächlich der Nihilist, der heute das gesellschaftliche Getriebe dominiert. Weil er das auf die Spitze getriebene Porträt des nicht-festgestellten Menschen ist, lassen sich für Anders an seinem Bild deutlich die Gefahren ablesen, in die der Mensch sich heute manövriert.

Ich will zum Schluß den Unterschied zwischen dem historischen und dem nihilistischen Menschen anhand von entgegengesetzten allegorischen Deutungen der menschlichen Mondfahrtunternehmen illustrieren.

Anders hat ein Buch mit Reflexionen über Weltraumflüge geschrieben.[5] Dort macht er darauf aufmerksam, wie beispielhaft wichtig der Blick der Astronauten vom Mond auf die Erde sei. In diesem Blick irdischer Sterblicher sieht gleichsam die Erde sich selbst von außen. Oder, wie es ein amerikanischer Mondfahrer ausdrückt: „Jetzt weiß ich, warum ich hier bin. Nicht um den Mond aus größerer Nähe zu sehen, sondern um zurückzuschauen auf unser Heim, die Erde." Der Blick vom Mond, das ist gewissermaßen die Begegnung der Erde mit sich selbst.

In diesem Ereignis der durch die abenteuerlichsten technischen Komplikationen hindurch sich vollziehenden Selbstbegegnung der Erde scheint für Anders symbolisch etwas von der Chance auf, daß die Menschen auf diesem Planeten vielleicht doch noch zur kollektiven Einsicht in die Bedingungen ihres Überlebens gelangen und zu handeln beginnen.

Ein zweites für Anders bedeutsames Ereignis der Mondfahrt ist die geglückte Rückkehr vom Mond. Die reale Schwierigkeit dieser Rückkehr ist für Anders ein Sinnbild für die Schwierigkeit der Rückkehr des Menschen, der von einer unbändigen Technik immer weiter über sich selbst hinausgetrieben wird, ins Menschliche.

Die Erde, die sich im Blick vom Mond selbst begegnet, und die Rückkehr der Astronauten in die menschliche Welt, diese beiden realen Ereignisse der Selbstbegegnung und der Rückkehr, sie sehen in der von Anders gegebenen Deutung nach allegorischen Varianten der Hegelschen Versöhnung aus. Sie können, kurz gesagt, als hoffnungsvolle Allegorien des historischen Menschen gelesen werden.

Aber es gibt bei Anders auch eine entgegengesetzte allegorische Deutung der Mondfahrtunternehmen. In denselben Reflexionen, in denen Anders sozusagen der Hoffnung Bilder gibt, findet sich auch eine Phantasie, in der jenes von hoffenden Illusionen freie, will sagen, nihilistische Leben allegorische Gestalt annimmt. In einer kurzen Textpassage wagt Anders darüber zu spekulieren, wieviel „mythogener" es wäre, wenn den Weltraumhelden einmal die Rückkehr aus dem All mißlänge und sie in ihrer Kapsel auf ewig als kleiner Planet um die Erde kreisen müßten oder gar, aus dem Bannkreis der Erde hinauskatapultiert, endlos in die Tiefen des Alls hineinjagten. Nicht daß er das Scheitern wünschte, aber die groß Gescheiterten prägen sich dem Gedächtnis der Menschheit leichter als mythische Helden ein denn glückliche Heimkehrer. So kommt man auf den Gedanken, daß der wahrhaftere Mythos des Menschen nicht die Rückkehr in eine Heimat – und sei sie zukünftig – ist, sondern ein Hinaus ohne Rückkehr. Es ist diese Phantasie des Hinauskatapultiertseins, dieses Bild des ohne Rückkehr durch die Ewigkeit fliegenden Astronauten, der sich endgültig „aus dem Staub" macht und damit seiner Existenz einen wahrhaft titanischen Sinn gibt, nämlich den, statt sich dem göttlich-irdischen Verdikt der Staubwerdung alles einmal Ausgelebten zu fügen, als terrigene Mumie nie zu enden; diese Phantasie des rückkehrlosen Hinaus ist es, die das Movens der gegenwärtigen Wirklichkeit ist. Im Bild dieses Hinaus findet das Zeitalter sein Symbol.

Die Pathologie der Freiheit, das wesenlos nihilistische Wesen des Menschen, treibt ihn in jedem Augenblick über den *point of no return* hinaus. Auf immer und ewig verhindert sie alle Rückkehr ins Menschliche. Auch wenn das tragische Ereignis eines bemannten Fluges hinaus ohne Rückkehr noch nicht stattgefunden hat, kommt doch in der phantasierenden Vorwegnahme dieses Ereignisses die heutige Wirklichkeit allegorisch zur Sprache. Es ist, als ob die Wirklichkeit das Sichereignen ihrer spekulierten Metapher noch erwartet. Aufgabe des Denkens heute aber ist es, nicht nur auf dies Ereignis gefaßt zu sein, sondern bereits jetzt das allgegenwärtige, unmetaphorisch reale Hinaus zu begreifen.

*Evelyn Adunka*

# Günther Anders und das jüdische Erbe

Günther Anders ist auch ein bewußter Jude. Er beschrieb sein jüdisches Erbe meisterhaft und eloquent 1978 in einem Rundfunkessay mit dem Titel „Mein Judentum". Darin manifestiert sich sein Stolz und sein Selbstbewußtsein, Jude zu sein, in dem Bekenntnis, daß er niemals sich tiefer schäme, als wenn er einem Juden begegne, der sich schämt, Jude zu sein.[1] Dennoch ist das Judentum, nämlich das moderne, säkulare und humanistische Judentum, das Anders mit der für ihn typischen Vehemenz und Entschiedenheit vertritt, und dessen Überleben trotz aller Verfolgungen für ihn eigentlich etwas Anachronistisches und zutiefst Erstaunliches. Denn schon immer habe zu seinem Judentum ganz wesentlich gehört die „Verwunderung über die Tatsache, daß ich überhaupt noch als Jude zur Welt gekommen bin [... und] daß es uns noch gab: uns, deren Vorgeschichte und Geschichte ja aus einer niemals abreißenden ‚Kette von Rissen', nämlich von Wanderungen, Verfolgungen, Fluchten und Massakern bestanden hat."[2] Seine tiefempfundene Solidarität mit dem geretteten Rest des Restes, den er unter keinen Umständen ausgelöscht sehen möchte, formuliert er dann in den eindringlichen Worten: „Denn der Gedanke, daß die so vielen so blutig erkauften Rettungen vergeblich gewesen sein sollten, ist so schwer tragbar, daß ich das gerettete ‚Gut' (obwohl ich es kaum zu definieren wüßte) unter keinen Umständen aufgebe. Also nenne ich mich einen Juden und bin entschlossen, als solcher, wenn gewiß auch ohne Rabbi und an einem ganz zufälligen Platze, begraben zu werden."[3]

Wie einst für Kafka und Freud, die über den „dunklen Komplex des allgemeinen Judentums, der so vielerlei Undurchdringliches enthält", über jenes „gemeimnisvolle Etwas [...], das – bisher jeder Analyse unzugänglich – den Juden ausmacht", nachdachten,[4] so ist auch für Anders sein noch verbliebenes Judentum, das er verteidigt, nicht mehr definierbar und erklärbar und nur mehr auf wenige persönliche Erfahrungen und Erinnerungen gegründet. Ähnlich wie Kafka und Freud ist auch Anders nicht mehr von seiner Familie und seiner religiösen Erziehung her, sehr wohl aber in seinem geistigen und kulturellen Erbe aufs stärkste von seinem Judentum geprägt: „Ich bin nämlich überhaupt nicht mehr als Jude erzogen worden, habe niemals ein jüdisches Ritual kennengelernt [...]. Daß ich es trotz dieser Tatsache stets strikt abgelehnt habe, mein Judentum abzuleugnen oder gar aufzugeben, ist gewiß, auch für mich selbst, nur schwer verständlich."[5]

Mit Kafka und Freud verbindet ihn auch noch folgendes: So wie sie gehört auch er zu den Letzten, und zwar zu den Allerletzten eines bestimmten, unwiderruflich zerstörten und vernichteten deutsch-jüdischen kulturellen Milieus: „Wir, die wir hier zu Ihnen sprechen, sind ‚Letzte', nämlich letzte Juden, die sich einmal, und zwar mit Recht, ‚deutsche Juden' genannt haben, die in Symbiose – ein besseres als dieses fragwürdige Wort gibt es nicht – mit den Deutschen gelebt haben [...] Wir, die Söhne, wissen [...], daß wir die Letzten in einer Reihe von deutschen Juden sind, die Deutschland als ihre Heimat, *die* Heimat, die deutsche Sprache als *die* Sprache, die deutsche Musik als *die* Musik angesehen haben. Als Letzte blicken wir zurück auf unsere Vorfahren: die Mendelssohns und Heines und Marxs und Einsteins, und wissen: Nach uns kommt keiner mehr, der sich als deutscher Jude bezeichnen und fühlen oder gar in die deutsche Geschichte eingehen wird."[6]

Der Vater von Günther Stern-Anders, William Stern, einer der Begründer der modernen Kinderpsychologie und ein Vertreter des Kritischen Personalismus, weigerte sich 1916 in Breslau, zum Christentum überzutreten, um eine volle Professur zu erlangen, verließ daraufhin nach fast zwanzig Jahren die Stätte seines Wirkens, ging nach Hamburg und gründete dort das Psychologische Institut an der Universität. Dennoch fühlte er sich als deutscher Jude völlig integriert in die deutsche Kultur und Gesellschaft. Wie sich seine Tochter, Eva Michaelis-Stern, erinnert, war er damals noch fest davon überzeugt, daß der Antisemitismus im fortschrittlichen Deutschland einst ganz verschwinden werde. Er mußte sich 1933, nach der Machtergreifung der Nationalsozialisten, die bittere Wahrheit eingestehen, daß seine Weltanschauung zusammengebrochen war.[7]

Das Erbe und Vermächtnis dieses geistig so kreativen und hochstehenden deutschen Judentums finden heute außerhalb Deutschlands, an den Stätten der Exilierten, erneut und noch einmal ihre Fortsetzung und Fruchtbarkeit, wie Anders es in seinem Essay bewegend beschrieb: „Und trotzdem, ungeachtet dieses Abschiedes – deutsche Juden wird es noch eine Zeitlang, vielleicht sogar noch sehr lange, geben. Nämlich außerhalb Deutschlands. Wir werden das Erbe in der Fremde hegen und verwalten [...] Die Lehrstühle für Germanistik zwischen Kalifornien und Australien werden von uns verwaltet [...] Immer sind wir [...] die geheimen Boten und Botschafter derer gewesen, die uns nach dem Leben getrachtet haben. Und das sind wir auch heute wieder. Wir bitten nicht um Dank für diese Dienste. Aber darum, daß Sie von diesen Kenntnis nehmen."[8]

Auch die Radikalität seiner aufklärerischen Gesellschaftsanalyse und -kritik führte Anders auf sein Judentum zurück – ähnlich wie Freud, der einbekannte, daß er sich, eben weil er Jude war, „frei von vielen Vorurteilen" fand, „die andere im Gebrauch ihres Intellekts beschränkten; als Jude war ich dafür vorbereitet, in die Opposition zu gehen und auf das Einvernehmen mit der ‚kompakten Majorität' zu verzichten."[9] Fast wortgleich sagt Anders: „Was ich meine, ist [...], daß wir, nachdem wir das jüdische Gesetz hinter uns gelassen, uns aber dagegen gesträubt hatten, uns aus Opportunitätsgründen einem anderen Sitten- oder Glaubensdogma anzuschließen, die Chance gehabt haben, bindungslos, das heißt, frei von Vorurteilen aufzuwachsen. In der Tat haben wir es leicht gehabt, zu unerwarteten Horizonten und neuen Wahrheiten vorzustoßen; die geistigen und Sittenwiderstände, die wir, um Neues zu entwerfen oder zu entdecken, zu überwinden hatten, waren, nachdem wir einmal die Mauern der jüdischen Orthodoxie durchbrochen hatten, geringer als die Widerstände, die unsere nichtjüdischen

Freunde und Mitkämpfer zu durchbrechen hatten [...] Oft bin ich befragt worden [...], warum der Prozentsatz von jüdischen Kommunisten so auffällig hoch sei, worauf ich [...] zu erklären versuchte, daß deren Schritt in die revolutionären Freiheitsbewegungen nur die natürliche Fortsetzung ihrer Selbstbefreiung aus dem Ghetto darstelle und daß sie in der kapitalistischen Welt, in die sie nun eingetreten waren, ein zweites Ghetto sähen, ein ungeheuer großes Ghetto von Verunrechtungen, die es zu befreien gälte. Diese Ansicht war jahrzehntelang auch die meine; und auch ich war darin gewiß sehr jüdisch."[10]

So wie ihre religiösen Vorväter mittels der Thora und der von ihr geforderten guten Werke für eine bessere, menschenwürdigere und gerechtere Welt eintraten, so übertrugen ihre säkularisierten und assimilierten Enkel ihre messianischen Ideale auf die moderne Kultur und Tradition. Ihre Leidenschaft der Vernunft, ihr messianischer Glaube aber blieben erhalten, wie es auch Anders bezeugt hat: „Und noch aus einem anderen Grunde haben wir Juden so viele Revolutionäre gestellt. Deshalb nämlich, weil wir, nicht anders als unsere orthodoxen Ahnen, deren Erbe wir unbewußt weitertrugen und auch heute noch weitertragen, stets davon überzeugt gewesen sind, daß *der Messias noch nicht gekommen* sei, daß dessen Kommen noch ausstehe und daß wir diesem den Weg zu bahnen haben."[11]

Allerdings hat Anders' messianischer Glaube die beiden großen Katastrophen und Zivilisationsbrüche der Moderne, Auschwitz und Hiroshima, denen er sein gesamtes Werk widmete, nicht überlebt, was ihn auch in Gegensatz zu dem in dieser Hinsicht, wie er selbst sagt, viel „jüdischeren" Ernst Bloch brachte: „Auch ich habe viele Jahre lang – und auch darin war ich eben sehr jüdisch – in der Erwartung des Noch-Nicht, des zu errichtenden messianischen Reichs, gelebt. Bis zum 6. August 1945 [...], da wie ein Blitz die Einsicht in mich einschlug, daß wir vielleicht, oder sogar wahrscheinlich, einem Nicht-Mehr entgegentreiben. Das war das Ende meines Messianismus."[12] Seither nennt sich Anders – ungeachtet aller Kommentatoren und Gesprächspartner, darunter so prominente wie Friedrich Heer, die ihm gerne Gläubigkeit attestierten – dezidiert nicht mehr gläubig oder gar religiös. Er spricht auch davon, daß er nicht mehr beten könne, es auch nicht mehr wolle, und nennt seinen „Glauben" jetzt „Leidenschaft". Obwohl er seinem Freund Friedrich Heer in diesem Punkt nicht folgen konnte, sagte er in seinem Nachruf auf ihn wohl das Schönste, was über diesen Mann, der dem jüdischen Volk mit so viel Liebe begegnete, gesagt wurde: „Er war die Integrität, Großzügigkeit und Herzlichkeit in Person. Daß er, der glaubende [...] Christ, mir, dem Juden und erklärtermaßen Ungläubigen, von der ersten Sekunde unseres einander Kennenlernens an mit unverhohlener und unwiderstehlicher Freundschaftsbereitschaft entgegenkam, das ist [...] unvergeßbar. Er beschloß und erklärte einfach, meinen Nichtglauben nicht zu glauben; behauptete mir in mein Ketzergesicht hinein, ich sei ein homo religiosus, wüßte das bloß nicht – und dieser ‚frommen Frechheit' gegenüber blieb ich hilflos [...] Und kaum je bin ich einem Nichtjuden begegnet, der mit solcher Passion über und für uns Juden gefühlt hatte. Das Wort ‚Passion' kommt mir nicht von ungefähr. Für ihn waren wir Juden nicht etwa diejenigen, die Jesus ans Kreuz geschlagen hatten. Vielmehr empfand er uns, die seit 2000 Jahren Gemarterten, als ein gekreuzigtes Volk; und als eines, das noch immer am Kreuze hängt. Ich denke seiner voll Liebe und Dankbarkeit und danke ihm nicht nur in meinem eigenen Namen."[13]

Anders' Verbundenheit mit seinem Volk ließ ihn auch entschieden den Staat Israel bejahen, obwohl er von sich schrieb, daß er weder national dem Judentum angehöre, noch Zionist oder Israeli sei, und ungeachtet der für einen linken und assimilierten Juden seiner intellektuellen Herkunft so typischen Vorbehalte und Einwände, die ihn 1982, nach dem Libanonkrieg, sogar aus der Wiener Israelitischen Kultusgemeinde austreten ließen, die er anscheinend für die politischen Vorgänge in Israel mitverantwortlich hielt. In einem in der Zeitschrift „Argument" veröffentlichten Brief mit dem Titel „Warum ich meine Zugehörigkeit zur Jüdischen Gemeinde aufgebe", der Israel schwerlich gerecht wird – in ihm steht der furchtbare Satz, daß das israelische Volk Begin „so blind gehorcht, wie das deutsche Volk Hitler gehorcht hatte, als es sechs Millionen von uns ausrottete" – versuchte Anders, seinen Schritt, der, wie er ausdrücklich betonte, keineswegs seinen Austritt aus dem Judentum bedeute, zu begründen. Auch beklagte er sich bei dieser Gelegenheit über die jahrzehntelange Ignoranz von seiten der Kultusgemeinde: „Schon mein Freund Friedrich Heer [...] hat [...] gefragt: ‚Wer von Wiens Juden kennt ihn?' Kurz: ich bin Günther Anders, international bekannt, auch Träger des Kulturpreises des Staates Österreich und der Stadt Wien (wovon nur Sie niemals Kenntnis genommen haben), vermutlich der, außer dem Kanzler und Herrn Wiesenthal, international namhafteste österreichische Jude. Außerdem bin ich, im Unterschied zum Erstgenannten, ein sehr bewußter Jude, der so früh [...] und so pausenlos über das Auschwitz-‚Thema' geschrieben hat wie sehr wenige andere [...] Wenn ich Ihnen also erkläre, daß ich mich entschlossen habe, aus der hiesigen Gemeinde auszutreten, so können Sie diesen Schritt nicht mit ‚jüdischem Selbsthaß' erklären (der mir verhaßt ist). Meine Familie lebt übrigens in Israel und besteht ausschließlich aus Israelis. Und mein Besuch in Jerusalem bleibt mir unvergeßlich [...] Unter Juden, denen ich mich zugehörig empfinde, und auf die ich stolz wäre, wenn man auf andere stolz sein dürfte, verstehe ich Figuren wie Jesajah oder Maimonides oder Spinoza. Unter keinen Umständen aber hemmungslose Mißachter aller Menschenwürde und allen Menschenrechts."[14]

In „Die Gemeinde", der Zeitschrift der Wiener israelitischen Kultusgemeinde, wurde nur ein einziges Mal ein Text von Anders gedruckt. Es war Anders' Antwort auf einen Brief seines Freundes Bruno Frei, der zu dem bereits erwähnten Essay „Mein Judentum" drei Einwände vorgebracht hatte, nachdem er diesen für ihn großartigen „Meisteressay über das Judesein" zuvor sehr gelobt hatte: „In diesem Aufsatz hast Du die Problematik des Judeseins auf eine Stufe gehoben, die seit Martin Buber niemals erreicht worden ist." Frei widerspricht zuerst Anders' Erklärung, sich national dem Judentum nicht zugehörig zu fühlen, indem er ihm entgegenhält, daß sein ganzer Essay „ein Bekenntnis zum jüdischen Volk in seiner Leidensgeschichte" sei. Anders' Antwort auf diesen Einwand zeigt, daß es ihm keinesfalls um eine Distanzierung vom jüdischen Volk geht: „Daß ich mich ohne die geringste Reserve als Jude betrachte, nein: fühle, das habe ich ja deutlich gesagt. Aber ich zögere eben, diese Zugehörigkeit als ‚national' zu bezeichnen. Unser – der Juden-Fall – ist so abnorm, daß Kategorien, die durch die Selbstinterpretation anderer Völker entstanden sind – und dazu gehört die der ‚Nation' –, für uns nicht passen. Aber eine eigene Kategorientafel für uns Juden zu entwerfen, wäre müßig, weil Kategorien, die nicht generell gelten, sinnlos sind. Wenn ich also leugne, zur jüdischen ‚Nation' zu gehören, so nicht, um mich zu distanzieren, sondern allein deshalb, weil diese Kategorie für uns nicht stimmt."[15] – Anders' Warnung vor der Apokalypse steht Frei so verständnislos gegenüber, daß er sie nur als „absolut jüdisch" abtut und zugleich darauf hinweist, daß die Apokalypse sowieso nicht abwendbar sei. – Der dritte Einwand schließlich betrifft die „Salzrolle" des Judentums, zu der sich Anders bekennt. Aber genausowenig wie es Frei gelingt, ihm ein nationales Bekenntnis zum Judentum abzuringen, genauso weigert sich Anders, die missionarische Aufgabe des Judentums anders als individuell zu sehen: „Was nun die ‚jüdische Mission', also das ‚Salz-sein' betrifft, so glaube ich, daß diese nur von Individuen übernommen und geleistet werden kann. Von einem Staat die Durchführung einer Mission, also der Salzmission, zu verlangen, auch nur zu erhoffen, das halte ich für unrealistisch. Selbst wenn es einem Staat gelänge, sich als ‚Salz' zu benehmen – welcher andere Staat würde sich denn dadurch veranlaßt sehen, ebenso ‚salzig' zu werden? Noch niemals ist es in der Geschichte geschehen, daß ein Staat einen anderen als Beispiel anerkannt hätte und diesem nachgefolgt wäre. Und nichts wäre unberechtigter, als dem heutigen Israel eine solche Beispielsrolle zuzuerkennen. Die Kibbuzim sind ja leider nicht charakteristisch für das heutige Israel. Und die Aussichten, daß sich das zum Besseren verändere, sind gleich null." Daß Frei ihm vorwirft, darin nicht mit Buber übereinzustimmen, wurmt Anders – der Buber, wie er in seiner Antwort bemerkt, auch persönlich gekannt hat – allerdings wenig, zumal ja das „Abweichen mein Leben lang mein Hauptberuf gewesen ist".[16]

An das erwähnte Zusammentreffen mit Buber erinnert sich Anders noch heute sehr gut. Es war in den frühen dreißiger Jahren in Frankfurt in einem Seminar von Paul Tillich, in dem Anders ein Referat über Plotin hielt und Buber ihn daraufhin ansprach. Ihm war jedoch die Feierlichkeit und das pseudoprophetische Gehabe Bubers derart zuwider, daß er von dem, was Buber sagte, kaum Notiz nahm.[17] Bemerkenswert ist, daß Anders' Reaktion auf Buber genau der von Adorno sowie auch der früheren bzw. zeitweiligen von Scholem und Kafka entsprach.[18]

1976 besuchte Anders Israel und verschwieg nicht seine Ergriffenheit, obwohl für ihn das Schicksal der Heimatlosigkeit, zu dem ihn sein Judentum verurteilte, unabänderlich war: „Ich bin drüben gewesen, ich bin aufs tiefste beeindruckt von der Leistung; ergriffen davon, jüdische Menschen zu sehen, die aufrechten Ganges ihr Leben leben. Ich bin froh darüber, daß es einen Flecken auf der Welt gibt, auf dem die Gejagten sich zu Hause fühlen. Und der Gedanke, daß dieses Land ein zweites Auschwitz werden könnte, ist mir schlechthin unerträglich. Ich sage also *ja* zu Israel."[19] An der Tempelmauer fühlte er, der nicht weniger areligiöse, geistig unabhängige und radikale Jude als Freud, plötzlich, wie sehr er seine Existenz als Träger der ewigen Botschaft des Judentums und seines humanistischen Erbes, als Salz der Erde und Erbe der Propheten – wie er sich selbst einmal nannte – seinen orthodoxen und thoratreuen Glaubensbrüdern verdankte, die die Last dieses Erbes über die Jahrtausende hinweg retteten und bewahrten. Ein orthodoxer Jude sagte dort zu ihm: „Ohne uns wärest du nicht mehr da." Daran erinnerte sich Anders, als er den Essay über sein Judentum schrieb: „Heute möchte ich ihm nun meinen Dank aussprechen [...] Jawohl, ich, der ich stottere, wenn ich gefragt werde, worin mein Judentum bestehe; ich, der ich meine Jugend ohne Thora verbracht habe; [...] ich, der ich als einzige jüdische Familienerinnerung die dem Protestantismus entwendeten Melodien der Reformgemeinde aufbewahrt habe; ich, der ich als Berufsphilosoph jede ungeprüfte Übernahme von Überzeugungen oder Sitten als vorurteilshaft und damit als menschenunwürdig verachte; ich, der ich nicht nur keinen Gott kenne, sondern – dies ist wahrscheinlich die Klimax der Ketzerei – alle Religionen als sakrilegisch empfinde, weil sie Antwort zu geben wagen auf Fragen, die wir noch nicht einmal zu stellen das Recht haben; ja, trotz alledem habe ich meinem bärtigen Bruder im Kaftan meinen Dank auszusprechen, und nicht nur ihm, sondern den gewiß siebzig Generationen vor ihm. Und zwar dafür [...], daß sie seit der Zerstörung des Tempels ihre Thora und ihr jeden Handgriff des Lebens minütlich regelndes, heute und seit langem schon völlig absurd gewordenes Sittensystem trotz Verhöhnungen, trotz Vertreibungen und trotz Massakern stur mit sich getragen und immer der nächsten Generation weitergereicht und damit, ohne je Boden unter ihren Füßen ihr eigen nennen zu können, ihre Identität durchgehalten haben. Ja, ihnen habe ich meinen Dank auszusprechen, weil ohne ihre Sturheit auch ich irgendwo unterwegs verlorengegangen wäre, in Alexandria oder in Granada oder in Amsterdam oder in Lodz, so wie ungezählte Brüder meiner Ahnen und Urahnen und Ururahnen, ohne irgendwelche Spuren zu hinterlassen, verlorengegangen sind. Ja, er hatte recht, mein bärtiger Bruder im Kaftan: Ohne sie wäre ich nicht da."[20]

Günther Anders, der seither seine sehr jüdischen Gedichte aus dem Exil publiziert hat und sich in seinen Schriften nicht nur mit Hiroshima, sondern in aller Radikalität auch mit dem für ihn zu Recht moralisch ungleich viel entsetzlicheren Auschwitz sowie mit dem in Österreich durchaus nicht toten Antisemitismus und ausführlich mit dem Film „Holocaust" auseinandergesetzt hat,[21] hat vor einigen Jahren einmal darüber geklagt, daß der Essay über sein Judentum bei seinen – wohl überwiegend linken – Freunden und Lesern kaum wirklich verstanden worden sei.[22] Über die – sehr schwerwiegenden – Gründe dafür läßt sich streiten. Was dieses Unverständnis aber ohne Zweifel zeigt, ist die nach der Vertreibung und Vernichtung der Juden nun auch geistige und kulturelle Verdrängung des Judentums in dieser Gesellschaft, über deren Ausmaß wir uns noch kaum bewußt geworden sind, geschweige denn, daß wir sie überwunden hätten.

# II. DIE WELT ALS PHANTOM: LITERATUR, MUSIK UND MEDIEN

*Konrad Paul Liessmann*

## Die Herrschaft der Lüge. Zu Günther Anders' Roman „Die molussische Katakombe"

Jeder Leser der philosophischen und politischen Schriften von Günther Anders kennt eines der rätselhaftesten Länder der Literatur: Molussien. Eingestreut in seine theoretischen Analysen der modernen Industriegesellschaft, versteckt in seinen Reflexionen über die atomare Bedrohung, eingeschmuggelt in seine Philosophie der Technik finden sich bei Anders immer wieder Sprichwörter und kleine Geschichten, fiktive Texte und Gedichte aus diesem nie näher bestimmten Land, als ob damit ernstzunehmende Belege für seine Thesen gefunden wären. So verweist Anders im 1. Band seines Hauptwerkes „Die Antiquiertheit des Menschen" zur Erläuterung seines Begriffs der „prometheischen Scham", mit dem er die Tatsache bezeichnet, daß der Mensch vor der Vollkommenheit seiner technischen Geräte schamhaft erröten müßte, auf ein „molussisches Industrielied": „Ach im Umkreis des Genauen/ziemt uns kein erhobnes Haupt./Dingen nur ist Selbstvertrauen/nur Geräten Stolz erlaubt." Und als „Nachweis" für diese Belegstelle heißt es dazu noch in einer Fußnote: „An die Zahnräder. Aus den Molussischen Industriehymnen. Deutsch von G. A."[1] Und im 2. Band der „Antiquiertheit" wird zur Entlarvung der Mechanik des Konsumterrors aus einer „fragmentarischen Hymne" der molussischen Industriellen zitiert. Die Hymne der Unternehmer trägt den ironisch-makabren Titel „Kraft durch Freude", und ihr Refrain lautet: „Unsre Kraft – durch ihre Freude ... Lob und Preis den Konsumenten/Unseren Geheimagenten."[2] Und nicht selten beginnt oder endet ein Kapitel bei Anders mit der Weisheit eines „molussischen Gnomikers“: „Mißtraue dem Ersten. Denn wo du zwei rennen siehst, da ist, der den Vorsprung hat, gewöhnlich der Dieb, und der hinterherrennt, der Bestohlene.“[3]

Wer nur das literarische Werk von Günther Anders – denn der mehrfachbegabte Sohn des berühmten Psychologen William Stern wollte ursprünglich Schriftsteller werden und verfaßte unzählige Fabeln, Parabeln, Erzählungen und Gedichte, wovon allerdings nur wenig veröffentlicht ist – wer also dieses Wenige kennt, dem ist Molussien ebenfalls in mancherlei Gestalt begegnet. So findet sich unter den Gedichten von Günther Anders das Lied einer „Molussischen Hofsängerin“, in dem es heißt: „Ich bin ein gut molussisch Kind./Nur daß meine Mutter trank,/nur daß wir eben Gesindel sind, /nur daß ich abends als Findelkind/auszieh auf Männerfang.“[4] Und die brillante Erzählung „Der Ahnenmord“ fingiert eine ethnologische Abhandlung über Molussien und zitiert ungeniert aus „Molussic Studies, a Symposion, Princeton 1952“ sowie aus dem Standardwerk „Molussic Proverbs, London 1949“. Und in einer Fußnote dieser „Abhandlung“ heißt es: „Daß die molussische Sprache für *Lieben* und *Bestätigen* nur ein einziges Zeitwort kennt, das ist philosophisch ertragreicher als manche dickleibige Liebesmetaphysik.“[5] So hat Anders selbst auch keine Liebesmetaphysik geschrieben, aber immerhin über seine diesbezüglichen Beobachtungen im amerikanischen Exil Aufzeichnungen geführt, die unter dem Titel „Lieben gestern“ erschienen sind und sehr viel von dem ausführlich reflektieren, was diese molussische Fußnote andeutet.[6]

Molussien – das scheint also für Günther Anders so etwas wie ein selbstentworfener Privatmythos, ein magischer Bezugspunkt des Denkens zu sein, der es ihm erlaubt, Beobachtungen, Ideen, Einsichten und Reflexionen in einer Weise zu formulieren, die jenseits der Regeln wissenschaftlicher Verbindlichkeit liegen, aber gerade deshalb unverblümter, direkter, unmittelbarer wirken können. Das fiktive, nur vordergründig archaische Molussien, eingeschmuggelt in eine philosophische Abhandlung über den Zustand einer hochtechnifizierten Gesellschaft, wird zu einer metaphorischen Geste, die pointiert und ironisch auf jene Wahrheiten verweist, deren nahezu unannehmbarer Charakter Direktheit kaum mehr zuzulassen scheint. Aber hinter Molussien steckt mehr als solch bitter-witziges, versprengtes Spiel mit der Wahrheit: Molussien selbst hat eine Geschichte, die es fast zu so etwas wie einem traurigen Symbol der Wahrheit in diesem Jahrhundert macht.

Denn Molussien, dieses fiktive Land, hatte Günther Anders als poetisches Bild für die ungeheure Bedrohung durch den Nationalsozialismus entworfen. Ende der 20er Jahre hielt sich der junge Günther Stern in Berlin auf. Er, der eine Karriere als Philosoph anstrebte, verkehrte im Kreis um Brecht und schrieb für den Berliner Börsen-Courier – immer öfter auch unter dem Namen Anders. Und er ist einer der wenigen kritischen Intellektuellen, die sehr früh schon Hitler ernst nehmen. 1928 liest er „Mein Kampf", wofür er von seinen klugen Freunden, die Hitler „idiotischerweise nur den *Anstreicher* nannten", „durch den Kakao gezogen" wird. Anders hingegen nimmt dieses „gemeine, haßfreudige, zum Hassen aufreizende, achtelgebildete, feierliche, rhetorisch mitreißende, unbestreitbar höchst intelligente Buch" zutiefst zur Kenntnis: „Da wußte ich also", schrieb Anders später, „dieser Mann sagt, was er meint, und er meint, was er sagt. Und er sagt es so vulgär, daß er für das Vulgäre unwiderstehlich sein wird und selbst Nicht-Vulgäre vulgär machen und mitreißen wird."[7] Und auf die Frage, ob es denn in seinem Leben etwas gebe, das er heute noch bereue, nicht getan zu haben, hat Günther Anders dann auch einmal geantwortet: Ja – daß er damals Hitler nicht getötet habe. Dieser Gefahr, die er so klar wie wenige erkannte, versuchte er allerdings noch auf ganz andere Weise zu begegnen – durch einen Roman!

In den Jahren 1930 bis 1932 arbeitet Anders an einem umfangreichen epischen Werk, das die ideologischen Mechanismen des Nationalsozialismus, seine Verblendungsstrategien und Betrugsmanöver freilegen sollte – ein ironisches, in Swiftscher Manier gehaltenes „Lehrbuch des Lügens" sollte es werden. Der Titel dieses Romans ist „Die Molussische Katakombe". Brecht selbst hatte das Manuskript noch an den Kiepenheuer-Verlag vermittelt, der es annahm, aber nicht mehr publizieren konnte: die Nazis waren schneller. Es fiel in die Hände der Gestapo, die es aber an den Verlag zurückschickte, da sie es für eine Sammlung von Südsee-Märchen hielt: Kiepenheuer hatte das Manuskript in eine alte Landkarte von Indonesien, mit einer neu eingezeichneten Insel „Molussien", eingebunden. Über Brecht bekam Anders das Manuskript zurück. Da er aber wußte, daß sein Name in Brechts Adreßbuch, das in die Hände der Gestapo gefallen war, stand, flüchtete er nach Paris. Das Manuskript wagte er nicht mitzunehmen. Freunde versteckten es, in Pergament eingewickelt, zwischen „Dauerwürsten und Schinken" in einem Rauchfang. Monate hing es dort, bis Anders' damalige Frau, die später berühmt gewordene Philosophin Hannah Arendt, ebenfalls nach Paris emigrierte. Sie brachte den wundersam duftenden Roman mit, der nun einer anderen Bestimmung dienen sollte: „Da wir nämlich zuweilen nicht gerade ganz satt wurden, benutzte ich das Manuskript gewissermaßen als *Duftsauce.* Ich roch an ihm, wenn ich mein baguette aß", erzählt Anders.[8] Der Versuch, die „Molussische Katakombe" nun in Paris zu publizieren, scheiterte aber am Lektor des einzigen deutschsprachigen Verlages in Paris, der dafür in Frage gekommen wäre: Ein „gewisser Herr Sperber" hatte es mit den Worten: „Und das halten Sie für linientreu?" zurückgewiesen.[9] Manès Sperber, damals noch orthodoxer Stalinist, spürte wohl, daß es Anders in der Tat nicht um Parteilichkeit, sondern um Wahrheit ging. Später, viel später sagte Anders zum Fall dieses Intellektuellen, der sich später als Antikommunist bejubeln lassen sollte: „Ich halte es für moralisch abgeschmackt, wenn sich Männer (oder Frauen) die Tatsache, daß sie *nicht mehr die sind, die sie einmal gewesen waren,* als Tugend loben lassen."[10] Der Roman aber, der ein poetisches Schlüsselwerk für die Analyse des Faschismus hätte werden können und wohl nicht zuletzt deshalb einem Stalinisten mißfallen mußte, ist sechs Jahrzehnte unveröffentlicht geblieben.

Aber wovon handelt nun dieses Buch? Was hat es mit dem Ur-Molussien wirklich auf sich? Molussien – das ist ein fiktives, von einem totalitären System beherrschtes archaisches und archetypisches Land am Vorabend einer Revolution. In seinen Gefängnissen, den Katakomben, erzählt seit Generationen immer der ältere Gefangene, der stets den Namen Olo annimmt, dem jüngeren, dem Neuankömmling, der immer Yegussa genannt wird, die „für die Fortsetzung des Freiheitskampfes notwendigen Lehren“ in Form einer Reihe von politischen Parabeln, die der Ältere selbst einmal von einem Olo gehört hat; Yegussa muß sie auswendig lernen, um sie weiterzugeben, für jene Stunde, zu der die Wahrheit wieder ans Tageslicht wird treten können. Wie in einer Stafette werden die Geschichten weitergereicht, die Gefangenen sind die „Meldereiter“ der Wahrheit. Und wie in 1001 Nacht wird, in der absoluten Dunkelheit der Katakombe, in der sich die Gefangenen nie sehen und die Wahrheit der Vernunft tatsächlich nur vernehmen, das Erzählen der Geschichten zur Methode des Überlebens, die sich erst am Schluß, als die Wirklichkeit die Parabelkette einholt, aufhebt. Der letzte Yegussa nämlich, den der Leser kennenlernt, wird sein Leben für den Freiheitskampf opfern und damit einen Generalstreik und die siegreiche Revolution auslösen. Aufgeschrieben aber – und dies ist eine der pointierten Konstruktionen des Romans – werden diese Dialoge von den „Angestellten des Terrors: den Gefängniskalfaktoren, die gezwungen waren, die Worte der Gefangenen Tag und Nacht abzuhören.“[11]

Der fiktive Herausgeber dieser Gespräche schreibt aber selbst in einer Zeit der „allgemeinen Verhöhnung des Geistes“ und der „organisierten Verdummungen“ – und das ist vielleicht mehr als nur eine deutliche Anspielung auf den Nationalsozialismus: Es ging und geht Anders bis heute um den Kampf „gegen die Lüge für die Sache der Vernunft“.[12] Wie vertrackt allerdings das Verhältnis von Lüge und Wahrheit ist – davon will dieser Roman zeugen. Denn seine These ist, daß in einer Zeit, in der „jede Lüge (schreit): *Auch ich bin wahr*“, die Wahrheit selbst nur Gehör findet, wenn sie sich als Lüge präsentiert. Darauf hinzuweisen, daß solches jenseits der Propagandamechanismen des Faschismus seine Gültigkeit behält, ist wohl überflüssig angesichts eines Denkers, der als erster die strukturelle Lügenhaftigkeit moderner Medientechnologien analysierte, und angesichts einer Gesellschaft, in der Verlogenheit längst zum guten Ton ihrer höchsten Repräsentanten gehört.

Die Situation der Gefangenen in den Katakomben bildet den Rahmen, in dem sich das eigentliche Geschehen des Romans, die Fabel ereignet. An einer Stelle reflektiert Olo den Sinn und Gebrauch der Fabel selbst: „Fabeln sind keine Abbilder, sondern Apparate", belehrt der Ältere den Jüngeren, ein Apparat nämlich, der „richtig stellt und handgreiflich sichtbar macht, was wir handgreiflich behandeln und bekämpfen wollen".[13] Die Fabel wirkt wie ein Mikroskop. Sie ist deshalb auch keine literarische Form, die einer Deutung bedürfte: „Es ist peinlich, Fabeln oder Sprichwörter zu erklären. Sie selbst sind Erklärungen. Und eine bessere Sorte als alle anderen: denn zugleich sind sie Warnungen. Müssen sie übersetzt werden, so beweist dies die schlechte Qualität. Und sind sie übersetzt, so klingen sie gewöhnlich und sind wirkungslos."[14]

Die Fabel selbst wird zum Instrument des Kampfes: im Roman. Die Schärfe des Spotts muß sich so auch über jene Kunst ergießen, die im „Museum für zweckfreie Kunst" steht und dort wie der Wegweiser mit der Aufschrift „Zur Volksküche" den Hungrigen solange narrt, bis dieser begriffen hat, daß Kunst nur etwas für Satte ist.[15] Die Fabel soll unmittelbar wirken: eine Maschine zum Öffnen der Augen. Die Fabel stellt die Dinge unverblümt dar – vergrößert vielleicht, aber verzerrt nicht. Die Geschichten aus, um und über Molussien werden zu fabelhaften Paradigmen der Weltgeschichte, der sozialen Lage, der politischen Situation. Es ist die bis ins Groteske fortgetriebene Wahrnehmung, die in der Fabel die Wirklichkeit zur Erscheinung bringt. Wenn Yegussa vom Brauch der molussischen Magnaten erzählt, sich neben ihren Hauslehrern, Haushunden, Hausgärtnern und Hausmusikern auch „Hausbettler" zu halten, „um so ihren sozialen Pflichten nachzukommen und ebenso wie ihre ästhetischen und geistigen auch ihre seelisch-moralischen Bedürfnisse zu befriedigen", was so weit gehen kann, daß sich manche Wohlhabende in ihren Parks ganze Pariaviertel anlegen,[16] so erhellt dies drastisch eine Beziehung zwischen Wohlstand und Not, die quer zu allem Moralismus gerade diesen als den eigentlichen Zynismus entlarvt.

Bei allem aber ist die Fabel frei von jener falschen Euphorie, die ihrem Autor wahrscheinlich Linientreue hätte bescheinigen können. Bevor er noch sein Leben für eine Revolution geopfert haben wird, weiß Yegussa schon: „Eine Revolution ist schwerer, als ich gedacht hatte, denn sie beginnt einen Tag nach dem Siege der Revolution."[17]

Die Radikalität der Fabel aber wendet sich auch gegen diese selbst. An einer Stelle fragt Yegussa den Älteren: „Ziehst Du Deine Kraft *nur* aus der Verzweiflung und garnicht aus der Hoffnung", um dann dessen Schweigen mit folgenden Worten zu quittieren: „Ich glaube, *Du bist verliebt in die Größe Deines Unglücks. Und Du hassest die willkommenen Erleichterungen.*"[18] Es erstaunt, wie sehr schon beim jungen Günther Anders das Oszillieren zwischen der produktiven Kraft der Verzweiflung und der Kritik an der Hoffnung das Denken bestimmt – und es gehört vielleicht zu den bittersten Erfahrungen dieses Jahrhunderts, daß Yegussa richtig vermutet hat und die Gründe dafür mit der Zeit immer deutlicher geworden sind.

Natürlich ist die „Molussische Katakombe" didaktische Literatur. Allerdings eine, die dieses Prinzip in sich aufnimmt, indem sie es tatsächlich zur Bestimmung ihrer Form macht: Die Fabel belehrt nicht plump den Leser, sie belehrt die Protagonisten des Romans und wird so zu dessen Strukturprinzip. Was sich damit aus den Gesprächen der beiden Gefangenen in der molussischen Katakombe herauskristallisieren läßt, was als Kosmos dieser Fabeln erscheint, sind die Konturen eines imaginären Landes, das man als inverses Atlantis bezeichnen könnte. Was Anders angesichts des Faschismus versuchte, war nichts weniger, als eine negative Utopie des totalitären Staates. In der

Fabelkette werden Herrschaft, Ausbeutung und Lüge, die Ingredienzien der Macht und die Korrumpierbarkeit der Intellektuellen, die Mechanismen der Infiltrierung und die Subtilitäten der Kontrolle zu mehr als zu einer Satire auf eine historische Epoche. Denn eine negative Utopie: das ist der Nicht-nicht-Ort – also allemal noch die Wirklichkeit.

*Thomas H. Macho*

# Die Kunst der Verwandlung. Notizen zur frühen Musikphilosophie von Günther Anders

## I.

Der Titel dieser Studie annonciert einen ersten Erkundungsausflug in bisher fremdes und wenig betretenes Land. Die Musiktheorie von Günther Anders wurde – soviel ich weiß – noch nie ausdrücklich gewürdigt; was weniger verwundert, sobald hinzugefügt wird, daß die „Philosophische[n] Untersuchungen über musikalische Situationen" (entstanden um 1930) nach wie vor unpubliziert sind. Das musikphilosophische Hauptwerk jenes Denkers, der einmal gestand, daß ihn ursprünglich „Fragen der Musikphilosophie und Probleme der Malerei brennend interessiert hätten",[1] ist bis heute nicht bekannt.

Bereits vor zwölf Jahren hat George Steiner – in einem erst kürzlich übersetzten Kommentar zu Martin Heideggers Philosophie – auf den seltsamen Umstand hingewiesen, daß die psychoakustische Metaphorik des Verfassers von „Sein und Zeit" oder von „Was ist Metaphysik?" zu keiner expliziten Musikontologie geführt habe.[2] Daß diese Abstinenz auf keine Geringschätzung der Musik und des Hörens zurückgeführt werden kann, läßt sich beispielsweise Georg Pichts „Erinnerungen an Martin Heidegger" entnehmen, die mit dem Bericht eines merkwürdigen Bekenntnisses schließen: „Auf Heideggers Wunsch spielte meine Frau [die Pianistin Edith Picht] die nachgelassene Sonate in B-dur von Schubert. Als die Musik verklungen war, sah er mich an: ‚Das können wir mit der Philosophie nicht.' "[3]

Während sich Heidegger zum griechischen Tempel oder zu van Goghs Bild der Bauernschuhe kenntnisreich geäußert hat,

hat er zum Musikalischen geschwiegen. Das „missing link" einer – aus thematischen Rücksichten beinahe zwingend gebotenen – Existentialontologie der Musik findet sich hingegen im Frühwerk von Günther Anders. 1927, im Erscheinungsjahr von „Sein und Zeit", veröffentlichte der fünfundzwanzigjährige Günther Anders – noch unter seinem Vaternamen Stern – eine musiktheoretische Abhandlung: Sie trug den Titel „Zur Phänomenologie des Zuhörens" und wurde in der „Zeitschrift für Musikwissenschaft" abgedruckt. Nicht nach dem Hören fragte der Autor dieser Studie, sondern nach dem *Zuhören;* nach dem bestimmten Typus jener auditiven Aufmerksamkeit, die der Verflüssigung des Gegenständlichen in musikalische *Zustände* antwortet. Der gewöhnliche Aufmerksamkeitsbegriff, so betonte Anders, sei vorwiegend „am Modell des Optischen orientiert gewesen, wie denn auch experimentelle Aufmerksamkeitsuntersuchungen vorzüglich in der optischen Sphäre"[4] durchgeführt wurden. Während aber die Konzentration des Sehenden durch eine Art von „Ausgrenzung" anderer „Felder möglicher Sichtbarkeit" erreicht werde, sei „jede Musik von selbst *monarchisch*" und lasse „nichts gegen sich aufkommen".[5]

Günther Sterns Abhandlung über die „Phänomenologie des Zuhörens" blieb zwar der Methodik Husserls ausdrücklich verpflichtet. Dennoch versuchte sie das Problem der Intention, des „Gerichtet-seins" wahrnehmender Subjekte, von Anfang an zu relativieren. Schon die Frage nach einer angemessenen Deutung des Hörens impressionistischer Musikwerke – etwa von Debussy – sollte ein strikt phänomenologisches Verständnis irritieren: „Es gibt ja – ebensowohl im Musikalischen wie im Personalen – ausgesprochen nicht-tendenzhafte, dennoch spezifisch nicht-mechanische Bewegungscharaktere, wie z. B. das „Sich-gehen-lassen". Zweifellos ist mit einem derartigen Titel sogar schon ein gewisses Charakteristikum für impressionistische Musik gegeben."[6] An der Ouvertüre zu „Pelléas et Mélisande" lasse sich exemplarisch erfahren, was gleichermaßen für die Musik der Hochromantik oder gar für alle Musik gelte, sofern sie nicht aus der professionellen Perspektive des Dirigenten oder Kritikers rezipiert wird: daß die „abzielende Attention" zweitrangig sei gegenüber einer „zuständlichen Aufmerksamkeit“, die als „‚Sein bei‘ der Musik, als ‚Sein mit‘“ beschrieben werden müsse.[7] Die *Bewegung* des „Mitdabeiseins“ verbinde selbst die „Brandenburgischen Konzerte“ mit Debussys „Études“: als jener „originäre Weg, auf dem auch dem Komponisten das motorisch Zuständliche sich objektiviert hatte in eine dinganaloge Komposition“, zugleich aber als jener „echte Umweg“, auf dem „das aus dem Zustand Geborene auch dem Hörer wieder zum Zustand wird“.[8]

## II.

Kurz nach der Publikation seiner erkenntnisontologischen Studien „Vom Haben“[9] muß Günther Stern-Anders mit der Niederschrift seiner Untersuchungen zur musikalischen Situation begonnen haben. Schon die Einleitung zu diesem Werk demonstriert unmißverständlich, wo der Autor nun anschließt: Nicht mehr Husserls Ruf zur „Sache selbst“, sondern Heideggers Existentialontologie bildet einen Frageraum, den der Autor im Stil einer Absichtserklärung und vorgreifenden Zusammenfassung seiner Arbeit umschreibt: Meine „Untersuchungen sind durch keine eindeutige Frage motiviert; sondern durch eine bestimmte Situation, die ihrerseits erst die Frage motiviert; diese Situation besteht in dem notwendigen *Zugleich-Sein* des In-der-Welt-Seins und des In-Musik-seins in *einer* Existenz, als *eine* Existenz; besteht darin, daß man einerseits in der Welt, im Medium eigenen geschichtlichen Lebens lebt, Welt und Leben vergleichsweise versteht (oder sich geradezu thematisch in diesem Verstehen bewegt – d.h. philosophiert); daß man andererseits nicht in Welt, sondern *„in Musik“* ist, wobei das Wort Musik kein in der Welt treffbares Weltstück anzeigt, kurz: daß man in Bestimmungen lebt, die die durchschnittlichen Fundamentalcharaktere menschlichen Daseins erschüttern, ja aufheben und ihrerseits eine eigene Existenzart anzeigen. Diese Existenzart positiv deutlich zu machen, ist die Aufgabe der Arbeit als ganzer.“[10]

Nicht mit bestimmter Musik, oder gar mit bestimmten Werken der Tonkunst, will sich Anders vorwiegend befassen: er fragt nach der musikalischen *condition,* nach der existentialen Situation des Singend/Hörenden schlechthin. Er fragt nach der „res quae canitur" (Augustinus) oder, mit Roland Barthes: „Was singt mir, der ich höre in meinem Körper das Lied".[11] Was Musik sei, lasse sich nicht mehr durch Rekurs auf Werke (oder auf die Objektivität des Tonmaterials, der „tönend bewegten Formen") entscheiden; ebensowenig freilich durch einen Rückgang auf die komponierenden, spielenden oder lauschenden Subjekte. Das musikalische Geheimnis sei vor der Trennung von Subjekten und Objekten gegeben, vor der Aufspaltung in vorstellungsfähige Lebewesen und in die Gegenstände ihrer Vorstellung: „Eine Musikphilosophie, die sich einfach auf ein objektives oder ideales Reich der Töne und der Tonformen zurückzieht und festlegt, um dem Vorwurf des Subjektivismus zu entgehen, ist nicht weniger im Unrecht, als der musikphilosophische Subjektivismus selbst" (MS 32). Die musikalische Situation zeichne sich aus durch ihre *Medialität;* darin gleiche sie dem „In-der-Welt-sein" überhaupt: nämlich als „Nicht-in-der-Welt-sein".

„In-Musik-sein" heiße schlicht: „Aus-der-Welt-sein", mit einem älteren Ausdruck: *Akosmizität.* Musik, so vertritt Anders, sei ein „Existential": keine bloße „Modifikation des In-der-Welt-seins", sondern ein „spezifisches Nicht-in-der-Welt-sein" (MS 34); ein „unbegrenzter Schallraum", der den Gestalten tradierter Musikwerke und Rezeptionsgewohnheiten vorausliegt. Wir *„wissen,* was Musik *ist",* sagt George Steiner. „Wir wissen es im widerhallenden Irrgarten des Geistes und im Mark unserer Knochen." Denn die „Musik *bedeutet,* selbst dort, ganz besonders dort, wo es keinerlei Möglichkeit gibt, diese Bedeutung zu umschreiben, sie in irgendeiner anderen Form neu zu formulieren, sie lexikalisch oder formal aufzuzeichnen. ‚Was ist denn Musik?', fragt der fiktive Fragesteller von einem anderen Planeten. Wir würden eine Melodie singen oder ein Stück klimpern und ohne Zögern sagen: ‚Das ist Musik'. Wenn er als nächstes fragte: ‚Was bedeutet es?', wäre die Antwort überwältigend in uns *da,* aber sie ließe sich außerordentlich schwer äußern. Als man Schumann zu einer seiner Kompositionen genau diese Frage stellte, spielte er sie ein zweites Mal. In der Musik sind Sein und Bedeutung nicht voneinander zu trennen. Sie trotzen der Umschreibung. Aber sie *sind,* und unsere Erfahrung dieser ‚Essentialität' ist ebenso sicher wie nur irgendeine im menschlichen Bewußtsein. [...] Wir nehmen das Sein von Musik als selbstverständlich, wie wir das Sein des Seins als selbstverständlich nehmen. Wir vergessen, erstaunt zu sein."[12]

## III.

Steiners Vergleich zwischen dem Sein des Seins und dem Sein der Musik paßt nicht schlecht.[13] Die Applikation der ontologischen Differenz auf die Theorie der Musik erhellt – gewissermaßen von der Seite – die Behauptung, daß „In-der-Musik-sein" als „Nicht-in-der-Welt-sein" sich vollzieht. Daraus folgt freilich auch, daß die Zeitlichkeit der musikalischen Existenz spezifisch gefaßt werden muß: die musikalische Existenz sei ungeschichtlich, behauptet Günther Anders. „Sofern unter ‚Leben' das eigene *geschichtliche* Leben verstanden wird, dem es auf sein Sein und Gewesensein ankommt, das sich in der Erinnerung mit sich selbst identifiziert, kann gegenüber der musikalischen Existenz mit Recht von Leben nicht gesprochen werden." (MS 34 f.) Das „In-der-Musik-sein" lebt gewissermaßen „an sich vorbei", existiert zwar in zeitlichen Strukturen, aber „eben nicht in ‚meiner' Zeit", sondern in der „musikalischen Zeit" (MS 36).

Die „musikalische Zeit" ist kein Kontinuum, das sich der Historie oder auch nur einer individuellen Lebensgeschichte angleichen läßt. In der musikalischen Zeit gibt es keinen eigentlichen Anfang und kein eigentliches Ende, keinen aufsteigenden Fortschritt, keine Geburt und keinen Tod. „Die Zeit ist abgesperrt", resümiert Günther Anders: „Spielte beim Untergang der ‚Titanic' die Kapelle, so verhinderte sie nicht nur den Einbruch der realen Lebenszeit, sondern deren Abbruch, und hielt ihn draußen; von jenem musikalischen Zeitleben aus, das ein Thema in da capo noch einmal aufzunehmen wagte, war die Aussicht auf den Tod versperrt." (MS 36 f.) Die musikalische Zeit ist rhythmisch, wiederholend, zyklisch strukturiert. Sie läßt sich dem „Sein zum Tode" nicht assimilieren.

Und doch kennt jedes Leben zahllose „da capo"-Einsätze. Selbstverständlich und leibhaftig begleitet uns das Metrum der Atmung, des Pulsschlags, der Nahrungsaufnahme und -ausscheidung; selbstverständlich und leibhaftig erleben wir unsere täglichen Weltuntergänge im Schlaf. „Ungeschichtlich ist der Schlaf, der nicht nur nicht ausdrücklich heute ist; denn es ist im Unterschied zu den Tagen immer wieder die gleiche Nacht, in die man einschläft: sie steht nicht an der Spitze des Kontinuums ihrer früheren Nächte. Sie ist unhistorischer Hiatus im historischen Leben; ja unhistorisch ist schon die regelmäßige Wiederholung der Ablösung des geschichtlichen Tages und der ungeschichtlichen Nacht." (MS 47) Der Schlaf ist die gnostische Lücke des Weltgehäuses, die selige Unterbrechung des inneren Bewußtseinsstromes. Jedem Erwachen folgt irgendwann das Einschlummern.

Und jedem Augenblick folgt ein unmerklicher Moment der Verdunkelung. Unser Sehen verlangt offenbar regelmäßige *Sehpausen.* Wir können die Augen nicht dauernd offenhalten, wir müssen sie immer wieder kurz schließen oder zumindest abwenden vom jeweiligen Zentrum unserer Aufmerksamkeit. Als „musikalische Existenzen" erfahren wir, daß unser Leben als Frequenz, als Kollusion der Polaritäten verfaßt ist: als Rhythmus von *Dasein* und *Wegsein,* von Präsenz und Absenz, Zuwendung und Abwendung. Auf der Welt zu sein heißt also schlicht: manchmal *in* der Welt zu sein, und manchmal *aus* der Welt zu sein. Heißt: ständig zu verschwinden und wieder zurückzukehren, metaphorisch gesagt: neu geboren zu werden und täglich zu sterben. Allenfalls lassen sich unauffällige Weisen der „Rückkehr" – wie beispielsweise der Augenaufschlag oder das Erwachen – von den grandiosen und singulären „Wiedergeburten" – etwa nach einer Initiationszeremonie oder nach einer schweren Krise – unterscheiden. Wir erleben „kleinere" und „größere“ Tode: beinahe selbstverständliche Trennungen oder höllisch schmerzliche Abschiede, unmerkliche oder dramatische Bewußtseinsverluste, minimale Sprünge oder die tiefsten Abstürze. Nicht auf die Amplitude kommt es an, sondern auf die Erfahrung des Schwingens und der Rhythmik selbst. Gelegentlich schaukeln wir in den Extremen einer manischen Depression, zumeist jedoch in den sanfteren Frequenzen alltäglicher Polaritäten.

Die musikalische Situation gleiche einer *Enklave,* sagt Günther Anders. „Jede Geste, jedes Unternehmen, jede Stimmung, jedes Erlebnis hat seine relativ abgeschlossene Gestalt, seine Zeiteinheit, seine *Frist.* Aber diese, dem historischen Leben immanenten und dieses Leben rhythmisierenden Fristen zerreißen nicht das Kontinuum des Lebens, sondern konstituieren es mit: die Schichtung der Fristen und Phasen macht erst das Leben eigentlich zum erinnerbaren geschichtlichen Medium.“ (MS 46) Die Besonderheit der musikalischen Enklavesituation – im Vergleich mit dem Spiel, dem Traum oder dem Schreck – bestehe allerdings in ihrer „Geschlossenheit“ und „Gestalthaftigkeit“, kurzum: „im musikalischen Gegenstand selbst“ (MS 48), der freilich nur *wiederholt,* nicht *erinnert* werden kann, wie Anders – in knapper Paraphrase Kierkegaards – expliziert.

## IV.

Die Medialität der musikalischen Situation nennt Anders, wiederum im Anschluß an Heidegger, die „Stimmung“. In seiner Antrittsvorlesung hatte Heidegger bekanntlich versucht, die „Stimmungen“ ontologisch zu promovieren – was ihm die Kritik Rudolf Carnaps eintragen mußte, er habe Metaphysik als „inadäquates Ausdrucksmittel für Lebensgefühle“ verwendet.[14] Nach Heideggers Überlegungen sollten Stimmungen allerdings gerade *nicht* als kontingente und unfaßliche Gefühlslagen interpretiert werden: „Die Befindlichkeit der Stimmung enthüllt nicht nur je nach ihrer Weise das Seiende im Ganzen, sondern dieses Enthüllen ist zugleich – weit entfernt von einem bloßen

Vorkommnis – das Grundgeschehen unseres Da-seins. Was wir so ‚Gefühle' nennen, ist weder eine flüchtige Begleiterscheinung unseres denkenden und willentlichen Verhaltens, noch ein bloßer verursachender Antrieb zu solchem, noch ein nur vorhandener Zustand, mit dem wir uns so oder so abfinden."[15] Zu einem ähnlichen Schluß gelangt Günther Anders, wenn er die stillschweigend vorgenommene Trennung zwischen „Stimmungen" und „Akten" kritisiert, die dem optisch inspirierten Paradigma neuzeitlicher Erkenntnis „abgelesen" sei. (MS 63 f.) Denn „Stimmung und die ‚Stimmigkeit' der im Nacheinander sich abwickelnden Strukturen sind eins: die Stimmung ist von vornherein prozeßhaft gegliedert; die Stimmigkeit von vornherein ausdruckshaft." (MS 67)

Das Wesen der musikalischen Situation wird also weder aus der objektivierbaren „Stimmigkeit" eines Tonkunstwerks, noch aus der subjektivierbaren Affektivität ihrer Rezipienten abgeleitet. Vielmehr spricht Anders vom „faktischen Mitvollzug der Bewegungen", vom kinetischen Apriori der musikalischen Situationen, von einem „Mitgehen" (MS 66) und „Mitgerissenwerden", das sich keiner fallenden oder steigenden Notenschrift verdanke, aber auch keinem individualisierbaren Impuls zum Tanzen oder zum Marschieren. Der „faktische Mitvollzug der Bewegungen" sei – als Zeitstruktur – vergleichbar jener „produktiven Einbildungskraft", die Kant als Mediation von Sinnlichkeit und Verstand postulierte: als ein „hinnehmendes" und „schaffendes" Vermögen zugleich. (MS 69)

Die musikalische Situation wird als Medium eines *Bewegungssinnes* charakterisiert: als die Bühne einer *Umstimmung*, einer *Verwandlung*. Die „Zeitkunst" der Musik erscheint nun als „Bewegungskunst": denn „mitvollzogen werden primär nicht – u. U. ungewöhnliche – Zeitstrukturen, sondern *Bewegungsformen.* Sofern diese Bewegungsformen mitvollzogen werden, werden sie zu Bewegungsformen des Menschen. In ihnen ist der Mensch verwandelt. Diese Verwandlung aber ist ebensowenig beliebiges Andersgewordensein, als die Musik einfach beliebiges Formenspiel ist, in das man sich hineinversetzte. Die Verwandelbarkeit ist eo ipso ein Offensein für Bewegungsarten, die sonst dem Menschen verschlossen sind." (MS 72)

Aus einem kurzen Exkurs zu Schopenhauers „Metaphysik der Musik" (deren kosmologische Stimmenspekulation abgelehnt wird) gewinnt Günther Anders seine Definition der musikalischen Situation, die – wie ich zu sehen meine – alle Kredite zurückzahlt, die dem Denken Heideggers (oder Ernst Blochs) geschuldet waren. Ziemlich genau in der Mitte seines Buches schreibt der Autor: „Musik ist Musik des Menschen: in ihr verwandelt der Mensch sich selbst; die Möglichkeit der Bezauberung und der Situation, in die er sich in der Musik hineinzaubert, liegt in ihm selbst. Musikphilosophie ist bei aller Betonung der musikalischen Verwandlungssituation dennoch immer Anthropologie der Musik. Übersetzt man in diesem Sinn die Schopenhauersche Koordination Baß-Gravitation ins Menschliche: der Baß sei Objektivation des Menschen, sofern er (abgesehen von seiner Freiheit, deren Objektivation der Diskant wäre), auch der der Schwerkraft unterworfenen Welt zugehöre, sofern er, abgesehen von allen anderen Dimensionen seines Seins, auch von dieser Welt mit ausgemacht werde, sofern er auch *als* solche Welt sei – so verliert die Spekulation ihre eigentliche Gefahr. So gesehen, ist der Baß gleichsam Objektivation einer Dimension menschlichen Seins, aber eben einer nicht nur menschlichen. [...] Die musikalische Situation wäre dann zu verstehen als eine *Verwandlung des Menschen in eine seiner Dimensionen,* als ein Leben in den Bewegungsformen dieser Dimensionen, die ihre Vergegenständlichung erst in der Musik finden." (MS 88) Und einige Seiten später: „Wenn wir die ontische Existenz und die ontische Lebendigkeit des Menschen, die ihm selbst nicht Welt wird, die ihm als Welt nicht begegnet, „Grund" nennen können, so ist die Formulierung erlaubt: der *Grund* wird hier zur Welt, zum *Medium.*" (MS 93).

Das cartesische *fundamentum inconcussum* wird – nach einer Formulierung Peter Sloterdijks – als *medium percussum* hörbar: als eine *Stimme.* Die Stimme aber sei *Gelöstheit,* wie Anders in seinen Kommentaren zum Tristanvorspiel und zur Musik Mozarts erläutert. Erst die Situation, „in der der

Mensch gelöst ist", sei „echte *Verwandlung*" und Umstimmung par excellence: denn ihre „eigentliche Verwirklichung findet diese menschliche Möglichkeit der Gelöstheit in der *Stimme*." (MS 102) Erst als Stimmen werden die Menschen frei, und sie treten in den Horizont jener Freiheit ein, „in der die Stimme, bzw. das, was sie jeweils anstimmt, ihre *eigene*, hervorgezauberte Welt darstellt. Der Vollzug und seine Welt unterscheiden sich in nichts mehr. Diese Welt ist jeweils da, gleichsam im intuitus originarius ersungen, aber sie zerbricht auch mit dem Abbruch und Ende des Vollzugs. Und in dieser ihrer Gebrechlichkeit ist sie eben noch nicht eigentlich ‚Welt', im Sinne eines vorbedingenden Mediums für Vollzüge. Sie ist ebensowenig schon abgelöste Welt, als die Stimme noch nur subjektive und unabgelöste Stimmung ist. Sie ist zwischen beiden: Gelöstheit." (MS 102 f.).

## V.

Was im Terminus „Gelöstheit" unüberhörbar anklingt – nämlich die Assoziation einer musikalischen Soteriologie –, hat Anders schon zum Ende des siebenten Abschnitts seiner Untersuchungen konstatiert: „In nicht geringem Maße ist die Musikphilosophie gezwungen, *‚negativ-theologisch'* zu formulieren." (MS 68) Ich neige dazu, diesen Satz auch in seiner Umkehrung zu affirmieren. In nicht geringem Maße ist nämlich auch jede negative Theologie gezwungen, musikphilosophische Überlegungen anzustellen. Justament in den musikologischen Äußerungen von Adorno, Bloch oder Cioran bezeugt sich die moderne Gnosis: jenes elementare Unbehagen am „In-der-Welt-sein", das Bestätigung und Trost in der Musik zu finden gewohnt ist.

Gerade weil die musikalische Situation – mit Günther Anders – als „Nicht-in-der-Welt-sein" erfahren werden kann, gewinnt sie auch die Qualitäten einer Offenbarung: einer Offenbarung freilich des abwesenden Gottes. Nicht umsonst legte der spätere Medienkritiker Anders das ganze Gewicht des jüdisch-theologischen Bilderverbots auf die Musik: „Abbildlosigkeit ist zwar in der Musiktheorie bekannt. Aber sie war doch stets nur in der Diskussion, ob die Musik ‚Darstellung' von Gefühlen oder Ereignissen sein könne, aufgetaucht. In dieser Fassung ist die Kategorie zu eng. Denn Musik bildet nicht nur nicht ab, sie kann auch nicht, selbst nicht im Medium der Musik selbst, abgebildet *werden:* keine Grammophonplatte gibt das Bild der Mondscheinsonate, sondern diese selbst; kein Radio gibt vervielfältigte Bilder des Gespielten, sondern dieses selbst. Keine musikalische Figur gibt das Abbild einer schon früher aufgetauchten, sondern wenn auch verändert, in anderer Tonart etc., diese selbst." (MS 58) Der Logos des Musikalischen kann nicht von seiner Offenbarung abgespalten werden; Sein und Bedeutung des Musikalischen lassen sich durch keinen „Götzendienst" trennen.

In seinem eindrucksvollen Frühwerk über die „Abendländische Eschatologie" (von 1947) schreibt Jakob Taubes, was Termini wie „Ungeschichtlichkeit" und „Unabbildbarkeit" nur in verdeckter Form ausdrücken: „Die Offenbarung ist das Subjekt der Geschichte, die Geschichte ist das Prädikat der Offenbarung. [...] Die Offenbarung ist nichts außer der Stimme Gottes. [...] Erst nach der Sünde, da die Glut des paradiesischen Urzustands kühl geworden, *hört* Adam die Stimme Gottes. Gott steht am Tore der Welt und spricht fragend hinein in die Welt. Die himmlische Stimme ruft in die Welt hinein."[16] Und er setzt fort: „Wenn Hellas das ‚Auge der Welt' genannt wird, so läßt sich vielleicht von Israel sagen, daß es das ‚Gehör der Welt' ist. In der Offenbarung hört Israel die Stimme Gottes. Mit ‚höre Israel', wendet sich Mose an die Stämme. In der keriath schma, im ‚Rufen des Höre', nimmt der Jude täglich das ‚Joch des Königtums des Himmels' auf sich. Die Wirklichkeit Israels schwingt zwischen Gehor-sam und Ungehor-sam gegen Gott."[17]

Vor dem Hintergrund solcher Sätze mag wenig verwunderlich erscheinen, daß die Tradition der Musikphilosophie des 20. Jahrhunderts von jüdischer Mystik und gnostischem Radikalismus geprägt wurde. Auch die wiederholte Frage George Steiners, warum Heidegger justament zur Musik und zum Hören geschwiegen habe, läßt sich nun einer – vergleichsweise – klaren Antwort zuführen: Der Sohn eines Küsters aus Meßkirch wollte zum Hellenen konvertieren, er wollte der akustischen Soteriologie der jüdisch-christlichen Tradition – beispielhaft verkörpert im antipodischen Denken Adornos – um jeden Preis entkommen. Keine Stimmen mehr, schon gar keine „inneren" oder „kategorischen" Imperative: Heidegger mochte nicht mehr hören. Selbst gegen die eigenen systematischen Intentionen glaubte er an die (griechische) Macht des Auges: an das Numinose von „Lichtungen" und exemplarischen Blitzen.

Vor solchem Hintergrund ist gleichfalls kaum verwunderlich, daß Günther Anders seine Untersuchungen über musikalische Situationen mit einer tiefsinnigen Folge von Gedanken über das Hören zu Ende führt: Die menschliche Stimme – gefaßt als die „Aktualität" der Gelöstheit – erschließt sich ihm als Mediation des virtuellen Gesangs und des Hörens, als Identität des Singenkönnens und des Lauschens. Die „Musik steigt auf, ertönt, sie wird nicht eigens gesungen, sie wird nicht eigens gehört. Ausdrücklicher Gesang wäre lediglich eine Übernahme dessen, was ‚sich' bereits singt. Ein Mitsingen mit dem Steigenden: [...] diese Aktivitäts-Passivitäts-Neutralität des Heraussingens und hörenden Hereinholens findet nicht nur in der Situation der musikalischen Imagination statt, sondern auch in der Erfüllungssituation, in der die Musik tatsächlich tönt. Auch in ihr ist Hören und (virtuell singender) Mitvollzug eines und dasselbe." (MS 138 f.)

Erst in solcher Einheit gewinnt die Musik epiphanische Qualitäten: sie wird „aufschlußhaft", obwohl sie im propositionalen Sinne „nichts *aussagt*". (MS 93) Sie wird „Offenbarung": Die Musik ist „nicht nur *Gegenstand* der aufschließenden Situation; sie selbst schließt ihrerseits den Menschen auf". (MS 94) Denn wir hören nicht nur nach draußen, auf den Ton (oder das erwartete „Ertönen"), sondern auch nach Innen, auf „die Stimme, die kommt: nämlich als *Lauschen*". (MS 143) Das Lauschen sei die „Gegenmöglichkeit zur eigenen Stimme: der Mensch, der sich in die Stimme legen, der in der Stimme, ohne sie schon zu objektivieren, aus sich herauskommen kann, kann auch der Stimme lauschen, ohne daß die Stimme *Objekt* würde. Man lauscht ihr (oder ihm, der sich in die Stimme legt, d.h.

dem *Kommen* der Gelöstheit, die die Stimme als solche darstellt". (MS 145) Und also richtet sich das Lauschen auf kein konkretes Seiendes: „es lauscht *nirgendwohin*". (MS 146) Es gewinnt seine Offenbarungen aus dem Nichts, aus der Stille, aus den Pausen, aus den ungeschichtlich-unabbildbaren Momenten „vor der Schöpfung" und „nach dem Ende der Welt". Denn das „Erlauschte muß erst rufen, es muß sich erst melden". Was sich dem „Lauschen in Ruf und Meldung kund gibt", stammt aus einer „fremden Heimat", und „ist niemals disponible alltägliche Welt des Menschen". (MS 149 f.) Das Lauschen ist vielmehr – als „Ahnung eines Kommenden" (MS 153) – die protognostische „Wirklichkeit der Verwandlungssituation" selbst (MS 149): „der Rhythmus der messianischen Natur".[18]

## VI.

Dieser Feststellung fügt sich eine kleine Betrachtung, die ich nun abschließend mitteilen will: eine Betrachtung, die abermals den kryptotheologischen Kern der „Philosophische[n] Untersuchungen über musikalische Situationen" berührt. Nicht selten nämlich spricht Günther Anders von der Umstimmung ins Akosmische, von der Erhörung einer neuen Dimension der Existenz – die sich allen propositionalen Definitionen widersetzt –, von dieser Verwandlung zum „Sein im Grunde als Medium" (MS 118): als einem *Anders-werden.* Der Bindestrich zwischen dem „Anders" und dem „werden" signalisiert freilich keinen Schwarzwälder Neologismus, sondern vielmehr ein Wortspiel, das auf die eigene Namensgebung hinweist.

Die anekdotische Herkunftsgeschichte des Namens „Anders" ist wohlvertraut; sie kann beispielsweise in Konrad Paul Liessmanns Einführung nachgelesen werden.[19] Ob sie stimmt, bleibt indes fraglich. Es ist nicht übertrieben wahrscheinlich, daß der strenge, überaus moralische, auch und gerade in Fragen des Anstands und des Takts sensible Kulturkritiker just seinen Vaternamen für einen simplen Wortwitz geopfert haben soll. Eher schon verdient folgende Alternativversion unsere

Aufmerksamkeit: der Name *Anders* sei ein Anagramm, gewonnen aus dem Namen seiner ersten Frau, nach alter Regel mit der Erlaubnis gebildet, „s“ für „t“ zu setzen.[20]

Anders selbst betonte gelegentlich, daß er keine „Aufnordung“ des jüdischen Namens Stern zum skandinavisch klingenden Pseudonym bezweckt habe;[21] dennoch mag es pragmatischen Rücksichten entsprochen haben, die Risiken des Namensbekenntnisses zu verringern, ohne doch den zentralen Topos jüdischer Selbsterfahrung – eben das *Anderssein* – zu verleugnen.[22] Anders sein kann freilich nur, wer anders werden will. Zu den Normen jenes außerordentlichen Individualisierungsprojekts, das Günther Anders zeitlebens aufrechterhalten hat – vielleicht *gegen* den Entwicklungspsychologen William Stern und dessen wissenschaftliche Dokumentationswut, die selbst vor der Kindheit seines Sohns nicht zurückschreckte –, zählt unverzichtbar die Behauptung einer elementaren Differenz.[23] Günther Stern wollte *anders* werden – anders als sein Vater?!

Die Sehnsucht nach Verwandlung – bezeugt insbesondere vom musikphilosophischen Frühwerk des Günther Stern – transzendiert freilich die bloß psychologischen Dimensionen der Namensverleihung. Im Kontext jüdischer Mystik – wir wissen von Walter Benjamins Namenskabbalistik[24] – evoziert der Namenstausch auch eine Erinnerung an die Mysterien des Eigennamens; als Anspielung auf den verborgenen Namen Gottes, dem jener Geheimname entspricht, mit dem ich selbst (zum Ende der Zeiten) ansprechbar bin und bleibe für den Allerhöchsten. Kurzum: es rechnet zur negativen Theologie der „Philosophische[n] Untersuchungen über musikalische Situationen“, daß Günther Stern eben *Anders* heißt; daß er ein Pseudonym trägt, welches nicht – wie im Falle Adornos – auf den Mutternamen, sondern auf einen unbekannten, bloß negativ fixierten Fremdnamen referiert.

*Franz Haas*

# „Sul ponte di Hiroshima". Günther Anders und die Ästhetik in italienischer Sicht

Das japanische Tagebuch von Günther Anders beginnt im Flugzeug über dem nördlichen Polarkreis und endet bei fotografierenden Touristen zwischen den Trümmern der Caracalla-Termen in Rom. Dazwischen steht die Beschreibung einer Reise an den Ort einer Katastrophe, die zu groß ist, um anders von ihr zu erzählen, als im Ton des Berichts. Keine Muse wird angerufen um Beistand bei der Erzählung des Ungeheuerlichen.

Nach seinem eigenen Gebot enthält der Autor sich jeder Feierlichkeit, vermeidet auch das sachliche Gehabe von Statistiken. Er sieht, daß das turmartige Denkmal von Hiroshima ein Nichts ist und daß der fettleibige steinerne Buddha in Nagasaki die Toten nicht ehrt. Vorbei ist es mit der Angemessenheit einer Kunst für jeden Anlaß. Geboten ist die nüchterne Rede angesichts des Unsäglichen; verboten sind nach Anders Tändeleien mit den Musen. – Das ist die gemilderte Auslegung eines längst verhängten Verbots aus der Moral des beschädigten Lebens.

Dem Tagebuch vorangestellt hat Günther Anders aber den Auszug aus einer seiner Reden, die einen philologischen Pedanten auf die Idee bringen könnten, es sei hier jenes Poesieverbot verletzt: „Auf einer der Hiroshimabrücken steht einer, der singt und in die Saiten greift. Blickt ihn an. Wo Ihr sein Gesicht erwartet, da werdet Ihr kein Gesicht finden, sondern einen Vorhang: Weil er kein Gesicht mehr hat. Und wo Ihr seine Hand erwartet, da werdet Ihr keine Hand mehr finden, sondern eine stählerne Klaue: Weil er keine Hand mehr hat." Ist das nicht auch Ästhetisierung des Schreckens? Wegen der Affinität von Grauen und Schönheit steht hier der Schriftsteller Anders im Widerspruch zum Philosophen; weil das Entsetzliche so zärtlich lächelt, wie es bei Rilke heißt; weil einer der Auswege aus dem Käfig der Ethik die Ästhetik ist. Da vermögen auch Verbote nichts.

Über das Verbot hinweggesetzt hat sich auch der italienische Komponist Luigi Nono, der den Gesang des Mannes auf der Brücke aus dem Tagebuch von Anders zum Ausgangspunkt eines Musikstücks gemacht hat: „Sul ponte di Hiroshima" ist eine Komposition für zwei Solostimmen und Orchester, die den Zuhörer zwanzig Minuten lang in eisige Abstraktion versetzt. Die Texte der Gesänge sind von nimmermüden destruktiven Instrumenten unkenntlich gemacht; die Stimmen sind kaum noch menschlich. Von Feierlichkeit keine Spur und kein Ton.

Daß Günther Anders wiederholt gegen die Unangemessenheit auch dieser Musik protestiert hat, zeigt seine Liebe zu Prinzipien, zeugt aber noch mehr vom verbreiteten Mißgeschick der Kunst im Elfenbeinturm des gesellschaftlichen Engagements. Wie die Fotomontagen von John Heartfield schwerlich als Schmuck fürs Wohnzimmer taugen, so wird Nonos Hiroshima-Musik auch im Plüschsessel und von der besten Stereoanlage kein sinnlicher Genuß.

Luigi Nono war ein Meister der guten Absicht unter den Künstlern Italiens, ein musiktreibender Marxist (jede Note Aufklärung und Befreiungskampf), immer aufrecht hinter dem Fähnlein der Gerechten, auch noch zu einer Zeit, als der Wind längst umgeschlagen hatte. Als er dem Mann auf der Brücke begegnete, wußte er vermutlich nichts von Anders' Aversion gegen Trauermärsche. Seiner Musik diente das japanische Tagebuch nur als programmatisches Libretto mit unverständlichen Parolen. Ähnlich war Nono mit vielen bekannten Autoren umgegangen. – Das war nach 1961, als Jahr für Jahr ein Buch von Anders bei den großen italienischen Verlagen erschien, als Lukács noch ein Schutzpatron war und Adorno immer noch zensiert wurde.

Diese Zeiten wurden durch den Vietnamkrieg nicht freundlicher. Die Studenten in Mailand und Rom bewegte das von Anders diagnostizierte Zeitenende nicht so sehr wie der bewaffnete Kampf gegen die Bourgeoisie. Gealtert, aber noch trunken von diesem Kampf, jubelten sie, als Heideggers Eigentlichkeit die Brennergrenze überquerte. Von da an rumorte das Dasein auf vielen Schreibtischen und Lehrstühlen.

Erst dreiundzwanzig Jahre später gab es dann wieder Schriften von Anders in Italien, aber diesmal in kleineren Verlagen und Außenseiterblättern, denn die Schlüsselstellen waren inzwischen von französischen oder einheimischen Oberflächenmetaphysikern besetzt worden. Die Denker kannten keine Parteien mehr, sie sahen nur noch Objekte. Zweihundert private Fernsehsender besorgten die logistische Unterstützung.

Zuletzt trat Günther Anders aber in Italien an signifikanten Stellen auf: einmal als Schiedsrichter bei der zur Massenmode gewordenen Auseinandersetzung um Kafka – und ein andermal zusammen mit Jean Amery als Zeuge gegen den Zauberer aus dem Schwarzwald, als der Streit um die deutsche Historie auch das Mittelmeer erreicht hatte.

## *Der hartnäckige Imperativ*

Das Tagebuch von der Japanreise verzeichnet Spuren der Gewalt in der Geschichte bis hin zum Kolosseum in Rom; es erschien 1961 in Italien unter dem spektakulären Titel „Essere o non essere“[1] (Sein oder Nichtsein) mit einem Vorwort des populären Philosophen Norberto Bobbio. Ein Jahr später folgte ihm der Briefband „Il pilota di Hiroshima“[2] im selben Verlag Einaudi, der in den ersten zwanzig Nachkriegsjahren bestimmte, was marxistischer Geist oder Nichtgeist war im Lande. Günther Anders war in kurzer Zeit berühmt geworden, bekam einen Kulturpreis und wurde zur Leitfigur auch in der italienischen Anti-Atom-Bewegung.[3] Wieder ein Jahr später, 1963, erschien der erste Band der „Antiquiertheit des Menschen“,[4] und dann folgt nichts mehr, fast ein Vierteljahrhundert lang. Man war vergnügter geworden im Land der schönen Schuhe und hatte kein Sensorium mehr für die Menetekel von „Endzeit und Zeitenende“.

Das Tagebuch von der Polenreise beginnt erst nach der Ausfahrt von Auschwitz; das Lager wird zunächst nicht beschrieben; der Tagebuchschreiber meidet sogar den Namen des ominösen Ortes. Es gibt für ihn Ungeheuerlichkeiten, die sich nicht eignen als literarische Szenarien, die überhaupt jeder Kunst verschlossen sein müßten: Wie eine unsichtbare Trauerspur ziehen sich jene Stellen durch das gesamte Werk von Anders, wo er jegliche Kunst schmäht, die sich den Genozid oder die atomare Vernichtung zum Inhalt macht. Als sollte das Binom Auschwitz und Hiroshima aus der Topographie der Kunst- und Literaturgeschichte verschwinden. Verharmlosung und feierliche Attitüde sind die Hauptsünden der Künstler am Pranger des Moralphilosophen.

Auch in seinen eigenen literarischen Werken zeigt sich die Ächtung solch mißbräuchlicher Kunst: Der Rezitator des Gutenachtgedichts „Mariechen“ ist zugleich Verfasser einer Untersuchung mit dem Titel „Sinnlichkeit von Trauermärschen – das Vulgäre bei Tschaikowski“;[5] und in einer der „molussischen Erzählungen“ deckt ein gewisser Karl Andres Zusammenhänge auf zwischen Ahnenmorden und musikalischen Zeremonien.[6] Immer wenn die Trauer peinlich oder langweilig wird, erwacht das Verlangen nach schöner Kunst. Und Musik ist dann das bekömmlichste Opiat für die Trauernden.

Günther Anders verschießt sein Pulver quer durch die Musikgeschichte, wo immer er die Pathetiker des Schmerzes ausfindig macht: Opernmusik ist grundsätzlich moralisch verdächtig, wenn sie sich der Moral verschreibt, „denn zwitterhaft ist es, wenn Prinzipien singen“[7] wie im „Fidelio“. Einfach unausstehlich findet er Schuberts Liedgesang. Das Geplärre aus Liebesschmerz bei Richard Wagner ehrt er gerade noch durch ein wenig Verachtung. Aber das sind alles läßliche Sünden. Richtig streng wird er erst gegen die Musikanten an den Massengräbern.

So robespierrehaft streng wird Anders dabei als Kunstrichter, daß er nur noch Verräter sieht und wenig unterscheidet zwischen deren Mitteln. Er tadelt Arnold Schönberg für seine Komposition „Ein Überlebender aus Warschau“, weil das Unsagbare auch unsingbar bleiben müsse; und quasi mit demselben Urteilsspruch belegt wird Leonard Bernsteins Hiroshima-Konzertspektakel: taktlos der eine, obszön der andere; Bösewichter sind sie alle beide. Krysztof Penderecki und Luigi Nono kommen dagegen noch glimpflich davon.

Aber Anders übertreibt, weil er weiß, daß der Schwimmer schräg ansetzen muß, wenn er den Strom überqueren will. Auch in seinen Gedichten gibt es Deportationen, Lager, Öfen und ein „Buchenwaldkind"; auch der Sänger auf der Brücke steht poetisch da in seiner Entsetzlichkeit. Doch nie stoßen die Töne an hohle Feierlichkeit. Nie sucht ein kleines Privatleid den Glanz der großen grauenhaften Bühne wie in Alain Resnais' Film „Hiroshima, mon amour". Er mißtraut dem geschmackvollen Grauen in der Kunst und dessen Bewunderern.

Schon in seiner Schrift über Kafka beargwöhnt er den „Schifahrer auf der Geröllhalde", der sich blutig stürzt, um den anderen zu beweisen, daß es sich wirklich um Steine handelt und nicht um Neuschnee. Anders hält es eher mit Rilke, der in den „Duineser Elegien" den Engel auf Distanz hält: „Denn das Schöne ist nichts/als des Schrecklichen Anfang, den wir gerade noch ertragen,/und wir bewundern es so, weil es gelassen verschmäht,/uns zu zerstören. Ein jeder Engel ist schrecklich."[8] Bei Kafka gibt es diesen Sicherheitsabstand nicht mehr. In der klarsten Sprache des Versicherungsbeamten versichert er, daß es kein Entkommen gibt, auch nicht für den, der die Laufrichtung ändert. Und vor dieser mauseängstlichen Ergebenheit warnt Anders, weil sie die Totalitarismen ermutigt: Die Genießer der Schönheit des Schreckens sind dessen heimliche Apologeten.[9]

Auch unter den Verehrern Kafkas unterscheidet Anders kaum zwischen dem Schmock in Untergangsstimmung und dem Schwimmer im Fluß. Es gibt eine Verfilmung des „Prozeß"-Romans durch Orson Welles mit einem smarten Anthony Perkins als Josef K. in dunkelgrauer Kleidung zwischen den Kulissen architektonischer Modeneuheiten. Und dann gibt es über das „Amerika"-Fragment einen Film von Jean-Marie Straub, dessen Holprigkeit die nötige Schräglage herstellt, damit die Aussichtslosigkeit nicht zu gemütlich wird.

Für Anders sind es wenige Künstler, die vor der Hypnose der

Medusa bestehen und nicht ins Schwärmen geraten vor deren gräßlicher Schönheit: Brecht vielleicht, mit seinem Zynismus, der sich als Pfiffigkeit ausgibt, aber der Wahrheitsfindung dienlich ist; Goya als Aufzeichner im Befreiungskrieg; und vor allem George Grosz mit seinen letzten Trauerbildern über die Verwüstung Deutschlands. Daß Grosz bis zuletzt gegenständlich blieb, zeichne ihn gegenüber seinen Zeitgenossen aus, so Anders.[10] Dem energischen Aufklärer ist die abstrakte Kunst sowieso suspekt.

Faßt man diese Aufklärung aber an einem ihrer dialektischen Schwänzchen, so zeigt sich bald, daß sie in unliebsame Nachbarschaft geraten kann: Auch die Kunsthüter von der Art des Hans Jürgen Syberberg sehen mit Bedauern im gegenstandslosen Bild den Ursprung der Ästhetik des Häßlichen. Das ist die Klage des Krokodils über seine nassen Füße. Vieles Elend der deutschen Kunst, so Syberberg (und er versteht diese auch nach dem Herbst 1989 noch großzügig von der Maas bis an die Memel) rühre von jener unseligen deutschen Selbstbestrafung, vom Kunsttabu nach dem Krieg her.[11]

Bei Anders wird dieses Tabu zu einem hartnäckigen Imperativ, so sehr kategorisch, daß er sich auch gegen Paul Celans Todesfuge ausspricht und damit den Zorn germanistischer Heerscharen auf sich zieht. Daß er hier übertreibt, weiß Günther Anders – er übertreibt in Richtung Wahrheit, wie er sagen würde.

### *Die unglückliche Sprache*

In andern Sprachen ist manches einfacher als auf deutsch. An jedem amerikanischen Kiosk gibt es Holocaust-Comics; der Gaskammerwitz geht auf italienisch flotter von der Zunge. Im Ausland stieß das deutsche Tabu auch bei den Gutwilligen bald auf Unverständnis, und es entstanden traurige Lieder zum Mitsingen über die Schornsteine tief hinten in Polen. Selbst ein so skrupulöser Künstler wie Luigi Nono konnte 1966 einen Chorgesang komponieren mit dem Titel „Ricorda cosa ti hanno fatto in Auschwitz", was zwar auch im Italienischen poetisch gestelzt klingt, aber immer noch unter der Peinlichkeitsgrenze liegt.

Schon in den fünfziger Jahren hatte Nono ein Orchesterkonzert als „Polnisches Tagebuch" betitelt; viele andere seiner Arbeiten bezogen sich in spanischer Sprache auf Revolutionen aller Art, und da paarte sich lateinische Festtagsstimmung mit proletarischer Folklore. Auch in deutscher Sprache fiel dem Italiener die Freiheitsromantik leichter: Ulrike Meinhof und Hölderlin hatten bei ihm in einem Atemzug Platz. In Schriften und Reden verfemte Nono die „frivole Unterhaltung für das Ich".[12] Kunst müsse appellieren.

Mit dieser Haltung könnte Nono ein Schüler von Anders sein; daß er dessen „Tagebuch aus Hiroshima und Nagasaki" als Vorlage für eine seiner Kompositionen verwandte, ist nicht so zufällig. Präzision und Appellcharakter fordert auch Anders von der Kunst. Was bei Nono aber fehlt, ist das listige, vorgetäuschte Abrücken von seiner Intention – wodurch seine Werke den fahnenschwingenden Charakter bekommen.

An einem Kunstwerk ist der Titel „Wenn sie sterben, singen die Menschen" in der deutschen Übersetzung schwerer erträglich als im Original, wenn es im Untertitel „Polnisches Tagebuch Nr. 2" heißt. Das liegt an dem vielzitierten Tabu, oder genauer: an den Gründen, die zu ihm geführt haben. Weil Deutsch in diesem Tabufach der unglückliche Klassenprimus unter den Sprachen geworden ist.

Günther Anders hat Luigi Nono vorgeworfen, er habe in der Hiroshima-Musik „die Furchtbarkeit dessen, was geschehen ist und was uns bevorstehen könnte, [...] zum Genußobjekt gemacht".[13] Anders' Übertreibung hat Methode. Ein ungenießlicheres Musikstück als „Sul ponte di Hiroshima" ist schwer vorstellbar. Es ist ein Als-Ob-Gesang; das Unsägliche bleibt auch ungesungen; vierundsiebzig Orchesterinstrumente decken in einem mühsam organisierten kalten Chaos die beiden Singstimmen zu, schieben sich über die Laute, die einmal menschlich waren, wie der Vorhang vor den Kopf des Sängers auf der Brücke, der einmal ein Gesicht hatte.

Der Komponist hat die verfremdende Distanzierung vom Monströsen versucht und hat die Musik für eine Menschenhaut unerträglich gemacht.[14] Andere Stücke von Nono aus derselben Zeit gehen im Vergleich dazu wie Schunkellieder ins Ohr. Aber vielleicht hat Anders recht und es gibt doch Monströsitäten, zu denen der Abstand in der Kunst nie groß genug sein kann. Luigi Nono teilte diese Bedenken von Anders kaum. Wahrscheinlich kannte er sie nicht.[15]

Drei Jahre nach dieser Arbeit konstruierte er die elektronische Bühnenmusik für die elf Gesänge der „Ermittlung" von Peter Weiss. Denn: Die Überlebenden schulden den Ermordeten die Klagegesänge; würden die Klagen ununterbrochen und unendlich andauern, so müßte das die Beklagten ins Leben zurückholen, schreibt Canetti, sagt Luigi Nono.[16]

## *Das Dasein als verbissener Zeitvertreib*

Glücklich die Zeiten, da es noch Glaubenskriege um die Schicklichkeit von Trauerchören gab. Glücklich auch die Zeiten, als deren Ende noch nachdenklich machte, als noch nicht ganz entschieden war, ob das Rettende wirklich wächst, wo Gefahr ist; als „die Seele im Zeitalter der zweiten industriellen Revolution" noch ein Anliegen war und in Gefahr schien. Der erste Band der „Antiquiertheit des Menschen" war gerade im Heimatland der katholischen Kirche erschienen, da kam die Seele aus der Mode. Und die Revolutionäre von 1968 konnten sich nicht länger mit Problemen des Weltuntergangs verzetteln.

Pasolini hätte ein Bundesgenosse von Günther Anders sein können, mit seinen Predigten gegen den Konsum und die Medien der Massen. Daß er den jugendlichen Rollerfahrern die langen Haare abschneiden und die Fernsehapparate wegnehmen wollte, konnte nicht gutgehen. Kaum war Pasolini erschlagen, gab es die ersten privaten Fernsehsender, und der Terror verlagerte sich mehr und mehr ins Wohnzimmer. Fünfzehn Jahre nach seinem Tod ist Italien die europäische Avantgarde in der Verstümmelung des Lebens durch die elektronischen

Medien. Was Anders in den fünfziger Jahren in Amerika für das individuelle Subjekt befürchtet hatte, wurde hier unter dem wachsenden Beifall der neuen Denker Wirklichkeit: das Dasein als verbissener Zeitvertreib.

In Deutschland macht sich Enzensberger noch die Mühe, das Fernsehen zum Null-Medium zu erklären, zum bösen aber zahnlosen Geist der Technik.[17] Jean Baudrillard bejubelt verschwommen, daß in der medialen Ding-Welt alles so wundersam möglich sei. Letztendlich wird ihm die „Erpressung zum Realen" aber doch unheimlich und die totale Kommunikation ungemütlich.[18] Italien hat auch hier den Finger im Wind und die Nase vorn: Der Philosoph Gianni Vattimo kündet eine weise Herrschaft der Massenmedien an; die Fülle der Botschaften müsse immer unübersichtlicher werden; in diesem Chaos liege die Hoffnung auf Gleichberechtigung für alle.[19] Ein Nörgler wie Günther Anders paßt nicht in diese Sonntagsstimmung.

Italien sei in diesem Sinne die fortgeschrittenste Gesellschaft Europas, dank der Anarchie in der Medienpolitik. Bei seiner Lobrede auf das Objekt und die elektronische Simulation sieht Baudrillard neidisch über die Grenze nach Süden: „Italien verteidigt sich nicht verzweifelt gegen den Verlust der Substanz, an Werten und an Sinn, gegen diesen Verlust, der das Unglück und den Mißmut der anderen (Länder) bildet. Darum ist das Leben in Italien letztendlich auch fröhlicher."[20] Das Land werde zwar von Terroristen, Geheimdienst und Mafia verwaltet, aber sechzig Millionen Fernsehzuschauer nähmen rund um die Uhr demokratisch daran teil. Eine neue Renaissance ist also im Gange, schon wieder einmal unter der Führung Italiens. Machiavelli geistert um die Fernsehantennen.

Die Gespenstergeschichte von der „Zerstörung des Lebens im Zeitalter der dritten industriellen Revolution" findet in dieser Aufbruchstimmung keine Zuhörer. Der zweite Band der „Antiquiertheit des Menschen", vor Jahren von einem großen Verlagshaus angekündigt, ist noch nicht erschienen.[21] Und als Mitte der achtziger Jahre der kalte Krieg der Sterne vor den Fernsehsofas wütete, erschien ein Buch mit dem beruhigenden Titel „Vivere con la bomba",[22] wo im Windschatten französischer Meisterdenker geflüstert wird: alles halb so schlimm. Die altmodischen Warnungen von Günther Anders kommen in diesem Buch auch in den Fußnoten nicht mehr vor.

Die fröhlichen Wissenschaftler schrieen gerade „Nieder mit den Untergangsanalysen!“, als die Explosion von Tschernobyl den Thesen von Anders ihre Antiquiertheit nahm. Die Zeitschrift „Linea D’Ombra“ veröffentlichte mehrere seiner Texte, aber die Sache blieb unter Eingeweihten im Reservat einer idealistischen Elite.[23] Der neue Wind verhinderte eine Resonanz wie in den frühen sechziger Jahren.

Wie als Fleißaufgabe erschien eine lange Studie über das Werk von Günther Anders in einem schwer auffindbaren Mailänder Periodikum. „Das Prinzip Verzweiflung“, so der Autor Pier Paolo Portinaro trotz aller Bewunderung für Anders, verleite zu einem „Exhibitionismus der Apokalypse“;[24] vergeblich und unritterlich seien die Attacken von Anders auf Heidegger. Und wer in Italien Heidegger nicht ehrt, ist die Druckerschwärze der mächtigen Verleger nicht wert. Noch als die Roten Brigaden vereinzelt das Land terrorisierten, hatte der deutsche Philosoph, flankiert von Ernst Jünger und Carl Schmitt, die Herzen der abtrünnigen italienischen Kommunisten schon erobert.[25] Geläutert durch eine eingeschlafene Revolte, sinnierten die Eleven von Lukács über die „Geworfenheit des Subjekts“. Dieser gehobene Blockhüttenjargon klang für nichtdeutsche Ohren vielleicht weniger kompromittierend als für die hellhörigen Frankfurter Querulanten.

Allergisch gegen die schicke Verzweiflung mancher Existenzialisten, hatte Günther Anders schon früh vor einem Kult um Kafka gewarnt; spät und am Rande erschien dieser Essay auch in Italien.[26] Mitten in die linke Öffentlichkeit rückte Anders jedoch, als nach dem deutschen Historikerstreit das Gerangel von den Universitäten auf die Presse übergriff, als Michael Stürmer unter Beifall Podiumsdiskussionen in Rom bestritt und Victor Farias angefeindet wurde. Die angesehene Kulturzeitschrift ‚MicroMega‘ veröffentlichte den Aufsatz „Nihilismus und Existenz“[27] neben einem Heidegger-Portrait von Jean Améry mit dem Titel „Der Blut-und-Boden-Zauberer". Das waren seltene Töne in Italien, inmitten aller Ehrfurcht vor dem „etymologischen Philosophieren" (wie Günther Anders es nennt), inmitten der Heidegger-Euphorie und dem lateinischen Aberglauben, nach dem die Weltphilosophie am Wesen der deutschen Sprache genesen soll.[28]

Hier hat der notorische Quertreiber Anders einmal weniger übertrieben und um so mehr Recht behalten.

*Werner Fuld*

# Zwischen Film und Bombe. Die Kontinuität des Andersschen Denkens

In dem Aufsatz „Die Welt als Phantom und Matrize"[1] behauptet Günther Anders in seiner vorletzten These,[2] daß ein Original sich nach seiner Reproduktionsform zu richten habe, wenn diese für sozial wichtiger genommen wird als das Original selbst. Dieser scheinbare Paradoxon klingt zunächst sehr abstrakt und war auch für die Leser damals (1956) noch nicht nachvollziehbar. Günther Anders analysierte hier eine Eigenschaft des Fernsehens, deren Auswirkungen auf Seh- und Sendegewohnheiten in Deutschland erst rund zwanzig Jahre später tatsächlich sichtbar wurden.

Diese diagnostische Verfrühung – charakteristisch auch für die Studie „Über die Bombe und die Wurzeln unserer Apokalypse-Blindheit"[3] – war der Grund, warum dieser zentrale Aufsatz in der Diskussion um das noch neue Medium Fernsehen nahezu völlig ignoriert wurde. Und heute wird er nicht mehr zur Kenntnis genommen, weil die darin behaupteten Phänomene so alltäglich geworden sind, daß sie geradezu zum Selbstverständnis des Fernsehens zu gehören scheinen und sich durch diese „Überschwelligkeit" der Analyse entziehen. Denn daß sich ein Ereignis nach seiner fernsehgerechten Reproduktion zu richten habe, gehört zum elementaren Organisationskonzept z.B. jeder sportlichen Großveranstaltung: Ungeachtet des biologischen Rhythmus der Athleten werden Startzeiten nach der größtmöglichen Einschaltquote festgelegt, die zugleich eine optimale Nutzung der als Werbefläche agierenden Sportler garantiert. Ein Ereignis, das nicht im Fernsehen gesendet wurde, hat im Grunde überhaupt nicht stattgefunden; erst die Reproduktion beglaubigt die Wirklichkeit. Und noch einen Schritt weiter: Erst die Reproduzierbarkeit stellt die Wirklichkeit her.

Ohne das Fernsehen hätte die sogenannte Revolution in der einstigen DDR keine Chance gehabt; sie ist förmlich herbeigesendet worden.

Wie selbstverständlich heute von dieser realitätsstiftenden Macht der Bilder gesprochen werden kann, zeigt Bodo Kirchhoff in seinem Roman „Infanta" (Frankfurt a. Main 1990), der während des Wahlkampfs der Witwe Aquino gegen den Diktator Marcos auf den Philippinen spielt. In das Dorf Infanta fallen die Fernsehjournalisten ein und inszenieren die exotische Realität: „Der Ort wurde typisch. Wo sonst manchmal ein Bettler saß, saß nun immer ein Bettler [...] Zeit und Fortschritt waren zurückgedreht. Keine Frau, die ohne kaputten Sonnenschirm einkaufen ging. Kein Kind, das nicht nackt mit Abfall gespielt hätte." (S. 454) In der Hauptstadt sitzen die Reporter in den großen Hotelbars, beglückwünschen sich nach der gelungenen Revolution und trinken „immer wieder auf die eigene Leistung, ohne die alles Geschehene der Welt verborgen geblieben wäre, wenn es sich überhaupt ereignet hätte". (S. 297) Ein Junge versucht, aus einem Brand einzig das Fernsehgerät zu retten und stirbt mit dem Apparat in den Armen, der seine Welt war. „Früher ging man für Gott ins Feuer", kommentiert dies jemand im Roman – und das will heißen: Heute gilt der Bildschirm als „creator mundi" und als der Gott, der Diktatoren stürzt. (S. 303 f.)

Von solcher Erfahrung war man noch weit entfernt, als Günther Anders seine Behauptung aufstellte, die Wirklichkeit richte sich nach ihrer Reproduktion. Zur Veranschaulichung dieses Satzes mußte er denn auch auf ein fernsehtypisches Beispiel verzichten, denn die Wirklichkeit hatte beim Fernsehen ihre Voraussage noch nicht eingeholt. Wohl aber beim Film. So berichtet Anders von einer Schauspielerin, der nach Probeaufnahmen vom Produzenten gesagt wurde, sie müsse noch photogener werden.[4] Das heißt, sie müsse mit allen Mitteln der Kosmetik ihr individuelles Aussehen jenem Schönheitsideal anpassen, das vom Publikum derart bereitwillig als individuell akzeptiert wird, daß daraus in der massenhaften Nachahmung von Frisur und Kleidung wiederum ein Typ und eine Mode entstehen können – ein Kreislauf, der ungeachtet seiner Paradoxie vortrefflich funktioniert. Diese Notiz ist im kalifornischen Tagebuch von Anders mit 1941 datiert; die Wirklichkeit, die sie beschreibt, reicht aber noch weitere zehn Jahre zurück, in die Jugendjahre des Kinos.

In einem Berliner Rundfunkdialog zwischen dem Kritiker Herbert Ihering und Günther Anders aus dem Jahr 1930 ist eben diese Wirkung der Reproduktion auf das Original festgehalten: Anders bemerkt einerseits die Typisierung der Darsteller auf der Leinwand („es gibt *das* Heldische, *den* Strolch, *die* Greta-Garbohafte") und zugleich die Rückwirkung auf das Publikum: „Heute sehen wir auf der Straße und in der Untergrundbahn lauter Filmgesichter. Die Wirklichkeit wird zum Abbild der Filmbilder."[5] Diese Beobachtung aus dem Jahr 1930 ist die Keimzelle für den mehr als zwanzig Jahre später entstandenen Aufsatz „Die Welt als Phantom und Matrize".

Innerhalb des Gesamtwerkes von Günther Anders nehmen die Aufzeichnungen zum Film – im Vergleich mit den Aufsätzen zur Literatur und bildenden Kunst – einen eher geringen Raum ein, dennoch verdankt der Autor der Beschäftigung mit diesem Medium wesentliche und in das Spätwerk weisende Einsichten. Das früheste noch erhaltene Typoskript datiert aus dem Jahr 1924 und widmet sich kritisch der avanciertesten Form des Films, nämlich dem abstrakten bzw., wie es damals hieß, dem „absoluten" Film.[6] In diesem Jahr 1924 war der erste bedeutende Abstraktfilm „Le ballet mecanique",[7] entstanden, und Günther Stern, wie er damals noch hieß, ließ sich in Paris von dem Filmkomponisten George Antheil in seiner Wohnung über der Shakespeare-Buchhandlung die Musik auf Platte vorspielen. In Berlin hörte er dann einen Vortrag, in dem diese neue Filmgattung als „optische Musik" eingeführt wurde, und kritisierte daraufhin in einem vierseitigen Notat die Unstimmigkeit einer solchen Bezeichnung. Ich verzichte auf die Wiedergabe der Argumentation, weil jener Form eben das beschieden war, was der Kritiker ihr am Schluß seiner Notizen prophezeite: das alsbaldige Ende.

Der nächste erhaltene Text zum Thema „Film" stammt aus

dem Jahr 1929 und beschäftigt sich wiederum mit einer avancierten Technik, nämlich mit dem gerade in Deutschland eingeführten Tonfilm.[8] Nach der Premiere des ersten amerikanischen Teiltonfilms „The Jazz-Singer" am 23. Oktober 1927, in dem der Negerdarsteller Al Jolson die epochemachenden Worte spricht: „Hey Mom, listen to this" und dann ein Lied singt – nach dieser revolutionären Banalität also wurden zwar bereits im Herbst 1928 einige deutsche Tonfilmtheater eröffnet, aber noch 1930 waren zwei Drittel aller in Berlin uraufgeführten Filme stumm. Erst 1931, mit Chaplins Film „Lichter der Großstadt", ging die Ära des Stummfilms unwiderruflich zu Ende. Das ungeheuerlich Neue des tönenden Films ist dem kurzen, nur zwei Blatt umfassenden Text von Günther Stern noch deutlich abzulesen: Bisher sei Film nichts weiter als Bild und seine Realistik stets durch die Distanz zwischen Publikum und Leinwand in Grenzen gehalten gewesen. Das Neue nun sei „ein Zusammenstoß, der alle Katastrophen innerhalb einer einzigen Seinsebene bei weitem, da qualitativ übertrifft: Das unwirkliche Optische äußert sich, greift uns akustisch an, vergreift sich an unserm Raume – und bleibt doch im Rahmen seiner Unwirklichkeit. Die Photographie bellt, die Leinwand geigt, die Großaufnahme stöhnt auf [...]" So ungewohnt war solche Kollision der Sinnes-Sphären, daß Anders dem Ton im Film nur ein Recht zusprechen wollte bei der „Darstellung von Spuk, wo akustisches Sein und optisches Halbsein unerträglich sich vermischen, bei Beschwörungen zauberhafter, traumhaft unsicherer und unzuverlässiger Wirklichkeiten. Also gerade zum Zweck der Entwirklichung, niemals aber zum Zwecke der Wirklichkeitsannäherung, die – so paradox es sein mag – durch jeden stummen Film eher erreicht wird." Die Entwicklung des Tonfilms hat sich anders entschieden – um so schlimmer für die Wirklichkeit.

Der kurze Text, aus dem hier zitiert wurde, ist 1929 in Frankfurt entstanden; dort befand sich Günther Anders, um in der Kant-Gesellschaft seine grundlegende Studie „Die Weltfremdheit des Menschen" vorzutragen, die bis heute leider nur in einer französischen Übersetzung zugänglich ist.[9]

Da er an der Frankfurter Universität eine Habilitation plante, unterzeichnete er die zur, freilich nicht realisierten, Zeitungsveröffentlichung bestimmte Tonfilm-Kritik mit „Dr. Aster", dem griechischen Wort für „Stern", um seine akademischen Kollegen mit einem derart aktuellen Thema nicht in ihrer schulphilosophischen Beschaulichkeit zu stören. Wie sehr aber der Philosoph Günther Stern selbst von den Erfahrungen seines Trivialkollegen Aster profitierte, zeigt das schon erwähnte Radiogespräch mit Herbert Ihering über den Tonfilm, das in den „Thesen zur Filmdramatik",[10] ebenfalls aus dem Jahr 1930, eine theoretische Ergänzung erhielt: Hier wird der Film als adäquate Darstellungsform einer Welt begriffen, in der der Mensch – im Gegensatz zum Theater – nur ein Objekt unter vielen anderen ist: „Der Film stellt nicht die Welt um den Menschen als Schauplatz, sondern findet, dauernd in der Welt vagierend, Menschen in der Welt vor, fängt sie gleichsam. Es gibt im Film mehr als nur die Menschenwelt. Das Filmdramatische besteht gerade darin, die menschliche ‚Handlung' als Ereignis unter anderen Ereignissen zu geben." Und deutlicher noch einmal im Dialog mit Ihering: Der Film stellt, anders als das Theater, eine Handlung nicht menschenzentriert dar, sondern zeigt immer zugleich die Welt und den Menschen gleichberechtigt nebeneinander; der Film zeigt ihn, mittels der Großaufnahme, sogar selbst als Welt: „Wenn das menschliche Gesicht zur Landschaft wird, wird es zur Welt." Der Mensch erklärt sich nicht mehr, wie auf der Bühne, in seiner Sprache, sondern er wird dargestellt und abgebildet wie jedes andere Stück Welt: Er büßt seine scheinbare Herrschaft über die Handlung ein, die ihm nur vom Theaterautor noch eingeräumt wurde, und er muß nun in seiner Freiheit in der von ihm selbst geschaffenen Welt zurechtkommen. Das ist das eher nebensächliche Resultat der Filmtheorie und zugleich die zentrale These der Studie über „Die Weltfremdheit des Menschen", in der sich die später von Sartre verwendete Formulierung findet, daß der Mensch zu seiner Freiheit in der Welt verurteilt und verdammt sei.

Soweit die eine, theoretisch-philosophische Seite. Fast zehn Jahre lang ruht das Thema „Film" bei Anders, aus naheliegenden Gründen. Es taucht erst in der Emigration wieder auf, nun aber, wie bei allem, was ein Emigrant unternehmen muß, mit sehr praktischen Hintergründen. Aber bei Anders zielt die Theorie stets auf die Praxis; darin unterscheidet er sich grundsätzlich von Adorno. Als er diesem in den sechziger Jahren einmal erklärte, es würde der Konsequenz der Kritischen Theorie entsprechen, wenn sich Adorno an einer Demonstration gegen den Vietnamkrieg beteiligte, entgegnete dieser kühl, er laufe nicht einer Fahne hinterher. Auch Anders' Hinweis, er könne ja vor der Fahne gehen, blieb ohne Erfolg.

Der Emigrant Günther Anders lebte nach seiner Scheidung von Hannah Ahrendt in New York mit der Schauspielerin Eva Heymann zusammen und verdiente sich den Lebensunterhalt unter anderem mit Deutschstunden für die kapriziöse Tochter des Komponisten Irving Berlin – ein Job, den er durch Vermittlung von Arnold Zweig bekommen hatte. Zweig hatte auch die einführenden Worte gesprochen, als Anders zum ersten und einzigen Mal öffentlich aus seinem Roman „Die molussische Katakombe" in New York vorlas.[11] Jahrelang hatte er an diesem Werk gearbeitet, mit dem er vor dem Nationalsozialismus warnen wollte, aber als er es, noch in Paris, dem Leiter eines deutschsprachigen Verlags, Manès Sperber, vorlegte, verweigerte dieser die Publikation mit dem Argument, der Roman sei nicht „linientreu" genug. In Amerika konnte man damit erst recht kein Geld verdienen, denn vor dem Kriegseintritt der USA galten Anti-Nazis zwangsläufig als Kommunisten.

Durch die private Nähe zum Showgeschäft kam Günther Anders auf den Gedanken, es mit Filmentwürfen zu versuchen: Er konzipierte ein Drehbuch für Charles Chaplin, das dieser natürlich niemals gesehen hat. Im Jahr 1939 erhielt dann Eva Heymann aus Hollywood von dem gleichfalls emigrierten Regisseur Wilhelm (William) Dieterle das Angebot, eine Rolle in einer „Wilhelm Tell"-Inszenierung zu übernehmen. Sie nahm an, und Günther Anders folgte ihr nach Hollywood. Während er mit verschiedenen Jobs, unter anderem in einem Kostümfundus, das Geld zum Leben verdiente, entwickelte er Ideen für Hörspiele und Filme. Auf der theoretischen Überlegung, daß der Film als „Fenster in die Welt" mit seinem Wechsel der Szenen und Simultantechniken uns die Welt gleichsam zur Verfügung stellt und uns daher auch alles angehen lasse, was auf dieser Welt geschieht, basiert der Entwurf „Broadcast from Heaven" (1939). Aus den verschiedenen Entwicklungsstufen (Empfangskomitee im Himmel, Tribunal) zitiere ich die am weitesten entwickelte Notiz: „Im Himmel taucht das Gerücht auf, daß jeder noch einmal auf die Erde zurück und ein zweites Leben beginnen dürfe. Die Absolvierung des zweiten Lebens sei nicht ungefährlich; sie kann die endgültigen Chancen für das jüngste Gericht ebensogut verschlechtern wie verbessern. Das Gerücht erregt unter den Himmelsinsassen starke Erregung. Sie wollen zumindest wissen, wie es heute auf der Erde aussieht, um zu entscheiden, ob ein zweites Leben lohne und ob die Welt von 1939 Chancen für Bewährung biete. Man gibt ihnen Gelegenheit, die Welt von oben zu betrachten. Sie sehen die verschiedensten Ausschnitte aus der Welt, vieles verstehen sie nicht, vieles finden sie großartig, vieles empört sie so, daß sie brennen, hinunterzukommen, um es zu verändern [...] Es ist daher kein Zufall, daß sie jeden Neuankommenden nach seiner Todesursache ausfragen [...] Beispiel: Es erscheint vor ihnen ein sechsjähriges Proletariermädchen aus Chemnitz. Sie wird gefragt: ‚Woran starbst du?' Antwort: ‚An Unterernährung.' Frage: ‚Warum gab dir deine Mutter nicht genügend zu essen?' Man macht die Mutter ausfindig. ‚Weil mein Mann arbeitslos wurde.' Frage: ‚Warum entließ man deinen Mann?' Man macht den Unternehmer ausfindig. ‚Weil das Material so teuer wurde, daß ich nicht mehr mit Gewinn fabrizieren konnte.' Frage: ‚Warum wurde es so teuer?' Fabrikant: ‚Da müssen Sie die chinesische Exportfirma fragen.' Nach weiteren Fragen stellt sich heraus, daß man in China einen Damm nicht errichten konnte gegen das Hochwasser, und das kleine Mädchen fragt: ‚Und daran bin ich gestorben?' "[12]

Dieser Entwurf will uns die Unterlassung im fernen China und den Tod des sächsischen Mädchens als *eine* zusammenhängende Tatsache begreiflich machen, will uns vorführen, daß, wenn uns die Welt, von uns selbst geschaffen, zur Verfügung steht, uns auch alles Geschehen etwas angehen müsse. Günther Anders hat diese Erkenntnis selbst immer wieder in die Praxis des politischen und humanitären Engagements umgesetzt.

Realisiert wurde von diesem Projekt nichts; es blieb Fragment und Notiz. Aber es gibt eine eigentümliche Parallele zu einem ebenfalls Fragment gebliebenen Roman-Projekt Horkheimers, der drei Jahre später, 1942, seinen Helden Neville Chamberlain in den Himmel führt, um ihm „in Gesprächen mit bedeutenden Persönlichkeiten der vergangenen Geschichte"[13] die Weltzusammenhänge zu erklären. Anders wohnte zu dieser Zeit bei Herbert Marcuse, der für Horkheimers Roman Material sammelte und Exzerpte zusammenstellte.

Günther Anders Beziehung zu Horkheimer, den er seit einem gemeinsamen Husserl-Seminar im Jahr 1921 kannte, verlief in Hollywood wenig erfreulich. Bezeichnend dafür ist folgende Geschichte: Wilhelm Dieterle, noch aus Frankfurt mit Horkheimer bekannt, war für einen Film über Thomas Morus in Drehbuchnöten, fragte Horkheimer nach einem begabten Autor, und dieser fragte wiederum Günther Anders, ob er helfen könne. „Anders kam, abgeholt vom Chauffeur, eines Abends in Horkheimers Haus, und sie arbeiteten bis Mitternacht. Als er sich dann verabschieden wollte, erschien Frau Horkheimer mit einer Tüte, die sie ihm mitgab. Anders öffnete sie erst zu Hause. Ihr Inhalt waren eine Dose Ölsardinen, eine Tomate, ein Apfel und mehrere Schachteln Streichhölzer. Umgehend telefonierte Anders mit dem Spender, er möge sofort seinen Chauffeur schicken, da er ihm etwas zu übergeben habe. Der Chauffeur kam und holte die großzügige Gabe wieder ab";[14] der Kontakt zu Horkheimer blieb daraufhin einige Zeit unterbrochen.

Keine der Filmideen von Günther Anders kam über den Drehbuchentwurf hinaus. Es waren allesamt Arbeiten, die in den wenigen freien Stunden, neben oder nach den diversen „jobs", entstanden. Manchmal wurde auch nur eine Idee fixiert, so 1939 der Vorschlag für „Wenn"-Filme, die die beliebte Frage: „Was wäre geschehen, wenn ..." in eine Mischform aus Dokumentar- und Spielfilm umsetzen sollten.[15] Oder, vermutlich 1940, der Vorschlag für einen neuen Typus von Zeichentrickfilmen: nicht harmlos märchenhaft wie Mickey Mouse, sondern die Tradition eines Hogarth oder Daumier aufnehmend. Das war durchaus agitatorisch gemeint, denn Anders wollte die populäre Form des Zeichentrickfilms für den Kampf gegen den Faschismus verwendbar machen. Die herkömmlichen cartoons kritisieren aber nicht bestimmte Personen, sondern entlarven nur Verhaltensweisen wie Hinterhältigkeit oder Geiz, die auf jeden übertragbar sind. Wenn Karikatur der ästhetische Protest gegen politische Gewalt sein sollte, dann mußte angesichts Hitlers eine neue Darstellungsform des Zeichentrickfilms gefunden werden: keine Hunde, Katzen, Enten mehr, sondern Menschen wie bei Daumier – eben „carricartoons", die Hitler zur Kenntlichkeit entstellen sollten.

Ganz nah rückt mit dieser Filmidee wieder die 1930 zuerst formulierte These von Anders in den Blick, daß die Reproduktion auf das Original zurückwirke. Leicht ins Ökonomische gewendet bedeutet dies, daß der Mensch zum Produkt seiner Produkte werde – und genau dies trug Günther Anders in einem Seminar über die Theorie der Bedürfnisse am 25. August 1942 vor. Dieses Seminar war der Versuch, zwei eigentlich miteinander verfeindete Kreise doch miteinander in geistige Verbindung zu bringen, nämlich den Kreis um Brecht und die Frankfurter Schule. Es nahmen u. a. daran teil: Adorno, Brecht, Horkheimer, Ludwig und Herbert Marcuse. In dem Thesenpapier von Günther Anders heißt es weiter: „Da er (der Mensch, W. F.), besonders in einer Wirtschaft, die nicht den Bedürfnissen der Menschen, sondern denen des Marktes sich anmißt, den Anforderungen seiner eigenen Produkte nicht gewachsen ist, entsteht eine Differenz, ein *Gefälle,* zwischen Mensch und Produkt."[16]

Ausgehend von der filmtheoretischen Reproduktionsästhetik hat Günther Anders mit diesem Satz 1942 das begriffliche Instrumentarium gefunden, das wir aus seinen Nachkriegsschriften kennen. Jenes „Gefälle" zwischen Mensch und Produkt wird er in dem Aufsatz „Über prometheische Scham"[17] analysieren. Und die Erkenntnis, daß der Mensch den Anforderungen seiner Produkte nicht gewachsen sei, daß er mehr herstellen kann, als er sich vorzustellen vermag, diese beunruhigende Einsicht bildet die Basis der Arbeit über die Wurzeln unserer Apokalypse-Blindheit. Es mag ein großer Schritt sein von den eher zufälligen Schriften zum Film seit 1924 bis zu der systematischen Analyse des atomaren Zeitalters, aber in dieser Spanne zeigt sich die Kontinuität des philosophischen Denkens von Günther Anders.

## *Klaus Albrecht Schröder*
## Die Genese von Günther Anders' Medienkritik

Günther Anders hat zeitlebens darauf beharrt, daß mit Film und Fernsehen die überkommene Medientheorie obsolet geworden sei. Alles, was vorher an Medienkritik, etwa anhand der Fotografie, gedacht wurde, sei hinfällig geworden. Medientheorie als Fototheorie reiche kategorial an die Veränderungen der Wahrnehmung von Wirklichkeit im Fernsehzeitalter nicht heran. Diese Einsicht gewann Günther Anders bekanntlich gleich zu Beginn des Fernsehzeitalters, als er – eher zufällig – in New York 1948 ein paar Minuten fernsah.[1] Diese kurze Auseinandersetzung mit dem Fernsehen sollte in einer Phänomenologie des Fernsehens kulminieren, deren Berührungspunkte mit der an Fotografie gebildeten und geschulten Medientheorie aufzuweisen Thema der vorliegenden Ausführungen ist.

„Die Hauptkategorie, das Hauptverhängnis, unseres heutigen Daseins heißt: Bild. Unter ‚Bild' verstehe ich jede Darstellung von Welt oder Weltstücken, gleich, ob diese aus Photos, Plakaten, Fernsehbildern oder Filmen besteht. ‚Bild' ist die Hauptkategorie deshalb, weil heute Bilder nicht mehr als Ausnahmen auch in unserer Welt vorkommen, weil wir von Bildern vielmehr umstellt sind. Früher hatte es Bilder in der Welt gegeben, heute gibt es ‚die Welt im Bild', richtiger: die Welt als Bild ... Es liegt auf der Hand, daß, wenn die Zahl der Bilder so ungeheuer anschwillt, diese Quantität in eine Qualität umschlägt."[2]

Die Beschreibung der „neuen Qualität" des Bildes ist älter als Anders' kritische Phänomenologie in dem Kapitel „Die Welt als Phantom und Matrize".[3] Die Skepsis gegenüber dem Bild, daß dieses nie abspiegle, sondern nur vorspiegle, wurde bereits in den ersten Tagen der Fotografie geäußert.

Daß Günther Anders selbst seine Bilderfeindlichkeit einmal

als Bestandteil einer jüdischen Tradition gesehen hat, hilft zum Verständnis von Anders' Medientheorie nicht weiter.

Günther Anders definiert das Bild-Abbild-Verhältnis vollkommen neu: das Bild ist „Phantom". Das „Bild als Phantom" ist neben der Einsicht in die Transformation der Nachrichten sowie der Überflutungstheorie der zentrale Kritikpunkt in Anders' Medientheorie: Abbild und Schein konstituieren das Fernsehbild, das *Da-Sein* und das gleichzeitige *Nicht-Da-Sein*. Anders' Paradigma für dieses Fernsehbild waren und sind nicht eine Fernsehshow, ein Spielfilm oder eine Theateraufführung. Beispielhaft und modellhaft sichtbar werden die ontologischen Widersprüche des Fernsehens in der Live-Nachrichtensendung, der Live-Übertragung: „[...] das Eigentümliche der durch die Übertragung geschaffenen Situation [besteht] in deren ontologischer Zweideutigkeit; weil die gesendeten Ereignisse zugleich gegenwärtig und abwesend, zugleich wirklich und scheinbar, zugleich da und nicht da, kurz: weil sie Phantome sind."

Die üblicherweise niemanden irritierende Zweigesichtigkeit der Fernsehbilder wurde innerhalb der Fototheorie mit dem Aufkommen des Fotojournalismus diskutiert. Erst den Vertretern jener Gattung der Fotografie, die von einem prinzipiell Wirklichkeit dokumentierenden Status ihrer Bilder ausgehen mußten, wurde das vorher unbefragt als Realität ausgegebene fotografische Ergebnis problematisch. Dennoch: Die konziseste Darstellung – und zugleich die Summe des in den Jahrzehnten zuvor Gedachten – des Realitätscharakters von Fotografie wurde anhand einer Analyse eines Werbefotos gegeben. Roland Barthes interpretierte 1964 eine Panzani-Reklame: „Die bewußte Reaktion, die eine Fotografie auslöst, hat in der Geschichte kein Vorbild. Sie erzeugt nicht das Bewußtsein des Daseins des Gegenstands [...], sondern des Dagewesenseins. Wir stoßen hier auf eine neue Kategorie des Raum-Zeit-Verhältnisses: räumliche Präsenz bei zeitlicher Vergangenheit, eine unlogische Verbindung des Hier und Jetzt mit Da und Damals."[4] Diese ontologische Beschreibung der Fotografie wird deutlicher noch in André Bazins Text von 1945, „Ontologie des fotografischen Bildes": „Wenn auch in dem fertigen Werk Spuren der

Persönlichkeit des Fotografen erkennbar sind, so ist diese dennoch nicht vom gleichen Rang wie die des Malers. Alle Künste beruhen auf der Gegenwart des Menschen, nur die Fotografie zieht Nutzen aus seiner Abwesenheit. Sie wirkt auf uns wie ein ‚natürliches' Phänomen. [...] Diese Entwicklung hat [...] die Psychologie des Bildes radikal erschüttert. Die Objektivität der Fotografie verleiht ihr eine Stärke und Glaubhaftigkeit, die jedem anderen Werk der bildenden Künste fehlt."[5]

Nach Günther Anders hängt mit dem Phantomartigen des Fernseh-Bildes das zweite, kategorial neue Phänomen in der medienvermittelten Weltwahrnehmung zusammen: die Transformation der Nachrichten. Diese sind nicht länger Faktum – wie eine objektive Mitteilung über etwas –, sondern sie sind ein Urteil. Sie sind nicht wertneutral, sondern selektiv: „Das eigentümlich Zweideutige an Rundfunk- und Bildfunksendungen besteht darin, daß (der Unterschied) zwischen Unmittelbarkeit und Vermittlung ausgelöscht ist."[6] „Um dem Konsumenten einzureden, daß ihm nichts eingeredet werde, verzichtet das in ein Bild verwandelte Urteil auf seine Urteilsform."[7]

Anders' „Verdächtigung" der mechanisch reproduzierten Wirklichkeitswiedergabe – gleichgültig ob Fotografie oder Film – steht nicht allein in der Medienkritik der Nachkriegszeit. Lange Zeit konzentrierte sich die Fototheorie vor allem auf das Medium selbst, auf seine Anwendungsmöglichkeiten und seine allgemeinen Erscheinungsformen. Das subjektive Moment, die Person hinter der Kamera und ihr Anteil am Entstehen einer Fotografie, spielte kaum eine Rolle. Beinahe neunzig Jahre lang war man davon, daß die Fotografie als Abbild der Realität ungeschmälert und unbeeinflußt widerspiegle, felsenfest überzeugt. Noch in den dreißiger Jahren haben die von der Farm Security Administration durchgeführten Fotodokumentationen die Armut in den Südstaaten glaubhaft aufgezeichnet und unmittelbar zu politischen Verbesserungsmaßnahmen geführt. Ebenso hat bereits am Ende des ersten Jahrzehnts dieses Jahrhunderts Lewis Hine mit seinen Fotografien von Kinderarbeit- und Kinderelend zu einer Veränderung der Arbeitsgesetzgebung geführt. Niemand hat je gezweifelt, daß das, was auf dem Abbild zu sehen ist, direkte Widerspiegelung der Realität sei. Jakob Riis, der mit seinen Fotodokumentationen aus den Slums zu einer Verbesserung der katastrophalen Wohn- und Lebensverhältnisse des verarmten Industrieproletariats beitrug, konnte noch voller Optimismus schreiben: „Die Kraft der Fakten ist der mächtigste Hebel dieser und aller Zeiten."[8]

In den vierziger Jahren bringt kaum noch ein kritischer Philosoph, kaum ein Foto- oder Medientheoretiker den Optimismus auf, an die Objektivität von Fotografie, Film und, später, Fernsehen, zu glauben. Günther Anders sah in dieser Hinsicht die Überlegenheit der zeitgenössischen Illustrierten-Kultur über die nationalsozialistischen „Stürmer"-Bilder unter dem Gesichtspunkt, daß „die Schablonenindustrie ihren Schablonen ein Höchstmaß an Realismus verleiht. [...] Daß Schablonen ihr Maximum an Wirkung nur dann erreichen, wenn sie sich mit einem Maximum an Realismus auftakeln, ist als Produktionsprinzip durchwegs anerkannt. [...] Nicht im Zeitalter des Surrealismus leben wir, sondern in dem des Pseudo-Realismus; im Zeitalter der Verbrämungen, das sich als Zeitalter der Enthüllungen verbrämt. Wo man lügt – und wo täte man das nicht? – lügt man nicht mehr wie gedruckt, sondern wie fotografiert; nein, nicht *wie* fotografiert, sondern effektiv fotografiert."[9]

Dem Medienkritiker Günther Anders geht Karl Pawek voraus, indem er die „Life-Fotografie", die damals am weitesten verbreitete Fotografie, analysiert. Die Auflagen des 1936 von Henry R. Luce gegründeten Bildermagazins „Life" gingen in den ersten beiden Jahrzehnten in die Millionen, in die -zig Millionen seine Leser. Glaubte man anfangs noch an die Authentizität der pathetischen Schwarz-Weiß-Geschichten, etwa von W. Eugine Smith über die „Hebamme Maude Callen" oder den „Landarzt", so kritisierte Pawek bald an der Life-Fotografie, daß sie abstrakte Fotografie sei, daß sie den eigenen programmatischen Magazin-Titel in Frage stelle. Ist doch die Life-Fotografie das Ergebnis einer *Selektion*, von der Pawek noch offen läßt, ob sie durch das Objektiv, durch den Akt des Fotografierens oder durch den Fotografen selbst zustande käme. Gleichzeitig und unabhängig von Pawek kommt der Semiotiker Roland Barthes zum Schluß, daß es der Fotograf selbst sei, der die Selektion betreibt: „Der Fotograf ist penetrant präsent in den Fotografien und er nimmt uns alle Freiheit, alle Freiheit des Urteils, qua Konzentration auf die Bildmittel und auf die Bildkompositionen, die der Fotograf vornimmt.“[10]

Es ist das erste Nachkriegsjahrzehnt, in dem auf verschiedenen Ebenen die Frage diskutiert wird, ob das, was an Bildnachricht übermittelt wird, überhaupt ein Äquivalent in der Realität habe, zumindest eines, das rechtens den Begriff der Nachricht erlaubt. Diese Diskussion findet medientheoretisch gesehen primär in der Auseinandersetzung mit der Life-Fotografie statt, nicht so sehr durch die Analyse des neuen Kommunikationsmediums Fernsehen. Es ist auch dieses erste Nachkriegsjahrzehnt, in dem die erfolgreichste Fotoausstellung der Geschichte stattgefunden hat: Edward Steichens „The Family of Man“; eine Ausstellung, die weltweit neun Millionen Besucher gefunden hatte und die – wie die übrigen in diesem Jahrzehnt veranstalteten Weltausstellungen der Fotografie – zu ihren konkreten Anliegen die „großen allgemeingültigen Themen“ – wie Liebe, Tod, Arbeit – zählte.

Die 50er Jahre waren also nicht nur das Jahrzehnt, in dem erstmals kritisch die Fotografie auf ihren Realitätsgehalt, ihre ideologischen Funktionen befragt wurde. Die 50er Jahre waren mit der heroischen Zeit von „Life“ und dem Erfolg von „The Family of Man“ auch ausgerechnet die Epoche der Ereignis- und Dokumentarfotografie: so, als ob eine Blütezeit zugleich deren Totengräber gebierte. Betrachten wir jedoch Günther Anders' Medienkritik nicht allein immanent, innerhalb der Medientheorie – als gleichsam ahistorische Phänomenologie der den neuen elektronischen Kommunikationsmedien inhärenten Eigenschaften –, sondern historisieren wir den gedanklich noch während der Emigrationsjahre in den USA entworfenen Essay „Die Welt als Phantom und Matrize“, so stoßen wir auf ein Ereignis in der amerikanischen Geschichte, das seine tiefen Spuren im Film, in der Fotografie und damit auch in der diese Medien kritisch reflektierenden Theorie hinterlassen hat. Wir wollen uns hier auf die fotohistorisch relevanten Aspekte beschränken.

Am 6. Dezember 1947 wurde der berühmten, für den Fotojournalismus überaus einflußreichen, als linksradikal verschrieenen und mit dem Ku-Klux-Clan in einem Atemzug genannten „Photoleague" der Todesstoß versetzt. Die Photoleague wurde aufgelöst, weil sie angeblich illoyal gegenüber der Regierung Truman war. Die antikommunistischen Säuberungsaktionen, unter dem Namen McCarthyismus bekannt, beeinflußten mit der Auflösung der Photoleague nachdrücklich die folgende Entwicklung der Fotografie, des Bildjournalismus und damit den damals einflußreichsten Teil des Nachrichtenwesens.

Die ideologische Grundlage stellte die Truman-Doktrin des Antikommunismus inmitten des Kalten Krieges dar. Sie wurde bereits von den Zeitgenossen, historisch sehr konkret und in diametralem Gegensatz zu Günther Anders, dafür verantwortlich gemacht, daß erstmals das Problem auftauchte, ob denn das fotografische Bild überhaupt Abbild der Wirklichkeit sei; oder ob eine Zensur stattgefunden hätte, bei der nach ihrer im Medium liegenden Herkunft zu fragen zynisch sei, habe sie doch schlicht und einfach einen politischen Hintergrund. Der Hauptredner an jenem letzten Abend der Photoleague war Paul Strand. Paul Strand, der Hauptvertreter der Straight Photography, legte die Grundlage jeglicher Dokumentations- und Reportagefotografie. Paul Strand sagte: „Man will nicht, daß wir heute abend über Fotografie reden. Viele Menschen in Amerika hält man davon ab, die Dinge zu diskutieren, die ihnen am wichtigsten sind. Wir sind in die Politik verwickelt, ganz schön tief verwickelt. Es hat keinen Sinn, ängstlich davonzulaufen und zu sagen, bitte, ich bin ein braver Junge. Das nützt nichts. Man hat uns herausgegriffen, weil wir uns unmißverständlich geäußert haben. Die reaktionären Kräfte sind sich wohl bewußt, daß wir, die Fotografen, die Maler, die Radiokommentatoren, die Drehbuchautoren, [...] daß wir die Wahrheit erzählen werden, wo immer wir sie sehen. Und Künstler haben einen guten Sinn für die Wahrheit und das ist der Grund, warum sie uns zum Schweigen bringen wollen."[11]

Nur drei Jahre später wird der bei der Auflösung der Photoleague ebenfalls anwesend gewesene, führende Fotograf der Farm Security Administration, Ben Shahn, schreiben: „Fotografie hat mit menschlicher Kommunikation zu tun. Was ich zeige, ist der Mensch, unabhängig von seiner Geschichte."[12] Löst man dieses Zitat aus dem Zusammenhang, vergißt man, was Shahn nicht einmal 15 Jahre zuvor fotografiert hat und was drei Jahre vorher, während des McCarthyismus, passiert war, dann versteht man, warum Günther Anders zu einem so skeptischen Urteil hinsichtlich der Nachrichtenqualität von Fotografie und mutatis mutandis von Fernsehen kam. Bereits 1947 ist in einem öffentlichen Wandgemälde in New York ein Porträt Roosevelts der Zensur zum Opfer gefallen. Wenn Ben Shahn unbestimmt, unkonkret und unverbindlich feststellt, Fotografie habe mit menschlicher Kommunikation zu tun, dann hören wir eine Sprache, die sich nicht mehr traut. Diese Sprache und die ihr entsprechende Bildauffassung ist betroffen durch innere und äußere Zensur, nicht durch mediale Bedingtheiten.

Demgegenüber beharrt Günther Anders auf den in den Reproduktionstechniken selbst liegenden Beschränkungen. Es sei die Technik selbst, die ihren Ergebnissen gegenüber eben nicht indifferent ist. Der „Welt als Phantom und Matrize" stellt Anders eine Stelle aus den Kindergeschichten als Motto voran: „Da es dem König aber wenig gefiel, daß sein Sohn, die kontrollierten Straßen verlassend, sich querfeldein herumtrieb, um sich selbst ein Urteil über die Welt zu bilden, schenkte er ihm Wagen und Pferd. ‚Nun brauchst Du nicht mehr zu Fuß gehen', waren seine Worte. ‚Nun darfst Du es nicht mehr', waren deren Sinn. ‚Nun kannst Du es nicht mehr', deren Wirkung."[13]

Das zweite große Thema von Günther Anders, das in einem unmittelbaren Zusammenhang mit dem ersten steht, rubrizieren Fotohistoriker unter dem Signum der Zwei-Welten-Theorie. Sie besagt, daß die Bilderwelt nicht bloß gleichwertig neben, sondern letztendlich der realen Welt *vor*-gelagert sei, durch jene nimmt man diese wahr. Das Vorbild für Günther Anders ist Siegfried Kracauer, jedoch nicht der Filmtheoretiker und -historiker Kracauer, sondern noch der Fototheoretiker der zwanziger Jahre. In dem Aufsatz „Die Photographie" schreibt Kracauer: „In den Illustrierten sieht das Publikum die Welt, an deren Wahrnehmung es die Illustrierten hindern."[14]

Die Standardargumentationen der diversen Fototheorien konzentrieren sich meist auf das Zwei-Welten-Theorem – der Verwechslung von Bild und Abbild –, die Überflutungstheorie und das Gleichmachertheorem. 1839, als die Fotografie publik gemacht wurde, wurde das Gleichmachertheorem mit großer Euphorie als die im optischen Bereich vollzogene Demokratisierung begrüßt, macht doch der Abbildungsapparat keinen Unterschied zwischen einem Rauchfangkehrer und dem Apoll vom Belvedere. 1854, kaum zwei Jahrzehnte später, verkündete Oliver Wendell Holmes, daß nun das Universum der Formen an die Stelle der zähen Materienwelt treten könne: „Die Form ist in Zukunft von der Materie getrennt. In der Tat ist die Materie in sichtbaren Gegenständen nicht mehr von großem Nutzen. [...] Man gebe uns ein paar Negative eines sehenswerten Gegenstandes, aus verschiedenen Perspektiven aufgenommen – mehr brauchen wir nicht. Man reiße dann das Objekt ab oder zünde es an, wenn man will."[15]

Hundert Jahre später betrachtet Lewis Mumford das Surrogatargument mit Argwohn, ist doch mittlerweile die Substitution der realen Welt durch die Scheinwelt Wirklichkeit geworden: „An ihre Stelle [die Welt der Wirklichkeit] haben wir eine Welt aus zweiter Hand, eine Geisterwelt gesetzt, in der jeder ein nur abgeleitetes Leben aus zweiter Hand lebt."[16] Geht Mumford in diesem Aufsatz über „Die Welt aus zweiter Hand" noch davon aus, daß die massenhaft reproduzierte Welt die „eigentliche" Welt verstellt, so geht Günther Anders, Mumfords und Kracauers Ansatz aus den 20er Jahren fortsetzend, darüber insofern hinaus, als für ihn die Sache selbst nicht unberührt bleibt, wenn sie massenhaft reproduziert wird. Die eigentliche Welt wird fotografieförmig: „Sein bedeutet also: Gewesensein und Reproduziertsein und Bildsein und Eigentumsein. [... Es] ist die Rolle der Bilder so ungeheuer, daß, wenn ich mir die Welt von ihren Milliarden Bildern: den Fotos, Filmen, Fernsehphantomen und Plakaten entleert vorstelle, nur das reine

Nichts übrigbleibt."[17] Unmittelbar vorher notierte Karl Pawek: „Stell' ich mir das Leben ohne ‚Life' vor, was bleibt dann?" Immer wieder stand „Life" im Fokus der Medienkritik und Medientheorie, auch wenn Günther Anders selbst nicht explizit auf dieses Magazin zu sprechen kommt.

Es muß tatsächlich dem Humanismus der fünfziger Jahre wesentlich mehr Kopfzerbrechen bereitet haben, als wir es heute nachvollziehen können, daß die Reproduzierbarkeit des Menschen millionen- und abermillionenfach eine Selbstauflösung des Ich darstellen könnte. Eine der Maßnahmen gegen die Auflösung des Ich bringt Günther Anders zur Einsicht, daß auch die Reisefotografie des Amateurs nichts anderes sei als eine Strategie der fotografischen Selbstvergewisserung, dort gewesen zu sein, wo man tatsächlich gewesen ist: vor dem Kolosseum, vor dem Florentiner Campanile. Einer der wichtigsten Gründe für die hypertrophische Bildproduktion sei, „[...] daß sich der Mensch durch Bilder die Chance erobern konnte, ‚spare-pieces' von sich selbst zu schaffen. [...] Mindestens in effigie gewinnt auch er dadurch multiples, zuweilen sogar tausendfaches Dasein."[18]

Auch das dritte Standbein der Andersschen Medienkritik, wie er sie in „Die Welt als Phantom und Matrize" ausführt, hat ihre Vorgeschichte in der Fototheorie; auch die „Überflutungsthese" ist nicht erst mit dem Fernsehzeitalter ins Bewußtsein getreten. Die Überfülle an Bildern, an Milliarden von Bildern, überflute demnach die Bewußtseinskapazitäten auf eine Weise, die in ihrer Wirkung auf den menschlichen Wahrnehmungsapparat, psychohistorisch betrachtet, nur mit der Verstädterung in der zweiten Hälfte des 19. Jahrhunderts sowie mit der Erfindung der Eisenbahn verglichen werden könne.[19]

Wohl der erste, der sich den Einwirkungen des Massenmediums Fotografie auf die menschliche Erfahrungsstruktur zugewendet hat, war wiederum Siegfried Kracauer. Er war es, der bereits in den zwanziger Jahren die Frage stellte, „[...] ob mit dem neuen Mittel nicht auch das Vermittelte, mit dem neuen Sender nicht auch der Empfänger tiefgreifenden Veränderungen unterworfen wurde".[20] Die als neu erkannte Qualität des

Mediums Fotografie, zumal der in Magazinen reproduzierten Fotografie, war ihr massenhaftes Auftreten. Die milliardenfache Bildproduktion tauscht die Welt durch das Bild der Welt aus. „So gewaltig ist der Ansturm der Bildkollektionen, daß er das vielleicht vorhandene Bewußtsein entscheidender Züge zu vernichten droht."[21] Die noch wenige Jahrzehnte zuvor als positive Eigenschaft der Fotografie gepriesene Funktion, eine Erweiterung menschlicher Speicherkapazität darzustellen, verwandelt sich nun in der von Kracauer erstmals als Gesellschaftskritik betriebenen Medientheorie in ihr Gegenteil.

1905 schrieb George Santayana über die Aufgabe der Fotografie, daß sie dem mit seinem begrenzten Speicherraum benachteiligten Gehirn helfe. Die Fotografie „rettet die vergänglichen Momente unserer Erfahrung, das Gesichtserlebnis des Augenblicks, das unwiderrufbare geistige Vorstellungsbild".[22] Die Funktionen des individuellen wie des kollektiven Gedächtnisses beschäftigte vor und nach der Jahrhundertwende so unterschiedliche Denker wie Vignoli, Bergson, Warburg und Freud. Der um das Verhältnis Fotografie und Gedächtnis kreisende Strang der fototheoretischen Diskussion, der schließlich in die allgemeine Medienkritik mündete, reicht von Santayana über Proust bis zu Benjamin, Kracauer und Günther Anders.

Ab nun existiert kritische Medientheorie nur mehr als prinzipielle Verdächtigung. Der wirklichkeitsanaloge Status von Fernsehproduktionen, die „Verwechslung von Schein und Sein",[23] erschöpft sich ja nicht darin, „Phantom" zu sein. Die – in welcher Form auch immer – stattfindende Diskussion dessen, was Anders die „ontologische Zweideutigkeit" nannte, endete wohl in den siebziger Jahren. Susan Sonntag mag die letzte prominente Gesellschaftskritikerin gewesen sein, die sich diesem Aspekt der Medientheorie widmete.

An deren Stelle ist ein Typus von Medienkritik getreten, der paradigmatisch mit den Arbeiten von Neil Postman umrissen ist. Daneben stehen ökonomische und politische Rahmenbedingungen der massenmedialen Produktion sowie schichten- und altersspezifisch differenzierte Rezeptionsweisen im Vordergrund der gegenwärtigen Medientheorie. Die von Günther Anders im Anschluß an Kracauer festgestellte Tatsache, daß erst das soziale und politische Gewicht des Abbildes bestimmt, was Realität ist, ist dennoch so aktuell wie je. Und ebenso kann leider der vielleicht in diesem Zusammenhang radikalste Satz von Günther Anders immer noch das traurige Recht auf Gültigkeit für sich beanspruchen: „Am Anfang war die Sendung, für sie geschieht die Welt!“[24]

## *Ludger Lütkehaus*
## Anarcho-Muse

*Du bist wie eine Blume*

Kommst du auch mit schiefen Hacken
immer zu verrückter Zeit,
Karmosin auf deinen Backen,
preußischblau auf deinem Kleid,
stets in falschgeknöpfter Bluse,
Socken immer überm Schuh,
schwarzumflatterte Meduse,
Würgeengel des Tabu,
kann kein Himmel auch verhüten,
was ich längst verhütet hätt:
schwingst du deine Riesentüten,
blutger Kirschen gleich aufs Bett,
glaubst du Taschentuch und Spucke
sind für Schwamm und Seife da,
schenkst du auch mit jedem Rucke,
was kaum Adam arglos sah,
blieb auch ohne dich erfunden
Hüftenhalter und kompakt,
stehst du auch zu allen Stunden
prangend plötzlich splitternackt,
höhnst du thronend vom Klaviere,
daß der fahle Weisheitsheld,
dessen Werke ich studiere,
neben deinen gleich verfällt,
bist du dieses auch und vieles,
Sabotage und Skandal,
Sintflut jedes Arbeitszieles,
jedes Buches Endfanal,
leuchtet morgens auch das Bette
rot von Kirschen, schwarz von Sand –

bist du doch die einzige Nette,
Unsolide, Unkokette
hier im Puppenland.

Aus: Günther Anders: Tagebücher und Gedichte, München 1985, S. 334 f.

Daß das „Gewissen des Atomzeitalters", der Philosoph der „Antiquiertheit des Menschen", der Apokalyptiker, für den „Hiroshima überall" ist, in Personalunion mit einem höchst lesenswerten Schriftsteller zusammenlebt, war den meisten Anders-Lesern bis vor kurzem unbekannt. Zwar haben seine lehrhaften Fabeln aus dem „Blick vom Turm" ein größeres Publikum gefunden, kaum jedoch die Erzählungen. Der Lyriker Anders existierte für die Öffentlichkeit schon gar nicht. Erst als 1985 eine Sammlung der Gedichte erschien und 1987 das bereits 1946 entstandene Versgedicht „Mariechen", eine wunderbare „Gutenachtgeschichte für Liebende, Philosophen und Angehörige anderer Berufsgruppen", hinzukam, hat sich wenigstens dieses Bild etwas geändert.

Dabei sind die Erzählungen, ob sie nun „kosmologische Humoresken", soll heißen: metaphysische Eheromane bieten oder aus ihnen der antifaschistische Widerstand spricht, wahre Meisterstücke. Das Versgedicht „Mariechen" verbindet bravourös die scheinbar antiquierte Tradition der Lehrdichtung mit der erotischen Idylle zu einer heute fürwahr raren Synthese. Und auch die Gedichte zeigen, obwohl in ihnen wieder die „Schreckbilder" des Krieges, der nationalsozialistischen Massenmorde dominieren, einen ganz anderen Anders. Zum Beispiel in dem wahrscheinlich in der US-Emigration entstandenen „Lobgedicht" „Du bist wie eine Blume".

Unter diesem konventionellen Titel, der – ganz und gar zu seinen Ungunsten, wie es scheint – den Vergleich mit Kurt Schwitters' berühmter konventionbrechender Anna Blume (oder auch neuerdings mit Ernst Jandls einzigartigem lyrischen Poem „Die Morgenfeier, 8. Sept. 1977") provoziert, wendet sich der erotische Lobdichter einer höchst eigenwilligen Schönheit zu. Lebt Schwitters' Anna Blume vor allem in der unerhörten Grammatik, zu der sie den Dada-Dichter entfesselt, so ist Anders' Blume nicht nur Anarcho-Muse, sondern auch Subjekt: Ihre Anziehungskraft liegt darin, daß sie *selber* keinem Ideal und keinem Typus, keiner Norm, keiner Regel und keiner guten Sitte genügt. Schief, verrückt, falsch, unsolide ist ihre wie bei Schwitters in allen Farben leuchtende Erscheinung. Den Tabus macht sie mit geradezu mythischen Qualitäten den Garaus. Über der Fahlheit der „Weisheitshelden“ thront sie höhnend als „Venus triumphans“. Über den neuen Adam bricht sie, großzügig schenkend und gegebenenfalls in unschuldig-schamloser Nacktheit, als höchst erfreuliche Naturkatastrophe herein. Und mag in ihrem Schwarz und Rot noch die symbolische Reminiszenz von Liebe und Tod liegen – im gleich zweimal besungenen Bett bereitet sie dem Weisheitsjünger ein noch morgens nachleuchtendes Liebesfest.

Hatte dessen karge Weisheit zunächst bis auf die letzten drei Zeilen den Bogen eines einzigen endlosen Konditional-, richtiger: Adversativsatzes gespannt, der eine wahre Negativlitanei auf die Geliebte zu bilden schien, so löst dieser Satz sich zum seligen Ende in einen bedingungslosen Hochgesang auf. Die Einschränkungen geben sich als Liebeserklärungen eines Panegyrikers zu erkennen, der sich von der anarchischen Souveränität der Geliebten anstecken läßt. Und mag er, der in seinen „Notizen zur Geschichte des Fühlens“ (so lautet der Untertitel zu „Lieben gestern“) die Sprache der Liebe zwischen Matrosen-Zote und ärztlichem Entfremdungsvokabular sucht, mit den unverhüteten „Riesentüten“ auch noch der literarischen Spätpubertät seinen Tribut entrichtet haben – die „baby dolls“, die im „Puppenland“ der erotischen Emigration ihre sexuelle Hochrüstung, ihre deodorante Hygiene betreiben, ihre Reize annoncieren, „ihre Brüste spazieren führen, als wären sie Argumente, nicht Körperteile“: sie braucht er nicht. Die eigenschaftslose Selbstinszenierung der kommerziellen Welt weicht der – für ihn durchaus „effabilen“ – individuellen Eigentümlichkeit, an der die Liebe, jedenfalls seine Liebe, hängt. Das erotische Gelegenheitsgedicht entpuppt sich als Gegenentwurf zu Verpuppungszuständen, die das Individuum „sicut fabricatum“ machen. Und im Widerspruch zu dem „Make-up-to-date“, das im „Puppenland“ der prometheischen Scham über den eigenen Körper zuvorzukommen sucht, preist der auch seinerseits erfreulich „unsolide“ Autor der „Antiquiertheit des Menschen“ die noch unbeschädigte Lust.

*Wendelin Schmidt-Dengler*

# „Hoch die Metapher! Hoch unsere Verdrängungen!" – Zu Günther Anders' „Lieben gestern"

Über Günther Anders zu sprechen, im besonderen über seine Tagebücher, vermag den Verdacht der Zeilenschinderei und Paraphrase zu erwecken, da alles so eindeutig ist, daß die Intention außer Streit steht. Diese Aporie jeder Anders-Exegese hat Konrad Paul Liessmann mit gutem Grund seinem Anders-Buch vorangestellt, und ich kann nicht mehr tun, als dies bestätigend zu wiederholen.[1] Sinnvoller als mit Krampf Deutungen zu suchen, ist es, den Text gleich vorzulesen und wirken zu lassen. Zum Beispiel diesen kurzen Ausschnitt aus „Lieben gestern":

„Traf den seit langem hier in Amerika lebenden englischen Dichter C. A. – Eigentümlich, wie vorkriegshaft, wie vor-1914-haft der Mann wirkt. Zwar sind wir gleichaltrig; geschichtlich aber gehört er einem anderen Zeitalter an. Er hat eben niemals, wie die Deutschen, die *Chance einer Niederlage* gehabt: war nicht, wie unsereins, seit dreißig Jahren zur Revision aller geistigen Grundlagen gezwungen gewesen. Noch heute, im Atomzeitalter, klingen seine Proteste wie Schreie aus dem neunzehnten Jahrhundert; seine Revolutionen finden im Schlafzimmer statt, bleiben also, da sie sich auf etwas Spezielles, und zwar auf etwas rein Privates beziehen, vollkommen harmlos. – Daß ich seinen und seiner Freunde Stolz auf Verletzung viktorianischer Sexualtabus nicht nur komisch fand, sondern langweilig, beleidigte ihn. Es erfüllte ihn mit grenzenloser Selbstbewunderung, daß er es wagt, körperliche Intimitäten bei Namen zu nennen oder öde zu beschreiben. Daß er normalen Verkehr hat, macht ihn in seinen Augen zum ‚Bolschewisten'; *wenn* er ihn hat: denn ich habe den Argwohn, es gewagt zu haben, erscheint ihm nun post festum wie eine freiwillige Heraufbeschwörung eines Jüngsten Gerichts, das nun zum Jahre Eins seiner Zeitrechnung und zum Inhalt seines Lebens geworden ist. Mehr seines Dichtens als seines Trachtens." (Lg, 42 f.)[2]

Eine Stelle, so wie sie für die Tagebuchauswahl „Lieben gestern" typisch ist; doch ich möchte nun nicht den Versuch machen, diese Texte von Anders innerhalb einer Tagebuchtypologie – einem Phantom, dem die (sogenannten) Literaturtheoretiker nachjagen – zu orten und zu bestimmen; so ist es auch zur Konstruktion des Begriffes „literarisches Tagebuch" gekommen, was einen gattungstheoretischen Ansatz vortäuscht, aber doch nur den Schleier darüber breitet, daß hier eine rein inhaltliche Bestimmung vorliegt. Nein, wenn man Anders' Tagebuch an die Kandare einer Tagebuchtheorie legen wollte, so käme nicht mehr heraus, als ein verwaschener individualpsychologischer Versuch, der in die untiefe Einsicht mündet, daß verschiedene Menschen verschiedene Tagebücher schreiben. Einmal schon hat sich Günther Anders konsequent gegen die Tagebuchtypologie gewendet, vor allem aber gegen den Versuch, sie als Konfessionen eines Schreibenden zu lesen oder als besonders authentische Berichte. „Sie (sc. die Tagebücher) handeln, obwohl von mir, nicht von mir", erklärt er abweisend.[3]

Nein, das Typische für die Schreibweise in diesen Tagebüchern sollte anderswo, in jedem Falle jenseits des Versuchs des Typologischen und des Scheines der Authentizität, gesucht werden. In dieser kleinen Szene offenbart sich der Umgang, den Anders im Tagebuch mit Figuren und Gegenständen pflegt. Es sind meist kleine Szenen, die er vorführt. So auch hier: Eine Figur wird eingeführt, C.A., die Buchstaben genügen, und wer dieser C.A. nun tatsächlich ist oder war, dies zu klären bleibt dem Spürsinn der noch zu erhoffenden Anders-Forschung überlassen. Für unseren Zusammenhang und für den Zusammenhang, in den Anders seinen Leser gestellt sehen möchte, ist die Bestimmung der Identität dieses C.A. unerheblich. Die Figur wird sofort als Repräsentant von etwas gesehen („vorkriegshaft, vor-1914-haft"), sie wird zum Vertreter einer Generation und einer Nation: C.A., der Verletzer der „viktorianischen Sexualtabus") offenbart sich selbst als prüdester Viktorianer: er ist, wie es später heißt, von den Viktorianern *„pole-*

*misch abhängig*“ (Lg, 87). Und dies ergibt für den Augenzeugen der Szene, für Anders, eben den Kontrast, der Komik erzeugt – und dieser Kontrast wirkt komisch auf den Berichterstatter und soll auch auf den Leser komisch wirken. Und so sind die erzählten Szenen Erzählungen von Minidramen, und der Ausdruck „komisch“ fällt ja auch an dieser Stelle. Durchgehend werden nun solche Minikomödien vorgeführt; immer wieder besticht die Inadäquanzrelation. Die Figuren stimmen nicht mehr mit der Zeit, in der sie leben, überein. Der Dichter C. A. ist einem Schein hingegeben, den er selbst erzeugt hat: Er meint, ein „Bolschewist“ zu sein und dekoriert sich mit diesem Ehrentitel, just um das zu bekämpfen, was er wirklich ist: ein prüder Bürger. Nach diesem Modell laufen Anders' Kurzkomödien immer wieder ab; es bedarf keines Regisseurs, die amerikanische Gegenwart der Jahre 1947 bis 1949 ist die Bühne, und die Regie hat immer Einfälle. Weil es so genußvoll ist, gleich eine zweite Szene:

„Bei Gn. s – Dort, etwa sechzigjährig, der amerikanische Analytiker M. Nachdem ich arglos die Seiten vorgelesen hatte, in denen ich behauptete, es gebe heute keine Philosophie der Liebe, brach dieser Dr. M. plötzlich los und steigerte sich in einen Anfall, der zu den maßlosesten gehört, die ich je miterlebt habe. –

Die prophetenhafte Erregung eines Mannes, der einen Straßenanzug trägt statt eines antiken Gewandes, ist an sich schon etwas Schauerlich-Komisches. Wenn aber einer seinen Furor mit ordinären Aufklärungsvokabeln schürt; wenn er, als verkünde er eine Eschatologie, eine physikalistische Konstruktion von kindlichster Art entwirft; wenn er dieses primitive Gebilde mit dämonologischen Vokabeln anfüllt und dabei eine Leidenschaft entwickelt, als handle es sich um die Wahrheit seines Gottes, dann wird die Absurdität beängstigend.

Fast scheußlicher aber als der Ausbruch selbst war dessen plötzliches Zusammensinken.“ (Lg, 84)

Wieder wird uns eine Szene vorgeführt, eine Tragikomödie, scheint es – „etwas Schauerlich-Komisches“. Wieder lebt die Szene von irritierender wie komischer Unzeitgemäßheit. Der

Redende spricht im Tone des Propheten, und dazu paßt eben ein Straßenanzug schlecht. Ein Teiresias oder ein Jeremias im Straßenanzug des Analytikers, der just die Contenance verliert, die seinem Beruf doch so wohl anstünde. Spiegelgleich reflektiert die Rede Anders' die Form, in der Attacke und Wutanfall inszeniert wurden: Die Rhetorik des Propheten infiziert die Rhetorik des Attackierten, und mit einer mächtigen Klimax – drei Wenn-Sätze als anaphorische Klammer – zerstören den aufklärerischen Anspruch des Analytikers. Jeder Wenn-Satz ist von einer Antithese getragen („Furor" – „ordinäre Aufklärungsvokabeln"; „Eschatologie" – „physikalistische Konstruktion"; „primitive Gebilde" – „Wahrheit seines Gottes"). Was bleibt, ist der Periodenschwung der Wenn-Sätze, die Darstellung des Inkriminierten; der Hauptsatz – der Leser fragt sich besorgt: „Ja was denn nun?" – ist geradezu kümmerlich und phrasenhaft: „[...] dann wird die Absurdität beängstigend." Mit dem Absurden scheint das Übel hinlänglich bezeichnet. Doch dann kommt in der Folge die Interpretation: „Nein, ein einfach privates Ereignis war dieses Schauspiel nicht; sondern ein verdichtetes Stück Geschichte: *Dr. M. hatte mit einer Emotion gerechnet, die nicht mehr gilt: Mit der Scham vor dem Sich-Schämen.*" (Lg, 85) Auf die zentrale Rolle der Scham möchte ich hier nicht eingehen; darüber hat Konrad Paul Liessmann eindringlich gehandelt.[4] Wieder verweist Anders auf den theatralischen Charakter des Ganzen („Schauspiel"), wieder ist die Szene alles andere denn privat, wieder verdichtet in ihr sich Geschichte, wieder kollidiert Ungleichzeitiges: Die Gesellschaft, die den Analytiker mit dem Schlachtruf „Hoch unsere Verdrängungen!" überhaupt der Lächerlichkeit preisgibt, ist avancierter, indem sie die Scham vor dem Schämen überwunden hat, worauf der Analytiker als Tabu-Brecher gesetzt hat; ähnlich scheiterte ja auch schon der öde Poet C. A. mit seiner überstrapazierten Attitüde als Tabu-Brecher.

Die Häufigkeit der Theater-Metaphorik kann kein Zufall sein; sie deklariert Anders denn auch als einen, der sich in der Rolle des Zuschauers wahrnimmt; er ist nicht, würde ich sagen, der Autor oder Regisseur dieser Szenen, er ist aber fähig, sie als

Schauspiel – Tragödie oder Komödie oder beides zugleich – wahrzunehmen. Die Häufigkeit dieser Bilder schließt Beliebigkeit aus. Die Figuren werden immer als Repräsentanten – ja fast möchte ich sagen als Allegorien – für etwas genommen. Bereits in seiner Kafka-Studie hat Anders sich ja schon scharfsinnig über die Funktion der Allegorie geäußert;[5] er ersetzt Begriffe, wo es zulässig zu sein scheint, durch Bilder: Jener wütende Prophet der Psychoanalyse wäre ein solches. Wir verwandeln die Gestalt sofort, wir kleiden sie in ein antikes Gewand.

Und in ein antikes Gewand hat Anders auch eine der zentralen Stellen dieses Buches gekleidet: es ist die Stelle, an der die fundamentale Kollision (der ganze Text lebt von solchen und ähnlichen Kollisionen) benannt wird – die Kollision von Sexus und Philosophie. Ein mythologisches Aition sucht den Sachverhalt zu erhellen:

„[...] Pallas Athene, die Göttin der Vernunft, sprang eben selbst bereits aus einem Männerschädel; dem Perseus half sie, den letzten matriarchalischen Spuk auszurotten, und Jungfrau blieb sie auch: Mit ihrer geschlechtlichen Neutralisierung begann das Zeitalter der europäischen Philosophie." (Lg, 76)

En passant wird auf die Geschichte des Perseus angespielt, und – Anders zwingt in der Aposiopese den Leser zum Mitdenken und Herbeiholen der Geschichte – damit zugleich auch die geschlechtsneutrale Rolle der Philosophie begründet: Athene hat dies auf dem Gewissen, indem sie dem Perseus half; „den letzten matriarchalischen Spuk auszurotten". Dieser „letzte matriarchalische Spuk" ist natürlich nichts anderes als die Gorgo Medusa, zu deren Tötung Pallas Athene dem Perseus gemeinsam mit Hermes hilfreich an die Hand ging: Tarnkappe, Zaubertasche und Flügelschuhe sind die notwendigen Utensilien zur Besiegung des Monsters. Bezeichnend, daß Anders hier dies nicht einmal ausspricht; das Bild der Gorgo ist für ihn eines der zentralen Bilder mit allegorischer Deutungskraft, vor allem in der Schrift über Kafka, worin bei diesem die Schönheit als „gorgonisch" bestimmt wird: „Die Maske der ‚Gorgo' ist primär das gerade Gegenteil eines Gegenstandes der Anschauung: Sie selbst ist das ‚Sehen', nämlich ‚böser Blick' – dafür gemacht und bestimmt, den Anblickenden fortsehen zu machen oder ihn völlig zu lähmen. Was von der Maske gilt, gilt mutatis mutandis von der Kafkaschen Welt. Nicht wir blicken sie an, vielmehr starrt sie uns an." Es geht nun nicht darum, in allen Texten Anders' die Gorgo als mit sich selbst identisches Mythologem zu begreifen; aber kennzeichnend ist schon, daß Pallas Athene hier (durchaus allegorisch zu verstehen!) als Göttin der Philosophie bemüht wird, um den Blick der Gorgo zu bannen. Der Geschichte, die bei Hesiod und Ovid zu lesen ist, wird ein allegorischer Sinn unterstellt: Philosophie bannt jenen Blick, der vernichtet, und bedient sich dabei – recht listig – eines Helden. Und in der Folge wird gleich eine Komödie inszeniert, und das ist die Komödie der Philosophie:

„Der Komödiendichter, der einen Satyr im geschlechtlosen Nachthemd auf die Bühne brächte, würde ihn zu einem zugleich philiströsen und unanständigen Wesen machen. Genau das tut der Philosophierende, der den Sexus, in die Worte der geschlechtsneutralen Kunstsprache gekleidet, vorführt. Aber auch sich selbst setzt der Philosophierende dadurch der Lächerlichkeit aus." (Lg, 76)

Wieder also erscheint die Inadäquanzrelation: Dem Satyr ein Nachthemd zu verpassen, das ist so eine Gabe aus des deutschen Spießers Wunderfüllhorn, das ist die Tätigkeit des Philosophen (und, möchte ich ergänzen, auch des Philologen), der den Sexus durch Einkleidung zur komischen Figur macht und selbst Opfer dieser Inszenierung wird, weil er die komische Wirkung nicht mehr steuern kann. Anders kann sich beim Weiterspinnen der Gedanken von der Bühnenmetapher nicht trennen: „Die Tatsache, daß die Hauptpersonen auf der Bühne der Philosophie (‚Ich', ‚Bewußtsein', ‚Dasein') geschlechtsneutral sind, ist natürlich nicht einfach lächerlich. Ob nicht solche Neutralität sogar notwendig zum Philosophieren gehört? Zweiundeinhalb Jahrtausende europäischen Philosophierens kann man jedenfalls nicht mit der Bemerkung abtun, es habe versehentlich oder heimlich etwas ‚ausgelassen'." (Lg, 77)

Und da Anders nun der Philosophie als komischer Figur ansichtig wird und das Philiströse, demzufolge die Satyrn plötzlich domestiziert erscheinen, bloßstellt, riskiert er, so könnte man folgern, den Versuch, daß sich die Philosophie – wohl unter Wahrung ihrer geschlechtlichen Neutralität – auf den Sexus einläßt; und darin beruht das grundlegende Paradoxon des Buches ‚Lieben gestern', weil es bemüht ist, die Handlungsweise des Philosophen und Interpreten des Liebens (wie des Sexus) zu bestimmen. Aber es sind fast durchgehend immer szenische Bilder, mit denen diese Auseinandersetzung beschworen wird. Ja, Anders ist sich bewußt, daß alle diese Ansätze auch kleine Dramen sein könnten. Eine Konsequenz dieser Einsicht in die Geschlechtsneutralität der Philosophie ist die Frage: „Ist nicht *die Ehe der schlechthin wider-philosophische Stand?*" (Lg, 61) Und dann kommt es noch dicker: Die Liebe bedeute ja schon den Verzicht auf das Grundsätzliche, für den Philosophen zumindest. Die Frau ersetzt das Prinzip, das ist die Schmach, die Niederlage – freilich für den Philosophen wiederum: „Diese Schmach, in der Liebe vorbereitet, wird in der Ehe zur Einrichtung ... bis das Kind die endgültige Niederlage des Grundsätzlichen in die Welt hinausplärrt. Denn das Kind, die pausbackige Apotheose des Wirklichen, schert sich nicht um die Unterscheidung zwischen ‚zufällig' und ‚notwendig'; Kontingenz-Ängsten lacht es ins Gesicht. Es *ist*. – Ob es vom Krämer stammt oder vom Philosophen, ist ihm gleich. Was es vom Vater mitbekommt, ist dessen beiläufiges Gesicht oder dessen Senkfuß. Bestimmt nicht dessen melancholia metaphysica. Denn die ist keine Erbkrankheit." Darauf kommt die Pointe, die diesen abstrakten thematischen Vorwurf mit einer Möglichkeit der Konkretion versieht: „Gäbe es einen Strindbergschen Einakter ‚Der Philosoph' – so sähe dessen Problematik aus." (Lg, 61) Hier läßt sich in der Tat von einer wechselseitigen Erhellung sprechen: Das Problem der Philosophie wird durch eine literarische Figuration verdeutlicht, und die literarische Figuration wird triftig, da sie philosophisch verbindlich gedacht ist.

Deutlich wird, daß es die Sprachqualität dieser Texte ist, die sie als philosophische so attraktiv macht; es ist die Machart, die ihnen selbst wiederum als Prinzip eingeschrieben ist: „Hoch die Metapher!" ruft Anders einmal aus (Lg, 56), und man könnte ergänzen: „Hoch die Allegorie!" – diese – um Benjamin zu zitieren – „Armatur" auch der Moderne.[7]

Am Beispiel der Metapher baut Anders eine andere Beobachtung auf. Irgendwie schneit plötzlich eine Fügung aus einer Gedichtzeile Goethes herein: „Er gab mir einen tiefen Blick", heißt es plötzlich über einen von seiner Neurose geheilten und daher unerträglich platten Zeitgenossen. (Lg, 53) Warum gab dieser Mann dem Berichterstatter den „tiefen Blick"? Offenbar, und das geht aus dem folgenden hervor, weil er sich seiner Reaktionen, seiner Sprache mit dem Blick nicht bewußt war, nicht bewußt war, daß sein Verhalten eben in der Sprache metaphorisch gefaßt werden kann. Und dann heißt es etwas später: „Nein, bloße Laune ist der ‚tiefe Blick' nicht. Nicht nur dem Dichter ist er selbstverständlich, jedem trivialsten Liebespaar steht er zur Verfügung. Nur dem Psychologen nicht." (Lg, 56) Daß dem Psychologen andere Metaphern mit heuristischer Funktion zur Verfügung stehen, will ich doch erwähnen; sie interessieren Anders aber nicht, für ihn ist entscheidend, daß er diese Metaphern geklärt sehen möchte, weshalb er auch zur Hervorhebung der Besonderheit seines Schreibens geradezu emphatisch auf der Metapher insistiert.

Mit der Metapher werden eben jene Relationen der Inadäquanz eingefangen, durch welche die Vorgangsgestaltung so nachhaltig bestimmt wird. Solche Metaphern wie der „tiefe Blick" scheinen Fixpunkte zu sein, von denen aus vielleicht jener Sprachozean befahren werden kann, der selbst den wortgewaltigen Anders in Verlegenheit zu bringen vermag:

„Wie soll man nur hier die passenden Ausdrücke finden? Worte, die die Sache: das Geschlechtliche, bezeichnen, gibt es zwar. Aber die wissenschaftlichen sind hier ebenso mal à propos wie die zotigen. Hier von Koitus zu sprechen, wäre, wie wenn der Lyriker statt vom Sterben vom exitus redete; oder wie wenn Homer statt des Hammelmahles die Kalorien besänge.

Schließlich kreuzt man im Leeren zwischen der Scylla der Medizin und der Charybdis des Ordinären. Zwischen beiden hat das Tabu ein Sprachvakuum gelassen." (Lg, 99)

Sprachnot, daher also die Methaphern, daher also die Rede vom „tiefen Blick“, jener Bildkonstante im Werke Anders’, das Bild vom Blick, vom Blick der Gorgo, vom Blick auf die Gorgo, aber auch vom „tiefen Blick“. Es geht, und das scheint für seine Schriften typisch zu sein, um das „Decorum“ – nicht nur um das Argument, es geht um das Zutreffende, das griechische Prepon. Und immer wieder werden Abweichungen von diesem kritisiert. Welch ein Jammer, wenn es am Stile gebricht; und diese Stilfragen scheinen – bei aller Verachtung, die Anders sonst solchen Äußerlichkeiten entgegenbringt, angesichts der Dringlichkeit, die mögliche Katastrophe zu bedenken und ihr entgegenzuarbeiten – ein bewegendes Moment für die Texte selbst zu sein. Immer wird das Dezente eingeklagt, das Nicht-Dezente verklagt. Mitunter gerät dies zur typisch europäischen Aversion Amerikanern gegenüber, wider diese Anders mit seiner Belesenheit und seiner Bildung auffährt. Aber nicht nur diese Ostentatio der Überlegenheit ist das, was den Duktus der Beobachtungen bestimmt: Immer beharrt er auf der Feststellung der Inadäquanzrelationen, die sich auch aus der Lage der Exilierten ergeben. Wieder eine Szene, der diese Divergenz besonders schön abzulesen ist: „Gestern Einladung zu L.s fünfzigstem Geburtstag. Sechs Paare. Alle nahezu gleichen Alters. Die Männer um die Fünfzig; die Frauen um die Vierzig. – Alles war bereits gut in Gang und in bester Laune, als hochrot Mrs. D. in der Türe stand, ihr Zuspätkommen mit ihren vier Kindern entschuldigte, übersprudelnd einen Unfug nach dem anderen zum besten gab und einen ganzen Sack voll Allotria über uns ausschüttete. – Um den Tisch wurde es totenstill.“ (Lg, 25)

In der Folge – nach dem Verfahren des analytischen Dramas – enthüllt Anders die Ursachen für dieses Stillwerden: Ein Stilbruch, und dieser Stilbruch ist das Ergebnis der Situation: Die sechs Paare sind Emigranten, denen Kinder zu haben verwehrt war, die nun zu alt sind, um solche noch zu bekommen; und da tritt diese Frau auf, die mit dem „Allotria“ ihrer Kinder unterhaltend zu sein vermeint.

Die Empfindlichkeit in Stilfragen ist mehr als das Verharren auf einem Ritual; im Gegenteil: diese Empfindlichkeit entlarvt das Falsche am Ritual der Begegnung. An dieser Stelle scheint sich das sonst so radikal verdrängte Private am nachhaltigsten in die Rede zu mengen, aber auch hier wird die Situation sofort verallgemeinert, gemäß dem Grundsatz: „Generationszüge sind es jedenfalls, die ich hier beschreibe." (Lg, 21) Alle werden zu Repräsentanten, und Anders als der Repräsentant schlechthin faßt seine Beobachtungen zusammen: im Brennpunkt der Erfahrungen steht dieses „Lieben heute", das – so in der Vorbemerkung des Buches – notwendig zu einem „Lieben gestern" werden mußte. (Lg, 7) „Lieben heute" vollzieht sich in einer stets wahrgenommenen und betonten Unangemessenheit: Was sich in den USA, im New York der Jahre 1947 bis 1949 abspielt, ist stets davon geprägt, daß Anders sich von der Vergangenheit eingeholt fühlt. Daß er sich und die Seinen, aus dem Europa der zwanziger Jahre kommend, avancierter fühlte, habe ich bereits betont; und nun überfällt ihn die eigene europäische und familiäre Vergangenheit. Es ist die fatal zwangsläufige Mechanik der Post, die „sieben Fässer und Kisten" mit Dokumenten seiner längst verstorbenen Eltern und nicht nur dieser, in seine enge Wohnung spült. Das Funktionieren der Familiengeschichte scheint an die Post delegiert. Er liest die Briefe dieser Generation, Briefe seiner Tanten, die, so die Formulierung, „betrogen" worden wären: „Betrogen nicht von ihrem Manne. Das zwar auch. Aber erst in zweiter Linie. Erst einmal: betrogen *durch* die Ehe. Und erlöst *von* der Ehe." (Lg, 34) Die Ehe sei damals ohne eigene Leidenschaft eingegangen worden; der Protest habe sich in Worten erschöpft. „Aus den Nischen ihrer Seelen aber blickt schmerzensreich ihre Generationsheilige: Madame Bovary." (Lg, 35) Sehr genau ist damit wiederum eine solche allegorische Repräsentantin benannt. Um so erstaunter ist Anders nun, in Amerika all dies in Hochblüte erleben zu müssen, was er in Europa schon längst überwunden wähnte.

Unter seinem beobachtenden Blick scheint sich die Erlebnisfolge zu einer unendlichen comédie humaine zu organisieren, deren Hauptdarstellerin die durch einzelne Figuren verkörperte Psychoanalyse ist. Seine Generation begreift Anders nicht nur als „verschwiegener als die französischen und russischen Romanfiguren, sondern auch diskreter als die weltanschaulichen Helden Deutschlands und Skandinaviens. Litten nicht Hebbels Gyges, Wagners Tristan, von Ibsens oder Strindbergs Kreaturen zu schweigen, an metaphysisch oder moralistisch aufgeplusterter Konfessions-Manie? Hatten sie nicht sehr vieles von Gesellschaftsklatsch an sich?" Und dann kommt wieder die geradezu obligate Bühnen-Metapher: „Die Psychoanalyse schließlich – wurde sie nicht mindestens *benutzt* als indiskretes Gesellschaftsspiel, auf der Bühne gespielt von der Gesellschaft für die Gesellschaft im Zuschauerraum?" (Lg, 14).

Es sind nun die Psychiater auch die Harlekine in dieser Folge komödiantischer Szenen, die Anders – ein Woody Allen vor der Zeit – da ablaufen läßt. Die Empörung daher, wenn von einer jungen Mutter, die noch studiert („sie drückt die Schulbank"), das Thema „Self-expression as cultural value" behandelt wird (Lg, 117), da doch eben diese „Konfessions-Manie" so radikal diskreditiert wurde. Als Lehrer tritt Anders auf. Allerdings scheint ihn der pädagogische Eros nicht allzu sehr geplagt zu haben. Er inszeniert als Sokrates wie als dessen hauseigener Platon Dialoge, in denen er die armen Disputanten und vor allem Disputantinnen überfährt, sie einfach bloßstellt und nicht einmal der Gnade der milden Ironie für würdig befindet. Die „Dämonen der Ontologie" peinigen ihn noch, und die Einsicht, daß „τὸ τὶ ἦν εἶναι" ein Stück „Aristokratenontologie" dargestellt habe, befällt ihn, da er erfahren muß, daß hier in Amerika die Herkunft keine Rolle spiele; diese zunächst löblich als demokratisch empfundene Verhaltensweise wird dann jedoch als philosophisch nichtig entlarvt. (Lg, 132) Als er einen jungen Menschen nach seiner Freundin fragt, wer sie denn ihrer Herkunft nach sei, reagiert der junge Mann ohne Verständnis: *„,Was heißt wer?'* gab er achselzuckend zurück, *,eben sie'*." Und Anders fährt fort: „Tatsächlich war mir das Identitätsurteil ,A ist A', das ich aus der formalen Logik kannte und das mir vom 1. Semester an als Erfindung der kümmerlichsten Philosophen verdächtig gewesen war, nie zuvor als wirkliche Antwort auf eine wirkliche

Frage begegnet. Hier also wurde die formale Logik zum Ereignis." (Lg, 133)

Die Unfähigkeit zu lieben kleidet sich in naivste Philosophie; zugleich ist die neue Freizügigkeit der beste Garant dafür, daß durch die Ehe alles wieder ins beste Lot gebracht wird. Und da wird denn alles zur Farce, die Liebe wie die Wissenschaft, wie wiederum bei einem Fall notiert wird, der eine possenhafte Grundsituation birgt: „Ich weiß von einem amerikanischen Intellektuellen, der sich darauf einließ, eine reiche alte Hexe zu heiraten, um sich eine prima frische Analyse leisten zu können." (Lg, 117)

Am verhängnisvollsten aber erweist sich – nach Anders – die Analyse dort, wo sie heilt. Sie schneidet dem Menschen das heraus, was ihn zu einem besonderen Menschen macht. Da schimmert auch noch jener Glaube an den divinus furor durch, wenn Anders Ferdinand Raimunds Äußerung seinem Leibarzt gegenüber zustimmend zitiert: „Es kunnt scho sein, daß Sie mi' herstöllerten von meiner Hypochondrie, oba vielleicht putzeten Sie mir auch alles mit heraus, wovon ich meine Komödien schreib." (Lg, 54) Die also genesenen Figuren sind zwar nicht in der Lage, Komödien zu schreiben, sie sind aber – unfreiwillig – Dauerakteure in den Komödien, die Anders vor unsren Augen abrollen läßt.

Der immer nachdrücklicher sich verfestigende Standpunkt, die Philosophie zum Panzer gegen die Analyse zu bemühen, das Beharren auf dem Genie des Künstlers, dem der Wahnsinn geradezu erst dazu verhelfe, Künstler zu sein, all dies mag als eine überholte, damals bereits irgendwie fast obsolete Genie-Ästhetik erscheinen und als eine permanente Schutzbehauptung gegen die Verbindlichkeit der Psychoanalyse. Diese erscheint aber als Luxus angesichts des Nationalsozialismus: *„Die Analytiker wollen die Krankheit ausmerzen. Die Nationalsozialisten haben die Kranken ausgerottet."* (Lg, 93) Man könnte, ja man müßte hinzufügen, daß die Nationalsozialisten auch die Analytiker ausrotten wollten. Anders analogisiert hier aber das Ausrotten oder Ausmerzen der Kranken mit dem Ausrotten oder Ausmerzen der Krankheit durch die Analytiker und ergo mit einem verbrecherischen Prozeß, dem Menschen zum Opfer fielen. So wird als die einzig zeitgemäße Aufgabe die „Neuformulierung der Moral" erachtet (Lg, 94), und das Zeichen der Verachtung wird den Gesunden in die Stirn gebrannt. (Lg, 93) Die Therapie ist das Sekundäre, die Krankheit das Primäre. Aber in diesem Land, in dem alles nach dem Muster eines Hysteronproteron organisiert, in dem also das Spätere das Frühere ist, zählen historische Konstellationen nichts. Der Bruch des Tabus ist hier zwar an der Tagesordnung, doch dient er nur dazu, es prüde zu bestätigen. So hebt Anders en passant auch Schlegels Roman ‚Lucinde' aus seinen Verankerungen, und zwar als eine „Apotheose der Indiskretion«, als ein Buch, daß mißlungen wäre, „weil Schlegel *bei dem Versuche, die Frau ‚zum Menschen' zu machen, den Mann weibisch gemacht hat, zu einem Wesen, das nun ausschließlich in und für die Liebe lebt*". (Lg, 47) Da fällt es mir schwer, angesichts der Feststellung dieser Schlegelschen „effeminatio", nicht auch Grillparzers böses Epigramm, das er auf den Autor der ‚Lucinde' schrieb, zu zitieren: „D'Luzind' hat mir g'schriebn,/Will jetzt sich beker'n, / Wann d'Hurn amal alt sein/Tans Betschwestern wern."[8] Aber Anders zitiert als Gegenstück Goethe, und zwar, antiker Form sich nähernd, dem Dekorum wie dem Genuß zu Diensten, jenen berühmten Vers, in dem der Liebende „des Hexameters Maß leise mit fingernder Hand" der Geliebten auf den Rücken zählt – das wird zustimmend zitiert und paßt vorzüglich in Anders' Konzept des Umwegs, der erst den Genuß garantiere. *„Denn Kultur besteht in Umwegen. Und Umwege sind zumeist Umwege um Tabus"*, stellt er apodiktisch fest. (Lg, 114) Und so ist auch ein Hexameter ein Umweg zur Geliebten. Aber hier, in diesem Lande des Direkten, des Sprunges vom Tabu in das Heim, spüren die jungen Mädchen keinen Hauch von Goethes Gedichten und werden Mütter und schreiben über „self-expression as cultural value". (Lg, 117) Die junge Mutter ist eben so ein leibhaftiges Hysteronproteron wie jene junge Braut, die einfach erklärt, daß „van Gogh after having read Freud has succeeded in overcoming his inhibitions and has expressed himself the way all of us should do it". (Lg, 130)

Diese Umgebung, so wie sie sich dem Beobachter darbietet, ist das unerschöpfliche Material für anhaltende Satire. Die Tagebuchaufzeichnungen von Günther Anders in „Lieben gestern“ ordnen sich zu einer Art Serienkomödie, und am Ende jeder Komödie steht folgerichtig, so auch hier, die Hochzeit. Freilich ist das nicht jener destruktiv-groteske Vorgang, den wir aus Canettis Komödie dieses Titels kennen, sondern eine Hochzeit, von der der Erzähler sich mit besorgter Ironie entfernt: Betty heiratet, Betty sieht so schön aus wie Millionen anderer Bettys. Man ist zwar modern, doch bedarf es des „raschen Rekurs(es) auf obsolete Bräuche“. (Lg, 135) Das Einverständnis beruht – wie in der molussischen Fabel vom Rot- und Grünbebrillten – darauf, daß jeder am andren nur das wahrnehmen will, was er wahrnehmen kann. Und Anders schließt die Komödie mit dem diabolischen wie aufklärerischen Segensspruch: „Hoffen wir, daß sich mindestens diese schändliche Art von Einverständnis auch hier durchhalten werde.“ (Lg, 138)

Mit diesem Wort entläßt er das liebende Paar und auch den Leser des Tagebuchs. Allenthalben Distanz, nirgends Einmischung ins Private. Die Zeit ist nicht dafür da, mit den eigenen Gedanken allzu intim zu werden. Die mitunter auf uns schlicht kulturkonservativ wirkende Gestik indes ist einerseits verständlich, andererseits ist die Art, in der Anders sein Denken über ein so heikles Problem jenseits der Analyse zu formulieren versucht, noch immer lehrreich.

Verständlich ist dies, weil es für den Exilanten notwendig war. *„Das Prompte* [...] *ist das Barbarische“*, ist einer jener Gnomen, mit denen Anders seine amerikanische Umwelt erledigt. (Lg, 116) Ovid in Tomi, Anders in New York. Ovid: „Barbarus hic ego sum, quia non intelligor ulli“[9] – tatsächlich ist auch für Ovid die Umwelt das Barbarische, die ihn mit schmerzlicher Ironie als Barbaren erscheinen läßt. Anders will sich nicht zum Barbaren machen lassen, er will verständlich bleiben, mit all der Autorität, die seiner Rede zukommt. Die Umwelt ist barbarisch, und ein Mittel, ihr beizukommen, ist die Satire und die Komödie. Mag die Überlegenheit, die Anders sich zuschreibt, mitunter beklemmend, ja fast peinlich wirken:

Sie bleibt als Reaktion des Abhängigen respektabel, zumal er um anderes weiß, was die anderen durch Scheinwissen zugeschüttet haben, und so weiß er auch – und da kommt er vielleicht dem Genußspezialisten Wieland am nächsten – um die Liebe, der man durch einen hohen Grad an philosophischem Bewußtsein am ehesten gerecht wird. Und da scheut er sich auch nicht, den schon so fragwürdigen Begriff der Kultur zu gebrauchen, als ein Zeichen der Überlegenheit einzusetzen, hierin Freud nicht unvergleichbar, der ja auch schon – zum Unterschied von Reich – an der Priorität der Kultur vor sozialen Problemen festhalten wollte.

Und zu dieser Kultur gehört die Liebe, sie ist da, wenngleich philosophisch unbestimmt und psychoanalytisch unbestimmbar. Aber eines weiß der aus der Ferne von den „Dämonen der Ontologie" geplagte Anders, daß an dem von ihm behutsam und mühsam auch durch negative Bestimmung eingekreisten Begriff der Liebe festzuhalten wäre. Um eine eschatologische Wendung zu variieren, die Anders gegen Bloch mobilisiert hatte, daß nämlich nach dem Tode einfach „nichts als Nichts" sein wird,[10] wäre zu sagen, daß mit der Liebe im Leben etwas einfach Etwas ist.

*Wolfgang Müller-Funk*

# Bilderwelten. Überlegungen zu einer Metakritik der Kulturkritik

## *Bilderwelten – Weltbilder*

*Bilderwelten*, der Ausdruck klingt auf doppelte Weise pluralistisch: Er läßt anklingen, daß es auch noch andere Welten gibt, vielleicht Sprachwelten, Klangwelten, vor allem aber und insbesondere – im Singular besser als im Plural – eine reale Welt, die auch den Bilderwelten letztendlich beruhigend zugrunde liegt. Der Plural läßt auch Assoziationen von Fülle aufkommen: *eine* Bilderwelt wäre zuwenig – so viele Bilder, so viele Welten. Das *Weltbild* existiert zwar zunächst durchaus einzählig, aber erträglicher, annehmbarer kommt es uns doch in der Mehrzahl vor. Das ist der Schnittpunkt der Bild(er)welten mit den Weltbildern. Eigenartig, daß die Weltbilder im schweren, kompakten, singulären Sinn just zu einem Zeitpunkt an ihr Ende kommen, da die Bilderwelten gleichsam eskalieren.

Denn das meint der Plural „Bilderwelten" doch immer auch: Beunruhigung über die Unmäßigkeit, über die imaginäre Sintflut, die über die Menschen hereinbricht. Von einer Ikonomanie, einer Bildbesessenheit ist denn auch im ersten Band von Günther Anders' „Die Antiquiertheit des Menschen" die Rede. Womit wir beim Anlaß wären, über das irritierende Geflimmer von Bilderwelten nachzudenken. Unter dem Stichwort „Ikonomanie" schreibt Anders (noch im Kapitel über die prometheische Scham): „Jedenfalls ist die Rolle der Bilder so ungeheuer, daß mir, wenn ich mir die Welt von ihren Bildern, den Photos, Filmen, Fernsehphantomen und Plakaten entleert vorstelle, nur das reine Nichts übrigbleibt. Ich habe kein einziges Wesen kennengelernt, das nicht mehrere Bildduplikate seiner selbst und der Seinen freiwillig vorgewiesen, bei sich getragen und mindestens besessen hätte."[1]

Es existieren zuviele Bilder auf der Welt, die obendrein noch ein seltsames Eigenleben führen, die Originale narren, sie zwingen, gewissermaßen nach der Bilder Pfeife tanzen. Und ohne diese Un-Zahl von Bildern – das sei zunächst einmal als provisorische These festgehalten – würde nur das „reine Nichts" übrigbleiben. Die Bilder verweisen also nicht auf ein Etwas, sondern buchstäblich auf eine gähnende Leere, die ihr Ursprung ist; sie verdecken so dieses Vakuum, haften an ihm fest, saugen sich an. Die Fülle der Bilder und die Leere der Welt bedingen sich also gegenseitig. Soweit die existentielle Seite eines Befundes, der kulturkritisch, aber auch im Sinne einer negativen Metaphysik verstanden werden kann. Von Bildern scheint in der Tat eine metaphysische Kraft auszugehen. Ohne Bilder keine Welt. Undenkbar heute, eine anschauungslose Welt (wenn auch noch so fragmentiert) zu denken.

Der Schock, der aus den Sätzen von Günther Anders (und anderen kritischen Kulturphilosophen) spricht, reflektiert eine Störerfahrung, gegenüber der sich der Mensch, dessen Wurzeln ins 19. Jahrhundert reichen, als antiquiert, überholt vorkommt. Vielleicht haben wir es tatsächlich mit einer sehr entscheidenden Revolution zu tun bei diesem plötzlichen Auftauchen der Bilder, das man vielleicht als eine „Rückkehr der Bilder"[2] bezeichnen kann, deren monströse Präsenz gesicherter erscheint als die aus den Fugen geratene Ordnung der Sprache, ihrer Worte und Begriffe. George Steiner hat unlängst in kämpferisch-melancholischem Ton davon gesprochen, daß wir uns in einem epilogischen Zeitalter befinden. Der Terminus ist, wie leicht zu bemerken, zweideutig, kreist die beiden Phänomene ein, die die philosophische Postmoderne kennzeichnen: epi-logisch wäre unsere Zeit zu nennen, weil sie der Geschichte nur mehr Nachsätze, Zusätze, Stichworte, Postskripten und Kommentare liefert; epilogisch nennt sie Steiner aber vor allem auch, weil durch Sprachzweifel und durch den Glauben an die Eigenmächtigkeit der Sprache das naive Vertrauen in die Wirklichkeit unterminiert wurde.[3] Die Sprache, die nicht mehr Logos und Welt repräsentiert, vielmehr eigenwillig im Spiel ist, hat, wie zuvor Gott, nun auch den Logos aus dem Zentrum verwiesen, ihn peripherisiert. Der Logos wird nun endgültig zum Epilog, und die Eule der Minerva kommt mit unschöner Notwendigkeit zu spät.

Das Werk Günther Anders' steht für all diese Irritationen, für diesen Wahrnehmungsschock, der mit dem Epi-Logischen einerseits, mit der Rückkehr der Bilder andererseits recht triftig umschrieben ist. Nicht zufällig stellt in der „Antiquiertheit des Menschen" die moderne elektronische Bildmaschinerie das Pendant zur Atombombe dar, sie ist eine verheerende und bedrohliche Waffe, und ihre Wirkungen sind ähnlich irreversibel (vielleicht, um es in einer unmöglichen Steigerung zu sagen, noch irreversibler).[4] Die Weltlosigkeit des Menschen, die Leere, die die Fülle der Bilder hervorbringt, und die Menschlosigkeit einer Welt, die Atomartechnik und ökologischer Raubbau zu einer möglichen, wenn nicht sogar wahrscheinlichen katastrophischen Zukunftsvision gemacht haben, stehen sich als bedingende Phänomene im Wert von Anders gegenüber.

Der Erste Weltkrieg hieß auch so, hat jemand[5] einmal lakonisch bemerkt, weil er eine ganze Welt zerstörte, weil er – nicht zuletzt mit Hilfe der neuen reproduzierbaren, ubiquitären „Bilder" der erste moderne Propagandakrieg gewesen sei. Ein anderer Zeitzeuge, der österreichische Schriftsteller Joseph Roth, hat diese Zersetzung einer festen, raum-zeitlich kontinuierlichen „Wirklichkeit" beschrieben. Das Befremden, das diese neuen Bilder auf Grund ihrer illusionären Perfektion hervorrufen, steigert sich zum Unheimlichen, wird zum Ausgangspunkt dessen, was man als „Dämonologie der Moderne" bezeichnen könnte. Anlaß für Roths Beobachtungen ist eine Wochenschau, die in linearer Abfolge zuerst die Zarenfamilie und dann eine Militärparade mit Leo Trotzki zeigt. Roth kommentiert: „Denn nicht einmal eine unwissende und gefühllose Leinwand kann ohne jede Rückwirkung die Bilderung dieser zehn mal zehn Toten und Aber-Toten getragen haben: diese Momentaufnahme von Gespenstern, die tot waren, als sie noch frisch und fröhlich kinematographiert wurden, und die man nicht ermordete, als man sie mordete; man hatte kein Leben in ihnen ausgelöscht, sondern eine Unwirklichkeit, deren Hauch einem Leben täuschend ähnlich ist."[6] Den starren Blick des Zaren erklärt Roth mit der Eigenart der aggressiven Bildmaschinerie. Die Kamera nahm nur vorweg, was später das Gewehr vollendete. Ein zweifacher Tod, erst durch die Kamera, dann durch die Waffe. Der Mensch des neuen Bild-Zeitalters wird zum Schatten der Schatten, zum Anhängsel seines eigenen Abbildes, die Welt zu einem Schattenreich, zur Hölle auf Erden. Roths mythologisierende Entschlüsselung Hollywoods.

Anders kulturkritische Diagnostik der modernen Bildmaschinerie setzt übrigens ganz ähnlich ein wie bei Roth: Ausgangspunkt der Theorie ist ein Tableau. Wie Konrad Paul Liessmann in seiner vorzüglichen Überblicksdarstellung zu berichten weiß, arbeitete Anders zeitweilig als „Putzmann" in Requisitenkammern in Hollywood. Das unwirkliche Leben der Kostüme wird zum Ausgangspunkt für – wie Liessmann schreibt – „geschichtsphilosophische und erkenntnistheoretische Reflexionen, ohne die [...] seine spätere Medientheorie kaum möglich gewesen wäre".[7] Die künstlichen Ottonenkronen, die SS-Draperien und die drei identischen Uniformen von Napoleon bei Beresina verdichten bei Anders, einem der „Söhne des Reproduktionszeitalers", das Gefühl, daß Geschichte zu einem Kostümierungsproblem geworden ist: Kopie und Original tauschen die Plätze, und der „Kostümpalast" macht aus „hiesigem Katzengold" „lauteres Kulturgold". Von „Evas Feigenblatt" bis zu den Stiefeln der SA findet sich alles in dem großen Kostümpalast. Und Anders räsoniert mit hörbarem Sarkasmus: „Da ist man also vor den Originalen geflohen, um dann, ein paar Jahre später am anderen Ende der Welt, in die Gefahr zu geraten, deren Duplikate gegen Bezahlung zu säubern."[8]

Im theoretischen Ausgangspunkt unterscheidet sich Anders, der aufklärerische, pointierende und fabulierende Moralist, der ohne Illusionen durch die metaphysisch-antimetaphysische Zwitterwelt Heideggers hindurchgegangen ist, in mancher Hinsicht von Roth (oder Max Picard). Nicht aber in der Einschätzung des ganz und gar Fatalen, das im Triumph der neuen reproduzierbaren Bilder liegt. Von einer „Liquidierung der Welt im Bild" ist da die Rede. Für ihn erweist sich das Bild als eine „Hauptkategorie", als „das Hauptverhängnis unseres Daseins". Ein postideologisches Schlaraffenland rückt näher, in der die Menschen in einer Art regressiver Dauer-Oralphase vor sich hin vegetieren, ausgeliefert der Macht ihrer schwerwiegendsten Erfindung, einer Art von Bildautomaten.[9]

Das ist die Grundmelodie einer so produktiven wie prekären Kulturkritik, die blind und sehend zugleich ist. Geflissentlich übersieht sie, daß Kunst beinahe jeder Provenienz und Zeit gespenstisch-unheimlich ist. Es sei hier nur als vergleichsweise harmloses Exempel die Tatsache angeführt, daß die von Velazquez und Goya im Prado porträtierten Herrscher wie Lebende zu uns herabschauen, obwohl sie auch Tote und Abertote sind. Oder daß man die Kino-Requisiten auch schon in einer Kunstgattung kennt, die viel älter ist als Hollywood, nämlich im Theater. Kunst produziert Unwirklichkeit, Kunst täuscht, und die Bilder, die sie mittelbar oder auch unmittelbar auslöst oder scheinbar handgreiflich vor den Betrachter stellt, besitzen Macht über diesen. Die Perfektion der Illusion spielt dabei keineswegs die ausschlaggebende Rolle, so sehr die perfekte Illusion, das, was Anders das „Phantom"[10] nennt, zunächst verdichtend wirksam ist. Die Bilder, die die Menschen in eine andere Realität versetzen, kommen anderswo her. Sie sind keine hybriden Erfindungen von Redaktionsstäben und Sendezentralen. Die modernen elektronischen Medien produzieren nicht die Bedürfnisse nach Bildern, sie perfektionieren sie, rationalisieren sie im doppelten Sinne des Wortes. Deshalb ist auch nichts so irreführend wie die Manipulations-Hypothese, die nur insofern recht hat, als die Verfügungsgewalt über die Bildmaschinerie mit Macht einhergeht: eben weil die Bilder, ob Ware oder nicht, Macht besitzen. Sie funktioniert allenfalls als Verstärker einer Magie der Bilder, die einer Zumutung für unser aufgeklärtes Bewußtsein gleichkommt. So wie eben jene Zeitung, die sich programmatisch Bild-Zeitung nennt.

Immerhin könnte es sein, daß Bilder, weit davon entfernt, die Welt zu liquidieren, sie erst hervorbringen. Die heute so nostalgisch anmutenden Erdkarten mit den anrührenden lokalen Angaben wie „terra incognita", mitsamt ihren phantastischen Ausschmückungen, Illustrationen und Ortsangaben sind hierfür beredtes Zeugnis. Davon spricht eben ein Terminus wie der des Weltbildes. Schwer vorstellbar, daß Welt, und selbst die ganz eigene der Erfahrung, bilderlos wäre. Bilder wären somit etwas Verschränkendes und Verbindendes innerhalb der *condition humaine.*

Womöglich ist es kein historischer Zufall, daß die perfekte Entäußerung von Bildern (mittels einer zunächst statischen Kamera) und die Entdeckung der Bilder des Unbewußten im Menschen selbst historisch zusammenfallen. Hier und dort sind Automatismen am Werk, ebenso ein nach Wirklichkeit drängender Geist, der die Bilder zu reproduzieren, sie ans Tageslicht zu befördern sucht. Die psychologischen Reproduktionstechniken (etwa Freuds) korrespondieren mit den technischen.

Um zu verstehen, was in der Moderne, dem letzten heroischen Kapitel der Neuzeit, mit den Bildern geschieht, ist es notwendig, das Phänomen „Bild" in einem möglichst umfassenden Sinn zu diskutieren. Wie in der Grammatik der Sprache so existiert auch in der der Bilder eine Tiefenstruktur. So liegen den Filmsequenzen mit ihrer unzähligen Bildabfolge oftmals nur ganz wenige archetypische Bilder zugrunde (das gilt übrigens auch für das Theater), Bilder, die keine Erfindungen des Menschen sind, die nicht gemacht sind, sondern die zwischen den Es und dem Ich oszillieren. Das gilt für Becketts Werke nicht anders als für den „Kaufmann von Venedig" oder eine Komödie aus der bezeichnenderweise als Märchenfabrik etablierten Filmindustrie Hollywoods. Alles, was der Mensch vorfindet, muß er noch einmal schaffen, um mit der Welt vertraut zu werden (daß dieser heroische Versuch mißlingen muß, steht dabei auf einem anderen Blatt). Es sind die Bilder, die aus der Leere der undefinierten inneren und äußeren Räume aufsteigen, Existenzialien des psychophysischen Apparates, die Ingredienzien der Märchen. Ein Hollywood-Schinken wie „Pretty Woman" spielt noch einmal mit männlichen Wünschen und Projektionen, mit der Imago des Weiblichen; der „Kaufmann von Venedig" zeigt uns das entstellte Gesicht des anderen; Bekketts gottverlassene Menschheit ist in einem Tableau angesiedelt zwischen Golgatha, dem Kreuz und dem leeren Grab Gottes. Vielleicht ist es das Bild Christi, das hier noch einmal aufsteigt: ‚Mein Gott, warum hast Du mich verlassen?' Metaphysische Verzweiflung einer Moderne, die in historischer Variation kulturell verankerte „Bilder" reproduziert.[11]

„Bilder" haben von jeher einer radikal ambivalenten Wertung unterlegen, sie galten einer idealistischen Philosophie als das Oberflächlichste und Tiefgründigste in einem, körpernah und körperfern, immanent und transzendent, interritorial und exterritorial zugleich. Im Bild findet sich die Welt des Menschen im Zustand der Einheit, aber auch in dem der Gefangenschaft. Bild, das meint auch Konzentration im Augenblick, zeitloser Punkt gespannter Aufmerksamkeit, Schnittstelle. Der romantische Mythenforscher Friedrich Creuzer hat das folgendermaßen umschrieben: „Was der sondernde und sammelnde Verstand in successiver Reihe als einzelne Merkmale zur Bildung eines Begriffs zusammendrängt und ebenso successiv wieder in seine Bestandteile trennt, das gibt jene anschauliche Weise ganz und auf einmal. Es ist ein einziger Blick; mit einem Schlage ist die Intuition vollendet."[12] Das „Erschreckende und zuweilen Erschütternde" hängt Creuzer zufolge mit einer Eigenschaft zusammen, ohne die auch der Siegeszug moderner Bildmaschinerien undenkbar wäre: mit der Kürze und der Lakonie: „Denn nachdrücklich ist das Kurze zum Gebieten geeignet. Weitläufig sein, kommt mehr dem Bitten und Flehen zu. Daher haben auch die Symbole so viel Nachdrückliches, weil sie der Brachylogie so ähnlich sind."[13]

Bilder stiften Sozialität und Bilder zerstören Sozialität. Keine Gesellschaft, die ohne symbolische und imaginäre Prozesse funktionieren kann.[14] Aber, umgekehrt ist es spätestens seit der Romantik auch zur unabweislichen Erfahrung geworden, daß die Verstrickung in die eigenen Bildwelten gefährlich ist, daß ihr selbstzerstörerische, Sozialität zersetzende Tendenzen innewohnen: wenn nämlich die Bilder abgelöst werden von dem, was sie begleiten und vermitteln, jenem Durchbrechen der solipsistischen Einheit durch den Blick des anderen, jener Wirklichkeit, die stets gegenwärtig ist, wenn sie auch nur in außerordentlichen Situationen unvermittelt auftritt. Diese Verstrickung in die eigene Bildwelt ist der Fluchtweg, den die Aufklärung und die dialektisch aus ihr erwachsende Kulturkritik dem Menschen abschneiden möchten: aus gutem Grund, oftmals mit untauglichen Mitteln. Zwischen dem einsamen Romanleser des 18. Jahrhunderts, dem Fernsehkonsumenten des 20. Jahrhunderts und den Besuchern der Spielhöllen, die Anders im zweiten Teil der „Antiquiertheit" unter dem Stichwort „Desiderat Dingpsychologie" beschreibt (wo die „verchromten Sirenen" zu „Gespielinnen der japanischen Bevölkerung" und somit zum Ersatz für reale erotische Begegnungen werden)[15] besteht – trotz aller ästhetischen Qualität – kein prinzipieller psychoästhetischer Unterschied: Immer geht es um den Verlust authentischer sozialer Kontakte, um die Scheinhaftigkeit künstlich geschaffener Szenerien, die an die Stelle des Lebens treten, kurzum um die Macht der Bilder, vor der sich die Aufklärung fürchtet.

## *Die Angst der Aufklärung vor den Bildern*

Das, was gemeinhin die Moderne genannt wird, ist – wenigstens, was ihre rationalistische main-stream-Orientierung betrifft – durch Vergeßlichkeit gekennzeichnet. Unter dem beständigen Innovationsdruck, dem Primat der Zukunft muß fast zwangsläufig das Bewußtsein dafür verlorengehen, daß letztlich auch abstraktes, begrifflich geschärftes und abgehärtetes Denken an die Dynamik der von, genauer in uns hervorgebrachten Bilder gekoppelt ist. Ihre Spuren finden sich in den Metaphern unserer Sprachen. Der Ausschluß der Bilder, wie er im Prozeß der Rationalisierung intendiert ist, bedeutet einen

Verlust an Reflexion und Rückbezüglichkeit, er beabsichtigt im Abschneiden der Ratio vom kollektiven Bilder- und Bewußtseinsstrom. Wenn heute allenthalben ein Verlust des kollektiven Gedächtnisses beklagt wird, so hängt dies mit dem hier geschilderten Sachverhalt aufs engste zusammen, denn der Prozeß des Erinnerns ist nicht denkbar ohne die Kraft der Vorstellung, ohne Imagination und Einbildungskraft. Die in den Äther gejagte Bilderflut, die nicht einmal mehr kompensatorisch wirksam ist, folgt dieser Rationalisierungslogik, kappt den Prozeß der Imagination an der Stelle, wo Erinnerung möglich würde. Nichts mehr soll an die Wurzeln des Denkens erinnern. Vergangenheit wird in den großen geschichtsphilosophischen Werken eines Hegel oder Comte zu etwas Ausgeschlossenem, ein für allemal Überwundenem. Das überlegene wissenschaftliche Zeitalter hat das mythische überwunden, die Philosophie die Kunst, der Begriff das Bild.

Daß die Welt durch den Befehl der Worte, Gottes Wort, entstanden sei, gehört zum Gemeinplatz unserer kulturellen Überlieferung. Dieses Credo des Logozentrismus wird bekanntlich im Johannesevangelium noch überboten und expliziert: „Im Anfang war das Wort, und das Wort ward Fleisch." Möglicherweise beschreibt denn auch das Alte Testament nicht den Anfang der Welt, sondern, wie die verschiedenen Details verraten, den Anfang einer Welt, in der der Logos bestimmend ist. Die Welterschaffung auf den wörtlichen Befehl eines männlichen Schöpfergottes hin, Reflex jener dramatischen, oft als neolithisch bezeichneten Revolution, stellt ein zentrales Kapitel in der Geschichte jenes Bilderverbotes dar, das die Geschichte der abendländischen Menschheit überschattet und das an ihrem vorläufigen Ende jene „Rückkehr der Bilder" provoziert, die im Zentrum des Werkes von Günther Anders steht (der im übrigen die Tradition eben jenes Bilderverbotes leidenschaftlich verteidigt). Zweifel an der Wirksamkeit der sprachlich erteilten Befehle des jüdischen Schöpfergottes sind angebracht. Zur Dramatik des alttestamentarischen Geschehens gehört es, daß die Menschen dem Wort Gottes nicht gehorchen wollen, gehört die Unwirksamkeit aller sprachlich eindringlichen Appelle.

Wirksamkeit beim gläubigen wie ungläubigen Leser entfalten hingegen die bildhaften Tableaus: Paradies, Sintflut, Brudermord, das Rote Meer, in dem die ägyptischen Verfolger elend umkommen, der brennende Dornbusch, das goldene Kalb, die Jakobsleiter, Daniel in der Löwengrube, das Kreuz Christi, die Apokalypse. All dies ist tief eingesenkt (und eingesengt) in das kulturelle Gedächtnis der abendländischen Menschheit.

Im Anfang war das Wort. Aber war da nicht auch Phantasie im Spiel? Hat sich Gott der Willkür noch bedeutungsloser Worte anvertraut, oder waren da nicht zuvor Vorstellungen aufgestiegen, wie eine zu schaffende Welt beschaffen sein sollte, vorgängige Bilder, die womöglich von der geschaffenen Realität unterboten oder übertroffen wurden. Hat nicht Kant in der später gestrichenen zweiten Vorrede zur „Kritik der reinen Vernunft" die Einbildungskraft als ein „Vermögen der Anschauung auch ohne Gegenwart des Gegenstandes" bezeichnet, als ein Vermögen der ursprünglichen Darstellung des Gegenstandes, „welche also vor der Erfahrung vorhergeht"?[16]

Das zweite Kapitel der Geschichte des Bilderverbotes führt uns in die Höhle, in die Höhle Platons, in die Höhle der ersten – griechischen – Aufklärung. Wie Hans Blumenberg, der das Höhlengleichnis zum Ausgangspunkt seines jüngsten metaphorologischen Unternehmens gemacht hat, zu Recht insistiert, geht es in dem Text – ganz ähnlich übrigens wie bei Anders – um das Problem einer politischen Bildung, der die Phantasmagorien der Bilderwelten im Wege stehen.[17] Franz Schuh hat in seiner Besprechung von Blumenbergs philosophiegeschichtlichem Kompendium auf die überraschende Nähe der Höhle des Höhlengleichnisses zum gegenwärtigen Kulturbetrieb, zu den modernen künstlichen Höhlen hingewiesen.[18]

In diesem literarisch meisterhaften Gleichnis – das mit den Gleichnissen Kafkas gemeinsam hat, daß es mehr Fragen aufwirft als beantwortet – sind die maxima moralia jedweder späterer aufklärerischer Kulturkritik bereits enthalten: Da ist die unentrinnbare, totalitäre und ausweglose Situation, die vollständige Amnesie und Selbstvergessenheit der unbeweglichen, passiv zuschauenden Höhlenbewohner, da ist der undurchschaubare Priestertrug von Gauklern und Manipulateuren, und da sind schließlich die künstlichen Bilder, die eine „falsche" Wirklichkeit vorgeben und die Menschen daran hindern, die wahre Wirklichkeit zu erkennen. Die Fesselung der Zuschauer, die Platon noch als handfest suggeriert, dürfen wir getrost als metaphorisch lesen. Sie sind gefesselt durch die Bilder, zu deren Magie es gehört, daß sie die Menschen anzuschauen scheinen. Es ist schwer, aus ihrem Blick herauszutreten, auch wenn die Höhle nicht so biedermännisch eingerichtet ist wie das Fernsehzimmer, der Schauplatz jenes Mediums, auf das hin Anders den folgenden „Lasterkatalog" aufgestellt hat, den ich hier mit eigenen Worten wiedergeben will: Da sitzen vereinzelt, jeder in der eigenen Fernsehhöhle, die Menschen wie „schlaraffenlandartige Konsumenten", völlig passiv, bloße Voyeure des Geschehens. Die Welt draußen haben sie vergessen, was sie von ihr erfahren, kommt über die Bildschirme ihrer Höhle zu ihnen. Jeder Unterschied zwischen Sein und Schein, zwischen Schein und Wirklichkeit ist aufgehoben. Nur mehr die Phantombilder, die von weither kommen (was nicht sichtbar ist), erreichen sie. Sie wissen nichts mehr von der Welt, halten die Kopie für das Original, dazu „verurteilt, mundtot, also unfrei zu sein". Ganz erreichen die Fernsehhöhlenmenschen von Anders nicht den Status von Unfreiheit wie bei Platon, sind sie doch „Inhaber gottähnlicher Macht", die jederzeit das Bildprogramm ausschalten können, wenn sie wollen. Nur, so meint eine einschlägige Medienkritik: Sie können nicht wollen.[19]

Platons Höhlengleichnis hinterläßt eine ganze Reihe von Antinomien und Aporien: Wie sind die Menschen in die Höhle gekommen? Haben sie sich im Sinne der Kantschen selbstverschuldeten Unmündigkeit dort hinein begeben? Oder ist die Höhle der Urzustand, aus dem sie sich allmählich ablösen? Ist sie sozusagen der Mutterleib der Menschheit? Oder sind nicht die Menschen vielmehr, wie Blumenberg nahelegt, vor einer sie hart bedrängenden, gar nicht so lichten Wirklichkeit in die Höhle geflüchtet, die auch ansonsten Schutz, Linderung und Kompensation verheißt? Und von wo aus wird das Rettungswerk in Gang gesetzt, das bei Platon eine entscheidende Rolle spielt? Woher kommt der Philosoph? War er immer schon draußen? Und was sind die Motive der Gaukler? Wissen sie, daß sie „nur" Bilder produzieren?

Zur Kritik an der Kultur, die schon bei Platon eine an der Kunst einschließt, gehört auch die Überzeugung von der Vergeblichkeit jedweder Aufklärung. Der eine Gefangene Platons, der ans Licht tritt, den Schock der Blendung durch dieses übersteht und zu seinen Schicksalsgenossen zurückkehrt, würde entweder nicht verstanden oder von den um die Süße ihrer Bilder bangenden Mitgefangenen umgebracht.

Im Fortgang der Höhlendiskussion bestanden jeweils zwei entgegengesetzte quasi-historische Möglichkeiten. Man konnte annehmen, daß die Höhlenbewohner das Licht einstmals gekannt, aber in der Höhle die wahre Wirklichkeit vergessen hätten – das gnostische Modell. Aber dann: Was hat sie bewogen, die Freiheit des Draußen mit der Unfreiheit des Drinnen zu vertauschen? Was war es, von dem sie abgelenkt werden wollten?

Die zweite Möglichkeit der Spekulation verlegt die Uranfänglichkeit des Daseins in die Höhle. Am Anfang war das Bild. Die Höhle war der Anbeginn. Aber woher kommen denn die Gaukler? Und woher das Wissen, daß es ein Draußen gibt, ein jenseits der Bilder, ein Original, ein Vor-(dem)-Bild, eine „wahre" Wirklichkeit? Wahrscheinlich hat der hypothetische eine, der ins Freie trat, nur das eine gesehen: daß er bisher Bilder sah.

Gewiß, die Annahme einer zeitlichen Vorgängigkeit der Bilder hat ihren Reiz von der Romantik, in der sie verstärkt auftaucht, bis zu C. G. Jungs Archetypenlehre und Mircea Eliades Theorie der Urbilder. Sie verschafft ein, wenn auch ungreifbares, so doch stabiles Fundament, zu Hause zu sein: in der Welt archaischer Bilder. Aber wie jede Anfangsspekulation verliert sie sich in die Fiktion, und die Zurückhaltung, die Th. W. Adorno in der „Ästhetischen Theorie" bezüglich der Anfangsfrage empfiehlt, dürfte kaum an Aktualität eingebüßt haben.[20] Unsere These von der Vorgängigkeit der Einbildungskraft war sozusagen synchron, bezog sich auf den komplex-kreativen Gesamtkomplex, wie ihn der Schöpfungsakt Gottes im Alten

Testament versinnbildlicht. Ohne Vorstellungen keine Welterschaffung. Dem entspricht die Logik des leeren Blattes.

Daß die Gefangenen in der Höhle bleiben und die Aufklärung, trotz der äußersten Anstrengung, die sie unternimmt, zum Scheitern verurteilen, zählt man zum Grundbestand des Gleichnisses, bis dann seit der Romantik eine Gegenbewegung einsetzt, der Anfang der ‚Ikonomanie': die positive Bewertung der Rückkehr in die Höhle. Blumenberg deutet diesen Umschlag sowohl erkenntnistheoretisch (im Sinne Kants und Schopenhauers) als auch pragmatisch (im Sinne Gehlens: Wir bedürfen als schwache, unangepaßte Wesen der Zufluchtsstätten). Denkbar wäre aber auch, daß der Blick in den lichten Himmel der Wirklichkeit nicht gehalten hat, was er versprach: Gewißheit über sich selbst und die Wirklichkeit. Die bewußt vollzogene Wendung nach Innen erscheint spätestens seit Novalis als folgerichtig: Wenn es die Bilder sind, die sich immer eigenmächtig zwischen uns und dem, was wir „die" Wirklichkeit nennen, schieben, dann erscheint es nur konsequent, ihnen unsere ganze ästhetisch-theoretische Aufmerksamkeit zu widmen. Zum Gegenstand der Romantik wurde so der ästhetische Prozeß selbst (deutlich bei E.T.A. Hoffmann und Novalis), womit sie den ästhetischen Modernismus antizipierte (etwa die „abstrakte" Malerei Klees und Kandinskys).

Die beiden anderen Kapitel dieser Geschichte der Angst der Aufklärung vor den Bildern lassen sich summarisch abhandeln, sind aber für die Bestimmung des Ortes besser: der Ort – losigkeit – moderner Kulturkritik von großer Tragweite. Bekanntlich haben Horkheimer und Adorno die Sirenen-Episode in der Odyssee zum Ausgangspunkt ihrer Diagnose einer sich dialektisch verkehrenden Aufklärung genommen. Die verstopften Ohren weisen zwar zunächst auf ein akustisch-musikalisches Phänomen, auf die verführende Kraft der Musik (die, wie Platons Schattenbilder, zu einer bedrohlichen Selbstversunkenheit und Realitätsvergessenheit führen). Was uns aber interessiert – und auch das haben die beiden Frankfurter Philosophen herausgestellt –, ist die List des Odysseus, sich dem Phänomen zu verweigern. Dies scheint mir auch der Ort der modernen Kultur- und Medienkritiker zu sein. In die Videohöhle traut sich kaum einer; es könnte ja sein, daß man als Video-Clip-Fan wieder herauskäme. Ähnliches gilt natürlich auch für die sattsam bekannten Ablehnungen von Pop- und Jazzmusik. Pauschale Verdammungen sind Indiz für eine schwache Position: die aus Angst verstopften Ohren.

Die linke deutsche Kulturkritik ist voll von solchen Außenperspektiven, gewinnt daraus auch einen Gutteil ihrer Anziehungskraft. Ihr Gestus ist das rhetorisch treffende Räsonment. Ein in jeder Hinsicht aufschlußreiches Beispiel findet sich im zweiten Band der „Antiquiertheit des Menschen", in dem schon erwähnten Abschnitt „Desiderat Dingpsychologie". „Unglaubhaft die Zahl der Spielhöllen. Darunter verstehe ich nicht etwa Speak-easies oder Roulette-Kasinos, sondern die jedermann zugänglichen, zu ebener Erde liegenden, ursprünglich wohl als Kaufhallen geplanten Amüsierzentren, in denen, eine neben der anderen aufgereiht, die verchromten Sirenen stehen, die Gespielinnen der japanischen Bevölkerung, die „pachinkos" – kurz: die pinball-Maschinen, und auf den kleinen Mann warten, um diesem gegen Kleingeld gefällig zu sein. Daß sie auf ihn zu warten hätten, ist freilich ungenau, denn arbeitslos sind diese Sirenen nur selten, an Feiertagen niemals, und an schwülen Abenden, an denen der Gedanke an Schlafengehen unmöglich scheint, sind sie sogar stürmisch umworbenes Jagdwild."[21] Die haptisch-erotischen Anspielungen auf die Sirenengeschichte sind unübersehbar: Welcher „sex appeal", fragt sich der Autor, zieht den „kleinen Mann" in die Arme der „verchromten Sirene"? „Welche magnetische Macht verhindert ihn, sich ihr zu entwinden?" „Wieder scheint der Ersatz begehrenswerter zu sein als das Original, und die Gefangenschaft ist nicht geringer als beim Platonischen Höhlenbewohner oder beim TV-Konsumenten. Den „dinglichen Partnerinnen" wird „vor den lebendigen der Vorzug" gegeben. Vergeblich der Versuch der Aufklärung auch hier. Die Spieler bleiben in der Höhle-Hölle.[22]

Spätestens mit dem Auftreten des modernen Romans beginnen die Klagen: Flucht aus der Wirklichkeit wird dem Seiten verschlingenden Leser vorgeworfen, ein Leben in künstlichen

Welten, Passivität, Gier nach Unterhaltung usf. Die dabei immer wieder bemühte Vorstellung, daß es die Illusionstechnik sei, die den Rezipienten in die völlige Vergessenheit eintauchen lassen, ist unhaltbar. Wie schon vermerkt, hängt die eine zweite Wirklichkeit stiftende Macht der Bilder keineswegs davon ab, daß diese „realistisch" seien, „Phantome", um mit Günther Anders zu sprechen. Im Gegenteil. „Wirkliche Macht", schreibt der Kunsthistoriker Hans Belting, „konnten nur Bilder gewinnen, die mit der Aura des Sakralen aus der Welt herausragten"[23] Um so erstaunlicher ist die Wirkung der heutige en masse produzierten und reproduzierten Bilder. Daß sie von der sakralen Aura des Bildes zehrten, läßt sich schwerlich behaupten, obschon auch sie oft mit realistischen Mitteln das Außerordentliche und Unwahrscheinliche auf den Bild-Schirm bringen.

Die Bilder, die in der Ästhetik eines Hegel nicht vorgesehen waren, korrespondieren der gesamtgesellschaftlichen Entwicklung zur Profanierung und Rationalisierung, den mentalen und affektiven Standards einer Menschheit, die glaubt, nun endgültig auf die Welt gekommen zu sein, aufgewacht aus dem Schlaf der Unwirklichkeiten. Dem entspricht das Bedürfnis nach „Objektivität" der Bilder. Die sprachlichen Tableaus, Porträts und Panoramen des modernen Romans folgten diesem Ideal vermeintlicher Objektivität, wie es sich in Photographie und Wissenschaft zu manifestieren scheint.

Der Roman, als Drehbuch des Kommenden, wie die Bildmaschinerien des 20. Jahrhunderts sind Teil dieses Prozesses. Zugleich aber werden Qualitäten und Wirkungsmechanismen des Imaginären freigesetzt, die zuvor in der Logik und Struktur traditioneller Gesellschaften eingebunden und kanalisiert waren. Die „realistischen" Bilder sind in gewisser Hinsicht ein grandioser Schein, was sie „abbilden", ist nicht selten Trug: Sie bilden nicht die Welt detailgetreu ab, sondern verdanken ihre Wirksamkeit den in ihnen verborgen wirkenden elementaren Bildern, Elementen aus einer Märchenfabrik. Irreführend ist es – wie Benjamin es tut –, den vermeintlichen Aura-Verlust als Ergebnis der technischen Reproduzierbarkeit zu deuten (auch wenn es schwer sein mag, sich ein auratisches Fernsehen zu denken). Möglicherweise ist der auratische Kult die Folge einer Umbesetzung: vom heiligen Bildstock zum genialen Schöpfer, der ein typisches Produkt des 19. Jahrhunderts und seiner untergründigen religiösen Probleme ist. Das profane Material des modernen Films und der Umstand, daß er in unzähligen Kopien vorliegt, steht einem auratischen Umgang mit ihm nicht im Wege. Zuweilen hat es sogar den Anschein, als ob nur noch im Film – von Buñuel bis Tarkowski („Requiem") – diese quasireligiöse Auratisierung in der Kunst des 20. Jahrhunderts gelänge. Jenseits der Alternative Heil oder Unheil gelang es im 20. Jahrhundert gerade mit Hilfe der Reproduzierbarkeit der Bilder, profanster wie elementarer und vielschichtiger Oberflächen –, den imaginären und symbolischen Prozessen auf die Spur zu kommen.

### *Die heimliche Gnosis*

Daß nicht Gott es ist, der schafft, wie Edgar Alan Poe einmal feststellt, gehört zum Grundbestand des gnostischen Denkens. Daß daher bestenfalls nur ein untergeordneter Archont, schlimmstenfalls der Teufel selbst die Welt geschaffen haben kann, wird dabei mitbehauptet. Zur modernen Gnosis und ihrer programmatischen metaphysischen Verzweiflung gehört, daß die Rolle des lichten, ewigen, in sich ruhenden und eben deshalb „unschöpferischen" Gottes als Schöpfer gestrichen ist.

Wie Norbert Bolz[24] gezeigt hat, treibt die Gnosis auch in der modernen deutschen Kulturkritik (Adorno) ihr Wesen. Bei Günther Anders lassen sich ausdrückliche gnostische Bezüge aufweisen. Der Studienkollege von Hans Jonas und zeitweilige Schüler von Heidegger ist mit der gnostischen Literatur (und auch mit Schelling) wohlvertraut, wie seine „Kosmologische Humoreske" zeigt. Der Humor dieser „Humoreske" ist nur vordergründig, hinter ihm lauert der Ernst.

Bei Anders erscheint die negative Metaphysik der Gnosis eigentümlich verkehrt. An die Stelle des obersten lichten Erlösungsgottes ist die gorgonische Göttin Nu getreten, eine

Schwester der Königin der Nacht, das blanke Nichts, das die leeren Räume durcheilt und schließlich auf den sich selbst erschaffenden Gott Bamba trifft, den Inbegriff eines Seins, das sich anschickt, etwas werden zu wollen. Im Anfang ist die lange Weile und die Leere. Was fehlt, ist ein Unterhaltungsprogramm, eine Welt von Phainomena, die freilich von geringerer Substantialität sein soll als der selbsterschaffene Gott: „Der Gott Bamba hatte bereits seit beträchtlichen Äonen gethront, als ihm klar zu werden begann, daß er es nicht lange mehr würde aushalten können. Er war das einzige, das war. Von niemandem gekannt, von niemandem geliebt, von niemandem bestätigt, echolos herumzuexistieren, das war mehr, als was selbst ein Gott sich zumuten konnte. Die Ohren dröhnten ihm von Stille und Ewigkeit."[25]

Das absurde Spiel beginnt mit der klassischen Versuchung des gnostischen Schöpfergottes. Neu ist das defensive Moment des Schöpfungsaktes, der horror vacui, die Angst, von der Göttin des Nichts verschlungen zu werden. Die leeren Seiten des Universums wollen beschrieben sein. Der Gott ohne Welt versucht sich eine Welt zu schaffen, die weniger „ist" als er selbst. Damit beginnt das Verhängnis, das Verhängnis einer Selbstreproduktion mit minderer Qualität. Die Erzfeindin wird zur Ko-Schöpferin dadurch, daß sie die geschaffenen Phainomena wieder verschwinden läßt, so wie die Wolke, dieses bezaubernde Seiende, sich unversehens auflöst. Stets ist die neue Wirklichkeit vom Verschwinden bedroht. Das ist der Anteil der alles zer- und vernichtenden Göttin. Daß die Welt nicht wirklich ist, gehört zur gnostischen Urangst, vor allem dann, wenn die wahre Wirklichkeit nicht ein ozeanisches Licht, sondern das schiere Nichts ist.

An dieser Stelle bricht die zum molussischen Roman gehörige Humoreske ab, aber sie läßt sich unschwer weitererzählen. Der projektive Gott, der in der einsamen Fremde existiert, muß sich eine Welt schaffen. Das Tragische dabei ist, daß diese Welt sich verselbständigt und deshalb die Weltfremdheit ihres Schöpfers nicht nur nicht aufhebt, sondern perenniert und steigert. Ähnlich nun wie der gnostische Archont und Demiurg lebt auch die Menschheit in einer selbstgeschaffenen Halbwelt wie in einem unentrinnbaren Gehäuse. Ihre Bilder sind aus demselben Stoff wie Bambas Wolke. An den Bildern hängen Angst und Ohnmacht, „weil er (Bamba) plötzlich die unausdenkbare Möglichkeit vor sich sah, daß der Umschlag seines leeren Seins in die Nichtleere eines Tages endgültig sein könnte; daß Frau Nu, die uralte Göttin der Mißgunst und der Leere, die Gelegenheit seines Absinkens einmal dazu benützen würde, um ihn wortlos und so, als wäre er nie gewesen, in der Tiefe zurückzubehalten und den Triumph ihrer Alleinherrschaft von neuem auszukosten."[26] Aus dieser Angst vor dem Nichts waren Bambas Bilder und Vorstellungen einer Welt aufgestiegen: „Irgend etwas hatte er also zu unternehmen, in Gang zu setzen. Und er wußte sogar was. Er sah es bereits vor sich. Denn Bilder sind ja Kinder des Mangels. Und was nottut, das erträumt man ja."[27]

Anders als der biblische ist der Anderssche Schöpfergott von Anfang an mit Einbildungskraft ausgestattet. Und unter der Hand wird ein weiterer kardinaler Grund für das Mißtrauen des Aufklärers gegen die Bilder deutlich: Bilder sind Kinder des Mangels. Glückliche Menschen – und als solche betraten die Aufklärer des 18. Jahrhunderts die historische Bühne – schlafen traumlos. Das Glück kennt keine Bilder. Mit diesem Ideal scheint mir auch Adornos Abneigung gegen die bürgerliche Üppigkeit der Kunst zusammenzuhängen: Der Bürger wolle – schreibt er – die Kunst üppig und das Leben sparsam (er denkt an das protestantische Bürgertum des 19. Jahrhunderts), umgekehrt wäre es besser.[28]

Zwar kann in der Andersschen Humoreske das Versinken ins Nichts verhindert werden, aber, so darf man extrapolieren, der Mangel und die Angst sind hinter dem Bildschirm, der ein Schutzschirm ist, gegenwärtig. Merkwürdig, daß jene Wirklichkeit, die der Bilderwelt als die wahre Welt entgegengehalten wird, eigentlich schimärisch bleibt – ein Widerspruch in sich selbst? Nicht im euphorischen Sinne Blochs, sondern im melancholischen einer unglücklichen Moderne bleibt derlei Kulturkritik ortlos, utopisch. Ihr Bezugspunkt ist nicht eine heile exotische Welt, nicht das verlorene Atlantis (zwei Folien, die Bolz als symptomatisch für ein forciertes theoretisches Unbehagen an der modernen Kultur ansieht), sondern eine Aufklärung, die nie Wirklichkeit geworden ist und deren Verwirklichung historisch verpaßt wurde. Philosophie nach der Aufklärung ist Einbekenntnis ihres Scheiterns, eines zwangsläufigen Scheiterns. Dieses Scheitern (daß Philosophie nicht praktisch wurde) halte die Philosophie am Leben, schreibt Adorno in der Einleitung zur Negativen Dialektik.[30] Das unglückliche Bewußtsein dieser Kulturkritik angesichts der Sintflut der Bilder und der Bombe korrespondiert in seinem Selbstverständnis dem kollektiven Unglück, das – dem gnostischen Verhängnis gleich – eines Daseins in einer „falschen" Welt – „brave new world" – mitsamt ihren unechten Bedürfnissen. Der totalisierende Determinismus der Aufklärung, wie er auch geschichtsphilosophisch zu Buche schlägt, ist so nur der reflektierte Widerhall des Gefühls in einer total geschlossenen, Klaustrophobie verursachenden Höhlenwelt zu leben.

### *Die Rettung*

Die hier vorgetragene Metakritik einer weitverbreiteten Spielart von Kulturkritik will keine Strategie der Besänftigung sein, will nicht das Beunruhigende unserer Lage wegeskamottieren, sondern die negative Fixierung und den heimlichen problematischen „Gegenstand" der Faszination jener Kulturkritik aufzeigen. Eine Kulturkritik, die die uralte Feindschaft gegen die Bilder wiederbelebt, greift phänomenologisch zu kurz, unterschlägt die tiefe Ambivalenz von Ent-Fremdung und Emanzipation, die etwas gründlich anderes ist als die Dialektik der Aufklärung. Dem gnostischen Gedankenmodell gebührt das Verdienst, daß es uns an die Abgründe erinnert, aus denen die Bilder letztlich kommen: nicht aus den Hirnen der professionellen Bildermacher, die mittlerweile der Entwicklung hinterherlaufen; nicht aus jenen böser „Astrologen", die ein Aufklärer wie Condorcet für die höhlenartige Verfinsterung der Welt mit trugreichen Bildern verantwortlich machen zu können glaubte.[31] Obsolet geworden ist die Utopie einer aufgeklärten Welt ohne Bilder, ohne Kunst, ohne symbolische Vermittlung. Der Analphabetismus der Sprache – wenn er denn wirklich drohte – ist mindestens so katastrophal wie jener der Bilder, in dem wir uns noch immer befinden, gerade auch in Bezug auf die Bilder des „Gesamtkunstwerkes" (die entgegen ihres pseudo-bescheidenen Namens mehr sind als nur Vermittlungsinstanzen).

Rettung verbürgt für den kritischen Denker allein der distanzierte Blick auf den Spieler, der den „verchromten Sirenen" ausgeliefert ist. Aber bedeutet dies wirklich eine Rettung des kritischen Subjekts? Homer verrät uns nicht, was mit den Gefährten des Odysseus geschah, die sich gegen den Gesang der Sirenen die Ohren verstopften. Vielleicht mußten sie zu ihrem Schrecken erkennen, daß ihnen der Gesang der Sirenen nicht von draußen ertönte, sondern in ihnen selbst aufstieg, aus den unerklärlichen Tiefen ihres Innern.

Vielleicht ist es dieser Schrecken, der angesichts der neuzeitlichen „Rückkehr der Bilder" Zeitzeugen wie Günther Anders befällt. – Wir sollten die Höhle und die Spielhölle betreten, die verchromten Sirenen in die Hand nehmen, so abstoßend das auch sein mag, der Anblick des flippernden Philosophen. Es bleibt uns ohnehin keine andere Wahl. Es gibt kein Entrinnen, und vielleicht war es eine Legende, daß uns die Bilderwelten um den Verstand bringen.

# III. TECHNIK, GESCHICHTE UND DIE ATOMARE DROHUNG

*Norbert Hofmann*

## Wegwerfwelt. Günther Anders' „Die Antiquiertheit des Menschen"

Wien, in einem Februar der 80er Jahre, Umweltkonferenz der UNO, Experten und Diplomaten aus mehr als 30 Ländern, es geht um die Ozonschicht und die Fluor-Chlor-Kohlenwasserstoffe, die Europäer mauern, man kann sich nicht einigen, der Vorsitzende gibt zu Protokoll: „Die Europäer sind sich wohl der Gefahr bewußt, aber in diesem Interessenkonflikt handelt es sich bei der angestrebten Lösung auch um ein wirtschaftliches und finanzielles Problem." – So formuliert man heute Todesurteile.

Nur schwer und selten genug läßt sich die Philosophie, vor allem die akademisch domestizierte, durch den Weltlauf erschüttern. Eine sich an die Enormität des Geschehens herantastende Sprache zu finden oder zu erfinden, haben ihre Vertreter nicht versucht. Noch nicht einmal, daß das erforderlich war, haben sie gespürt. Jenseits des offiziellen Denkens aber sind die Schrecken dieses Jahrhunderts Gegenstand leidenschaftlichen, intransigenten Nachdenkens geworden. Zu den hellsichtigsten Büchern dieses dunklen Zeitalters, ebenbürtig „Der Dialektik der Aufklärung" oder den „Ursprüngen und Elementen totaler Herrschaft", gehören die beiden von Günther Anders verfaßten Bände „Die Antiquiertheit des Menschen". Derartige Werke, die den Ursachen und Folgen tiefgreifender historischer Veränderungen und damit einhergehender alltäglicher Zerstörung nachgrübeln, kommen weder zu früh noch zu spät, sie stehen immer quer zu den verhärteten Verhaltens- und Denkgewohnheiten der Menschen.

Der Philosoph und Schriftsteller Günther Anders blieb stets der kompromißlose Außenseiter, als den er sich schon seit den zwanziger Jahren verstand – mit all den Freiheiten und Schattenseiten einer solch exzentrischen Position. Sich als Gelegenheitsphilosophen verstehend, hat er wirklich Ernst gemacht mit dem Ruf der Phänomenologen: Zurück zu den Sachen. Indem er die abgebrauchten Kategorien und hergebrachten Modelle des Weltverständnisses hinter sich ließ, kam er zu Beobachtungen und Reflexionen, die durch die Raster konventioneller Ideologiekritik und postmoderner Affirmation des Bestehenden hindurchfallen. Kein Optimismus trübt seine Optik, er erlag nicht dem Wahn der Zeitgenossen, der sich vom Glauben an Fortschritt, ökonomisches Wachstum und an die Technik als Vehikel der Freiheit nährt. So haben die unerhörten Ergebnisse seiner Analysen das allgemeine Bewußtsein nicht erreicht, selbst von einer stillen, untergründigen Wirkung seines Hauptwerks zu sprechen wäre übertrieben – man schaue nur in das Namensverzeichnis jüngster, weitgehend einer Konjunktur des schlechten Gewissens geschuldeter Bücher zur Technikphilosophie. In unaufgeklärten Zeiten wurden Unglücksboten geköpft, heutzutage werden sie nicht einmal ignoriert.

Die Lust am Untergang aber ist Günther Anders fremd, er trägt auch keine larmoyante Zivilisationskritik vor, sondern er versucht, die Wurzeln der unaufhörlichen Barbarei dieses Zeitalters zu ergründen, wobei er gelegentlich allzu rigoros, vorschnell moralistisch argumentiert und Ambivalenzen und Widerspruch abweist. Das scheint der Preis zu sein für die unversöhnliche Zeugenschaft, die über Jahrzehnte hinschaut und mühselig warnt – ohne jeden Rückhalt in Glaube, Geschichte oder Gesellschaft. Und Anders weiß, daß die Wirklichkeit noch jede seiner Prognosen meist schon nach kurzer Zeit überboten hat, fast immer kommt die Annahme der schlimmstmöglichen Wendung dem tatsächlichen Geschehen am nächsten. Wer sich heute – da Kernkraftwerke etwa aussehen wie Moscheen mit Schornsteinen – auf die Wahrnehmung dessen beschränkt, was der Augenblick gerade an Sichtbarem bietet, der verfehlt die Realität. Mit seiner Illusionslosigkeit und Geistesgegenwart steht Anders in radikalem Gegensatz zu jener reaktionären Technikkritik, die gerade in Deutschland schon früh eine größere Anhängerschaft hatte und die von Zivilisationshaß, Intellektuellenfeindlichkeit, Antisemitismus und Blut- und Boden-Ressentiments vergiftet war. Anders' Essays enthalten nichts „Echtes" oder „Positives", weder „Sinngebung" noch die Propagierung irgendwelcher ‚höherer' Werte. In der logischen Schärfe und Klarheit seiner Analysen lösen sich die immer aufs neue in Umlauf gesetzten philosophischen und psychologischen Blechmünzen, die meist geprägt wurden vom Jargon der Eigentlichkeit, in Nichts auf. In raschem, manchen Leser vielleicht irritierendem Wechsel der Perspektive springen die bewußt übertreibenden Gedanken bald vom konkreten Phänomen zum Begriff oder zu einer kühnen Metapher, um die fraglichen Erscheinungen überhaupt sichtbar und somit einer Deutung zugänglich zu machen, auch in der Absicht, das bedrohlich Zukünftige als bereits Gegenwärtiges zu erkennen. In einem Zeitalter, in dem das industrielle Produzieren alle Grenzen sprengt, erweist sich als drängendste Aufgabe „eine Kritik der Grenzen des Menschen, also nicht nur seiner Vernunft, sondern aller seiner Vermögen (der seiner Phantasie, seines Fühlens, seines Verantwortens usf.)".

Es geht Anders nicht vorrangig um Technik und Herrschaft, sondern um die Technik *als* Herrschaft, nicht um die Darstellung, wie sie zur Macht gelangen konnte, sondern daß sie an der Macht ist; nicht darum geht es Anders, die alles umfassende Megamaschine, den sich abzeichnenden Technik-Totalitarismus möglichst detailgenau auszumalen, sondern die Gefahren aufzuzeigen, die von dem Drang nach einer immer weiter durchtechnisierten Welt drohen. Ob dieser Zustand je erreicht werden wird, ist dabei von sekundärer Bedeutung.[1]

Bereits 1956 erschien der erste Band, der vier große Essays enthält. Hier reflektiert Anders vor allem die Erlebnisse und Erfahrungen des amerikanischen Exils und formuliert die wesentlichen Funde seines Nachdenkens:

Die Menschen sind ihren Produkten, deren Perfektion und Zerstörungskraft in jeder Hinsicht nicht gewachsen. Sie haben einen Industriekosmos geschaffen, dessen Kapazität ihre Phantasie, ihre Emotionen wie ihre Verantwortung absolut überfordert. Die Diskrepanz zwischen Herstellen und Vorstellen ist lebensbedrohlich groß geworden.

Es gilt, angesichts der beschränkten Denk- und Urteilskraft schwer genug, das ‚Überschwellige' zu erkennen, also Ereignisse, die weder kategorial noch sinnlich faßbar und wahrnehmbar sind, die aber eine Bedrohung für die Menschheit, für alles Leben auf der Erde darstellen. Das ‚zu Große', so Anders, läßt den einzelnen nicht einmal kalt, sondern völlig unberührt. Wahrnehmungsunfähigkeit und Indifferenz verschränken sich heillos. Während die Täter nicht voraussehen, was sie anrichten können, vermögen die Opfer nicht zu fassen, was ihnen angetan wurde.

Die Produktion aber ist dem alles erfassenden Imperativ unterworfen: Das Gekonnte ist immer auch das Gesollte. Nicht an Können fehlt es den Menschen, sondern an Nichtkönnen, an der Fähigkeit zu unterlassen. Der heutige Mensch, ein fatales Kompositum aus Produzent und Konsument, sieht in der Welt als Ganzer nur noch Material, Rohstoff; als ein Indiz für dieses zerstörerische Weltverhältnis ist die allerorten üblich gewordene, bestenfalls für Augenblicke entlastende Beschwörung des Natur- und Kunstschönen zu werten. Allemal lieber läßt man sich neue Bedürfnisse aufzwingen, als Seiendes intakt und unverwendet zu lassen. Die Welt muß verwandelt, verarbeitet, ‚fertig gemacht' werden. So zergehen die Vernunft und Freiheit gewährenden Differenzen von Individuum und Gesellschaft, Menschen und Dingen, Handeln und Tun, Zwecken und Mitteln. Unter solchen weltweit sich durchsetzenden Bedingungen werden die Menschen den Maschinen ähnlich, da sie nicht mehr handeln, Zwecke setzen, sondern nur noch mittun, ohne die Vermittlung von Vorstellungen und Ideen den Geboten der Geräte folgen. Es scheint, als wäre die Autonomie, die der einzelne eingebüßt hat, an die Dinge übergegangen. Nach Anders ist der Mensch kein Handelnder mehr in dem Sinne, daß er wirklich wüßte, was geschieht, wenn er ein modernes Gerät bedient. Er ist vielmehr bloß noch ein konformistisch Mit-Tuender in einem riesigen, völlig undurchschaubaren Betrieb, der nur noch der Logik der Dinge und ihrer Verwertung folgt. Zu Recht weist Anders in immer neuen Wendungen und Beispielen auf die kaum noch schockierende Tatsache hin, daß zwischen einer Tätigkeit, die auf friedlichen, lebenserweiternden Zweck zielt, und jener, deren Absicht in Zerstörung und Tod liegt, kein prinzipieller Unterschied mehr besteht.

Das Verhältnis von Technik und Gesellschaft ließe sich auf die knappe Formel bringen: „Das Resultat aller unserer Erfindungen und all unseres Fortschritts scheint zu sein, daß materielle Kräfte mit geistigem Leben ausgestattet werden und die menschliche Existenz zu einer materiellen Kraft verdummt." Das wurde freilich schon 1856 niedergeschrieben – und zwar von einem gewissen Karl Marx. Die Bedeutung der Menschen bei der Aufrechterhaltung des als geschlossener Kreis sich abspielenden Produktionsprozesses wird zusehends marginal; sie sind in ironischer Abwandlung eines Heideggerworts ‚Hirten der Geräte' geworden, ziemlich hilf- und ratlos allerdings, zumeist blind und fühllos für das Ausmaß und die Fernwirkungen ihres Tuns, unfähig, Vorstellungs- und Urteilskraft mit moralischen Überzeugungen zu verbinden. Ein Heer von Technikern ist weltweit pausenlos damit beschäftigt, die Probleme, die aus ihrem Tun resultieren, zu lösen. Die gefundenen Lösungen aber schaffen neue Folgeprobleme und so fort: eine permanente, leerlaufende, gleichwohl höchst reale Arbeitsbeschaffungsmaßnahme.

In der zunehmend verdichteten Irrationalität des Ganzen gilt der einzelne immer weniger, aber immer mehr wird ihm zugemutet. Die Angleichung an die Bewegungsgesetze der Maschine wird überlebenswichtig. ‚Menschliches Versagen' ist die beredte Standardformel geworden, mit der das Ungenügen des Menschen gegenüber den zugleich präzisen und rohen Anforderungen der Dinge verurteilt wird.

Die heute hergestellten Waren sind nicht bloß Sachen zu beliebigem Gebrauch, sie sind vielmehr ‚Ding gewordene Maximen und geronnene Handlungsmodi'. „Unsere Produkte," so lautet eine entscheidende Erkenntnis von Anders, „sind bereits, ob wir das wollen oder nicht, unsere Taten".[2] Gerade die technische Omnipotenz entwickelte sich zu dem fatalsten menschlichen Defekt. Heute bedeutet die viel beschworene Fähigkeit der Menschen, sich und ihre Lebensbedingungen zu verändern, kaum noch ein Versprechen, weitaus mehr eine Bedrohung. Gleich einem Naturgesetz läßt sich sagen: Je größer die technisch bestimmte Macht, die zur Verfügung steht, desto geringer die Hemmungen, davon Gebrauch zu machen. Am Ende wollen sie selbst die Natur hervorbringen und Geschichte und Zeit aggressiv beschleunigen bis zu ihrer Abschaffung.

Technik und technische Phantasie, zumal im 19. Jahrhundert, enthielten stets den Traum von einer besseren Natur und befreiten Gesellschaft; dieses Glücksversprechen war das Produktive an der Produktivkraft Technik. Doch an einem schwer zu bestimmenden Zeitpunkt, spätestens aber im Ersten Weltkrieg, da die Produktion in Destruktion umschlug, gab es ein jähes Erwachen aus diesem Traum; die herrschende Klasse hörte auf, so Walter Benjamin, „sich mit der Zukunft der von ihr entbundenen Produktivkräfte zu beschäftigen." Seitdem kommt die technische Entwicklung der Utopie einer von Mühsal und Not befreiten Gesellschaft nicht mehr entgegen – im Gegenteil hat sich eine unaufhaltsame Expansion für Zwecke durchgesetzt, die nach den Worten des amerikanischen Kritikers Lewis Mumford „in fortschreitendem Maße immer leerer und trivialer, kindischer und primitiver, barbarischer und bedrückend irrationaler geworden sind." Heute vermag die universale Maschine alles zu produzieren – von der alltäglichen Konformität bis zur globalen Vernichtung. Die triumphale Herrschaft der Technik verwüstet nicht nur Natur, sondern zerstört auch Vernunft und Phantasie und bringt damit die Subjekte zum Verschwinden, die sich ganz andere Verhältnisse überhaupt auch nur vorstellen können. Obsolet wurde die Rede vom zivilisierenden, verfeinernden Einfluß des Kapitalismus und seiner Produkte, der ohnehin nur ein ungewollter Nebeneffekt war. Vielmehr führt die organisierte Verheerung des Gedächtnisses und Vorstellungsvermögens der Menschen zu einer unumkehrbaren Auflösung des Denkens. Auch Vergangenheit scheint wie nicht gewesen.

Das so oft zu Recht kritisierte Diktum von der normativen Kraft des Faktischen hat sich weitgehend bewahrheitet. Es fällt, weil alltäglich, quasi natürlich geworden, kaum noch auf, wie sehr das Verhalten, auch moralisches, private und öffentliche Formen des Sprechens, der Gestik und Mimik von Apparaturen wie Automobil, Fernsehern und Computern modelliert werden. In einer Anmerkung stellt Anders fest: „So sieht, wer etwas Phantasie besitzt, den Autos an, daß diese ihre Fahrer in [...] skrupellose, wettrennsüchtige Wesen verwandeln, in Wesen, die für den Appell zur Solidarität taub werden. Es gibt wohl kein Ding, das der Arbeiterbewegung einen so unrevidierbaren Schaden zugefügt hat wie das Auto."[3] Keine Behauptung ist deshalb der Andersschen Theorie, die auch eine technikpsychologische sein will, verdächtiger, keine scheint ihr illusionärer, irreführender und gefährlicher als die Beurteilung der Technik als eines moralisch neutralen Werkzeugs – als läge es nur am richtigen Umgang mit dem Potential, das sie uns, ihren vermeintlichen Herren, zur Verfügung stellt, die Gefahr zu bannen. Den zu Apparaten expandierten, in Apparaten vernetzten Dingen wohnt unabweisbar eine zerstörerisch-nivellierende Tendenz inne, die die Vorstellung von einer zweckneutralen Technik als Selbstbetrug erscheinen läßt. Für die meisten Geräte gibt es keine ‚richtigen' Hände, die Geräte machen jede Hand ‚falsch'.[4]

Der umfangreiche zweite Band der „Antiquiertheit des Menschen", eine unsystematische und doch kohärente Zusammenstellung zahlreicher, in den 60er und 70er Jahren verfaßter Nachrufe auf Arbeit und Geschichte, Individuum und Sterblichkeit, Sinn und Phantasie, wurde 1980 publiziert, einen damals angekündigten dritten Band konnte der inzwischen schwerkranke Autor bis heute nicht veröffentlichen. Nach der Lektüre dieser Essays versteht man wieder, was das Hegelsche Diktum sagen wollte: Philosophie müsse ihre Zeit in Gedanken fassen, auf den Begriff bringen. Unverändert im Zentrum steht die Zerstörung von Natur und Humanität unter der in einem neuen Sinn totalitären Herrschaft der Technik. Die Ortsnamen Auschwitz und Hiroshima, die zusammenzudenken, aber nicht gleichzusetzen sind, bezeichnen die bis heute extremsten Signaturen dieser ein unumkehrbar neues Zeitalter einleitenden industriellen Revolution, die wahrhaft siegreich war wie keine zuvor und den völligen Bruch mit der Vergangenheit, ihren Lebensformen und -träumen herbeiführte. Nach Anders' Vermutung spricht, „wie entsetzlich das auch klingen mag, alle Wahrscheinlichkeit dafür, daß die totalitäre Ära des Hitlerschen und Stalinschen Regimes keine Intermezzi gewesen sind, vielmehr die Verwirklichung dessen, auf das die Epoche eigentlich hinaus will. In diesen Regimes hat sie jedenfalls ihr nacktes und demaskiertes, ihr rechtschaffen-skrupelloses Technikergesicht gezeigt, nämlich ein Gesicht, das politisch nicht mehr wesentlich anders redete als es technisch dachte.“[5]

Der Großtechnik wohnt, könnte man sagen, die negative Utopie inne, die ganze Erde in einen Planeten der Gleichzeitigkeit zu verwandeln, auf dem im gleichen Rhythmus produziert, konsumiert, vergessen und gestorben wird – eine beispiellose industrielle Mobilmachung. Und es scheint kein nennenswertes historisches Subjekt mehr zu geben, keine moralisch-metaphysische Instanz, die diese fatale Entgrenzung, die die Welt wie einen Wegwerfartikel behandelt, aufhalten könnte. Die technische Entwicklung beschleunigt sich exponentiell, sie hat keine immanente Schranke. Die ohnehin kaum noch vorstellbare Unterbrechung dieser Dynamik unter den herrschenden Bedingungen aber würde den Zusammenbruch des Ganzen bedeuten. Wo es nur noch Rohstoff, Verwertung und Konsum gibt, die Welt zum gigantischen Betrieb wird, da können sich wohl Katastrophen ereignen, aber keine Revolutionen mehr.

Die Geheimlosung dieser Epoche, die jeder kennt und schon aus Gründen der Selbsterhaltung befolgt, lautet: „Die Mittel heiligen die Zwecke.“ Die angebliche Zweckrationalität des industriellen Zeitalters ist ein Euphemismus. Tatsächlich werden nicht Zwecke diskutiert und dann angemessene Mittel gesucht, sondern allem, was auf den Weltmarkt geworfen wird, muß ein

Zweck zukommen, das heißt: es muß ein Mittel sein. Was nutzlos ist, kein Mittel, also nicht um seiner Verwertbarkeit willen existiert, hat unter diesen Bedingungen seine Lebensberechtigung verloren. Die Devise muß also lauten: alles zu einem Mittel zu machen und das, was sich nicht zu einem Mittel machen läßt, zu beseitigen. „Der Zweck von Zwecken besteht heute darin, Mittel für Mittel zu sein."

Die Menschheit, schuldlos-schuldig in diesen ungeheuren Prozeß hineingezogen, betreibt seit diesem letzten Epochenwechsel die pausenlose Produktion ihres eigenen Untergangs. Ein Endstadium wurde erreicht, das im günstigen Fall, was immer das für die meisten bedeuten mag, nur hinausgezögert werden kann. Das Ende der menschlichen Gattung ist denkbar geworden, wenn auch niemand es sich vorstellen kann. Innerhalb dieser dritten und definitiv letzten industriellen Revolution gab und gibt es weiterhin „Binnenrevolutionen", von denen Anders vier beschreibt.

Erstens hat es der Mensch geschafft, aus der Natur Produkte zu erzeugen, die nicht in die Klasse der ‚Kulturprodukte' gehören, sondern in die der Natur, wie z. B. das Plutonium.

Zweitens gebraucht, oder genauer verbraucht der Mensch seinesgleichen als Rohstoff. Für Anders begann dieser ungeheuerliche Umbruch mit der arbeitsteiligen, fabrikmäßigen Vernichtung der Juden im Nationalsozialismus.

Drittens ist es gelungen, mittels Genmanipulation neuartige Lebewesen herzustellen und zu duplizieren. Anders schreibt: „Während der Atomkrieg die Vernichtung der Lebewesen inclusive des Menschen bedeutet, bedeutet das ‚cloning' die Vernichtung der Spezies qua species, unter Umständen die Vernichtung der Spezies Mensch durch Herstellung neuer Typen."[6]

Viertens: Da immer mehr Arbeit durch den Automatismus von Geräten ersetzt wird und die menschenleere Fabrik schon Realität geworden ist, zeichnet sich die Tendenz ab, daß immer mehr Menschen objektiv, das heißt ökonomisch überflüssig werden. Einer großen Zahl von ihnen droht eine Existenz ohne Arbeit, die, so Anders, die Hölle sein wird, da „[...] die Freizeit nicht mehr als das ‚eigentliche' Leben gelten wird, sondern als leere Zeit, als nicht zu bewältigender Zeitbrei, als sinnloses Herumvegetieren – und als solche wird sie verhaßt sein."[7] Darauf reagiert die allgemeine Kälte, Roheit und Gleichgültigkeit gegen alles Lebendige.

Daß diese alles mitreißende Entwicklung nur möglich war durch den weltweiten Sieg der kapitalistischen Produktionsweise, kann hier bloß angedeutet werden. Gerade die Produktion um der Produktion willen, die rastlose Vermehrung des Profits und die damit einhergehende „Verwandlung der Menschheit in Kundschaft" (R. Burger), der Welt in Müll, hat die Großtechnik explosionsartig beschleunigt und zu dem geführt, was Hegel ‚die schlechte Unendlichkeit', besinnungslose Optimisten ‚Fortschritt' nannten. Die allzu viele Erwartungen und Illusionen stiftende Differenz zwischen der Entwicklungslogik der Technik und der des Kapitals ist längst eingezogen. Aus der aufgeladenen Kategorie des Noch-Nicht, die im Zentrum der hoffnungslos widerlegten fortschrittsfrohen Philosophie etwas Ernst Blochs steht, ist in den letzten 60 Jahren ein Gerade-Noch des irgendwie Weitermachens geworden.

„Die Zukunft hat, wenn nicht alles trügt, schon geendet", konstatiert Anders in dem Kapitel über ‚die Antiquiertheit der Geschichte', denn, so lautet seine wohl provozierendste These, die Technik ist zum eigentlichen Subjekt der Geschichte avanciert, die daher im alten Sinn der Veränderung und Offenheit nach vorn keine mehr ist. „Antiquiertheit des Menschen" – das wird im zweiten Band facettenreich ausgeführt – meint zweierlei: die Destruktion der Humanität, das Ende all der theoretischen und praktischen Antworten, die im Lauf von Jahrtausenden auf die Frage nach dem Wesen und der Bestimmung des Menschen gegeben wurden, das Ende auch der Frage selbst. Als Bild und Begriff ist ‚der' Mensch im Zeitalter der Technokratie etwas endgültig Gewesenes, geduldet und aus durchsichtigen Gründen dann und wann beschworen.

Andererseits bezieht sich „Antiquiertheit" aber auch auf die bereits angedeutete Diskrepanz der Kapazität unserer verschiedenen Vermögen. Noch immer tun die meisten so, als wäre alles oder doch vieles beim alten, als könnten sie Schritt halten mit der Apparatewelt und ihrem Eiltempo. Beispielsweise setzen wir eine gewisse Analogie von Aussehen und Wirkung voraus. Wir vertrauen darauf, daß im Phänomen etwas vom Wesen der betreffenden Sache erscheint. Aber einer Bombe oder einer Dose Zyklon B kann man überhaupt nicht mehr ansehen, was sie sind; sie sehen nach nichts aus. Was sie, allemal menschliche Produkte, an Vernichtung herzustellen vermögen, bleibt konstitutionell unserer Vorstellung entzogen. Weiterhin aber trauen wir unseren Augen: Was so harmlos aussieht, kann doch so schlimm nicht sein.

Für weite Bereiche des Alltagslebens haben tradierte Erkenntnisweisen und ihre Theorie keine Gültigkeit mehr. Fast niemandem bleibt heutzutage die Situation des Versagens vor den Geräten erspart. Der Mensch, so die Verallgemeinerung von Anders, ist nicht mehr, wie im 19. Jahrhundert, da er sich als ein aufgeklärter Prometheus verstand, stolz auf seine Produkte. Heute fühlt er sich ihnen gegenüber, im Vergleich zu ihnen jämmerlich und minderwertig, denn er ist als Nichtgemachter in seiner Kreatürlichkeit und Sterblichkeit seinen Fabrikaten unterlegen. Die Produkte sind präziser, schneller, haltbarer und nicht durch Emotion beeinträchtigt.

Aus der Perspektive des Maschinenuniversums sind die Subjekte widerspenstig und unberechenbar, kaum entwicklungsfähig und nicht lange belastbar, ein Hindernis beim Fortschritt der Geräte, kurzum: sie sind hoffnungslos antiquiert. Darauf reagieren, so Anders' Beobachtung, die Menschen mit „prometheischer Scham“, die etwas grundlegend Neues im menschlichen Verhalten darstellt, das z. B. mit dem Überwältigtsein durch die eigenen Werkzeuge und Bauten früherer Zeiten nicht verglichen werden kann. Hier geht es das erste Mal darum, daß der Mensch sich schämt, kein Produkt, nicht verdinglicht zu sein. Selten empfindet er Ohnmachtsgefühle so drastisch wie vor einem Apparat, den er – wie es bezeichnenderweise heißt – nicht ‚bedienen‘ kann.

Die Arbeitsweisen der Apparate und ihr Leistungsvermögen werden zu Maßstäben humanen Verhaltens, die Effizienz des einzelnen erfährt ihre Beurteilung aus maschineller Sicht. Die

Überlegenheit der Dinge wird anerkannt, zu sein wie sie, wird zum unbewußten, quälend unerreichbaren Ideal. Die teilweise verzweifelten Versuche, sich der Präzision und Ausdauer der Dinge anzupassen, kann grundsätzlich nur unzureichend gelingen.

Um die aus solch demütigender Lage entspringende Scham vor der Dingwelt zu überspielen, produzieren die Menschen ständig Bilder von sich selbst, genauer von dem, was an ihnen abziehbar ist. Sie vervielfachen ihr Dasein, beglaubigen es mit ‚Ab-Bildern' und unzählige Male kopierten Vorbildern. In Serien photographiert, auf Videofilmen fixiert, kann sich das Individuum, das längst nicht mehr unteilbar ist, in ein ‚reproduziertes Produkt' verwandeln, hat es Anteil an der anerkannt höheren Sphäre der seriell hergestellten Waren. Gegenwärtiges kann aufgrund seiner Flüchtigkeit und Vergänglichkeit nicht dinghaft ‚gehabt' werden, deshalb wird es für unreell und unrentabel gehalten. Erst als zum Bild und damit zum Besitz gewordenes Ding ist es als allein wirklich akzeptiert. Anders zieht das Fazit dieser Überlegungen: „Realität wird durch Reproduktion produziert, erst im Plural, erst als Serie ist ‚Sein'. – Das Einmalige ist nicht."[8] Scheinbar dem Fluch der Kreatürlichkeit und kränkender Unterlegenheit entronnen, sind die Menschen ihm nun um so schlimmer verfallen.

Wie tragikomisch die Anstrengungen, der Gerätewelt sich gewachsen zu zeigen, ausfallen können, zeigte schon vor Jahrzehnten Chaplin in seinem Film „Modern Times". Lakonisch, ohne den triumphierenden Unterton globaler Theorien konstatierte Anders: „Die Subjekte von Freiheit und Unfreiheit sind ausgetauscht. Frei sind die Dinge, unfrei ist der Mensch." Der Mensch ist nur noch „Nachzügler" dessen, was er selbst projektiert und produziert hat. Die Technik in der fixen Form der Maschinen gibt heute die Imperative des Auszuführenden und auch der Moral vor; durch ihre Struktur und Funktion legen die Geräte ihre Verwendung und die Weise der Beschäftigung mit ihnen, also auch den Benutzer, von vornherein fest. Anders' detaillierter Aufweis etwa der dehumanisierenden Veränderungen, die jeder als ein durch die Medien mit ‚Welt' beliefertes Wesen erleidet, ferner die Folgen für einen Begriff von Welt und sie selbst, deren Ereignisse als halb an-, halb abwesende Bilder einen phantomhaften Status einnehmen und zur bloßen Matrix ihrer Reproduktionen vernutzt werden, das stößt in soziale und philosophische Probleme ersten Ranges vor, was aber fast allen Theoretikern, gleich welcher Disziplin, bemerkenswert unbemerkt blieb. Dieser Auflösung korrespondiert, daß im entfesselten Industrialismus die Frage nach der individuellen Schuld höchst prekär wird. Der Zusammenhang zwischen Tat und Täter droht vollends zu zerreißen. Schuld und Sühne, selbst Bosheit und Haß, die die Existenz eines entscheidungsfähigen, frei handelnden Menschen voraussetzen, verkommen zu antiquierten Clichés. Was allein benötigt wird, damit das Ganze funktioniert – und nur das ist wichtig –, sind Arbeitende bzw. Funktionsträger, die ihre Arbeit als nicht weiter zu befragendes Mit-Tun akzeptieren, die nicht wissen wollen, was sie tun. Gewissen schrumpft zu Gewissenhaftigkeit und weiter zum Reflex. Der Verzicht auf Erkenntnis der Zusammenhänge und seine Kehrseite, die vollständige Gewissenlosigkeit, sind das ‚Apriori' eines reibungslosen Ablaufs. Es ist dasselbe Apriori, das Auschwitz und Hiroshima mitbedingte.

Das kann die Frage nach dem unverwechselbaren einzelnen, um dessen Mündigkeit und Glück es der großen Aufklärung ging, nicht unberührt lassen. Nicht zufällig heißt der umfangreichste Essay des zweiten Bandes „Die Antiquiertheit des Individuums". Das autonome und zugleich solidarische Individuum, ohnehin immer nur ein Versprechen künftig vernünftig eingerichteter Gesellschaft, fiel im Verlauf der permanenten, von historischen Katastrophen beschleunigten technischen Revolution einem Gleichschaltungsmechanismus zum Opfer, den Anders für heutige westliche Gesellschaften folgendermaßen kennzeichnet: „Je integraler eine Macht, um so stummer ihr Kommando. Je stummer ein Kommando, um so selbstverständlicher unser Gehorsam.

Je selbstverständlicher unser Gehorsam, um so gesicherter unsere Illusion der Freiheit.

Je gesicherter unsere Illusion der Freiheit, um so integraler die Macht."[9]

Die Maschinen bedienend und als Konsument macht sich jeder nolens volens zum zahlenden Mitarbeiter an seiner eigenen Deprivatisierung. Das Individuum wird ein ‚Divisum' – zerlegt in eine Vielzahl von Funktionen, die zumeist simultan ablaufen. Funktion heißt dabei in erster Linie: Konsum. Jedes Organ will beliefert werden. Nicht-Konsum gilt bereits als Not. Freiheit – als Freisein vom Zwang, irgendetwas verarbeiten und verbrauchen zu müssen – ruft Beklemmung und Nichtigkeitsgefühle hervor. Der Zerstreute befindet sich in einem Zustand künstlich erzeugter Schizophrenie, die in einem ‚horror vacui' kulminiert: in der Angst vor Selbständigkeit und Freiheit. Um gegen dieses Nichts sich abzudichten, muß jedes Organ besetzt, beschäftigt sein. So verwandelt das Geräteuniversum die Menschen in Wesen, die diese zu verwenden gezwungen sind – nicht durch den Willen irgendeiner bösen Macht, eine Verschwörung herrschender Eliten, sondern durch die prägende Kraft der Technokratie, ihrer inneren Logik und durch die Ökonomie, in der die Geräte existieren. Anders scheut sich nicht, die unaufhörliche Produktion von Konsumbedürfnissen, den terroristischen Zwang zur Verwendung als die bestimmende ‚Moral' unseres Zeitalters zu beschreiben. In einer lapidaren Form der Übertreibung um der wahren Erkenntnis willen schreibt er: „Die Maxime, der wir alle jeden Augenblick ausgesetzt sind, und die zwar wortlos, aber ohne Widerspruch zu dulden, an unser ‚besseres Ich' appelliert, lautet: Lerne dasjenige zu bedürfen, was dir angeboten wird! Denn die Angebote sind die Gebote von heute."[10]

In einem glänzenden Essay über die „Antiquiertheit des Sinnes", in dem sich der aller Erbaulichkeit abgeneigte Autor mit der heutigen Inflation religiöser, philosophischer, therapeutischer Sinnbelieferung auseinandersetzt, verwünscht Anders jene Mut- und Muntermacher, die Propagandisten des Trostes, die sich anheischig machen, den wachsenden horror vacui erfolgreich zu bekämpfen. Ihre Methode ist banal: Statt die Gründe der gefühlten Sinnlosigkeit zu benennen, was immerhin die Gefahr eines Umsturzes des Bestehenden heraufbeschwören würde, wird das Gefühl der Sinnlosigkeit behandelt. Auch dieser Mechanismus funktioniert nach dem Prinzip der Maschinenwelt: Inhalte werden zu Mitteln. Es kommt nicht darauf an, was geglaubt wird, herrschaftssichernde Ideologien werden weitgehend überflüssig, jedes Credo ist zur Erzeugung rasch konsumierbarer Sinnsurrogate recht. Wer an Sinnmangel leidet, gilt als krank und therapiebedürftig, während doch, nüchtern besehen, das Gefühl der Sinnlosigkeit gerade ein Zeichen von unbeschädigter Wahrnehmungsfähigkeit und Wachheit, also ein Symptom geistiger Gesundheit ist.

In diesem aufklärerischen Sinne kann man Anders' Werk auch verstehen als einen äußerst angestrengten Versuch, die Phantasie und Geistesgegenwart der zur Opposition bereiten Menschen gegen die Gewalt der Verhältnisse zu stärken. Immer spricht er auch als ein Menschenfreund, der den geschichtlichen Gang zu messen versucht an der Einengung oder der Vergrößerung von Freiheit und Autonomie für den einzelnen. Zwar hält der atheistische Moralist Anders das Dasein der Menschen ebenso wie das der Tiere, Pflanzen, ja letztlich das der Welt für zufällig, „kontingent". „Der Mensch ist kosmisch genau so entbehrlich wie jedes andere Lebewesen", heißt es einmal. Wohl kein stichhaltiger Grund wäre zu nennen, warum Menschen dasein sollen, denn es gibt keine Instanz, die ihnen dieses Sollen zuerkannt, zugedacht hat – weder ein Gott oder ein Plan der Natur, noch eine höchste Bestimmung. Ebensowenig wie der Nachweis, daß es die Welt oder die Menschheit geben sollte, erbracht werden kann, so der, daß ‚sollen sein soll'. Aber nach Anders haben wir nicht die Zeit für letzte Fragen. Häufig hat er betont, daß die Menschen nicht der Resignation und dem Zynismus verfallen sollten, sondern daß sie so zu handeln haben, als ob die Wahrscheinlichkeit, der globalen Zerstörung, der Auslöschung jeglichen Lebens Einhalt zu gebieten, groß wäre. Aus dieser ‚bewußt schizophrenen' Haltung des Als-ob und Dennoch könnte Entschlossenheit zum Widerstand entstehen. Aber durchaus denkbar ist auch, so Anders, daß es aus den ungeheuren Schwierigkeiten, in die wir Heutigen geraten sind, keinen wirklichen Ausweg mehr gibt. Wo Gefahr ist, wächst mitnichten das Rettende. Schon Mitte der dreißiger Jahre stellte Max Horkheimer die provokante Frage: „Aber ist Ungeheuerlichkeit je ein stichhaltiges Argument gegen die Behauptung oder Leugnung eines Sachverhalts gewesen, enthält die Logik das Gesetz, daß ein Urteil falsch ist, wenn seine Konsequenz Verzweiflung wäre?“[11] Wahr jedenfalls bleibt die Einsicht, daß die Verantwortung für das Verhängnis an keine Gottheit, keine Ideologie, weder an das Sein noch an die Natur abzuschieben ist, sondern nur entschlossene Individuen hier und jetzt, ihre Vernunft und Solidarität, Moral und Wissen können das Zeitende abwenden. Ein Gespräch aus dem Jahre 1978 beendete Günther Anders mit dem ihm eigenen Lakonismus: „Trost? Den benötige ich nicht. Und Hoffnung? Da kann ich nur antworten: Kenne ich prinzipiell nicht. Denn mein Prinzip ist: Wenn auch nur die winzigste Chance besteht, in dieser entsetzlichen Situation, in die wir uns gebracht haben, helfend eingreifen zu können, dann soll man es tun [...] Wenn ich verzweifelt bin, was geht's mich an?“[12]

*Bodo von Greiff*

# Produktion und Destruktion. Günther Anders' Theorie der industriellen Arbeit

## I.

In Meyers Lexikon aus dem Jahr 1924 findet man unter dem Stichwort „Arbeit" eine aufschlußreiche Schilderung zur Sozialgeschichte der industriellen Arbeit, bestehend aus vier Teilen: *Erstens,* die Geschichte der menschlichen Arbeit ist die Geschichte ihrer Unterdrückung. *Zweitens,* die Utopie der freien Arbeit hat sich in die Kunst, die Wissenschaft und in die Landwirtschaft geflüchtet. *Drittens,* die Arbeitsteilung im modernen Großbetrieb ruft starke Unlustgefühle hervor. Und *viertens,* die Mechanismen der Lohnsteigerung, der Arbeitszeitverkürzung und gewisse Momente von Selbständigkeit sind nur eine Kompensation für die weiter zunehmende Arbeitsbelastung. In dem Lexikon heißt es:

„Erst langsam hat sich die Menschheit an regelmäßige und gleichmäßige Arbeit gewöhnt; diese ist auch heute noch bei den primitiven Völkern schwer zu erreichen.

Ein Mittel, die Menschen an sie zu gewöhnen, war jahrtausendelang die Sklaverei. Da der Sklave aber nur aus Furcht vor Strafe arbeitet und erhöhte Anstrengung ihm keinen Lohn einbringt, ist solche Arbeit wenig ertragreich. Andere Mittel sind Erhöhung der Arbeitsfreude und Weckung der Anteilnahme [...] durch Selbständigkeit und Beteiligung am Ertrag der eigenen Arbeit, wie bei der freien Erwerbsarbeit.

In der modernen Volkswirtschaft ist die Steigerung der Arbeitsfreude in enge Grenzen gebunden, da wenigstens der Großbetrieb nur Teilprozesse kennt. Außerdem ruft die Art mancher Arbeit starke Unlustgefühle hervor [...] Höherer materieller Erfolg in Form von Gewinn, Gehalt und Lohn muß hier ausgleichend wirken. Dagegen gewährt die Arbeit dem Landmann in der freien Natur sowie dem freischaffenden Künstler und Gelehrten an sich Lust."

Zusammenfassend: „In der modernen Kultur nimmt offensichtlich die Menge der Unlust erregenden Umstände zu, die man durch besondere Löhnungsmethoden, Arbeitszeitverkürzung, Stellenwechsel und andere Mittel zu beheben sucht."[1]

Ich präsentiere die lexikalische Kostprobe zur Theorie der Arbeit aus einem doppelten Grund: *erstens*, weil die Passage frei ist vom Aberglauben einer Identität von technischem und sozialem Fortschritt; sie vermutet kein gütiges Weltgesetz, keine „invisible hand", dank deren heimlicher Hilfe sich die Summe der menschlichen Anstrengungen doch noch lohnen werde; vielmehr formuliert sie, zumindest indirekt, Elemente einer negativen Geschichtsphilosophie der Arbeit. Insofern handelt es sich bei dem ungenannten Verfasser um einen unbekannten Vorläufer von Anders.

*Zweitens*, weil es schwierig ist, sich Günther Anders *nicht* auf Umwegen zu nähern. Kein Industriesoziologe oder Betriebswirt würde heute, nachdem die Wissenschaftssprache demokratisiert und neutralisiert ist, noch von „primitiven Völkern" sprechen. Aber er würde auch die subjektive Frage der Arbeitsfreude nicht mehr ins Zentrum der Theorie stellen. Eben diese Naivität, dieser antiquierte „Subjektivismus" der Perspektive, zeichnet Günther Anders' Philosophie der Arbeit aus. Sie insistiert als Bezugspunkt des Denkens auf einem Subjekt, dessen Verschwinden sie diagnostiziert und betrauert. Das Resultat ist eine riskante Theorie voller negativer Prognosen, die niemandem gefallen können, die jedoch die Phänomene der Industriearbeit viel genauer beschreiben als die scheinexakten Expertisen aus dem Reich der Volkswirtschaftslehre, die die Normalität der Lohnarbeit – und deren trivialen Gegensatz, die Arbeitslosigkeit – vom ersten Wort an voraussetzen. Daß Anders' Phänomenologie der industriellen Arbeit bedrückend ist, ist nicht seine Schuld. Er spricht von dem Faktum der Destruktivität der Arbeitswelt, die gewöhnlich nur unter dem Aspekt ihrer Produktivität Beachtung findet.

## II.

Das Hauptthema in Anders' Schriften war und ist die außeralltägliche Situation der modernen Massenvernichtungskriege, die fatale Kombination von technischer Perfektion und moralischer Indifferenz, die sie psychologisch auszeichnet. Anders schrieb über Auschwitz und Hiroshima. Er wurde weltweit bekannt durch seinen Briefwechsel mit dem Hiroshima-Piloten Claude Eatherly, der, als Held ausgezeichnet und von Schuldgefühlen geplagt, in den USA zum Patienten der Psychiater wurde. Er beschrieb dem Brieffreund einfühlsam das sonderbare Phänomen der schuldlosen Schuld, der Tat ohne Täter, der arglosen Grausamkeit als Ursache seiner Krankheit: „Die Technisiertheit des Daseins: die Tatsache, daß wir ahnungslos und indirekt, gewissermaßen als Maschinenschrauben, in Handlungen eingefügt werden können, deren Effekte wir nicht übersehen und die wir, wenn wir die Effekte übersähen, nicht bejahen könnten – die hat unser aller sittliche Situation verändert. Die Technik hat es mit sich gebracht, daß wir auf eine Weise *schuldlos schuldig* werden können, die es früher, in der technisch noch nicht so weit vorangeschrittenen Zeit unserer Väter, nicht gegeben hatte."[2]

Die Technikphilosophie ist das Herzstück von Anders' theoretischer Arbeit. Doch ihr gilt hier nicht mein spezielles Interesse. Entscheidend ist in diesem Zusammenhang, daß die Psychologie der Kriegstäter, die Hannah Arendt einprägsam als „Banalität des Bösen" bezeichnete, über die Kriegssituation hinausweist. Sie führt in den Alltag des zivilen Lebens, in die Welt der Arbeit, in der Anders die nämlichen Phänomene der Indifferenz und moralischen Arglosigkeit ausmacht. Keineswegs hält er seine Zeitgenossen für unmoralisch im psychologischen Sinne, jedenfalls nicht für unmoralischer, als sie es zuvor waren. Eine moralische Dekadenztheorie liegt ihm fern. Aber er sieht die Menschen des zwanzigsten Jahrhunderts in einer maschinenartigen sozialen Situation agieren, die auf moralische Impulse nicht mehr antwortet und in der die Kategorie des „subjektiv gemeinten Sinnes" (Max Weber, „Soziologische Kategorienlehre", § 1) keinen Sinn mehr macht. Die moralischen Überzeugungen werden überflüssig, „antiquiert" – und vielleicht sterben sie schließlich ganz aus.

Was haben moralische Erwägungen, mit denen sich Günther Anders sein ganzes Leben lang beschäftigt hat, mit dem ökonomischen Begriff der Arbeit zu tun? Ein Blick in die zeitgenössischen ökonomischen Lehrbücher zeigt die Berechtigung der Frage. Doch das macht die Werke nicht ergiebiger. Die berühmten Väter der ökonomischen Wissenschaft, allen voran Adam Smith, führten ehedem die Berufsbezeichnung „Moralphilosophen"; sie waren von der Überzeugung beseelt, materielles Wohlergehen und moralische Gerechtigkeit seien nicht Gegensätze, sondern durch richtiges Handeln vereinbar. Ökonomie war eingebettet in eine Theorie vom richtigen Leben.

Anders knüpft hier an. In seinem Essay über „die Antiquiertheit der Arbeit", geschrieben 1977, behandelt er alle konventionellen Themen der Ökonomie, doch er gibt ihnen einen unkonventionellen subjektiven Drall. Er schreibt über Arbeitsteilung, Arbeitslosigkeit, Automation, über Bedürfnisse, Sättigungsgrade und Überfluß, über die Dequalifizierung der menschlichen Fertigkeiten, die Entwicklung des Gegensatzes von Arbeitszeit und Freizeit, den Prozeß der fortschreitenden Rationalisierung. Und in dem Maße, wie er mit der antiquierten Unterstellung operiert, in der Großapparatur der modernen Ökonomie hause dennoch irgendein Sinn – sie sei „geronnener Geist", wie Weber sagte –, offenbare sich ihm eine Kette von Verkehrungen, ein zusammenhängender Widersinn:

Anders konstatiert im Reich der industriellen Produktion praktischen Nihilismus; er sieht in der Ökonomie den fatalen Trend, *„den Menschen,* wie absurd das auch immer klingen mag, *überflüssig zu machen:* dessen Arbeit nämlich durch den Automatismus von Geräten zu ersetzen; einen Zustand zu verwirklichen, in dem zwar nicht niemand, aber doch [...] *so wenig Arbeiter wie möglich erforderlich sind.* Sehr bewußt spreche ich von einem ,Trend' und nicht von einer ,Tendenz', weil natürlich niemandem unterstellt werden kann, auch keinem Rationalisierung fanatisch betreibenden Unternehmer, daß er das

Ziel verfolge, Menschen arbeitslos zu machen. Worauf heutige Unternehmer aus sind, [...] ist *nicht Arbeitslosigkeit des Arbeiters, sondern Arbeiterlosigkeit ihrer Betriebe.*"[3]

Anders' Kritik des Industriekosmos attackiert die Trennung von Arbeit und Nichtarbeit, von Beruf und Freizeit, von Freiheit und Notwendigkeit in allen ihren Varianten. Er zeigt die Einheit der Industriegesellschaft in jedem Detail, ihre Tendenz, die Arbeit weltweit zu mobilisieren und gleichzeitig überflüssig zu machen. Ob in den Phänomenen der Arbeit, der Arbeitslosigkeit oder der Freizeit, überall entdeckt er den nämlichen Prozeß der Abstraktion, die „unaufhaltsame Entwicklung in Richtung ‚leeres Leben' " (S. 30): „Es ist ein Wesensmerkmal der ‚Rationalisierung' genannten Phase der industriellen Revolution, daß diese uns als *homines fabros* liquidiert; daß sie einen Zustand herbeiführt, in dem Arbeit von Tag zu Tag rarer und unüblicher wird; in dem diese, weit entfernt davon, als Fluch zu gelten [...], als *Anrecht* beansprucht und als *Privileg* einer von Tag zu Tag schmaler werdenden Elite reserviert werden wird. Was den meisten von uns ins Haus steht, ist also eine *Existenz ohne Arbeit* – womit ich [...] ein höllisches Dasein meine. ‚Höllisch' deshalb, weil wir um eine der stärksten und wichtigsten und beliebtesten Lüste, nämlich um die [...] *‚voluptas laborandi'* betrogen sein werden. [...]

In akademischer Sprache: Die klassische Gleichung, an die meine Generation noch vor fünfzig Jahren geglaubt hatte, die von *Freizeit und Freiheit* [...], wird dann vollends unwahr sein. Umgekehrt wird die *Freizeit,* also das Nicht-arbeiten, als *Fluch* empfunden werden. Und anstelle des berühmten Fluch-Satzes (Gen. 3, Kap. 14) wird es dann heißen müssen: *‚Auf Deinem Hintern sollst Du sitzen und TV anglotzen dein Leben lang!'* " (S. 27 f.)

## III.

Gegen wen schreibt Anders? Er schreibt *erstens* gegen die große Schar postmoderner Arbeits- und Freizeittheoretiker, die besorgt über das Thema Arbeitslosigkeit nachdenkt, doch allzu frohgemut und rasch zu neuen Ufern schreitet, indem sie aus der knapp werdenden Lohnarbeit gegen Geld wie von selbst ein Reich freier Aktivität entstehen sieht – ‚wie von selbst' heißt, ohne Veränderung der gesellschaftlichen Strukturen. Aus „Arbeit" soll „Tätigkeit" werden, heißt es in Übernahme der Begriffe von Hannah Arendt. Beispiel: Dahrendorf eröffnet 1982 den deutschen Soziologentag mit neuen alarmierenden Zahlen aus der Arbeitsmarktstatistik, um dann über „Humanisierung der Arbeit", „Selbsthilfe" und „alternative Lebensformen" nachzudenken und zu folgern: „Hoffnung muß gemäß den hier verwendeten Begriffen darin liegen, daß Arbeit in zunehmendem Maße durch Tätigkeit ersetzt [...] wird."[4] Realität und Wunsch gehen hier bruchlos ineinander über. Und inzwischen erscheint kaum noch ein Buch zur Theorie der Arbeit, in dem nicht schon im Titel vom „Verschwinden der Arbeit" (Hermann Glaser, Düsseldorf 1988) die Rede ist, in dem nicht gefragt wird, was geschieht, „wenn uns die Arbeit ausgeht" (Bernd Guggenberger, München 1988), und als Gegengift nicht „Formen der Eigenarbeit" (Rolf Heinze und Claus Offe, Opladen 1990) untersucht und empfohlen werden.

So wichtig solche experimentellen Gedanken sind, sie lassen befürchten, daß ihr utopischer Gehalt zur nützlichen Ideologie wird. Aus dem Faktum, daß die Industriearbeit wie ein Schatten begleitet wird vom Umsichgreifen der Arbeitslosigkeit, hat die Theorie seit je die Tröstung herausgelesen, daß ein Ende der Arbeit ins Haus stehe und jedermann, wenn arbeitslos, die Möglichkeit haben werde, selbstbestimmten und fröhlichen Tätigkeiten nachzugehen – schon bei Adam Smith findet sich dieser fromme Wunsch.[5] Merke: Ohne ein Antasten der Institution der Lohnarbeit kommt diese Utopie zur Unzeit.

Anders' Argumente richten sich *zweitens* an die Adresse des Marxismus. Diese Argumentation ist indirekter Art, sie findet sozusagen nicht philologisch, nicht ‚Wort für Wort' statt, aber um so mehr in der Sache. Denn wiewohl von Husserl und Heidegger wesentlich inspiriert, findet Anders hier, im Marxismus, die Themen und Begriffe vorbereitet, die er für seine Diagnose des gegenwärtigen Zeitalters braucht. Sichtbar wird das an Begriffen wie „Technik als Subjekt der Geschichte" (S. 9 f.), an der „Liquidierung" als Gegenbegriff zur „Verdinglichung" (S. 55 f.), an der Formulierung aus der Medientheorie, „das Reproduktionszeitalter (ist) das grundsätzlich unrevolutionäre Zeitalter" (S. 90); und deutlich wird das vor allem an dem inzwischen berühmten Motto, das dem 2. Band des Hauptwerks vorangestellt ist: „Es genügt nicht, die Welt zu verändern. Das tun wir ohnehin. Und weitgehend geschieht das sogar ohne unser Zutun. Wir haben diese Veränderung auch zu interpretieren. Und zwar, um diese zu verändern. Damit sich die Welt nicht weiter ohne uns verändere. Und nicht schließlich in eine Welt ohne uns."

Mit ein wenig Übertreibung darf man sagen: die Reibung mit dem Marxismus bestimmt Anders' Theorie ganz und gar, sie benutzt, aktualisiert, variiert und erweitert die Marxschen Gedanken – doch vor allem kritisiert sie die vergeblichen Tröstungen, die in dieser Philosophie angelegt sind.

Welche Tröstungen? Anders, der Phänomenologe, geht von sichtbaren Alltagserscheinungen aus. Jedem Mitglied der industriellen Gesellschaft ist das Phänomen der Arbeitslosigkeit bekannt, jeder Arbeitnehmer kennt und fürchtet den Prozeß der Rationalisierung, die kostengünstige Ersetzung seiner Arbeit durch Apparate. Doch sonderbar: in der Fachliteratur wie auch in der Gewerkschaftsstrategie überwiegt in der Einschätzung des Rationalisierungsprozesses eine merkwürdige Ambivalenz, ja ein gewisser Optimismus. Die Reduktion der Arbeit, die individuell als Arbeitslosigkeit und Katastrophe gefürchtet wird, wird kollektiv als Fortschritt gepriesen, als Schritt zur Befreiung von Arbeit. Theoretischer: Die harte Plackerei der Arbeit, die die materielle Lebensgrundlage der Individuen bildet, ist in der Theorie zugleich jener Bereich bloßer Notwendigkeit, dem das Marxsche Denken das „wahre Reich der Freiheit" gegenüberstellt: „Das Reich der Freiheit beginnt in der Tat erst da, wo das Arbeiten, das durch Not und äußere Zweckmäßigkeit bestimmt ist, aufhört; es liegt also der Natur der Sache nach jenseits der Sphäre der eigentlichen materiellen Produktion.

[. . .] Jenseits desselben beginnt die menschliche Kraftentwicklung, die sich als Selbstzweck gilt, das wahre Reich der Freiheit, das aber nur auf jenem Reich der Notwendigkeit als seiner Basis aufblühn kann. Die Verkürzung des Arbeitstags ist die Grundbedingung."[6]

Bemerkenswerterweise ist diese geschichtsphilosophische 2-Phasen-Perspektive, die bis zu Aristoteles zurückgeht, außerordentlich lebendig geblieben, ja sie ist in vielfältigen Formen und handlichen Portionen zum Bestandteil der täglichen Wirtschaftspolitik geworden. Die gewerkschaftliche Strategie der Arbeitszeitverkürzung zehrt von der theoretischen Entkopplung von Arbeit und Freiheit, indem sie versucht, die Autonomie, die *in* der Arbeit nicht stattfinden will, *nach* der Arbeit zu realisieren. Die Perspektive der Freiheit gewinnt dabei das handliche Format der Freizeit, um den Preis, daß die Arbeit dem Gesetz der Notwendigkeit unterworfen bleibt (und bei Habermas als „instrumentelles Handeln" in ewigen Gegensatz zum „kommunikativen Handeln" tritt). Anders' Begriff der „voluptas laborandi" wird in diesem Kontext zum sperrigen Fremdwort im wortwörtlichen Sinne, das die Monotonie der Lohnarbeit kritisiert und die Trivialität der Freizeit als ihrer Schwester nicht verschont.

Die zweite Tröstung des Marxismus liegt in der Vorstellung, daß technischer Fortschritt sich in sozialen Fortschritt übersetze. Wie aus einer anderen Welt klingt heute die Hymne auf den Industrialisierungsprozeß, die Marx und Engels im „Kommunistischen Manifest", der zentralen Kampfschrift der Arbeiterklasse, anstimmen: „Die Bourgeoisie hat in ihrer kaum hundertjährigen Klassenherrschaft massenhaftere und kolossalere Produktionskräfte geschaffen, als alle vergangenen Generationen zusammen. Unterjochung der Naturkräfte, Maschinerie, Anwendung der Chemie auf Industrie und Ackerbau, Dampfschiffahrt, Eisenbahnen, elektrische Telegraphen, Urbarmachung ganzer Weltteile, Schiffbarmachung der Flüsse, ganze aus dem Boden hervorgestampfte Bevölkerungen – welches frühere Jahrhundert ahnte, daß solche Produktionskräfte im Schoß der gesellschaftlichen Arbeit schlummerten."[7]

Hunger, Unterdrückung und Armut waren das erste Resultat der Industrialisierung für jene, die später Arbeiter oder Proletarier heißen sollten. Der Fortschritt war nicht ihr Fortschritt, der Gewinn an „Produktionskräften" ihr Verlust. Doch die organisierte Arbeiterbewegung hat die vorsichtige kantische Idee eines „Fortschreitens der Menschheit zum Besseren" viel zu rasch ins Technische transformiert. Sie hat die Entfaltung der Produktivkräfte mit der Revolutionshoffnung verknüpft, den frühen Widerstand der verzweifelten Maschinenstürmer als hinterwäldlerisch verdammt und die Vorstellung vom universellen Nutzen der Maschine kultiviert. Spätestens seit der Jahrhundertwende geht die Arbeiterbewegung entgegen dem Augenschein von der geschichtsphilosophischen Überzeugung aus, jeder neue Industrialisierungsschritt, wiewohl er große Opfer koste, sei ein weiterer Schritt zum Sozialismus – die Industrialisierung arbeite heimlich für sie.

Nur wenige Theoretiker im Umkreis des Marxismus haben diesen technischen Quietismus kritisiert, der quasi einen Modernisierungspakt zwischen Management und Arbeitern bedeutet. Walter Benjamin gehört zu ihnen, er schreibt: „Es gibt nichts, was die deutsche Arbeiterschaft in dem Grade korrumpiert hat, wie die Meinung, sie schwimme mit dem Strom. Die technische Entwicklung galt ihr als das Gefälle des Stromes, mit dem sie zu schwimmen meinte."[8]

Die Idee von den segensreichen Wirkungen des technischen Fortschritts ist heute dabei zusammenzubrechen. Die aufwendig formulierten Tröstungen werden leiser, die Sozialwissenschaftler und Philosophen scheinen unter dem Eindruck der globalen ökologischen Katastrophen ins Lager der Fortschrittskritik überzuwechseln. Vielleicht war und ist der Technikoptimismus des Marxismus seine schwächste Stelle: Er verbannte die Maschinenkritik aus der Theorie, er vertraute der Spekulation statt der Erfahrung der Opfer und, vor allem, er synchronisierte im zentralen Punkt der Maschinenarbeit die Rationalisierungsstrategie der Unternehmer mit der Befreiungshoffnung der Arbeiter.

Gewiß, praktisch ist die Strategie der fortlaufenden technischen Erneuerung unterm Diktat der Konkurrenz ungebrochen, und auch in den großen Gewerkschaften der Schlüsselindustrien hat der Gedanke einer kritischen Maschinentheorie noch kaum Fuß fassen können. In einer Untersuchung über „Die Zukunft der Arbeit in der Automobilindustrie", die jüngst veröffentlicht wurde, schreiben die Autoren: „Wir sind auf keine Gewerkschaftsopposition gegen die Einführung neuer Technologien gestoßen, egal in welchem Land und in welchem Konzern, und selbst in jenen Betrieben nicht, in denen der Zusammenhang von Beschäftigungsverlust und Technikeinführung offensichtlich war."[9]

Doch die Abkehr vom Dampfmaschinenmarxismus, die im Reich der Theorie begonnen hat,[10] wird auch die Gewerkschaftsbewegung erreichen, die ihren Mitgliedern die krasse Ambivalenz von Produktivität und Destruktivität erklären muß. Günther Anders' Satz, „von der Technik gehen die moralischen Imperative von heute aus" (S. 17), hat seit Tschernobyl an bitterer Plausibilität gewonnen. Nicht allein die Arbeitslosigkeit, auch die sinnlose Herstellung von sinnlosen Dingen innerhalb der Arbeit kann morgen in jedem zweiten Industriebetrieb zum politischen Thema werden, oder ist es schon geworden. Das Mißverhältnis von entfesselter industrieller Arbeit und allgemeiner Zerstörung ist geschichtsphilosophisch kaum mehr zu überbrücken, die Zeit der aufschiebenden theoretischen Tröstungen ist abgelaufen.

Mit anderen Worten, die Industriearbeit ist dabei, ihre utopische Seite zu verlieren – gegenwärtig gibt es in der ökonomischen Wissenschaft keinen Theoretiker mehr, der das Faktum der Arbeitslosigkeit, den sichtbarsten Ausdruck des industrialisierten Elends, längerfristig hinwegdeutet und international für überwindbar erklärt. Anders resümiert diese Entwicklung: „Vor 150 Jahren waren unsere Vorväter, die durch die aufkeimende Industrie konkurrenzunfähig und arbeitslos gemachten Land- und Heimarbeiter, die ersten Maschinenstürmer gewesen. Wir hatten uns eingeredet, daß sie und ihre Nachkommen nach entsetzlichen Übergangsmiseren und Umstellungsverlusten doch irgendwie in die Industrie würden ausweichen und integriert werden können, daß die Zeit der maschinenstürmerischen Affekte endgültig hinter uns liege. Das war eine Illusion gewesen. Die Krise ist mit den Generationen mitgewandert." (S. 28 f.)

Die dritte große Tröstung des Marxismus betrifft die subjektive Seite der Industrialisierung: die Herstellung des Proletariats, die Entwicklung seines manuellen Geschicks, seiner Bildung, seiner geistigen, moralischen und politischen Fähigkeiten. Marx und Engels argumentieren hier voller utopischer Hoffnung. Sie sehen Helden entstehen, emsige Wissenschaftler, solidarische Freiheitskämpfer, mutige und selbstbewußte Arbeiter, die den Prozeß der industriellen Arbeit beherrschen und hinter sich lassen. In der harten Schule der Fabrikarbeit würden die revolutionären Qualifikationen für den Umsturz und die zivilen nachrevolutionären Tugenden für den Sozialismus heranreifen. Die Idiotie der Arbeitsteilung werde verschwinden, die lebenslange Anbindung der Individuen an Detailoperationen aufgehoben, die allseits gebildete und wissenschaftlich qualifizierte Persönlichkeit entstehen – d. h. auch hier vertreten Marx und Engels trotz der Monotonie der Fabrikarbeit, die den Arbeiter intellektuell verkrüppeln läßt, apathisch macht und zum lebendigen Zubehör der Maschine degradiert, die dialektische Argumentationsfigur, daß das Elend seinen Gegensatz hervortreiben und in einem höheren Stadium verschwinden werde.

Im „Kapital" heißt es: „Aus dem Fabriksystem [...] entsproß der Keim der Erziehung der Zukunft, welche für alle Kinder über einem gewissen Alter produktive Arbeit mit Unterricht und Gymnastik verbinden wird, nicht nur als eine Methode zur Steigerung der gesellschaftlichen Produktion, sondern als die einzige Methode zur Produktion vollseitig entwickelter Menschen".[11] Und schon der junge Marx formulierte diesen Gedanken mit Blick auf die damals noch völlig utopische automatische Fabrik: „Was die Teilung der Arbeit in der mechanischen Fabrik kennzeichnet, ist, daß sie jeden Spezialcharakter verloren hat. Aber von dem Augenblick an, wo jede besondere Entwicklung aufhört, macht sich das Bedürfnis nach Universalität, das Bestreben nach einer allseitigen Entwicklung des Individuums fühlbar. Die automatische Fabrik beseitigt die Spezialisten und den Fachidiotismus."[12]

Welch ein Irrtum! Marx sah im Prozeß der Rationalisierung einschließlich der Automatisierung der Produktion den heimlichen Bundesgenossen des Proletariats. Günther Anders, der Anthropologe der industrialisierten Gegenwart, betrachtet 130 Jahre später die faktische Entwicklung, die sich empirisch nun verfolgen läßt, und konstatiert als subjektives Resultat auf seiten der Arbeiter: Passivität, Entwertung vorhandener Fertigkeiten, systematisch erzeugte Verantwortungslosigkeit für Inhalt und Ablauf der Produktion und Angst, Angst vor der allgegenwärtig möglichen Arbeitslosigkeit innerhalb und außerhalb der Betriebe. Nachdem die Arbeit als Reich der Notwendigkeit mit Maschinen, Robotern und Automaten bestückt ist, nachdem die zielgerichtete körperliche Aktivität sich den Sport als Surrogat geschaffen hat, nachdem das Bedürfnis nach gemeinsamem sozialen Leben und Erleben die Form des millionenfachen passiven Fernsehens im abgedunkelten einsamen Wohnraum angenommen hat, ist die Kompensationshypothese allemal klüger und dialektischer als die unverwüstliche Transformationsvermutung. Anders: „[...] morgen wird die Freizeit nicht mehr als das eigentliche Leben gelten, sondern als leere Zeit, als nicht zu bewältigender Zeitbrei [...] Und diesem Schicksal werden sogar auch die wenigen Begünstigten, die noch werden arbeiten dürfen, nicht entrinnen, selbst während des Arbeitens nicht. Denn auch sie werden der Chance, ihre ‚cupiditatem atque voluptatem laborandi' zu befriedigen, beraubt sein, da sie sich mit der Rolle von ‚Automationshirten' werden begnügen müssen: mit Tätigkeiten, die sich vom Nichtstun eigentlich nur noch dadurch, daß sie bezahlt werden, unterscheiden [...]" (S. 30)

Eine Übertreibung? Ein theoretischer Ausläufer der Marxschen Bildungsutopie hat sich bis heute erhalten: in der Zunft der deutschen Industriesoziologie. Man diskutiert erneut darüber, ob der Umschlag vom Primitivismus der Fabrikarbeit in höhere Bildung und Autonomie, der bislang ausgeblieben ist, sich mit dem Einzug der Mikroelektronik in die Produktion einstellen werde. In dieser Diskussion präsentierten die Autoren Horst Kern und Michael Schumann ein Buch mit dem bemerkenswerten Titel „Ende der Arbeitsteilung?". Sie entdeckten, daß der Taylorismus, der im Arbeiter nur die Schranke der Produktion und den potentiellen Störfaktor sieht, gegenwärtig in den Branchen der chemischen Industrie, des Maschinenbaus und der Automobilindustrie durch neue Rationalisierungsformen ersetzt wird. Dank sogenannter „neuer Produktionskonzepte" entstehe der neue Arbeitertyp des „Systembetreuers" und „Straßenführers", ausgestattet mit hohen technischen Fertigkeiten und weitreichenden Kompetenzen.[13]

Doch die hohe Spezialqualifikation des neuen Arbeiters im weitgehend automatisierten Betrieb bedeutet zugleich die Unterqualifikation oder Arbeitslosigkeit jener Arbeiter, die dank der neuen Produktionskonzepte reduziert oder entlassen werden, eine Konsequenz, die auch Kern und Schumann sehen. Und so führte die industriesoziologische Debatte alsbald zu dem vertrauten Resultat, daß die fortschreitende Verwissenschaftlichung der Produktion ‚Rationalisierungsgewinner' einerseits und viele ‚Rationalisierungsverlierer' andererseits hervorbringt. Ein Ende der Arbeitslosigkeit zeichnet sich ebensowenig ab, wie das, was man den ‚tendenziellen Fall der Arbeitsteilung' nennen könnte.[14] Das entscheidende Merkmal der automatisierten Produktion ist für Anders, daß die Grenze zwischen Tätigkeit und Nicht-Tätigkeit verschwimmt und Momente der Arbeitslosigkeit in die Betriebe selbst hineinwandern, d. h., daß die Automatisierung, von der sich Marx den „vollseitig entwickelten Menschen" versprach, ein Heer von Wärtern erzeugt. Sie üben die neuartige Tätigkeit des Wartens aus, ‚Warten' im aktiven und passiven Sinne.

Diese industrielle Arbeitslosigkeit quasi zweiten Grades, die innerbetrieblich nur mühsam durch neue Integrationskonzepte überspielt werden kann, umschrieb Adorno mit den lapidaren Worten: „Weil jeder weiß, daß er nach dem Stand der Technik überflüssig wäre, solange um der Produktion willen produziert wird, empfindet jeder seinen Erwerb als verkappte Arbeitslosenunterstützung [...]".[15] Und Anders radikalisiert erneut: „[...]

wenn wir uns auf jene wenigen Begünstigten beschränken, die [...] einen Automationsplatz effektiv einnehmen werden [...(:)] *Auch diese ‚Glücklichen' werden zur Arbeitslosigkeit verurteilt sein,* bzw. sind das schon. Das klingt absurd, ist es aber deshalb nicht, weil die *Arbeitslosigkeit,* von der hier die Rede ist, eine ganz neuartige ist: sie ist nämlich eine, deren *Dauer sich mit der Dauer des Arbeitens deckt;* oder sagen wir ruhig, *die sich mit der Arbeit deckt.* [...] In der Tat hat es in der Geschichte der menschlichen Aktivitäten seit dem uralten Hirtenberuf keine gegeben, die sich [...] von der ‚verfluchten Arbeit' (I Mose 4) so fundamental unterschieden hätte wie die Situation des Automationsarbeiters." (S. 94 f.)

Der „Automationshirte" in der Arbeit, das elektronische Sehen nach der Arbeit, dieses Doppelphänomen läßt Anders vermuten, daß das Wort „Arbeit" morgen vielleicht schon ebenso altertümlich klingen wird wie die Vokabeln „Klassenbewußtsein" und „Genosse", ja selbst der Begriff des „Arbeiters" bereits heute.

## IV.

Marx hat einmal bemerkt, daß Generale ihre Kriege gewinnen, indem sie Armeen rekrutieren, während Industriekapitäne im Konkurrenzkampf siegen, indem sie Armeen entlassen. In der Tat ist die notwendige und gewünschte Folge der betrieblichen Rationalisierung eine Verringerung der Nachfrage nach Arbeit. Die Steigerung der Arbeitsproduktivität durch die ständige technische Vervollkommnung der Produktion muß zwangsläufig die Tendenz zur Arbeitslosigkeit erzeugen.

Anders' Arbeitstheorie ist ganz auf diesen einen Punkt der „Freisetzung" von Arbeit, der Arbeitslosigkeit, der Nichtarbeit konzentriert, auf den tendenziellen Rückgang der Arbeit gegen Zero: „[...] durch den unaufhaltsamen Aufstieg der Technik: durch die unaufhaltsame Vervollkommnung der Rationalisierung und der Automatisierung [geht] die Zahl der jeweils für eine Leistung L benötigten Arbeiter kontinuierlich zurück [...]

*Das Postulat der Vollbeschäftigung wird also um so weniger erfüllbar sein, je höher der technologische Status einer Gesellschaft ist.*" (S. 99)

Aber Anders' Theorie hat eine blinde Stelle: Sie stimmt mit der historischen Wirklichkeit nicht überein. Die Daten der Sozialstatistik zeigen keine Schrumpfung, sondern eine kontinuierliche Zunahme der „Erwerbspersonen", und dieser Trend trifft selbst auf die technologisch avanciertesten Länder zu.

Beispiel – die Bundesrepublik Deutschland: Die Zahl der Personen in Arbeit und Brot lag im Jahr 1950 bei 22 Mio., 1960 bei 26,6 Mio., 1970 bei 26,8 Mio. und im Jahr 1980 bei mehr als 27 Mio.; im vergangenen Sommer 1990 schrieb die Süddeutsche Zeitung über die neueste Entwicklung: „Die Zahl der Erwerbstätigen in der Bundesrepublik hat im Juni mit 28,4 Millionen einen Rekord erreicht. Wie das Bundeswirtschaftsministerium in Bonn mitteilte, haben niemals zuvor in der Geschichte der Bundesrepublik so viele Männer und Frauen einen Arbeitsplatz gehabt." (SZ, 8. Aug. 1990).

Ähnlich in den USA: Die sozialstatistischen Angaben reichen hier bis zur ersten Berufszählung im Jahr 1820 zurück. Grob gesprochen zeigt die Entwicklung, daß die Anzahl der nicht in der Landwirtschaft beschäftigten Arbeitnehmer sich mehrfach vervielfältigte. Sie stieg von 1 Mio. im Jahr 1830 auf 18 Mio. im Jahr 1900, betrug ca. 30 Mio. im Jahr 1930, 45 Mio. im Jahr 1945 und liegt im Jahr 1970 bei 70,6 Mio.

Wie erklärt sich diese Diskrepanz von Theorie und Realität? Neben der Tendenz zur Arbeitslosigkeit existiert eine mächtige sozialökonomische Gegenbewegung, die Anders nicht sieht: die konstante Zunahme der bezahlten Arbeit, das Eindringen der Erwerbstätigkeit in immer neue Aktivitätsbereiche. Im Rahmen der allgemeinen industriellen Mobilmachung wird nicht nur Arbeit *reduziert* (im Sinne von mechanisiert und rationalisiert), sondern zu allererst *produziert*. Noch nie wurde auf Erden so viel gearbeitet wie im zwanzigsten Jahrhundert. Die Produktion von Arbeit nicht trotz der, sondern durch die Kapitalisierung und Mechanisierung läßt sich am Beispiel des Transportwesens leicht studieren: Hier ist die Erleichterung,

Rationalisierung und Reduktion der ‚Bewegungsarbeit' – der Übergang vom Fußgänger und vom Pferd zum mechanisierten Fahrzeug – an sich offensichtlich. Aber was heißt ‚an sich'? In solchen abstrakten Aussagen fehlt der Bezug zur Realität, sie sind ‚Grundsatzphilosophie' im schlechten Sinne. Der Bau von Schienensträngen, Bahnhöfen, Flughäfen, Straßen aller Art, Oberleitungen und Unterführungen, die Herstellung von Kraftfahrzeugen, Fluggeräten, Zügen, deren Verwaltung, Bedienung und technische Wartung, dazu soziale Errungenschaften wie Verkehrsrecht, Reisebüros, Katastrophenschutz, Verkehrspolizei – all das darf in einer Kalkulation der mechanisierten ‚Bewegungsarbeit' nicht fehlen. Eine überschlägige Berechnung der geleisteten Arbeitsstunden pro Kilometer ließ den phantasievollen Ivan Illich zu der Erkenntnis kommen, daß die gegenwärtige Durchschnittsgeschwindigkeit eines Kraftfahrzeuges in den USA einem vortechnischen Schneckentempo entspreche: „Der typische amerikanische arbeitende Mann wendet 1600 Stunden (im Jahr) auf, um sich 7500 Meilen fortzubewegen: das sind weniger als fünf Meilen pro Stunde."[16]

Aber das ist nicht alles. Denn erst die mechanische Bewegung hat das Transportwesen zu einem riesigen Industriezweig gemacht, in dem ein großer Anteil der sogenannten „Erwerbsbevölkerung" arbeitet. Allein von der Automobilindustrie, so heißt es, sei heute jeder siebte Arbeitsplatz abhängig.

Allgemeiner formuliert: Arbeit wurde zum Menschenschicksal erst im Zuge ihrer Kapitalisierung und Mechanisierung, Menschen wurden „Berufsmenschen", wie Max Weber sagte. Jede bildliche Darstellung aus vorindustriellen Verhältnissen zeigt, daß „die Arbeit" mit der Industrialisierung erst richtig anfing – und daß es falsch ist, von einem konstanten Grundquantum an Arbeit auszugehen, das durch zunehmende Rationalisierung kontinuierlich abnehmen werde, bis es endlich gegen Zero geht. Anders' Vorstellung von einer kontinuierlichen Reduktion „der" Arbeit durch technisches Virtuosentum und Ingenieurkunst lebt ihrerseits vom Mythos der Maschine. Die Sozialgeschichte der Neuzeit ist ein empirischer Beleg gegen diesen umgekehrten Technikglauben.

Dies bildet auch den Hintergrund für das scheinbar erstaunliche Faktum, daß kein ernsthafter Ökonom Günther Anders' Arbeitsperspektive teilt. Auf die Frage „warum gibt es Massenarbeitslosigkeit?" (der in der Zeitschrift *Leviathan* eine lange Debatte gewidmet war)[17] antwortet kein Ökonom unmittelbar mit dem Faktum der Rationalisierung, obwohl deren sogenannte ‚Freisetzungseffekte' natürlich bekannt und seit Adam Smith auch erwünscht sind und gegenwärtig laufend in der Bundesanstalt für Arbeit erforscht werden. Vielmehr sprechen die Ökonomen von „Basisinnovationen" oder „Basistechnologien", deren Effekte sowohl die Rationalisierung als auch die Erschließung neuer Tätigkeitsfelder betreffen (Beispiel wiederum die Eisenbahn), und machen damit zumindest indirekt deutlich, daß das Versprechen wie auch die Drohung vom Ende der Arbeit gar nicht unmittelbar an die Maschine gekoppelt sind. Vielmehr geht es um den sozialhistorischen Prozeß der kapitalistischen Mobilmachung der Arbeit in den beiden Varianten der Lohnarbeit *und* der Arbeitslosigkeit – um den „säkularen Anstieg des ausbeutbaren Arbeitsvolumens",[18] indem immer neue traditonell selbständige oder halbselbständige Tätigkeiten in sogenannte ‚Erwerbsarbeit' übersetzt werden, wie es gegenwärtig in Europa noch bei der Frauenarbeit zu beobachten ist.

Polanyi hat in diesem Kontext von der „großen Transformation" gesprochen, von der flächendeckenden Umwandlung des gesamten gesellschaftlichen Lebens in eine marktförmige Organisation, die sich in den letzten Jahrhunderten von Europa aus weltweit ausgebreitet hat. Sie beraubte die Menschen nicht nur formell, sondern faktisch ihrer Subsistenzmittel, hob ihre partielle ökonomische Selbständigkeit auf und machte sie als Arbeiter und Konsumenten vom Markt für Waren und Menschen abhängig. Diese Transformation dauert bis heute an; aber die Begriffe zu ihrer Beschreibung sind mehr und mehr abhanden gekommen, seit die Lohnarbeit als Selbstverständlichkeit akzeptiert ist (wissenschaftlich als Basiskategorie, politisch als Wunsch).

Um das Ausmaß und die Geschwindigkeit dieses Prozesses deutlich zu machen, zitiere ich ausführlich aus einer Studie mit dem Titel „Women and Work in America“ von Robert W. Smuts, die die Verhältnisse in den USA beschreibt, wie sie noch um die Jahrhundertwende üblich waren. Smuts schreibt über die Industrieregion um Pitsburg:

„Mit Ausnahme der dichtgedrängten Wohndistrikte der großen Städte – die einen kleinen Bruchteil der gesamten Stadtbevölkerung beherbergten – produzierten die Bewohner der kleinen und größeren Städte häufig einen Teil ihrer Nahrungsmittel selbst. Besonders in den Kohle- und Stahlgebieten sah das Gelände um die Stadt- und Vorstadthäuser herum manchmal ungefähr so aus wie der Platz vor einer Farm auf dem Lande. Viele Familien hielten Hühner oder Kaninchen, gelegentlich Schweine oder Ziegen und sogar eine Kuh oder zwei, und bauten Gemüse und Obst in ihren eigenen Gärten an. Eine 1890 durchgeführte Untersuchung von 2500 Familien, die in den wichtigsten Kohle-, Eisen- und Stahlgebieten lebten, läßt darauf schließen, daß ungefähr die Hälfte von ihnen entweder Vieh, Geflügel oder Gemüsegärten oder alles zusammen besaß. Fast 30 Prozent kauften während des Jahres kein Gemüse außer Kartoffeln [...] Während des Streiks des Jahres 1902 hätten Hunderte von Bergarbeiterfamilien den Kampf nicht durchhalten können, hätten sie nicht die kleinen Farmen oder großen Gärten gehabt [...]“

Die anschließende Schilderung gilt der Region des Weltzentrums New York:

„Obwohl nur wenige Meilen vom Zentrum der größten Metropole im Land entfernt, waren Queens County und ein Großteil von Brooklyn im Jahre 1890 immer noch halb ländlich, und viele Familien waren ebenso von der Kleinlandwirtschaft wie von den Beschäftigungen der männlichen Familienangehörigen in Industrie oder Handel abhängig. Nördlich von dem, was heute Innenstadt ist, war Manhattan selbst eher eine ländliche Idylle als eine Stadtsiedlung, und selbst bis hinunter zu dem, was heute die Zweiundvierzigste Straße ist, sah man häufig Schweine und Ziegen entlang des East River. [...] Von 7000 Arbeiterfamilien, die zwischen 1889 und 1892 vom US-Arbeitsministerium untersucht wurden, kaufte weniger als die Hälfte Brot, fast alle kauften riesige Mengen Mehl. Kein achtbares Haus im Jahr 1890 war ohne eine vielgebrauchte Nähmaschine – einen der ersten Artikel, der weit und breit auf Teilzahlung verkauft wurde.“[19]

Erst hundert Jahre sind seither vergangen. Robert Smuts schildert ein kapitalistisches Stadium, in dem die Erzeugung der Nahrungsmittel noch weitgehend in die Zuständigkeit der

Farmerfamilien und Haushalte fällt. Die Warenform hat sich der Ernährung noch nicht bemächtigt, die Rolle des Industriekapitals in diesem Sektor ist minimal. Und wie mit der Nahrung, so mit der Kleidung, mit Haushaltsartikeln, Unterkunft und sonstigen Gebrauchsgegenständen. Doch der Bereich der Warenproduktion hat sich bekanntlich rasch und gründlich ausgeweitet, und das bedeutet in unserem Kontext: Der Umfang der dem Kapital unterworfenen Tätigkeiten, das Quantum an lohnabhängiger, ausbeutbarer Arbeitskraft, ist nicht geringer geworden, sondern stieg laufend an – trotz der technisch induzierten Arbeitslosigkeit, die Anders zutreffend beschreibt.[20]

Wie sieht Anders die beschriebene Entwicklung? Er sieht sie sozusagen gar nicht. Begriffe wie Kapital, Lohnarbeit oder Zirkulation kommen bei ihm nur am Rande vor. Vermutlich ist es die Konzentration seiner Aufmerksamkeit auf den praktischen Nihilismus im zivilen Alltag und im Krieg, die seine Theorie der Arbeit zu einer Theorie einer Welt *ohne* Arbeit macht. Denn viel schärfer als andere sieht er die Nähe von industrieller Produktion und Destruktion. Der erste Band des Hauptwerkes der „Antiquiertheit des Menschen" erschien 1956, als es noch keinerlei ökologische Bewegung gab;[21] er trug den Untertitel „Über die Seele im Zeitalter der zweiten industriellen Revolution", als die kritische Intelligenz noch der Meinung war, die Technik könne der „Seele" nur guttun bzw. es gebe überhaupt kein solches Organ. Anders verfolgte den Nihilismus ebenso in der Arbeit selbst, ihre intellektuelle und körperliche Entwertung bis hin zur Knopfdrucktätigkeit im automatisierten Betrieb. Er folgte dem Arbeiter nach Haus und analysierte die fast exotische Passivität der Tätigkeit des Fernsehens. Sein Aufsatz über „Die Welt als Phantom und Matrize" präsentiert nicht nur die erste, sondern immer noch die beste Medienkritik, die je dem „Eremiten im Wohnzimmer" gewidmet wurde (bemerkenswerterweise noch ganz am Anfang des Fernsehzeitalters geschrieben).[22] Aber seine größte Leistung ist es, daß er in der Welt der Apparate und Maschinen eine Logik sichtbar macht, die ohne Subjekt ist und nur auf Abbruch existiert, da sie beim Stand des zivilen und militärischen Destruktionspotentials schon morgen ihr Ende finden kann. Es ist zu vermuten, daß es die einseitige Konzentration auf die Technik und ihre Vernichtungskraft ist, der wir diese bitteren und partiell tabuisierten Erkenntnisse verdanken.

Aber die Tatsache bleibt zu konstatieren: Günther Anders' Blick ist überdeterminiert auf ‚die' Technik konzentriert, wie der Blick des Ingenieurs. Wie der Ingenieur nach den mechanischen Effekten der Maschine fragt, so Anders nach ihren sozialen Effekten, ohne zu bedenken, daß das maschinelle Arrangement selbst ein soziales Produkt ist. Er übersieht, daß die Technifizierung der Gesellschaft und der sozialökonomische Vorgang ihrer Umformung in einen Markt für Arbeit und Waren ein und derselbe Vorgang sind.

*Ich fasse zusammen:* Die kapitalistische Entwicklung produziert nicht ein Paradies ohne Arbeit, das gleichsam nur falsch organisiert ist (Arbeitslosigkeit), vielmehr stellt sie wie nie zuvor in der Menschheitsgeschichte die Arbeit ins Zentrum des gesellschaftlichen Lebens und produziert beides, Erwerbsarbeit *und* Arbeitslosigkeit. Dieser Prozeß, der immer neue Arbeitermassen hervorbringt, ist vorläufig ohne Ende. Heute vollzieht er sich, wie angedeutet, vor unseren Augen besonders sichtbar in der Frauenarbeit – in der Umwandlung von sogenannten „sozialen Tätigkeiten", die bislang noch nicht als zweckrationale Arbeit organisiert waren, in bezahl- und berechenbare Lohnarbeit. Die Warenform universalisiert sich erneut, im Prinzip macht die Auflösung der „moralischen Ökonomie" jede Tätigkeit zur berufsfähigen Leistung, bis hin zur Leihmutter und ihrer harmlosen Vorform, dem Babysitter. Wenn es in John Lockes berühmter Definition der Lohnarbeit heißt: „Ein freier Mensch macht sich dadurch zum Knecht eines anderen, wenn er ihm gegen Lohn [...] seine Dienste verkauft",[23] dann ist es das Charakteristikum dieser Entwicklung, immer mehr Knechte zu produzieren.

*Nachtrag:* Ein Nebeneinwand gilt nicht Anders' Theorie der Arbeit, sondern einer zweiten ‚produktiven Einseitigkeit' in seiner Argumentation: er gilt seiner negativen Anthropologie.

Vermutlich ist es das Ausgehen von einem alteuropäischen faustischen Menschheitsideal, das Anders die industrielle „Zerstörung der Humanität und die mögliche physische Selbstauslöschung der Menschheit" (S. 11) so bitter und klar wahrnehmen läßt, wie sie es wahrlich verdient. Er blickt auf die neue technische Welt ähnlich skeptisch und scharfsinnig wie einst Tocqueville auf Amerika, und dieser quasi geistesaristokratische Ausgangspunkt ist so schlecht nicht. Er läßt Verluste erkennen, wo andere schieren Fortschritt sehen, er macht sensibel für die Dialektik in der Aufklärung, die den Arbeitern, zur Hoffnung verdammt, viel zu lange verborgen geblieben ist. Wer nichts hat, hat nichts zu verlieren, und noch heute erleben wir in der Sozialdemokratie, wie fast jede technische Neuerung als „Errungenschaft" verbucht wird. Es ist gewiß kein Zufall, daß die wichtigsten Technikforscher der Linken, Marcuse und Anders, von Heidegger – und sei's kritisch – beeinflußt sind.

Aber Anders' Perspektive hat einen Preis: In seiner Theorie ist kaum Platz für das, was man die natürliche Schlauheit des Menschengeschlechts nennen könnte, die Fähigkeit sich durchzuwursteln, die italienische Begabung, noch neben dem E-Werk eine romantische Pizzeria zu betreiben, und vor allem die Fähigkeit und erwiesene Möglichkeit, dem technischen Arrangement ein hohes Maß an Lust abzugewinnen. Vieles spricht dafür, daß Anders' negative Beobachtungen zutreffen, daß die Befriedigungen an Apparaten und Automaten Ersatzbefriedigungen sind, daß das passive Erleben elektronischer Abenteuer am Bildschirm in dem Maße zur Freude wird, wie das Abenteuer aus dem realen Leben verschwindet.

Aber wo hört die Lust auf, wo fängt die Ersatzlust an? Hier tut sich ein reiches Forschungsfeld auf, das die Freude an der mechanisierten Bewegung (Automobil) ebenso erklären müßte wie die abgründigen Abenteuer im Umgang mit dem PC, die die junge Generation erlebt, wie sie glaubwürdig versichert. Und das bedeutet, daß eine negative Anthropologie, eine Dekadenztheorie der menschlichen Anlagen, ganz unergiebig wird, wenn sie sich nicht auf die Phänomene einläßt und nur strenge

Urteile aus dem Dornbusch hervorschleudert. Anders über die moderne Freizeitfaszination: „Wenn wir unsere Ferien mit [...] Windsurfing verbringen, so tun wir das allein deshalb, weil wir unter dem Zwang der auf den Markt geworfenen Objekte stehen [...] Als [...] Windsurfing-Feriengäste sind wir Angestellte der Fabrikanten." (S. 104)

Man darf zuversichtlich sein: Die Lust an der uralten Fortbewegung auf dem Wasser mittels Wind und Tuch ist viel zu groß, als daß die Drohung mit ewiger philosophischer Verdammnis den Segler aus der Fassung bringen könnte. Und er hat gute Gründe für seine Neigung, erlauben ihm doch Körpergeschick und eine subtile Technik, pfeilschnell, geräuschlos und ohne Abgase über das Wasser zu schreiten wie weiland ein großes biblisches Vorbild vor zweitausend Jahren. Ich weiß das.

Doch abgesehen von der Verdammnis: Man muß die Leidenschaft des Freizeitkünstlers ernst nehmen und empirisch zu erklären versuchen, statt mit einer zeitlosen Dekadenztheorie gegen sie aufzuwarten. Wenn nach Marx' Einsicht das menschliche Wesen „das Ensemble der gesellschaftlichen Verhältnisse ist",[24] dann gilt es, dieses Wesen immer neu zu betrachten und die Anthropologie – auch die negative – selbst zu einer historischen Disziplin zu machen. Ebenso notwendig ist es, die einzelnen Phänomene der Technik detailliert zu studieren und dafür zu sorgen, daß nicht das Kraftwerk und das Surfbrett unter die gleiche Kategorie fallen. Sonst rücken bittere Einsicht und saure Askese viel zu eng aneinander, eine Verwandtschaft, die die kritische Philosophie unbedingt vermeiden muß.

*Hans-Martin Lohmann*

# „Glückliche Zeiten, da es noch Kriege gab." Variationen zu einem Satz von Günther Anders

Im fünften Buch seiner „Geschichte der Französischen Revolution" berichtet Jules Michelet von der allgemeinen Kriegsbegeisterung, welche die Franzosen angesichts der Bedrohung durch die antifranzösische Koalition erfaßt habe. Den für Frankreich glücklichen Ausgang der Schlacht von Valmy führt Michelet in erster Linie nicht auf militärisch-kriegstechnische Vorteile zurück, sondern auf die „wahrhaft religiöse Empfindung" des Volkes: „Da liegt das Geheimnis des ganzen Feldzuges [...] Hier herrschte bei einer gewaltigen, aber durchaus äußeren Ordnungslosigkeit eine völlige Einheit der Leidenschaft und des Willens."

Am Ausgang des 20. Jahrhunderts, das so viele kriegerische Massaker gesehen hat, ist uns eine solche Leidenschaft reichlich fremd, ja gänzlich suspekt geworden. Wer könnte sich, in der gemäßigten Zone der wissenschaftlich-technischen Hochkultur des Westens, noch gefühlsmäßig für den Krieg erwärmen? Rund zehn Jahre vor dem Beginn des nuklearen Zeitalters, 1932, schrieb Sigmund Freud an Albert Einstein, man könne gar nicht anders, als den Krieg abzulehnen. „Wir sind Pazifisten, weil wir es aus organischen Gründen sein müssen." Der Kulturprozeß, so Freuds Argument, der zu einer stetigen Zunahme der intellektuellen Kräfte des Menschen und zur Verinnerlichung der Aggressionsneigung führe, fördere gewissermaßen naturwüchsig die friedensfähigen Seiten der menschlichen Seele: „Den psychischen Einstellungen, die uns der Kulturprozeß aufnötigt, widerspricht [...] der Krieg in der grellsten Weise, darum müssen wir uns gegen ihn empören, wir vertragen ihn einfach nicht mehr, es ist nicht bloß eine intellektuelle und affektive Ablehnung, es ist bei uns Pazifisten eine konstitutionelle Intoleranz, eine Idiosynkrasie gleichsam in äußerster Vergrößerung."

Freuds Diagnose – immerhin ehrlich genug, auch auf die negativen Folgen der Aggressionsverinnerlichung hinzuweisen – scheint sich im großen und ganzen bewährt zu haben. Zumindest in den demokratischen Gesellschaften des wohlhabenden Westens, mit den Erfahrungen zweier verheerender Weltkriege im Rücken, kann die Aussicht auf Krieg keine Massenfaszination mehr entfalten. Der Krieg der Anti-Saddam-Koalition wird von der Mehrheit der Bevölkerung eher als ein notwendiges Übel zwecks Verhinderung eines größeren Übels, allenfalls als leider nicht zu umgehende Strafaktion gegen einen Rechtsbrecher empfunden, nicht aber als Kreuzzug für die Sache des Guten (obwohl es die missionarischen Töne natürlich auch gibt: Die Gleichsetzung Saddam Husseins mit Hitler, nicht nur von George Bush, sondern auch von einflußreichen Intellektuellen wie Wolf Biermann und Hans Magnus Enzensberger betrieben, möchte dem Geschäft des Krieges eine moralische Dimension verschaffen, die ihn in die altehrwürdige Tradition des *bellum iustum* stellt). Diese gewachsene „konstitutionelle Intoleranz" des Westens gegen den Krieg, die, wie die Erfahrung des Vietnamkrieges lehrt, so weit geht, daß ein paar tausend Kriegstote und die Bilder von einer drangsalierten und terrorisierten Zivilbevölkerung zum innenpolitischen Druckmittel werden, hat sich um Äonen von jener frühbürgerlichen Vorstellungswelt entfernt, welche in einem ausgedehnten Friedenszustand die Gefahr des „Versumpfens der Menschen" und des Verknöcherns ihrer Partikularität witterte und dagegen „das sittliche Moment des Krieges" (Hegel) hervorhob. Das bürgerliche Individuum hat sich cum grano salis zum Pazifismus bekehrt und hängt zum Zeichen seiner Unschuld weiße Bettlaken aus dem Fenster. Das ist ein Fortschritt. Ist es ein Fortschritt?

„Glückliche Zeiten, da es noch Kriege gab." Der Satz klingt zynisch angesichts einer Welt, in der permanent virtuell und aktuell Krieg geführt wird, wenn auch nicht in unseren geschützten Breiten. Wie kommt jemand wie Günther Anders auf die Idee zu sagen, jene Zeiten seien glücklich zu nennen, „da es noch Kriege gab"? Plausibilität gewinnt der Satz dann, wenn man sich vor Augen führt, daß noch im 19. Jahrhundert der Krieg als die Ausnahme von der (Friedens-)Regel galt. Der Friede, den zu wahren zu den vornehmsten Aufgaben der Politik gehörte, war das Kontinuum, das gelegentlich durch das Intermezzo eines Krieges unterbrochen wurde. Hegel konnte im Jahre 1820, nach der Erfahrung der napoleonischen Kriege, mit einiger Überzeugungskraft behaupten, daß sogar „im Kriege selbst der Krieg als ein Vorübergehensollendes bestimmt ist", mithin als etwas, das dem Friedenskontinuum äußerlich bleibt. Der Krieg, schrieb der Philosoph, enthält „die völkerrechtliche Bestimmung, daß in ihm die Möglichkeit des Friedens erhalten, somit z. B. die Gesandten respektiert, und überhaupt, daß er nicht gegen die inneren Institutionen und das friedliche Familien- und Privatleben, nicht gegen die Privatpersonen geführt werde". Dieser Bestimmung des Krieges als eines letztlich Kontingenten fügte Hegel die Bemerkung hinzu, der moderne Krieg werde „menschlich geführt", weil in ihm Affekte wie persönlicher Haß keine Rolle mehr spielten.

Das waren glückliche Zeiten, als der Krieg noch zeitlich und räumlich begrenzt, gewissermaßen zuverlässig eingehegt war – vom Frieden. Davon, so Anders' These, könne schon lange nicht mehr die Rede sein. Spätestens seit 1914 sei evident, daß nicht nur die Entwicklung der Technik, die zum Kriegführen notwendig ist und ihrerseits durch den Krieg gewaltigen Auftrieb erfährt, sich enorm beschleunigt hat, sondern daß, parallel zu und in Abhängigkeit von der Technikentwicklung, auch das Kriegführen selber einem immer größeren Beschleunigungseffekt unterworfen ist. Daß, um bei dem aktuellen Beispiel zu bleiben, der irakische Diktator kaum zwei Jahre nach Beendigung des verlustreichen Krieges gegen Iran bereits wieder in der Lage war, einen neuen Krieg, diesmal gegen Kuweit, vom Zaun zu brechen, verdankt sich dem rasenden Pulsschlag eines Prozesses, der am Ende des 20. Jahrhunderts zehn oder fünfzehn Jahre der älteren Zeitrechnung zu zwei oder drei Jahren kondensieren läßt. Die Pause zwischen diesem und dem nächsten Krieg – euphemistisch Friedenszeiten genannt – werden tendenziell kürzer, Kriege immer erwartbarer und unausweichlicher. Der Friede, dies Anders' Pointe, ist im 20. Jahrhundert nurmehr die „Leerstelle" zwischen den Kriegen bzw. bloß noch Variante dessen, was er unterbricht. Seit der atomaren Mobilmachung der Großmächte befindet sich die Menschheit erst recht im permanenten Kriegszustand – die Epochenbezeichnung „kalter Krieg" trägt diesem Sachverhalt sinnfällig Rechnung. Der „kalte Krieg" war lediglich ein Modus des „heißen Krieges" und von diesem nur durch einen Knopfdruck getrennt. Und wie schnell die Illusion zerplatzt, das Ende des Ost-West-Konflikts und das Abdanken der Sowjetunion als Supermacht bedeuteten zugleich das Ende des allgemeinen Kriegszustands, erleben wir in diesen Tagen. Der „Hitler eines kleinen und peripheren, aber ehrgeizigen und skrupellosen Staates", so Anders 1959, könne jederzeit einen Weltbrand entfachen – inzwischen ist es geschehen. Der Krieg am Golf ist, wie es scheint, nur der blutige Auftakt zu einer Serie von Kriegen, die alles gutwillige Reden vom Frieden vollends zum Geschwätz machen werden. Glückliche Zeiten, da es noch Kriege gab. Denn damals war der Krieg bloß die Ausnahme, welche die Regel des Friedens bestätigte.

Als Günther Anders dem Zeitalter die Diagnose stellte, vor allem in seinem unvergleichlich hellsichtigen Buch „Die Antiquiertheit des Menschen" (1956), stand er ganz im Bann des Hiroshima-Traumas: „Mit dem 6. August 1945, dem Hiroshimatage, hat ein neues Zeitalter begonnen: das Zeitalter, in dem wir in jedem Augenblicke jeden Ort, nein unsere Erde als ganze, in ein Hiroshima verwandeln können. Seit diesem Tage sind wir *modo negativo allmächtig* geworden; aber da wir in jedem Augenblick ausgelöscht werden können, bedeutet das zugleich: Seit diesem Tage sind wir *total ohnmächtig.* Gleich wie lange, gleich ob es ewig währen wird, dieses Zeitalter ist das letzte: Denn seine differentia specifica: die Möglichkeit unserer Selbstauslöschung, kann niemals enden - es sei denn durch das Ende selbst."

Der Abstand von fast einem halben Jahrhundert hat dem absoluten Schrecken, der sich mit dem Namen Hiroshima verbindet, einiges genommen. Zeit und Erfahrung, so zynisch es klingen mag, relativieren fast alles, auch das Grauen des atomaren Infernos vom August 1945. Denn Zeit und Erfahrung haben uns gelehrt, daß die Möglichkeit der atomaren Vernichtung nur eine unter mehreren Vernichtungsmöglichkeiten ist, die uns angedroht werden, und daß der Atomtod nicht schlimmer ist als andere mögliche Tode auch. Kann man denn wirklich noch sagen, daß die Wirkungen eines gezielten und massenhaften Einsatzes von chemischen oder bakteriologischen Waffen, die auch über große Entfernungen getragen werden können, weniger furchtbar seien als die eines Atomschlags? Selbst die traditionelle (und beschwichtigen sollende) Unterscheidung von „konventionellen" und „nichtkonventionellen" Waffen verliert heute mehr und mehr ihren Sinn. Was auf dem modernen Schlachtfeld als „konventionelles" Kriegsgerät firmiert und damit völkerrechtlich sozusagen abgesegnet ist, ist in seiner Vernichtungswirkung vielfach verheerend unkonventionell. Es sieht so aus, als müsse man sich heute von der negativen Faszination, die von der Vision eines atomaren Schlags ausgeht und die das endzeitliche Denken von Anders bestimmt, lösen. Der permanente Kriegszustand: Das ist nicht nur das angehäufte nukleare Overkill-Potential, mit dem wir erpreßt werden; es ist auch nicht nur die Existenz von nichtatomaren Massenvernichtungsmitteln, die uns in Angst und Schrecken versetzen; es ist überhaupt nicht nur die verfügbare Menge aller Tötungstechniken, welche von Wissenschaftlern und Ingenieuren immerzu perfektioniert werden. Der permanente Kriegszustand: Das ist vielmehr die ungeheure Akkumulation von Reichtum, Wissen und Macht, die uns instand setzt, den Angriff gegen die Natur, und damit gegen uns selbst, mit allen Mitteln auf allen Ebenen mit allen Konsequenzen zu führen. Wer hier und heute gegen den Krieg protestiert, darf nicht schweigen von unserer Urheberschaft am Krieg und davon, daß wir uns auch in jenen Zeiten, die wir als Friedenszeiten betrachten, im Zustand des Krieges befinden. Denn der „heiße Krieg", über den wir uns als aufgeklärte westliche Kulturbürger so sehr empören, ist nichts anderes als die Fortsetzung des „kalten Krieges" gegen die Natur, als die Konzentration und Steigerung dessen, was wir Fortschritt nennen. Der „heiße Krieg“, gegen den wir doch Freud zufolge eine „konstitutionelle Intoleranz“ ausgebildet haben, ist keineswegs ein Rückfall in die Barbarei, sondern nur die explosive Zusammenballung kultureller Errungenschaften, auf die wir stolz sind. Saddam Husseins totaler Krieg, der kein Tabu mehr zu respektieren scheint und auch vor der Entfesselung einer ökologischen Großkatastrophe nicht zurückschreckt, ist ohne die aktive „kalte“ Teilhaberschaft des Westens gar nicht vorstellbar. Es ist, wie Ulrich Greiner mit Recht gesagt hat, *unser* Krieg, der da geführt wird. Der „Endlösung der Naturfrage“ (Hermann Peter Piwitt), von der okzidentalen Zivilisation seit rund 200 Jahren mit größter Verbissenheit betrieben, folgt logisch die Endlösung der Menschenfrage.

200 Jahre freie Marktwirtschaft haben den Globus sturmreif geschossen, auf weitgehend friedliche Weise; zur flagranten Aggression gegen andere schritt man immer nur dann, wenn diese partout nicht so wollten, wie es das kapitalistische Gesetz von freiem „Handel und Wandel“ befiehlt. 200 Jahre haben genügt, jene „Great Transformation“ (Karl Polanyi) zu vollenden, die aus Produzenten ihrer Subsistenzmittel Arbeiter, Angestellte und Konsumenten gemacht hat, die vom Markt abhängig sind. 200 Jahre Kapitalismus haben bewirkt, daß der Zusammenhang von Ökonomie und Moral, der den Individuen bis ins 18. Jahrhundert – bis hin zu Adam Smith, der ja bekanntlich neben seinem klassischen Werk über den „Wohlstand der Nationen“ auch eine „Theorie der ethischen Gefühle“ geschrieben hat – gegenwärtig war, vollständig zerrissen worden ist. 200 Jahre Wirtschaftsliberalismus haben dazu geführt, daß dem Menschen die Natur, die äußere wie seine eigene, so gleichgültig geworden ist, daß er sie als reine Sache des Verzehrs zu betrachten gelernt hat. Gewiß, man soll sich kein idyllisches Bild von früheren, vorkapitalistischen Zeiten und Zuständen machen. So weit man auch zurückblickt: Immer und überall haben sich die Menschen gegenseitig betrogen und beraubt, haben sie Kriege gegeneinander geführt, haben sie gefoltert, gemordet, verbrannt. Immer und überall gab es Hunger,

Ungerechtigkeit und Leid, gab es neben Freien Sklaven, neben Reichen Arme, neben Königen Bettler. Die vor- und nichtkapitalistische Menschheitsgeschichte gibt keinen Stoff her für schöne Geschichten von edelmütigen Herrschern und zufriedenen Völkern, von Gemeinsinn und Solidarität.

Trotzdem muß festgestellt werden, daß mit der kapitalistischen Warenproduktion etwas grundsätzlich Neues die Bühne der Weltgeschichte betreten hat. Die Entmoralisierung der Ökonomie, für die sich freilich schon bei Smith gute Argumente finden lassen, hat im bürgerlichen 19. Jahrhundert eine Entwicklungsdynamik freigesetzt, wie sie vordem unbekannt war. Solange Erwerbssinn und Gewinnstreben unter moralischen Vorzeichen diskutiert wurden, d.h. solange es begründete soziale Vorbehalte gegen das moralfreie „Selbstinteresse" gab, waren den Tätigkeiten der Wirtschaftssubjekte Schranken gesetzt, die nicht ungestraft ignoriert werden konnten. Erst die Emanzipation des „Interesses" von moralischen Konnotationen wie „gut" und „böse" und die gleichzeitige Plausibilisierung der Vorstellung, daß die vielen individuellen Interessen dank der heimlichen Hilfe einer „invisible hand" am Ende immer zu einem harmonischen Ganzen zusammenschießen, bereiteten einer Entwicklung den Weg, die bis heute nicht zum Abschluß gekommen ist.

Auf pessimistische Prognosen von drohender Übervölkerung, begrenzter Nahrungsmittelproduktion und Hungerkatastrophen, wie sie etwa Thomas Malthus formuliert hatte, fanden die Wirtschaftsliberalen des 19. Jahrhunderts, Smith' ethische Einwände beiseite schiebend, eine geniale Antwort: das „Maximierungsprinzip". Um das Gespenst des sozialen Elends zu vertreiben und den Pauperismustheoretikern den Wind aus den Segeln zu nehmen, propagierte man die Möglichkeit unbegrenzten wirtschaftlichen Wachstums. An die Stelle düsterer Visionen des Mangels, die immer wieder einen Schatten auf die selbstregulierenden und selbstheilenden Kräfte des Marktes geworfen hatten, trat jetzt die optimistische Vision des unendlichen wissenschaftlich-technischen Fortschritts und der Überflußproduktion. Dies war die Geburtsstunde einer historisch beispiellosen industriellen Mobilmachung, die sukzessive alle Lebensbereiche der bürgerlichen Gesellschaft erfaßte. Seitdem heißt der Imperativ, nach dem sich die westlichen Gesellschaften intern wie extern organisieren, Wachstum, Expansion, „Reproduktion auf erweiterter Stufenleiter“ (Marx), Beschleunigung, Selbstverwirklichung, je nachdem – und das gilt für den individuellen Konsumenten nicht minder als für das wirtschaftliche Großunternehmen. Es ist der Krieg aller gegen alle. Es ist der permanente Kriegszustand. Und weit und breit keine „unsichtbare Hand“, die rettend eingriffe und Frieden stiftete.

Zur Entmoralisiertheit des gegenwärtigen Bewußtseins gehört, daß es einen Zusammenhang zwischen dem gewöhnlichen Kapitalismus, dem es ohne Arg opfert, und der zum offenen Krieg eskalierten Aggression nicht zu erkennen vermag. Nicht einmal im Traum fällt dem friedlich gestimmten Bewußtsein, das nach harten Lektionen durch die Geschichte gelernt hat, seine Aggressionsneigung zu verinnerlichen, ein, daß die individuellen Reproduktionsschemata, die für den Bewohner der westlichen Wohlstandsfestung konstitutiv sind, im Kleinen alle Elemente jener Gewalt enthalten, die in hochaggregierter Form zum Krieg führt. Man lehnt Gewalthandlungen, die sich explizit als solche zu erkennen geben, als atavistisch-unzivilisiert ab („Kein Blut für Öl“); aber man ignoriert hartnäckig, daß die je individuellen Praktiken, die den gewöhnlichen Kapitalismus ausmachen – von der gedankenlosen Abfallproduktion bis zur ruinösen Konkurrenz um die jeweils avanciertesten Statussymbole –, einen Gewaltzusammenhang bilden, der freilich eher „unsichtbare“ Fernwirkungen hat. Obwohl z. B. jedermann weiß, daß das Auto „kein verallgemeinerungsfähiges Gut“ (Klaus Michael Meyer-Abich) ist, gehört es zu jedermanns selbstverständlichem Besitzstand. Die moralische Unbedenklichkeit, mit welcher wir uns als Produzenten und Konsumenten auf einem absurd hohen Reichtums- und Verschwendungsniveau bewegen, steht in krassestem Widerspruch zu einer kultivierten Sensibilität, für die Krieg kein Thema ist. Als wüßten wir nicht, daß der Aggressor Saddam Hussein ganz und gar eine Kreatur des Westens, unsere Kreatur ist! Und als wüßten wir nicht, daß die gegen ihn geführte Polizei- und Strafaktion, so teuer sie uns auch zunächst zu stehen kommen mag, letztenendes notwendig ist, um dem Westen langfristig geostrategische Optionen und Vorteile zu sichern, von denen unsere Macht und unser Wohlstand abhängen! Es war übrigens Günther Anders, der schon früh auf das Phänomen der moralischen Indifferenz, der naiven Unschuld, die von nichts gewußt haben will, aufmerksam gemacht hat, d.h. auf die Entkoppelung des eigenen Tuns von dessen möglichen Folgen und Fernwirkungen. In seinem vor 35 Jahren veröffentlichten Hauptwerk diagnostizierte er die Unfähigkeit des modernen Individuums, angesichts dessen, was es zu tun in der Lage ist, eine moralische Phantasie auszubilden, die sich auf der Höhe dieses Tuns befindet. Schon damals qualifizierte Anders eine Moral, die diesen Namen verdient, als „antiquiert" – der Mensch sei gleichsam blind und fühllos für die Konsequenzen seines Handelns geworden.

Im Westen, zumal in Deutschland, dominiert die Moral der Friedfertigkeit – bei ungerührt weiterlaufendem *business as usual.* Wenn von unserer Mitschuld und unserer Verstrickung in den Krieg die Rede ist, zeigt man mit Vorliebe auf jene skrupellosen „Händler des Todes", die den kriegführenden Diktator des Irak mitaufgerüstet haben – womit wir uns selber einmal mehr entlasten: Es sind die bösen Kapitalisten. Gewiß, das Kapital schreckt vor nichts zurück, und es macht seine Geschäfte, mit wem es will, ohne Ansehung von Personen. Ebenso gewiß ist aber, daß es dazu einer allgemeinen gesellschaftlichen Akzeptanz bedarf – erst vor dem Hintergrund einer solchen Akzeptanz fühlt sich das Kapital ermutigt zu tun, was es nicht lassen will. Erst kürzlich hat der Präsident des Bundesverbandes der Deutschen Industrie erklärt, daß, würde man den Export aller Waren, die als *dual use*-Produkte gelten, verbieten, Deutschland als Exportnation am Ende wäre, weil fast alles, was exportiert wird, sowohl für zivile wie für militärische Zwecke nutzbar ist: Ein LKW ist genauso ein *dual use*-Produkt wie eine Chemikalie. Was ein derartiges Verbot bedeuten würde, ist klar: Bei der hohen Abhängigkeit unseres Lebensstandards von der Exportfähigkeit der Wirtschaft können wir uns eine nennenswerte Einschränkung von Ausfuhren gar nicht leisten, ohne unsere metropolitane Luxusexistenz zu gefährden. Wer aber wollte das schon? Nachdem wir einmal auf den Geschmack von Champagner gekommen sind, haben wir keine Lust, zu billigeren Sektmarken zurückzukehren.

Die moderne westliche Zivilisation, die uns zu enthemmten Konsumenten und zu rastlosen Betreibern unserer „Selbstverwirklichung" abgerichtet hat, ist eine Mobilmachungs- und Kriegsmaschine gigantischen Ausmaßes, an der jeder einzelne als Rädchen fungiert, welches das Ganze in Gang hält. Der Friede, den wir beschwören, bleibt eine Suggestion, solange wir jenen „hedonistischen Faschismus" praktizieren, von dem Pier Paolo Pasolini in den siebziger Jahren gesprochen hat, solange wir weiter aufrüsten, befangen im Wahn schrankenloser Selbstexpansion. Das „Verschwinden der Glühwürmchen" (Pasolini) und die Toten am Golf sind zwei Seiten derselben Medaille – unseres Krieges, den wir vor nunmehr 200 Jahren begonnen haben und dessen Ende vielleicht nicht mehr allzu fern ist.

Glückliche Zeiten, da es noch Kriege gab.

*Barbara Hövener*

# Günther Anders und die Bewegung „Ärzte gegen den Atomkrieg"

Seit dem 6. August 1945 leben wir im Atomzeitalter. Und dieses Atomzeitalter wird für immer bestehen bleiben. Wir Ärzte aus der Bewegung Ärzte gegen den Atomkrieg sind mit unserem Freund Günther Anders der Meinung: Selbst wenn wir annehmen, „diejenigen Ziele, um die wir seit Jahren kämpfen, seien erreicht, die sogenannten Versuchsexplosionen und die Testflüge seien eingestellt, die Produktion der atomaren Waffen hätte aufgehört, die gelagerten Waffen wären entschärft, die Raketenbasen abmontiert, und gegenseitige Kontrolle verhindere die geheime Fortsetzung der gegenseitigen Bedrohung. Was wäre gewonnen? Niemals wäre soviel erreicht, daß wir die Hände in den Schoß legen dürften; niemals soviel, daß wir aufatmend sagen dürften, der Vor-Hiroshima-Zustand sei wieder hergestellt. Denn was gewesen ist, ist, auch wenn es abgeschafft ist, niemals so, als wäre es nicht gewesen. – Was geschehen ist, ist auf unwiderrufliche Weise geschehen; und zwar deshalb, weil das gleiche Geschehen immer wieder herbeirufbar und immer wieder hervorrufbar ist. So gewaltig der Mensch nämlich sein mag, eines kann er nicht: Sein eigenes Können kann er nicht widerrufen. Und so großartig die Fähigkeit seines Lernens sein mag, eines kann er nicht lernen, nämlich dasjenige, was er kann, zu verlernen. Die Atomwaffen, die er gerade hat, die kann er zwar abschaffen, aber seine Kenntnis der Herstellung, die kann er nicht wieder loswerden."

Dieses Zitat aus einer Ansprache von Günther Anders aus dem Jahr 1958 in Tokio an Japaner ist heute ebenso gültig. Wir Ärzte sind uns klar, daß unser Kampf gegen Atomwaffen und Atomkrieg, gegen die atomare Bedrohung unser Leben lang geführt werden muß; daß die nachfolgenden Generationen ebenfalls nicht nachlassen dürfen, sich für die Abschaffung und die Nicht-Produktion dieser nuklearen Waffen einzusetzen.

Unser Vorbild in diesem Kampf ist Günther Anders, der uns immer wieder Mut machte, wie 1982 im Vorwort unseres Berliner Kongress-Bandes „Medizin und Atomkrieg – hilflos?“: „Das Unternehmen der Ärzte ist in der Geschichte der Streiks präzedenzlos. Und beispielgebend. Was die Ärzte hier verweigern, ist nicht etwa die Ausübung dessen, was zu tun sie in der Lage oder verpflichtet wären. Vielmehr verweigern sie das Mitmachen einer Lüge. Sie streiken dagegen, daß Ihnen von gewissenlosen Politikern und von absichtlich unwissenden Publizisten eine Fähigkeit angedichtet wird, die sie nicht besitzen, die sie nicht besitzen können. Sie weigern sich, falsch gelobt zu werden, nämlich als mögliche Helfer oder Retter in der leider nicht nur möglichen, sondern wahrscheinlichen atomaren Katastrophe [...] Gleichviel, den prospektiven Opfern, damit diese vielleicht doch keine Opfer werden, offen einzugestehen, was Medizin im sogenannten ‚Ernstfall‘ nicht kann, das ist die hippokratische Verpflichtung von heute [...]“

Seit den Atombombenabwürfen, den nuklearen Menschenversuchen von 1945 in Hiroshima und Nagasaki explodierten mehr als 1830 Atombomben. Durchschnittlich alle 9 Tage testen die atomwaffenbesitzenden Länder nukleare Waffen, um ihre Explosivkraft, ihre Zielgenauigkeit, ihre Zerstörungspotentiale zu erhöhen. Getestet wurde und wird immer auf Eingeborenen-Land: auf dem Land der armen und unterdrückten Völker. In den USA auf dem Land der Shoshone-Indianer, in der UdSSR auf dem Land der Kasaken. Die Franzosen kontaminieren das Moruroa-Atoll in Polynesien, die Chinesen das Land der Uiguren, die Engländer haben das Land der Aborigines in Australien vergiftet.

Die knapp 500 überirdischen atomaren Tests, die eine Sprengkraft von 629 Megatonnen, entsprechend 42000 Hiroshima-Bomben, hatten und Radioaktivität in nie gekanntem Ausmaß freisetzen, brachten Krebs, Leukämie, Schilddrüsenerkrankungen, Störungen des Immunsystems, genetische Schäden über die Betroffenen. Andrej Sacharow, der Vater der sowjetischen Atombombe, schätzte in seiner letzten Denkschrift, daß jede getestete Megatonne 10 000 Opfer fordert; das würde bedeuten, daß die überirdischen Atombombenexplosionen mindestens 6 Millionen Menschen das Leben gekostet haben. – Inzwischen besitzen die Atommächte über 50 000 atomare Sprengköpfe. Allein in Deutschland warten mehr als 5000 Atomwaffen auf ihren Einsatz. Trotz INF-Vertrag wurde bis heute kein einziger nuklearer Sprengkopf verschrottet. Die Atom-Sprengköpfe der Pershings und Cruise Missiles, der SS-20 wurden anstatt verschrottet zu werden, in neue Trägerraketen für Flugzeuge bzw. Schiffe eingebaut.

Auf diesem Hintergrund formierten sich Ärztinnen und Ärzte bereits in den fünfziger Jahren, um den Ausbruch des Atomkrieges verhindern zu helfen und die Atomwaffentests abzuschaffen. Einer, der den Kampf mit großem Einsatz geführt hat, ist mein berühmter Kollege und Friedensnobelpreisträger Albert Schweitzer. Er hat in zahlreichen Reden, die Mitte der fünfziger Jahre über Radio Oslo weltweit ausgestrahlt wurden, die Menschheit vor der atomaren Gefahr gewarnt und zur Erhaltung und Bewahrung des Friedens aufgerufen. Er machte sich stark für die Einstellung der Atomwaffenversuchs-Explosionen. Zur gleichen Zeit gründete sich in der Bundesrepublik Deutschland „Der Kampfbund gegen Atomschäden e. V.". Ein Arzt, der Gynäkologe Dr. Bodo Manstein, war Gründer und Vorsitzender. Günther Anders war – soviel ich weiß – Mitglied in diesem Kampfbund.

Neben der Diskussion über die Atombombentests wurde in der Bundesrepublik über die Wiederbewaffnung der Bundeswehr und deren Ausstattung mit Atomwaffen debattiert. Eine Ende 1957 durchgeführte NATO-Ministerkonferenz führte zur Stationierung von Mittelstreckenraketen und der Lagerung von Atomsprengköpfen unter amerikanischer Aufsicht in Europa. Im gleichen Jahr hatte der damalige Bundeskanzler Konrad Adenauer auf einer Pressekonferenz die berühmten Sätze gesagt: „Unterscheiden Sie doch die taktischen und die großen atomaren Waffen. Die taktischen

Waffen sind nichts weiter als die Weiterentwicklung der Artillerie."

Diese Diskussion und Verlautbarungen brachten dem „Kampfbund gegen Atomschäden" neue Mitglieder. Seine Mitgliederzahl wuchs schnell auf 50 000 an, davon waren etwa 2000 Ärzte. Weitere Mediziner wurden aktiv. In München rief u.a. „die Notgemeinschaft zur Verteidigung der Volksgesundheit" unter der Leitung des Münchner Arztes Dr. R. Trumpp zu einer großen Protestkundgebung auf. Auf dieser Kundgebung wurde folgende Resolution angenommen: „Sofortige Einstellung der Atombombenversuche und der weiteren Anfertigung von Atombomben, absolute Sicherung der menschlichen Gesundheit vor der Aufstellung von Atommeilern."

Gegen die Verharmlosung der gesundheitlichen Schäden durch Radioaktivität der Atomwaffentests warnte die 1957 von dem Arzt Dr. Fritz Katz gegründete „Ärztegesellschaft zur Ächtung des Atomkrieges", der sich sofort 800 Ärzte anschlossen. „Der Kampfbund gegen Atomschäden" und diese „Ärztegesellschaft" vereinigten sich 1958, nachdem sie Ende 1957 das berühmte Manifest „Mut zur moralischen Entscheidung" gemeinsam vorgelegt hatten. Günther Anders gehörte zum wissenschaftlichen Beirat dieses Aufrufs. Das Jahr 1958 wurde zum Höhepunkt der Proteste gegen die atomare Gefahr. Es entstand die Volksbewegung „Kampf dem Atomtod", zahlreiche Verbände und Gewerkschaften schlossen sich zusammen.

Während diese Aktivitäten großen Widerhall in der Bevölkerung und einer größeren Anzahl von Kollegen fanden, ergaben die Warnungen in der offiziellen Ärzteschaft, den Deutschen Ärztetagen von 1956 und 1957 – trotz zahlreicher Anträge dazu – keine Mehrheiten. Erst nachdem im März 1958 in einer Hamburger Tageszeitung 936 Hamburger Ärztinnen und Ärzte einen Aufruf veröffentlichten, der an den Hamburger Senat, die Landesärztekammer und den Ärztetag gerichtet war, als viele Kollegen in anderen Städten diesem Aufruf folgten, erst dann war der 61. Deutsche Ärztetag im Juni 1958 bereit, folgendem Antrag zuzustimmen:

„Der Deutsche Ärztetag warnt die Verantwortlichen in der ganzen Welt vor frevlerischem Mißbrauch der Atomenergie, der die Gesundheit und das Leben aller Menschen zerstören kann;

er beschwört die verantwortlichen Politiker der ganzen Welt, die allen Menschen gemeinsam drohenden Gefahren abzuwenden und im Zusammenleben der Völker der Humanität und der Ehrfurcht vor dem Leben wieder Geltung zu verschaffen;

er fordert daher die Ächtung aller Massenvernichtungswaffen, zu denen auch die bakteriologischen und chemischen Kampfmittel gehören;

er verlangt eine internationale Vereinbarung über den Verzicht auf weitere Atomwaffenversuche."

Die amerikanische Ärztebewegung gegen den Atomkrieg „Physicians for Social Responsibility" veröffentlichte 1962 eine Studie über die medizinischen Auswirkungen eines Atombombenabwurfes auf Boston/USA in der angesehenen medizinischen Zeitschrift „New England Journal of Medicine". Außerdem sammelten Kinderärzte dieser Organisation die Milchzähne von Kindern und wiesen in diesen Strontium nach, das nur von den überirdischen Atomtests kommen konnte. Auch diese Beweise veröffentlichten sie in medizinischen Fachblättern. Diese internationalen Aktivitäten und massiver Protest in der Bevölkerung führten dazu, daß die USA, UdSSR, und Großbritanien 1963 ihre überirdischen Atomtests einstellten. Danach wurde es still um die Ärztebewegung, national und international. Stattdessen rückten andere Probleme und Bewegungen, wie z. B. Vietnam, die 68er Studentenbewegung, Feminismus in den Vordergrund:

Im Jahre 1979 gründeten sich in der Bundesrepublik erneut Ärzteinitiativen zur Verhinderung des Atomkrieges. Zunächst in Berlin und Hamburg, dann in weiteren Großstädten. Die Ärztebewegung „Physicians for Social Responsibility" in den USA begann 1978 wieder aktiv zu werden gegen die atomare Bewaffnung. Im Dezember 1980 gründeten Prof. Bernard Lown (USA) und Prof. Evgeny Tschasow (UdSSR) zusammen mit vier weiteren Ärzten die Organisation „International Physicians for the Prevention of Nuclear War (IPPNW)", die „Internationalen Ärzte für die Verhütung des Atomkrieges". Diese weltweit in 71 Ländern operierende Ärzte-Organisation hat heute über 250 000 Mitglieder. In fast allen Staaten Europas gibt es IPPNW-Sektionen mit insgesamt 50 000 Ärztinnen und Ärzten.

Die IPPNW ist die am schnellsten wachsende medizinische Gesellschaft in der Welt. Besonders in den Entwicklungsländern ist der Zulauf zur IPPNW groß. Die Aktivitäten und Anstrengungen brachten der IPPNW 1984 den Friedenserziehungspreis der UNESCO und 1985 den Friedensnobelpreis ein. In der Bundesrepublik Deutschland unterzeichneten mehr als 2000 Ärztinnen und Ärzte im September 1981 einen Aufruf gegen die wachsenden Gefahren eines Atomkrieges. Seit 1981 veranstalten die bundesdeutschen „Ärzte gegen den Atomkrieg" jährliche Kongresse gegen die atomare Bedrohung. Bis zu 5000 Ärztinnen und Ärzte nehmen an diesen Kongressen teil.

Die Explosion des Atomreaktors von Tschernobyl 1986 brachte unserer Bewegung großen Zulauf und Diskussionen über die Erweiterung des Themas auf die zivile Nutzung der Atomenergie. Zu dem in diesem Jahr stattgefundenen Kongreß in Köln sandte uns Günther Anders ein Grußwort mit „10 Thesen zu Tschernobyl". Aus der 4. These möchte ich zitieren: „Da wir wissen, daß die angeblich friedfertigen atomaren Kraftwerke Menschen, nein die Menschheit, nein das irdische Leben im ganzen ständig und unabsehbar lange Zeit gefährden, möglicherweise auslöschen, ist ihre Konstruktion und Verwendung schlimmer als kriegerisch: nämlich herostratisch. Heute, nach Tschernobyl, da niemand mehr den Ignoranten spielen kann, sind ihre Fürsprecher zu bewußten Verbrechern geworden. Ihr Verbrechen heißt nicht nur Genozid, sondern Globozid. Ermordung des Globus. Fürsprecher der Atomkraftwerke, vor allem aber der Wiederaufbereitungsinstallationen und der schnellen Brüter sind um nichts besser als es der Präsident Truman gewesen war, der Hiroshima bebomben ließ. Schlimmer sogar, denn die Heutigen wissen nun viel mehr als der damalige Präsident hatte wissen können. Sie wissen, was sie tun. Er wußte nicht, was er damit tat. Ob wir Menschen durch atomare Raketen zugrundegehen oder durch sogenannte friedliche Kraftwerke, das ist völlig gleich. Beides ist gleich mörderisch. Töten ist Töten, tot ist tot. Und Befürworter von beidem sind Verharmloser von beidem, sind identisch."

Günther Anders hat diese Kongresse und das Denken der Ärzte beeinflußt. In den Publikationen der Organisation wurden Aufrufe und Artikel von ihm veröffentlicht. Bereits 1982 verfaßte er für uns Ärzte in „Praxis und Krankenhaus" einen Aufruf an unsere Patienten:

„Liebe Patienten!

Hiermit erklären wir, daß
Keiner von uns Ärzten,
Keine medizinische Institution,
Kein Krankenhaus
fähig sein wird, Ihnen nach einem Atomangriff auch nur die mindeste Hilfe zu leisten.

Denn wir werden so tot sein wie Ihr.

Was könnte einen atomaren Angriff auslösen?

Antwort: Die Häufung von atomaren Raketen.
Die wären begreiflicherweise die Attraktionspunkte für einen herausgeforderten Feind.

Raketen sind Untergangsmagneten

Zieht aus dieser Tatsache in Eurem eigenen Interesse
und
in dem Eurer Kinder und Kindeskinder die einzig mögliche Konsequenz!

Verlangt als Bürger, als Menschen, als Eltern
die Säuberung des europäischen Bodens von Kernwaffen!

Die Ärzte Deutschlands."

Dieser Aufruf hängt heute in vielen Arztpraxen und ist noch so aktuell wie damals.

Die bundesdeutsche Ärzte-Organisation, eine nationale Sektion der IPPNW, hat über 100 Regionalgruppen. Sie hat nun

8400 Kolleginnen und Kollegen organisiert. Nach dem Zusammengehen mit der DDR-Sektion der IPPNW im nächsten Jahr wird die gesamtdeutsche IPPNW mehr als 12 000 Mitglieder haben.

Zum europäischen Symposium der IPPNW 1988 mit dem Motto: „Europa, unser gemeinsames Haus. Sicherheit ohne Atomwaffen" schickte Günther Anders uns eine Grußbotschaft, in der es unter anderem heißt: „Zwar ist es schon ein großer Schritt vorwärts, wenn wir uns einig fühlen von Portugal bis zum Ural. Aber das reicht nicht! Was außerhalb dieses gemeinsamen Hauses liegt, ist nichts außerhalb Liegendes, sondern gehört zu dem uns allen gemeinsamen Globus. Reden wir uns nicht ein, daß wir Frieden in einem Hause, in einem Teil des Globus haben können. Frieden haben wir erst dann, wenn wir statt eines Volkes oder Landes oder Wirtschaftsystems die atomare Gefahr selbst zu unser aller Feind erklären. Und nur dann, wenn wir diese Gefahr besiegen, ehe ein Krieg ausbricht. Denn wir haben zu siegen vor Kriegsausbruch. Was nach einem Kriegsausbruch geschähe noch einen Krieg zu nennen, das würde Schwachsinn verraten und Schwindelei beweisen, denn dieser Krieg wäre kein Krieg mehr, sondern ein Untergang. Und nicht ein Untergang, sondern der Untergang [...]"

Heute stehen wir in Arabien vor einer solchen Gefahr. Auf amerikanischen, französischen, englischen und sowjetischen Schiffen sind über 450 Atomwaffen auf den Irak gerichtet. Ganz zu schweigen von den boden- und luftgestützten Atomraketen, die in Israel und der Türkei stationiert sind. Ganz zu schweigen von den biologischen und chemischen Massenvernichtungswaffen auf beiden Seiten.

Günther Anders schrieb mir nach der Katastrophe von Tschernobyl: „Ich nehme an, auch Sie befinden sich nach Tschernobyl im Zustand der Verzweiflung, aber unsere Verzweiflung darf uns nichts angehen: Trotz geringer Erfolgsaussichten müssen wir weiter machen." Ja, lieber Günther Anders, wir machen weiter, das verspreche ich Ihnen. Unser Eid auf das Leben verpflichtet uns zum Widerstand.

## *Günther Anders*
## Die beweinte Zukunft

Als Noah von seinem hundertsten Warnungsgang nach Hause zurückgekehrt war, da konnte er es sich nicht mehr verhehlen, daß so weiterzumachen, wie er es nun, niemals beraten von seinem Gotte und jedesmal auf eigene Faust hundert Male getan, wirklich keinen Sinn mehr hatte. Denn auch diesmal war es ihm nicht gelungen, auch nur einen einzigen seiner Mitbürger zum Bau seiner Archen anzuwerben, auch diesmal waren die Wenigen, denen er sich hatte aufdrängen können, auf nichts anderes gierig gewesen als auf das gerade Allerneueste; und auch diese hatten sich sofort beiseitegedrückt, wenn er ihnen mit der Flutwarnung gekommen war (mit „seiner Flut", wie sie es nannten), weil sie von dieser ja gestern schon gehört hatten und vorgestern und vorvorgestern.

Da geriet Noah in Zorn und zerriß die Bögen, auf denen er in langer Jahre Arbeit die Flotte seiner hundert Archen entworfen hatte und sprach: „Du kannst sie wiederhaben", und warf sie seinem Gotte hin. Und begann, auf und ab zu wandern wie ein Löwe in seinem Käfig.

„Hundert Male", haderte er, „habe ich meine Geduld bewiesen. Meine Füße sind geschwollen, meine Kehle hat sich wundgeschrien, meine Geschäfte habe ich verkommen lassen, und meinem Erstgeborenen bin ich fremd geworden. Aber ich habe meiner Wunden nicht geachtet, bei den Vorwürfen meines Sohnes habe ich mich fortgewendet – denn ich habe mich nicht abfinden können mit den Toten von morgen und bin auf die Jagd gegangen jeglichen Tag, um den Blinden die Augen zu öffnen und um den Tauben in ihre verstopften Ohren hineinzuschreien, daß die Flut nicht meine ist, sondern Deine, und daß sie ihre Hände nun selbst werden rühren müssen. Und habe Deine Partei ergriffen und habe ihnen zugesagt, daß auch

Du sie in Deiner Langmut errettet zu sehen wünschest, und wäre es am Vorabend des Verderbens. Ich habe sie abgefangen wie ein Bettler, ich habe sie am Rock festgehalten wie ein Wegelagerer, ich bin ihnen nachgesprungen, wenn sie sich losrissen, und ich habe ihre Wut nicht gescheut und für nichts geachtet den Ruf der Lächerlichkeit. Aber Du hast Dein Angesicht fortgewendet, auch Du hast den Blinden gespielt, auch Du den Tauben, wenn ich Dich anrief in meiner Ratlosigkeit und Dich anflehte um eine Weisung, wie ich sie doch festhalten könnte und doch eindringen in ihre Verstocktheit. Nun aber ist es genug. Denn für die Klagen ist die Frist zu kurz, die Du mir gelassen hast, und ich werde es mir ersparen, ihren Mängeln weiter nachzujammern. Sondern ich werde ihre Schwächen verwenden, so wie Du sie geschaffen hast, und ich will sie zu meiner Stärke machen. Die im Trug leben, die werde ich betrügen. Die verführt sind, noch einmal verführen. Die neugierig sind, noch neugieriger machen. Die sich nicht ansprechen lassen, die sollen mir nachstellen mit ihren Fragen. Und die ängstlich sind, noch ängstlicher gemacht werden, bis daß sie teilhaftig werden der Wahrheit. Durch Gaukelei werde ich sie erschrecken. Und durch Schrecken zur Einsicht bringen. Und durch Einsicht zum Handeln.

Ich warne Dich also. Spiele mir nicht den Erstaunten, wenn Du mich unter den Komödianten entdeckst. Dein Erstaunen wird mich kalt lassen, Deine Gekränktheit wird mir den Schlaf nicht rauben. Deine Kraft der Drohung hast Du verspielt, seit Du mit dem Äußersten gedroht, und dem schlaflos Gemachten kannst auch Du den Schlaf nicht zum zweiten Male rauben. Halte also an Dich, wenn Du mich auffindest als Gaukler, denn Du bist es, der mich gezwungen hat, mit fremder Stimme zu heulen, und Du, in dessen Auftrag ich meinen Frevel begehen werde. Von Dir verleugnet zu werden, fürchte ich weniger, als das zu verleugnen, was ich zu tun habe. Die Rettung meines Nachbarn ist meinem Herzen näher als die selbstgerechte Gewißheit meines Gehorsams. Die geschminkte Wahrheit ist besser als die bescheidene Verschwiegenheit. Die geschriene Wahrheit wahrhaftiger als die Wahrheit, die nicht ankommt. Der verzweifelte Frevel tugendhafter als die Tugend, die niemals verzweifelt." – So also warnte er seinen Gott, zornig zugleich und liebend, und machte sich ohne Verzug daran, seine Ankündigung wahrzumachen.

Als er wenige Augenblicke später auf die Straße hinaustrat, da hatte er seine Warnung wahrgemacht. Denn nun spielte er eine Rolle, und sogar eine, die den Bräuchen seines Volkes zuwiderlief und die heiligsten Satzungen seines Gottes aufs allerschroffste beleidigte. Nicht genug damit, daß er sich nun plötzlich um einen Kopf kleiner gemacht hatte und als geschlagener Mann dastand – er war auch in Sack und Asche gekleidet, also in das Trauergewand, das außer nach dem Tode eines Nächsten zu tragen das schwerste Vergehen darstellte, und das bei anderen Gelegenheiten auch nur anzuschauen noch niemandem je in den Sinn gekommen war. Und auch er hatte dieses Kleid seit dem lang schon zurückliegenden Heimgang seines Vaters Lamech nie mehr berührt, geschweige denn angelegt, denn er war ja Noah der Begünstigte, der Mann der (aus unerfindlichen Gründen zum Glück verurteilt) dafür berühmt war, daß er seit Jahrzehnten keinen Sohn, kein Weib, keine Ernte, kein Stück Vieh und keine Sklaven eingebüßt hatte, nein sogar in dem Geruch stand, diese gar nicht einbüßen zu können. Nun aber – darüber konnte es bei diesem Aufzug keine zwei Meinungen geben – nun aber mußte ihm jemand gestorben sein, und nicht nur irgendeiner aus seinem unübersehbaren vielköpfigen Familienstamme, sondern einer seiner Allernächsten. Denn er hatte sogar sein Haupt mit Asche bestreut, was nur demjenigen erlaubt und nur demjenigen geboten war, der einen Sohn verloren hatte oder eines seiner Lieblingsweiber.

So also: in allertiefster Trauer, verkleidet in das Kostüm der Wahrheit, ein Schauspieler des Schmerzes, der sein wirklicher Schmerz war, ein Hinterbliebener der Toten von morgen, so also stand er in der Mittagsglut seiner ausgestorbenen Straße. Und war nun fest dazu entschlossen, jene Schwächen und Laster seiner Mitbürger, deren Neugierde, deren Schadenfreude und deren Aberglaube, die er bisher immer nur gescholten, nun aufs allerweiseste zu verwenden; und jene Indolenten, die anzusprechen oder deren Vernunft zu erreichen er niemals zuwegegebracht, nun aufs skrupelloseste dazu zu verleiten, daß *sie ihn* ansprächen. – Und stand und wartete.

Da aber auf Neugierde guter Verlaß ist, brauchte er nicht lange zu warten. Denn im offenen Fenster des Hauses gegenüber lag, obwohl sich allerneuestes noch niemals in diese Gasse verirrt hatte, eine Frau, die seit Jahren nichts Besseres zu tun gehabt hatte als von morgens bis abends nach dem Allerneuesten Ausschau zu halten. Kaum hatte Noah diese Alte erspäht, als er, entschlossen, sich ihrer zu bedienen, noch kläglicher in sich zusammensank, und schließlich, um es ihr so leicht wie möglich zu machen, sich sattzusehen an seiner Erniedrigung, zum lebenden Bilde des völlig zusammengebrochenen Mannes erstarrte.

Und siehe: er hatte sich nicht verrechnet. Denn schon drängelten sich zwei weitere Frauen neben die erste, und während die eine auf ihn wies, wies die andere auf die gegenüberliegende Straßenseite. Denn auch dort hatte er bereits sein Publikum, auf einem der Balkone stritt man bereits um den besten Platz. Und auch dieser Streit schien seinetwegen ausgebrochen zu sein. Denn plötzlich geschah es, daß sich alle Erker und Galerien mit Gaffern anfüllten, und daß die Fensterplätze besetzt waren, so als zöge eine Truppe von Seiltänzern durch die Straße. Und auf einem Dache erschien sogar ein Knabe, der, eine Brezel im Mund, an einem Kamin emporkletterte, um von dem Schauspiel, das der trauernde Noah darstellte, um Gottes Willen nicht das mindeste zu versäumen.

„Die Suppe beginnt zu brodeln“, dachte Noah nicht ohne Genugtuung, „es riecht schon nach Kirmes. Und es würde mich nicht wundernehmen, wenn sie da oben bald Wetten darüber abschließen würden, wer sich nun als mein lieber Toter herausstellen wird.“ So dachte er, und falsch schätzte er seine Mitbürger wahrhaftig nicht ein. Denn da er ja „Noah der Begünstigte“ war, gab es niemanden in der Stadt, der so allgemein, und selbst bei denen, die ihn zu lieben meinten, verhaßt gewesen wäre wie er, und niemanden, dem Armut, Aussatz oder Tod so oft und so leidenschaftlich an den Leib gewünscht worden wären wie ihm. Daß einer aus dem Hause Noah, nicht anders als ihrereins, einfach so, ohne Krankheit, Unglück oder Mord, das Zeitliche gesegnet hätte, das hatte sich noch nie zuvor ereignet. Und obwohl die Chance, den unausstehlich rüstigen Noah doch einmal kleingemacht vor sich zu sehen und bemitleiden zu dürfen, reichlich spät kam, war doch die Freude darüber, daß sich dieser von Jahr zu Jahr vergeblich weitergetragene Wunsch nun doch erfüllte, groß genug, um sie für die tausend Tage der Benachteiligung und die tausend Nächte der Mißgunst zu entschädigen, und um sie mit der frommen Genugtuung zu erfüllen, daß wer ausharrt, schließlich doch den gerechten Lohn Gottes einheimsen durfte.

So also stand es um den großen Schauspieler Noah und um sein Publikum, als seine Chargen einzogen, um ihm ahnungslos die Stichworte für seine Rolle einzusagen. Denn nun näherten sich die fünf Frommen, die, schwatzend aus dem Tempel keimkehrend, den gebrochenen Mann entdeckten und, nachdem sie sich tuschelnd miteinander verständigt, auf ihn zutraten, um ihm beizustehen.

„Dir ist jemand gestorben?" erkundigte sich schonend der Erste.

Noah schien aus der Starre seines Schmerzes erst erwachen zu müssen. „Ob mir jemand gestorben ist?" wiederholte er langsam. Und nach einer Weile, ohne aufzublicken: „Siehst du denn das nicht?"

Die Fünf nickten teilnehmend.

„Was hat er gesagt?" rief einer der Zuschauer schallend hinunter.

„Ihm ist einer gestorben, hat er gesagt!" rief einer von der Straße ebenso schallend hinauf.

„Das sehen wir alleine!" kam es von oben. „Aber wer?"

„Wer ist dir denn gestorben?" erkundigte sich da sanft der Zweite.

„Wer mir gestorben ist?“ wiederholte Noah langsam. Und nach einer Weile, ohne aufzublicken: „Weißt du denn das nicht? Viele sind mir gestorben.“

Die Fünf gaben einander fragende Blicke.

„Was hat er da gesagt?“ kam es schallend von oben.

„Viele sind ihm gestorben, hat er gesagt!“ rief der Dolmetsch ebenso schallend hinauf.

Da wurde es oben unruhig. „Namen!“ rief Einer, und „Wer sind denn diese Vielen?“ ein Anderer.

„Wer sind denn diese Vielen?“ erkundigte sich da der Dritte voller Mitleid.

„Wer diese Vielen sind?“ wiederholte Noah langsam. Und nach einer Weile, ohne aufzublicken: „Weißt du denn das nicht? Wir alle sind diese Vielen.“

Die Fünf runzelten die Stirnen.

„Was hat er da wieder gesagt?“ kam es schallend von oben.

„Wir alle sind diese Vielen, hat er gesagt!“ rief der Dolmetsch schallend hinauf.

„Ich nicht!“ rief da Einer hinunter, und: „Wann soll denn das passiert sein?“ ein Anderer.

„Wann ist dieses Unglück denn geschehen, lieber Noah?“ erkundigte sich da der Vierte.

„Wann dieses Unglück geschehen ist?“ wiederholte Noah langsam. Und nach einer Pause, ohne aufzublicken: „Weißt du das denn wirklich nicht? Morgen ist es geschehen.“

Die Fünf gaben einander erschreckte Blicke.

„Was hat er da wieder gesagt?“ kam es schallend von oben.

„Morgen ist es geschehen, hat er gesagt!“ echote der Dolmetscher hinauf.

„Morgen ist gut!“ höhnte da Einer, und ein Anderer: „Warum nicht übermorgen?“ und ein Dritter: „Das ist ja ganz was Neues!“ Und sie lachten und tippten sich auf die Stirnen.

„Wirklich, mein lieber Noah“, meinte da der Fünfte, „das ist etwas neuartig für uns. Wie soll denn das möglich sein?“

„Wie das möglich sein soll?“ wiederholte Noah langsam. Und nach einer Pause, ohne aufzublicken: „Weißt du denn das wirklich nicht? Weil es übermorgen etwas sein wird, was gewesen ist.“

Die Fünf trauten sich nicht mehr, einander anzublicken.

„Was hat er da wieder gesagt?" kam es von oben.

Da aber hatte der Alte genug von seinen Helfern. Mit einer einzigen Bewegung hatte er den Dolmetsch nach hinten befördert. Und wie er nun dastand, von neuem aufgerichtet in seiner Ehrfurcht gebietenden Größe, da brachte er die Lacher sofort zum Verstummen, die Fünf traten ängstlich um einen Schritt zurück, und sogar die in den Logen schienen plötzlich zu versuchen, die hinter ihnen Nachdrängenden zurückzuschieben, um sich Luft zu schaffen. Denn nun erst hatten sie erkannt, daß nicht nur sein Kleid mit Asche verschmiert war, sondern auch sein Gesicht, und daß er aussah wie Einer, der dem Grabe entstiegen war. Und war wohl keiner unter ihnen, der sich nicht heimlich fragte, ob denn der, der da wild und bedrohlich unter ihnen stand, wirklich *ihr* Noah war, oder ob sich da nicht irgendwer, irgendeiner, der noch gewaltiger war als er, betrügerisch des Bildes Noahs nur bediente, um sie in dieser Verkleidung zu erschrecken oder gar zu richten.

„Ihr habt es gehört", begann Noah nun von neuem. „Übermorgen wird die Flut etwas sein, was *gewesen ist.* – Und ihr wißt, was das bedeutet. Oder solltet ihr selbst das nicht wissen?"

Da geschah es zum ersten Mal, daß niemand den Mund öffnete, um zu antworten.

„Wenn ihr es nicht wißt", fuhr er fort, und er beschrieb mit seiner Linken einen Bogen, der den ganzen Umkreis des Geschaffenen zu umfassen schien: die Fünf, die vor ihm standen; die Hunderte, die die Galerien anfüllten; die Stadt, die sich hinter ihren Häusern ausdehnte; die Hügel, die hinter ihrer Stadt aufstiegen; und die Welt, die hinter ihren Hügeln begann, um nirgendwo zu enden – „dies hier bedeutet es. Wenn nämlich die Flut übermorgen etwas sein wird, was *gewesen ist*, dann heißt das: dies hier, nämlich alles, was *vor* der Flut gewesen, wird etwas sein, was *niemals* gewesen ist. Nein, niemals. Und ihr wißt, warum niemals. Oder solltet ihr selbst das nicht wissen?"

Da geschah es zum zweiten Male, daß niemand seinen Mund auftat. Und Noah spürte, daß der Augenblick für seinen Angriff näherrückte.

„Weil es", erklärte Noah an ihrer statt, „wenn die Flut morgen kommt, fürs Erinnern zu spät sein wird und zu spät fürs Betrauern. Und weil es dann niemanden mehr geben wird, der sich unser wird entsinnen können, und niemanden, der uns wird betrauern können. Nein, niemanden. Und ihr wißt auch, warum niemanden. Oder solltet ihr selbst das nicht wissen?"

Da blieben sie zum dritten Male stumm. Und Noah wußte, daß sie nun beinahe sturmreif waren.

„Weil kein Unterschied sein wird", antwortete Noah an ihrer statt, „zwischen Weinenden und Beweinten, weil die Totenkläger in den Wassern dahintreiben werden neben den Toten, die Segnenden neben den zu Segnenden, die Zukünftigen neben den Gewesenen, und weil wir alle betrogen sein werden um unseren Kaddisch."

Da es nichts gab, was ihnen tieferen Schrecken hätte einjagen können als die aussichtslose Aussicht auf einen Tod ohne Kaddisch; und da nur dieser Tod für sie wirklichen Tod bedeutete, machte Noah eine Pause, um abzuwarten, bis dieser Schrecken ganz und gar Besitz von ihnen ergriffen haben würde. Einem der Fünf bebten zwar die Lippen, aber Sprache kam auch aus dessen Munde nicht. Da erkannte Noah mit Genugtuung die Wirkung seiner Worte und wußte, daß sein Augenblick nun gekommen war.

„Wenn ich hier vor euch stehe", fuhr er nun fort, „so weil ein Auftrag an mich ergangen ist. Der Auftrag, diesem Schlimmsten zuvorzukommen. – Drehe die Zeit um – sprach die Stimme zu mir, – nimm den Schmerz schon heute vorweg, vergieße die Tränen im voraus! Und das Totengebet, das du als Knabe gelernt, um es am Grabe deines Vaters zu sprechen, das bete nun für die Söhne, die morgen sterben werden, und für die Enkel, die niemals geboren sein werden! Denn übermorgen wird es zu spät sein! – So lautete der Auftrag."

Die Fünf, die ihn umstanden, versuchten abwehrend die Hände zu heben. Aber selbst das gelang ihnen nicht mehr.

Denn da hatte Noah, der keine Verzögerung mehr zuließ, den Kaddisch bereits heulend angestimmt. Und wie frevelhaft es auch sein mochte, wie dreifach frevelhaft, ihn am falschen

Ort, zur falschen Zeit und für die Falschen anzustimmen – da die Einen es für undenkbar hielten, daß eine solche Schändung der von Gott selbst eingesetzten Sitte ohne Einverständnis Gottes hätte durchgehen können; und die Anderen schon nicht mehr gewiß waren, ob sie denn, da sie in den Segen nun miteinbezogen waren, wirklich noch den Lebenden zugehörten oder nicht vielmehr schon den Toten; und da den einmal begonnenen Segen zu unterbrechen ein weiterer Frevel gewesen wäre; und da selbst den Fünfen keine Regel bekannt war, die die Sühnung eines so ungeheuerlichen Verbrechens vorgesehen hätte – aus allen diesen Gründen war niemand da, der Noah ins Wort gefallen wäre oder der ihn davon abgehalten hätte, den Text bis zum letzten Wort durchzusingen. In die Strophenpausen drangen zwar Stimmen aus den Nebenstraßen, die Rufe der Eseltreiber und der Obsthändler, aber die schienen bereits ungültig und gewesen. Und so geschah es, daß dieses Unerhörte plötzlich etwas war, was geschehen *war*, also nun *nicht* mehr war; und daß dieses ein für alle Male Geschehene rückgängig zu machen nun nicht mehr in Frage kommen konnte. –

Die Fünf standen, als hätten sie die Richtung verloren, und als wäre es ihnen unbekannt, in welches Zeitgelände sie sich verirrt hatten, ob in das des Vorgestern oder das des Übermorgen. Und wagten es nicht, sich zu rühren, und blickten entsetzt auf Noah, ob der wohl noch imstande sein würde, den Weg zurückzufinden, das Zeichen zum Wiederbeginn der Zeit zu geben und sie noch zu erlösen aus der eisernen Umklammerung, in der er sie festhielt.

Der aber tat, als spürte er nichts von ihrer Angst. Auf diesen Augenblick hatte er seit Monaten gewartet, und nichts lag ihm ferner, als sie nun vorzeitig aus ihrer Gefangenschaft zu entlassen. Die Schreie der Eseltreiber verloren sich in der Vorstadt, die Fruchthändler hatten bereits Feierabend gemacht, die Schatten begannen, lang zu werden, über den Dächern wuchs die weiße Quellwolke, die vorher nicht dagewesen – aber die Fünf standen noch immer wie gelähmt, und die Balkons blieben noch immer angefüllt mit den reglosen Opfern seines Segens. Und keiner hätte wohl sagen können, wie lange er so dagestanden, ehe Noah seine Hand ausstreckte, um zu prüfen, ob es schon regnete, und „Noch ist es Zeit“ sagte und: „Es ist heute“; und sie mit den Worten: „die Vorstellung ist beendet“ freiließ und in seinem Hause verschwand.

Dort aber legte er sein Sackkleid ab, wusch sich und saß bald wieder an seinem Arbeitstische. Kaum aber war er damit fertiggeworden, eine erste neue Arche zu entwerfen, *die* Arche, als es klopfte.

Da trat ein Zimmermann ein, der eine Axt in seiner Rechten trug. Und Noah fragte: „Was wünschst du?“ – Und der sprach: „Es wird finster draußen. Laß mich mitbauen. Damit dein Kaddisch unwahr werde!“ – Und Noah hieß ihn willkommen. Und es klopfte zum zweiten Male.

Da trat ein Dachdecker ein, der einen Korb voll Schindeln anschleppte. Und dieser sprach: „Über den Hügeln regnet es. Laß mich mitbauen. Damit es unwahr werde!“ – Und Noah hieß auch ihn willkommen. Und es klopfte zum dritten Male.

Da trat ein Steuermann ein und wischte sich den ersten Tropfen aus dem Haar. Und sprach: „Was taugen uns morgen noch Landkarten? Ich komme mit leeren Händen. Aber laß mich mitbauen. Damit es unwahr werde!“ Und auch ihn hieß Noah willkommen, und es klopfte zum vierten Male und noch viele weitere Male. Da streckte Noah seine Beine weit von sich, denn seine Spannung war nun vorüber und sprach: „Es ist soweit. Wir können anfangen.“ – Und da sie zusammen auf den Hof hinaustraten, da prasselte es bereits auf das Teerdach des Geräteschuppens, und sie begannen mit ihrer Arbeit im strömenden Regen.

Und nicht nur die Arche wäre niemals gebaut worden, die *eine* klägliche Arche, die schließlich zustande kam anstelle der stolzen Flotte, die er einst erhofft und entworfen hatte; sondern auch wir wären nicht da, wir, seine Ururenkel, und keiner von uns hätte je die Freude gehabt, die Schönheit der wiederergründeten Welt zu bewundern; und auch Gott würde nicht thronen über seinen Geschöpfen, sondern über verstummtem Gelände, das ihn anöden würde in alle Ewigkeit –

hätte nicht Noah den Mut aufgebracht, zu hadern, Komödie zu spielen, in Sack und Asche aufzutreten, die Zeit umzudrehen, die Tränen im voraus zu vergießen und den Totensegen zu sprechen für die noch Lebenden und die noch nicht Geborenen. (1961)

Aus: Günther Anders: Die atomare Drohung. Radikale Überlegungen. 5., durch ein Vorwort erweiterte Auflage von „Endzeit und Zeitenende", München 1986 (Beck'sche Reihe 238), S. 1–10.

*Ulrich Sonnemann*

# Das fatale Perfektfutur und das Andersartige in Noahs konterfatalem oder Die Fugen der Zeit. Zu Günther Anders' „Die beweinte Zukunft"

„Drehen wir die Zeit um!" läßt Günther Anders in seiner Parabel „Die beweinte Zukunft", die er 1961 geschrieben hat, den biblischen Noah den Auftrag, der ihm von Gott selber gegeben sei, referieren; nämlich dahingehend, die Trauer vorwegzunehmen um die Söhne, die in der Sintflut ertrunken sein, die Enkel, die das Licht der Welt nie erblickt haben werden; die Vorwegnahme begründet sich daraus, daß mit dem Verlöschen der Menschheitsgeschichte es auch die Trauernden, Trauerfähigen, ja nicht mehr geben wird: so total wird der Tod sein. Was die divinatorisch Noah vorangekündigte Situation nicht etwa zur extremsten, sondern zu der unfaßlich ultra-extremen macht, die über die Reichweite jedes erlassenen Gebotes hinausliegt, ist, daß niemand mehr in ihr situiert sein wird, trat sie erst ein; und schon stimmt er, ein sehr strenges Gebot übertretend, den *Kaddisch,* das jüdische Totengebet, an und erreicht damit – allein schafft er es nicht –, daß man ihm beim Bau der Arche zu der Hilfe eilt, die man zuvor ihm, ungläubig spottend, versagt hatte. Die Forderung des Tages, goethisch geredet, *ist* dieser Bau, es ist nicht, eben darum wird er sie leisten, während er sie als positiviertes Perfektfutur nur vereitelte, die Errettung der Menschheit: diese negative Dialektik stellt die Ordnung der Zeit selbst wieder her – aber wie denn, erfuhren wir nicht erst eben, Noah habe sie gerade, die Zeit, er leugnet das gar nicht, sagt es selbst ja den Leuten in aller Ausdrücklichkeit, *umgekehrt?*

Offenbar läßt die Zeit das zu. Aber um die chronologische Zeit, die ja immer bloß abläuft, indifferent für ihren Geschehensinhalt jeden möglichen zu enthalten auf ihre Weise, nämlich indem sie an ihm vorbeiläuft, verfügbar ist, kann es dabei sich nicht handeln, im Gegenteil ist es diese Unverrückbarkeit ihres Nacheinanders, die ihn ja gerade verrückt macht, da er sie ins Künftige weiterdenken kann, worauf Noahs *Blick* ruht. Gar nicht dem Blick also, nicht dem Auge, nicht der *Anschauung*, die jeden Topos als Raum erfaßt, auch noch die Zeit daher zu etwas Räumlichem, einer festliegenden linearen Vorstellbarkeit, einer Strecke macht, kann die Gegenmacht zu danken sein, der das Wagnis, die Zeit umzukehren, gelingen wird, sondern einzig dem erkennenden andern im Angebot des Sensoriums, dem *Ohr* also. Wie auch wollte denn das Wort bereits, das *im Anfang* war, etwa angeschaut statt gehört werden, wie zum Bild gemacht, dieser Abgeschlossenheit, die der Reichweite allenfalls des objektivierenden Verstandes genügen kann, statt in seiner Anfänglichkeit, der kein Schema genügt, weshalb ja auch Vernunft erst in *ihr* entspringt, eben *vernommen* sein? Das Wort, das an Noah ergeht, macht von der Konstitution dieser unableitbaren Anfänglichkeit keine Ausnahme, offenbar aber, da ihm ihre Umkehrung möglich wird, kann die *Zeit* dann in der Bestimmung, mit der Kant sie verkannte, nicht aufgehen: gerade *apriori* nicht die Anschauungsform sein, für die er sie ausgab. Nachzulesen in der Transzendentalen Analytik der *Kritik der reinen Vernunft* lautet sein Argument dafür, daß wir die Zeit niemals anders uns „vorstellig" machen können „als unter dem Bilde einer Linie": worin er ja, soweit das eben reichen will, recht hat. Aber wie steht es um diese Reichweite, von der ja das Rechthaben nicht des zitierten unkontroversen Einzelbefundes, sondern der ganzen fraglichen Zeitdefinition abhängt: Welche Auffassung der menschlichen Erkenntnisorganisation prägt unter der Hand diejenige der von Kant gemeinten exklusiven *Vorstellbarkeit* selbst schon? Anders als den Raum, in dessen Extensivität ja sein Anschauungsbegriff gerade als apriorischer Bedingung der Möglichkeit aller empirischen räumlichen Bestimmungen seinen Ansatz hat, nehmen wir, heißt es etwas später, die Zeit „an sich", die Zeit *als Zeit* also – da *dieses* Ansich eine prinzipielle Unzugänglichkeit jenseits der Erscheinungswelt ja nicht meinen kann – „überhaupt nicht wahr“: eine erstaunliche Behauptung, konfrontieren wir sie etwa mit einer so berühmten wie unveralteten Rechenschaft, die hier einschlägiger gar nicht sein könnte, jener höchst nachprüfbar perzeptiven Erfahrung, die der radikalen Zeitlehre schon des Augustinus im Elften Buch seiner *Confessiones* zugrunde liegt; oder auch, in Augustinus' Nachfolge, mit der allgemeinen, von der das ganze Reich der Musik zeugt, wie ja auch alle Erinnerung, alle Dichtung, alle Geschichte und Lebensgeschichte; bis in die Syntax der Sprachen selber hinein ist es die Manifestation gerade ihrer rhythmischen Potentiale, worin am reinsten, da raumunabhängigsten, eine Wahrnehmbarkeit von Zeit *als Zeit* sich erschließt, die nur die Anschauung nicht benötigt. So wahrnehmbar ist Kants Wahrnehmungsbegriff, wo er ihn erkenntnistheoretisch ins Treffen führt, schon auf die Leistungen eines einzigen wie immer wichtigen Sinnesorgans eingeschränkt, daß seine Linienbestimmung der Zeit gerade deren präreflexives Apriori verfehlt, das er doch sichern wollte. Als *müsse* sie sich *vorstellen* lassen, wie er solches Vorstellen meint, also selbst bereits als ein *Anschauen,* geht seine Bestimmung ins verschwiegen Vorausgesetzte der transzendentalen Analysis ein, die sie doch vorgeblich erst erschließt; welcher ins Auge springende Zirkelschluß – in seiner eigenen Sprache: Paralogismus –, der die Zeit dem Raum kurzerhand gleichschaltet, schlicht die Zuordnung dessen zur ignorierten Erkenntnismacht des *Gehörs* verschweigt, was sich nachprüfbar aus ihren Erfahrbarkeiten gerade für ihren apriorischen Status ergeben will. Für den Fall des Andersschen Noah ergibt sich daraus eine Bestätigung beider Zeitbegriffe, die in seinem – in beiderlei Sinn: theoretischem wie politischem – *zeitkritischen* Handeln zusammentreffen, Zeit als Linie, vorentschiedener Ablauf, der so mechanisch wie die Uhr, die ihn später messen wird, das Programm einer tödlichen Fatalität zu vollstrecken hat, und was sie in Noah als eine Bewegung der Seele herausfordert, die in dem fundamentalen augustinischen Sinn selber Zeit, ja nach dem kosmischen Stellenwert dieser in ihr verborgenen Möglichkeit die schließliche Wahrheit über ihr Wesen und Wirken ist, daß sie aus dem

Widerstand eines negentropischen *Denkenkönnens* sich die Freiheit gewinnt, ein rettendes Ereignis zu zeitigen. Sie sind also beide da, diese zwei so verschiedenen Zeitbegriffe, aber ihr Verhältnis hat der buchstäblich optischen Täuschung entgegen, die in Kants Verräumlichung, Linearisierung, noch und gerade der vermeintlichen Apriorität von Zeit nur ihre abschließende philosophische Weihe erhält: nach einer langen, hier nicht auszuführenden bewußtseinsgeschichtlichen Vorgeschichte, die auf die Raum-Präokkupation der frühen Neuzeit, in mittelbarem Sinne bis auf die griechische Antike zurückdatiert, sich in dem, was Noah erfaßte, was er unternimmt und was ihm gelingt, genau umgekehrt: daher dann auch die Ausnahme-Qualität, die *seinen* Gebrauch des Perfektfuturs von jenen Erschleichungen von Positivität unterscheidet, die dieses Angebot der Syntax erlaubt; welche verhängnisvollen Subreptionen in den Hypostasen des deutschen Denkens zumal seit den Verflachungen des Historismus sich einschliffen.

Daher deren zugleich Beschwörendes und für die authentische genetische Ordnung des in schlechten Kopien Beschworenen zugleich Unaufmerksames, das in seiner zweiten Unzeitgemäßen Betrachtung – die deren Verkehrung bemerkt – schon Nietzsche aufs Korn nahm. Die historistische Verkennung von Geschichte zu einer Kette unbegriffener Gewordenheiten, die mit dem Werden, das sie selber verdecken – und dessen Begriff man um so emphatischer feiert –, selbst von Hegel verwechselt werden, unterliegt schon der gleichen Monopolisierung des Erkennens und Denkens durch die Herrschaft des Auges, die dann in der Inflationszeit der Bilder, also unserer, zu dem Zustand geronnen ist, für den ich 1986 den Namen Okulartyrannis in Vorschlag brachte. Schon ihre Vorstufen sind dem verabsolutierten Sinnesorgan selber keineswegs zum Vorteil gediehen, wie nicht nur mancher Blick auf historistische Bauwerke in ihrem unperzeptiven Verhältnis zu den Originalen, deren Imitation ihnen vorschwebte, auch schon Nietzsches eigene beredte Klage über das Schwinden des physiognomischen Sehens bezeugen kann, und natürlich gehört hierher auch die Kritik, die Paul Yorck von Wartenburg an der Harthörigkeit seines

Freundes Dilthey, dem aus Hegels Schädelstätte des Geistes sich Historie zu einem Panoptikum schon verbildlicht hat, für die in der Tiefe der Gesellschaft rumorenden *kritisch lebendigen Kräfte* übt. Aus dem Panoptikum wird dann zunächst der Kostümverleih, der dem zweiten Wilhelm eine imperiale Ausweitung seiner Garderobe gleichermaßen auf den römischen Adlerhelm und die starre Seide des Rokoko erlaubt, dem aber das Abgeschirmte der hermetischen Symmetrien der dann erst televisionär sich vollendenden perfektfuturischen Demenz in nichts nachsteht: entsteigt der Papst einem Flugzeug, heißt das doch – da man ja weiß, daß er selbst es weiß –, nicht vielleicht, sondern so unabwendbar, daß wie der Bildschirm von seinen Energien ein erwartungsvolles *küßt-alsbald* schon von einem *wird geküßt-haben* durchglüht ist, küßt er alsbald die besuchte Landeserde: wenn auch stets eben durch ihre Zubetoniertheit mit überaus identischen Pisten überall seiner wartendem unfreundlich hartem Pflasterstrand bloß *hindurch*, aber gemach, gerade in seinem Fall könnte ja der Kuß selbst penetrierend sein, und jedenfalls wird er doch, und küßt trotzdem, selber von dieser Schwierigkeit unterrichtet sein, und da er also weiß, daß man weiß, was sein Kuß berührt, heben – eben dies macht die TV-Symmetrie ebenso selbst schon aus wie hermetisch – beide Wissen sich auf. Sollten Sie das nicht einsehen, tun sie recht daran, es *ist* unklar; deshalb hat es ja diese Macht. Am wenigsten, soweit sie reicht, läuft das Perfektfutur in den heimlichen Rollen, die es in den Topologien des Fernsehens, dem hypnotischen Verhältnis zwischen dem Beschauer und dem Schirm spielt, Gefahr, seinen Täuschungscharakter zu offenbaren, der ja anderweitig vielleicht doch schon nach manchen Anzeichen, deren Zahl im Wachsen ist, dämmert, seit vor einem Vierteljahrhundert Günther Anders die Zwangsläufigkeit nachwies, mit der diese Weltverdoppelung, wenn man ihr nicht mit kritischen Eingriffen in die Parade fährt, auf die präzise bestimmbare Weise die Welt entleert, sie zu Phantom und Matrize macht, daß sie die Relationen der Phänomene, ja die Ordnung der Zeit selber verkehrt, das Ereignis etwa seiner Nachricht nachläuft, unversehens seine Chance, überhaupt eines zu sein, dabei einbüßt, und so stammt denn auch von Anders, wenn er das auch nicht eigens thematisiert hat, theoretisch es implizit ließ, was in der „Beweinten Zukunft" an subversiver Erkenntnis, also wahrhaft philosophischer, für das Verhältnis zwischen Geschichte und Praxis steckt, diese in ihrer Botschaft umso unmißverständlichere, drastischere Klärung des Unterschieds zwischen Unrecht und Recht des Perfektfuturs, das ja die Sprache nicht zur Verfügung stellte, öffnete es sich einzig dem ersteren, seinem es positivierenden Trug. Der legitime Gebrauch ist nach dem Muster des einzig gewissen Perfektfuturs – irgendwann einmal wird ein jeder gestorben sein – negativ, darum braucht es auch in diesem Falle, da er ohnedies ja die Abgeschlossenheit des Perfektums hat, die *Zeit* nämlich wirklich umgekehrt ist, noch nicht einmal in der Buchstäblichkeit eines unmittelbar syntaktischen Auftrittes zu erscheinen. In der Tat, wenn auch nur das zweite gemeint sein kann – was wäre eine zukunftslose Zukunft, wo *nicht* ein Perfektum? –, begnügen Noahs Ankündigungen sich ja durchweg mit dem ersten Futur, und es wäre auch ebenso falsch, Noahs Hörschärfe so für Gottes Auftrag wie für seine Zumutungen, gegen die er Widerstand übt, dahin zu deuten, um so notwendiger, was ja nicht der Fall ist, müsse es seiner Rede an *Bildern* fehlen, wie Kritik an der herrschenden Okulartyrannis generell etwa als eine Entwertung des Sehens. Im Gegenteil – schon Nietzsches erwähnte Kritik wies in diese Richtung – tut dem Auge längst selbst not, daß es, statt glotzen oder inventarisieren zu müssen, wieder in entdeckenkönnender Unbefangenheit *schauen* darf, seine ihm aufgenötigte Polizistenmisere über dem Ensemble der menschlichen Sinnesorganisation endlich los wird: nicht so desperat wäre *die zur Strecke gemachte Zeit eine zur Strecke gebrachte*, glückte der andern, die in Noahs Hoffnung sich gegen sie stellt, nicht die denkendere Bestimmung auch noch – ja zumal sogar – des Perfektums. Insofern alles Abgeschlossene tot ist, ist es, was es ist, nur für einen Blick noch, der es von außen erfassen kann, ja der Tod selbst als das äußerste Abgeschlossene, bricht, wie sein Nahen erfahren wird, immer ja, mag er es auch noch so sanft tun, doch *von außen* in das Gefild eines Lebens ein – aber was haben wir, wenn etwas Totem – und das ist ja auch und ist es desto drastischer, als gerade sie eine hermetische Abschließung auf das dringendste für ihre Dienste benötigt, die *Arche* – die Funktion überantwortet ist, die Kontinuität gerade des Lebendigen als rettendes Transportgerät zu behausen? Ein sehr auffälliges Analogon – das zunächst – zur Gott *ungehorsamen* Totenklage Noahs in Anders' Erzählung, dient auch ihr doch der Tod, da er alles aufhebt, konsequent nun zum Aufheben, nur eben in des Wortes schlichtestem Sinn, der mit unverrückbarer Eindeutigkeit Bewahrung und Errettung meint, seines Gegenteils – aber wie könnte, zum zweiten, ein selbst totes Substitut des Todes nicht die Bestimmung dieses äußersten Perfektums zu teilen haben, nach der ja sein fälliges Abschließen, wie wir gerade festhielten, stets *von außen* erfolgt? Wie immens Noah auch geschuftet hat, um den Arche-Bau zustande zu bringen, wie auch der Ausstieg nach der Ararat-Landung ja dann ganz wieder bei seiner Initiative liegt: *diese* Abschlußtat kann nicht seine sein. „Und der Herr schloß hinter ihm zu", steht im deutschen Text Luthers.

Und sehr plausibel bloß gehört zu Noahs Frömmigkeit, was um viele Generationen an seiner Anders-Gestalt auch schon den Gotteskampf Jakobs voraus-agiert: eine sie selbst erst fundieren könnende unbeirrbar kritische Freiheit, aus der heraus er, mit dem Höchsten hadernd, ihn warnt, nicht den Erstaunten zu spielen über den Gauklerpart, den Noah in petto hat: so Komödie zu spielen – wie denn anders läßt der Auftrag sich ausführen, der von diesem Partner an ihn ergangen ist – nötigt ihn keine kapriolische Anwandlung, sondern Gott selber.

An dieser Andersschen Auslegung des überlieferten Berichts über Noah, dem, was sie ihm hinzufügt, nun zunächst ein paar einfache, in ihrer Tragweite aber womöglich sehr einschneidende Wahrnehmungen, erstens, die Vorwegnahme des Gotteskampfes ist nur das diskreteste Beispiel eines souverän genug Geschichte zusammendenkenden, also wahrhaft erst diachronen Geschichtsverständnisses, daß es sich, spielerisch, eine Synchronisierung von chronologisch Auseinanderliegendem leisten kann, das gilt bereits für den Kaddisch und gilt ganz gewiß für

Noahs Reaktion, als er mit Genugtuung die ersten Anfänge der Wirkung seines Komödienspiels wahrnimmt: „Die Suppe beginnt zu brodeln, es riecht bereits nach *Kirmes*", legt sein Verfasser ihm in den Mund. Mancher Oberlehrer des Geschichtsunterrichts wird unzweifelhaft eine solche Freiheit beanstanden, da bis heute aber kein Oberlehrer der Geschichte, wo diese zu kriminellem Wahnsinn geriet, in den Arm fiel, im Gegenteil dabei zu oft mitmachte: wie gut kann er sein Gebiet verstanden haben, und wird nicht Geschichte selbst erst durch die Tätigkeiten immer eines Bewußtseins Geschichte, worin erinnernd, so daß sich ihre Kontinuitäten entdecken lassen, sich das Einstmals und das Spätere so durchdringen können, daß ihre Verbundenheit an den Tag kommt? Zweitens, Vernunft und Offenbarung sind asymmetrisch genug in Anders' Noah-Erzählung, gerade mit dieser Asymmetrie zu demonstrieren, daß ganz ohne das jeweils andere keines der beiden zu sein vermag, wie Gottes Auftrag nach seiner Zielbestimmung, der Noahs Widerstand ja gerade *nicht* gilt, vernünftig ist, hat Noahs Vernunft, die an Gott Kritik übt, gerade in ihrer fügenkönnenden Spontaneität etwas Unverfügbares noch für ihn selber, als unableitbarer Horizont seines Denkens etwas Ortloses: Geoffenbartes. Anders als die selbstherrliche, richtiger ich-herrliche, Unverfügbares nicht zulassende des Cartesius, die bis in unser Jahrhundert hinein sei es weiterherrscht, sei es weiterspukt, unterwirft diese vernehmende Vernunft sich den Raum, diesen unendlichen Verfügbarkeitsschein, gerade nicht, sondern subvertiert seine Schrecken, indem sie es mit dem *Hörbaren:* jener Stimme hält, in deren Anruf an die menschliche Seelenbewegung – also ihre eigene – die Macht der befreienden Zeitverkehrung, diese Poiesis der Geschichte, beschlossen liegt, die es nur gewöhnlich sehr schwer hat. Ist sie meistens doch leise genug, daß man sie über deren Krächen, die häufig ein einziges beständiges Crescendo sind, gar nicht hört; woraus nur abermals sich ja die Ratsamkeit, eben stärker als in einer Bilderinflation üblich, die Erkenntnismacht des Ohrs zu pflegen, ergeben kann, wir zunächst aber, drittens, auf die Eigenart einer ethischen Überlieferung, der jüdischen nämlich, verwiesen sind, deren berühmtem Bilderverbot für die Darstellung Gottes ja durchaus keines für erfahrene Zeugnisse, noch so variable, seiner *Stimme* die Waage hält; und übrigens bestätigt diese Variabilität – die ganze Bibel hindurch – nur die Einsicht Adornos – oder auch umgekehrt diese jene – wonach Wahrheit selber, ohne doch ihr Absolutes, dessen unbeirrbare Festigkeit, darum einzubüßen, einen geschichtlichen Zeitkern hat.

Zunächst erscheint das als Widerspruch; aber bedenken wir, daß nach besagter gleicher Überlieferung, insofern ist sie rigoros, aber antirigoristisch, *alle* Erkenntnis mit derjenigen von *Gut und Böse* beginnt, ist es keiner, entweder etwas *ist* Anfang, dann ist es, und das gilt dann auch für die Vernunft, unableitbar, hindert ja nur keineswegs, daß sie das Gute und Böse jeweils situativ unterscheiden kann, unhinterfragbar teilen sich Gewißheiten aus erkennender Vernunft ganz von selber mit, oder es wird abgeleitet, wenn auch nur versuchsweise, was dann das Precarium einer moralischen Kasuistik ergibt, die nie an ihr Ende kommt: dann büßt es gerade seine Anfänglichkeit ein, die ja übrigens in Platons Dialog „Charmides" ihr sehr beredtes antikhellenisches Korrelat hat, wo zuletzt dem platonischen Sokrates eine volle Einsicht in die unhinterfragbare Anfänglichkeit eben der Erkenntnis von Gut und Böse gelungen ist, nur erscheint sie als kritische Entdeckung des vorgeschrittensten griechischen Geistes erst auf dieser, der höchsten Stufe seines aufklärerisch-klassischen Werdegangs; während die jüdische Überlieferung eben merkwürdigerweise mit dieser Einsicht schon anfängt. Und ich hatte ja selber gehofft, nicht auf Kant hier nochmals zurückkommen zu müssen, für dessen unveraltet kritische Fragen, wenn auch nicht Antworten, ich nur die größte Verehrung beteuern kann, aber es geht nicht, da es kein zweites Beispiel gibt, an dem so klar sich das Unwegsame einer kasuistischen Verkennung jener unableitbaren Anfänglichkeit demonstrieren läßt wie an seiner Morallehre. Das gilt schon für die „Kritik der praktischen Vernunft", die deren Primat zwar verkündet, in ihren Deduktionen das aber keineswegs, was uns nur viel zu weit hier verschlüge, dann einlöst, um so sinnfällig drastischer aber legt Kants Spätschrift „Von einem vermeintlichen Recht, aus Menschenliebe zu lügen" die ganze Tiefe des Abgrunds bloß, der eine ich-selige Vernunft, die so rückhaltlos alles, auch sich selber noch, selbst machen möchte, daß sie im Bann ihrer Bilderwelt die Stimme des Unverfügbaren gar nicht vernimmt, von jener anderen unterscheidet, für die ja auch Anders' Noah schon thematisch um so deutlicher steht, als er seine große Wahrheit nur um den Preis einer zu ihr hinzuerfundenen Lüge schließlich ins Werk setzt. Nach Kant hätte er das gar nicht gedurft. Besagte Schrift bringt den Fall eines Flüchtlings vor einem Tyrannen zur Sprache, der Flüchtling sucht Zuflucht in unserem Haus, die ihm gewährt wird, dann treffen mit der Frage, ob er bei uns sei, die verfolgenden Schergen ein, und dann *müssen* wir ja sagen, da wir sonst die sittliche Weltordnung nämlich verletzen, daß wir sie ganz gewiß verletzen, indem wir zu Beihelfern eines Mordes werden, der Tyrann könnte ja ein Ayatollah, der Flüchtling der verurteilte Salman Rushdie sein, hat Kant nicht wahr, *will* er nicht wahrhaben, daher macht er dann die Ausflucht, vielleicht habe ja der Flüchtling inzwischen unser Haus bereits wieder verlassen; welche Einführung eines sichtbar nachträglichen, willkürlich topologischen Hilfskonstrukts so wenig zum moralischen Entweder-Oder der rigoros vor eine Entscheidung zwingenden Situation paßt, vor die er ja selber den Hausbesitzer, alias Leser, gestellt hat, daß das Scheiternmüssen einer solchen Kasuistik unverkennbar wird, ja der Rigorismus selber zum Flickwerk.

Kriterium des Unterschiedes von Gut und Böse ist auch in diesem Falle der *andere:* sein Interesse, seine Freiheit, sein Leben, seine Zukunft, sein Wohlergehen. Erst wo das realisiert wurde, ist das menschliche Dasein über seine Bestimmung als Sein-zum-Tode hinaus, von beiden aber, die das gegen Heidegger wahrhatten, Günther Anders und Emmanuel Lévinas, ist Anders der frühere. „Die beweinte Zukunft" wurde im Jahr der Erbauung der Berliner Mauer geschrieben. Die Mauer ist gefallen, die Nachkriegsgeschichte beginnt seltsamerweise – vielleicht unheimlicher, vielleicht verheißender – jetzt erst. An uns ist es, dafür zu sorgen, daß sie zu keinem Sein zum Tode, sondern jener Umkehr der Geschichte aus Verkehrung der *Zeit sel-*

*ber* gerät, von deren Möglichkeit als von einer von Menschen Günther Anders uns so eindringlich nicht erzählen könnte, würde das Element seiner Kunst des Erzählens nicht schon selber der Schlüssel zu einer abermaligen Umkehrung von Geschichte sein, deren Überfälligkeit wächst.

Daß dieses Element stets die deutsche Sprache blieb, unverlierbare Heimat zugleich, die den deutschen Juden nicht weniger tausendjährig als ihren germanischen Nachbarn zu eigen war, und nie versiegende Herausforderung einer minutiösen, akribischen Zärtlichkeit, die Günther Anders mit gleicher Gelassenheit einbekannt wie aufs produktivste in seinen Texten bewiesen hat, öffnet ein weites Feld. Wir werden es hier nicht mehr beackern können, aber ist es nicht seltsam, daß auf der üblichen Liste der Verfolgten des Naziregimes kein Eintrag dem präzedenzlosen Sachverhalt Antwort steht, daß eine ganze Literatur damals aus ihrem selbstgeschändeten Land ins Exil ging? Worin, wenn nicht auf *ihren* Seiten, sollte sich die ganze Fülle zusammenfassen, die die Welt einer Sprache ist, was wäre bündiger für das Schicksal selber des *Wortes* in diesem Land ein Indiz? Nein, das waren durchaus nicht nur die ohnehin verfemten jüdischen Schriftsteller, war auch Stefan George, auch Thomas Mann, auch Bert Brecht, welche Trias hätte in sich unterschiedlicher die immense damalige Reichweite einer emigrierenden deutschen Literatur denn umrissen als die dieser Namen? Andererseits, welcher Nationalismus sich betrügerischer als der von Treitschke bis Hitler so im Duktus seiner dumpfen Parolen wie nach der Bilanz der finalen Ergebnisse seiner kriegerischen Unternehmungen auf der Landkarte als rabiatester Widersacher des heimatlichen Interesses herausgestellt, das zu verfechten er vorgab? Während diese Zeilen geschrieben werden, tut sich in der Bundesrepublik zwischen alten und *neuen* Ländern nach deren staatlicher Wiedervereinigung eine Kluft auf, die nur Vergeßlichste überraschen kann: wie könnte eine Vereinigung glücken, mit der bis heute kein spontaner Widerruf jener ungeheuerlichen Ausgrenzung eines ganzen Teils des eigenen Volkes einhergeht, die in dessen Ermordung gemündet ist, wo sie ihn nicht vorher schon ins Exil trieb? Und was könnte, zum anderen denn, als ein schuldlos verbindlicher Kernbestand deutscher Identität heute überhaupt noch verblieben sein, wenn nicht in Vorzeichnung des Geschichtsweges einer möglichen, immer noch erdenklichen *Umkehr* die gemeinsame Sprache? Ich schließe mit der Folgerung, daß es jenen Eintrag offenbar *doch* gibt, dessen einschärfend knappes Memento ich auf der Liste der NS-Verfolgten vermißte, nur steht er da im Unterschied zu allen andern in sympathetischer Tinte. Macht man sie – es wird Zeit – endlich lesbar, lautet er ohne Klausel und Vorbehalt *Die deutsche Sprache* – aber ich wüßte keine Lektüre (vermute auch, daß die Verfolgte selbst keine nennen kann), die dieser Inschrift bei ihrem Wandel zur Lesbarkeit mit so nachhaltig bannender Wirkung behilflich ist wie das Werk Günther Anders'.

# IV. GÜNTHER ANDERS IN DER DISKUSSION

## *Rudolf Burger*
## Die Philosophie des Aufschubs

„Die Gesellschaft: eine Hölle voller Erlöser! Einen Gleichgültigen – das war es, was Diogenes mit seiner Laterne suchte ...“

*E. M. Cioran*

### I.

Wer mit Hypermoral sich kommentierend beschäftigt, hat a priori einen schlechten Stand: entweder er unterbietet die Moral moralisch, wenn er sie einer Kritik unterzieht, oder er unterbietet sie intellektuell, wenn er sich zum ergriffenen Sprachrohr ihrer Imperative macht. So scheint einzig ihre freundliche „Würdigung“ möglich, oder ihr gelehrtes Resümee. Durch beides gibt man augenzwinkernd zu verstehen, daß es so ernst nicht gemeint sei, weil man doch unter erwachsenen Menschen ist, die das Reden über Praxis unterscheiden können von Praxis, über die sie nicht reden.

Nun ist es aber so: Eine „Würdigung“ können Sie von mir nicht erwarten, das widerspräche nicht nur meiner Auffassung von „Würde“ – nach Karl Kraus ist das ein Konjunktiv –, sondern, dessen bin ich gewiß, auch zutiefst dem Stil, der im Umgang mit Günther Anders geboten ist. Jede Panegyrik zöge mit Recht dessen Sarkasmus auf sich und ihre Verurteilung als billige Schulterklopferei; auch müßte man die Schultern, auf die man klopfen wollte, erst mal erreichen, was leicht zu grotesken Verrenkungen führen könnte.

Doch ein Gesamtaufriß von Anders' Denken fällt mir nicht leichter. Denn wie faßt man, ohne es zu verharmlosen und humanistisch zu verschmieren, systematisch ein Denken zusammen, das jede Systematik sprengt, weil es sich systematisch nur im Extremen bewegt, und dessen raison d'être so etwas wie eine mikrologische Monadologie des Monströsen ist?

Was Adorno von jeder großen Philosophie notierte, gilt emphatisch für die von Anders: „Was in ihr sich zuträgt, entscheidet, nicht These oder Position, das Gewebe, nicht der deduktive oder induktive, eingleisige Gedankengang. Daher ist Philosophie wesentlich nicht referierbar. Sonst wäre sie überflüssig; daß sie meist sich referieren läßt, spricht gegen sie."[1]

Dazu kommt, daß die Reflexionen von Anders Reaktionen auf Verletzungen sind, nicht nur auf individuelle, sondern auf die einer ganzen Generation, auf Verletzungen, die man erlitten haben muß, sollen die Reflexionen nicht leerlaufen als Rhetorik, einer billigen Form von Epigonalität, die sich mit fremdem Heroismus schmückt. Sind seine Gedanken durch Erfahrung nicht mehr beglaubigt, werden sie leicht zu abstrakt-radikalen Phrasen, zu ungedeckten Assignaten der Philosophie.

Dem aus Leid und Empörung geborenen kritischen Denken wird einzig die Kritik gerecht, nicht die demütige Nachbeterei, und deshalb möchte ich eine Kritik versuchen, die ihren Gegenstand anerkennt. Den Vorwurf der Ketzerei nehme ich gerne in Kauf, von einem, der als Ketzer ein Prophet ist. Inhaltlich werde ich mich auf einen einzigen Punkt konzentrieren, von dem ich meine, daß er für Anders' Philosophie zentral ist: auf seine Philosophie der Bombe und das aus ihr konsequent sich ergebende Verhältnis zur Gewalt.

## II.

Philosophiegeschichtlich kommt Anders aus der strengen Schule der Phänomenologie. Doch das Husserlsche Programm: „Zu den Sachen!" kehrt in seiner Phänomenologie der Endzeit sich gewissermaßen um: Anders wehrt sich gegen die Zudringlichkeit der Sachen, von denen er weiß, daß er ihnen letztlich unterliegt. Deshalb ist seine Theorie von vornherein und in sich selbst moralisch, sie kennt keine davon aparte Lehre von der praktischen Vernunft – er nennt seine Untersuchung selbst eine „moralistische Erkenntnistheorie".[2] Doch indem er der Logik der Sachen folgt, gerät die Bahn seines Denkens in eine Zone, in der nur eine geringe Bewegung genügt, daß es ins Kippen kommt. Sein ethischer Ernst schlägt dann um in moralische Erpressung, und der Schock seiner apokalyptischen Diagnose in eine Wollust des Untergangs. Zu dieser Kippe möchte ich sein Denken befragen. Tatsächlich ist sie rezeptionsgeschichtlich schon passiert, ethisch und epistemisch, nicht ohne daß er selbst daran Anteil hätte.

Für ersteres ist die peinliche Debatte ein Beispiel, die man vor ein paar Jahren um die Legitimität der Gewalt geführt hat,[3] um die der Gegen-Gewalt versteht sich. (Aber welche Gewalt hätte sich noch nicht als Gegengewalt legitimiert?) Denn ist die Bedrohung absolut und total, so lautete die Argumentation, dann ist es auch das Recht auf Widerstand, das zu einer *Verpflichtung* auf Gegengewalt sich zuspitzt. Moral, die nur als *gebrochene* im Raum der Politik ein Recht hat, regiert diese dann unmittelbar und zerstört sie *als* Politik: Was strategisch und taktisch diskutiert gehört, schrumpft zu einer Frage der Gesinnung. Die Theorie der totalen Verdinglichung, der die Technik selbst Subjekt ist, kippt um in spontaneistischen Voluntarismus, der praktisch mit Subjekten rechnet, die es theoretisch nicht mehr geben soll. Es gibt Situationen, in denen nur die Übertreibung wahr ist; doch darf man nie vergessen: wahr ist sie nur *als* Übertreibung.

Nicht besser erging es der Rede von der „Apokalypseblindheit". Kaum eine These ist besser falsifiziert als diese. Anders selber hat sie revoziert, und niemand, der feinere Nerven hat, kann die Beschwörungen der „Apokalypse" noch hören – und Anders gehört selbst zu ihnen.

Vor ein paar Jahrzehnten noch Thema verschlafener theologischer Seminare, ist sie heute nicht nur aus technischen Gründen ein Problem der Tagespolitik, sondern – durchaus im Anschluß an Anders – auch Sujet einer neuartigen, pseudophilosophischen Warnungs- und Erweckungsprosa, die weniger das Begreifen fördert als die Ergriffenheit. Während aus behebbaren – ökonomischen und politischen, nicht technischen – Gründen Millionen von Menschen verhungern, denkt man verquast über das „Ende der Menschheit“ nach. (Nur en passant gesagt: Mit einem ausgeprägten „Apokalypsebewußtsein“ haben die Christen über Jahrhunderte gelebt, und sie sind damit fett geworden; nur den Heiden, denen es mangelte, ist es gar nicht gut bekommen – durch die christliche Mission.)

So stehen wir vor einem Paradox: Jenes Denken, das wie keines sonst die Wahrheit dieser Zeit zum Ausdruck zu bringen scheint, Anders' Philosophie der Bombe, die mit scheinbar unabweisbarer empirischer Evidenz die Zeit seit dem 6. August 1945 als Endzeit diagnostiziert, die nicht mehr überholbar ist, sondern allenfalls verlängerbar, und die daher auch als Philosophie nicht mehr überholbar ist, erscheint selbst in eigentümlicher Weise veraltet und verbraucht. Die These von der Antiquiertheit des Menschen, die vor allem eine Absage an die Geschichtsphilosophie der Hoffnung war und gerade deshalb eine Befreiung, ist selber antiquiert, ohne daß das, wogegen sie gerichtet war, wieder lebendig geworden wäre.

„Hoffnung ist kein Prinzip“, hat Adorno gegen Bloch geschrieben,[4] aber die Verzweiflung und ihre trotzige Verleugnung sind auch keines mehr. Das eschatologische Denken, sei es in seiner positiven, sei es in seiner negativen Variante, ist schal geworden.

Wie ist es zu dieser Entpathetisierung des Bewußtseins gekommen? Weil man, wie eine geläufige Ansicht will, Anders „verdrängt“ hätte, und die unerträgliche Wahrheit seiner Lehre? Weil man mit dem „unglücklichen Bewußtsein“ auf die Dauer nicht leben kann, sowenig wie mit dem grundlos glücklichen?

Genau das Gegenteil ist der Fall. Anders wurde nicht verdrängt, sondern popularisiert, wie seinerzeit schon Bloch; wesentliche Stücke seiner Lehre sind Allgemeingut geworden – das „Prinzip Hoffnung“ vertritt heute die CDU, und daß die Technik selbst Subjekt der Geschichte sei, kann man seit längerem schon in der Industriellenvereinigung hören. Mit der Verbreitung, teilweise auch mit der empiristischen Ausdifferenzierung, wie etwa auf dem Gebiet der Medientheorie, wurden die Andersschen Theoreme unausweichlich auch trivialisiert; seine apokalyptischen Warnungen sind zum Klischee geworden, oder, schlimmer noch, zum „Anliegen" des „ehrlichen Bewußtseins"; womit sie ironisch ihren Autor erst recht bestätigen.

Nein, Anders ist kein verdrängter Denker, und er ist auch nicht unbeachtet geblieben, sondern er ist im Gegenteil, und in dieser Form gewißt gegen seinen Willen, einer der erfolgreichsten Autoren der Gegenwartsphilosophie. An und für sich selber ein Philosoph der Barbarei, unversöhnlich und integer wie sonst keiner, wurde die eingängige Schärfe seiner Thesen, großartig in ihrer moralischen Wucht und undialektischen Einseitigkeit, abgeschliffen von unzähligen kleineren Geistern und er selbst dadurch verwandelt in den Stichwortgeber einer fragwürdigen Art von Kulturphilosophie. Anders' Philosophie ist die Verarbeitung eines historischen Schocks, die zugleich den Schock lebendig halten will. Anders denkt und schreibt aus tiefster „Betroffenheit", aber die Betroffenheit machte, wie man weiß, inzwischen selbst Karriere, in einem Maße, daß man heute Karriere mit Betroffenheit macht. Anders' Philosophie ist eine Philosophie des „letzten Worts", das keine Steigerung mehr zuläßt, eine Philosophie des letzten Worts, wie schon die Philosophie Nietzsches eine war und wohl auch die von Heidegger. Aber wie es mit letzten Worten so geht – man gewöhnt sich an sie und redet trotzdem weiter. Und irgendwann fangen sie an zu langweilen oder erwecken Widerspruch. Was einmal die Kultur beschließen wollte, um sie aufzuheben im Hegelschen Sinn, sinkt selber ab zum Kulturgut, fügt sich ein in die Kette von Positionen und Negationen und verliert dabei seine Virulenz; was die Welt verändern wollte oder auch sie bewahren, liefert dann nur den Stoff für Dissertationen oder für philosophische Kolportage. So ist über viele Vermittlungsglieder aus Anders' Medienkritik nicht nur Baudrillards hysterische Simulakrentheorie entstanden, sondern auch Enzensbergers erfrischender „Nullmedien"-Essay,[5] der ganze Festmeter von larmoyanten Forschungsberichten mit einem Schlag zur Makulatur erklärt. Gewiß hat das Fernsehen die Welt „verbiedert", aber nichts ist heute biederer als die Nänie über die Verbiederung. Die Wahrheit ist auf die Dauer niemals mit den Unbedingten, den Propheten des Standes „vollendeter Sündhaftigkeit" (Fichte).

Und das Wort „Apokalypse" kann man eben deshalb nicht mehr hören, weil man es, wie das von der „Antiquiertheit des Menschen", im grassierenden Postismus ohnehin schon an jeder Ecke hört. Keine Rede davon, daß die Leute dafür blind seien oder auch nur indifferent, die Drohung wurde nicht verdrängt und wenn, dann nicht ins Unbewußte, sondern als empirische ins transzendentale Bewußtsein: Wir nehmen die Welt heute a priori unter der Kategorie der Vernichtbarkeit war.

Die Warnung davor klingt deshalb bieder, weil sie ohnehin schon jeder kennt, und deshalb muß sie, um noch gehört zu werden, das Vorzeichen wechseln und Aufforderung werden: Den dritten Band der „Antiquiertheit des Menschen" hat nicht mehr Günther Anders geschrieben, sondern Ulrich Horstmann, nur seine Satire[6] ist auf der Höhe der Zeit – literarisch, philosophisch und vor allem – *moralisch*.

Die Satire aber ist nur deshalb möglich, weil die Apokalypse, mit der Horstmann sein frivoles literarisches Spiel betreibt, bei ihm sowenig wie bei Anders das wahre Grauen ist. Nur deshalb kann er als Erlösung feiern aus dem perennierenden irdischen Jammertal, was bei Anders als Ende der Menschheit der äußerste Schrecken ist, weil er wie dieser den atomaren Abtausch als *helle*, alles verschlingende Katastrophe faßt, als absolutes Eschaton der Geschichte, hinter dem sie nicht mehr weitergeht und dann auch nie gewesen war. Es braucht tatsächlich nur eine geringe Änderung des Blicks, fast möchte ich sagen der Stimmungslage, damit aus diesem Schrecken ein Faszinosum wird und aus der Drohung ein Trost. Das wahre Grauen aber ist nicht das Ende, das für viele ohnehin nur das Ende des Grauens wäre, sondern ein Grauen ohne Ende. Zu vermuten ist nämlich, daß das Leben trotzdem weitergeht, auch nach der atomaren Katastrophe, nur in fürchterlich verstümmelter Form. Das

Untier ist nicht auszurotten, auch durch die Kobaltbombe nicht, und deshalb kann man bei Horstmann lachen, weil die totale Katastrophe Theaterdonner ist. Grauenhaft sind nur partielle Katastrophen, die totale ist es nicht; jene aber sind geschichtlicher Natur, nicht eschatologischer. So leben wir zwar in sehr gefährdeter Zeit, ihre Bedrohung ist enorm, doch eine Endzeit ist sie nicht, weil die Drohung als enorme auch bei bester Absicht total nicht ist.

Daß aber in der Bedrohung auch eine Chance der Rettung liegt, durchaus im Hölderlinschen Sinn, das hat der Dialektiker Adorno gesehen, der Anders an Negativismus nichts nachgibt, aber nicht wie der Phänomenologe im Endgültigen denkt. So heißt es zwar in der „Negativen Dialektik", durchaus im Anders'schen Sinn: „Keine Universalgeschichte führt vom Wilden zur Humanität, sehr wohl eine von der Steinschleuder zur Megabombe".[7] Adorno fügt jedoch an anderer Stelle gegen deren Faszinosum hinzu: „Nüchtern wäre der falschen Ehrfurcht zu entgegnen, wohl sei der Fortschritt von der Steinschleuder zur Megatonnenbombe satanisches Gelächter, aber erst im Zeitalter der Bombe ein Zustand zu visieren, in dem Gewalt überhaupt verschwände."[8]

## III.

Es geht nicht um Verharmlosung, sondern um die Befreiung der Moral aus einer erpresserischen Umklammerung, auch in extremer Lage. Denn selbst wenn man Anders' These anerkennt, daß die atomare Situation eine letzte sei, die es nur zu verlängern gilt, um Aufschub des Endes zu gewinnen, sollte man sich doch auch fragen, welche politischen und selbst wiederum moralischen Kosten es verursacht, wenn man die – übrigens immer nur vorläufige – Rettung der Menschheit als Ganzer vor sich selbst zur obersten moralischen Maxime des politischen Handelns erhebt. Auf den ersten Blick hat das alle Plausibilität für sich. Doch wer so massiv in die Saiten greift, riskiert, daß er feinere Geräusche unhörbar macht, auch wenn er das subjektiv nicht möchte. In Wahrheit ist die Situation im atomaren Zeitalter aporetisch, wenn man sie als apokalyptische konstruiert: Einerseits scheint es nötig, jedes praktische Handeln rigoros dem Vermeidungsimperativ der absoluten Katastrophe zu unterstellen; andererseits droht deren Drohung selbst gerade dadurch, daß man sie als absolute so ernst nimmt, wie sie es ja tatsächlich verlangt, in ein Faszinosum umzuschlagen, angesichts dessen alle anderen politischen Fragen zur quantité négligeable verblassen. Denn was bedeutet vor der atomaren Hölle schon das irdische Leiden, man möchte fast sagen: in seiner „konventionellen" Form? Die Logik einer solchen Weltmoral funktionierte allzu leicht nach dem Modus eines analogischen Schlusses, bei dem ein gemeinsames Merkmal zweier verschiedener Begriffe alle anderen Merkmale in einem Maße dominiert, daß die Begriffe selbst in eins fallen. „Sokrates ist sterblich; Hunde sind sterblich: Also ist Sokrates ein Hund!" – so lautet bekanntlich das Schulbeispiel eines analogischen Schlusses. Er ist freilich zwingend dann und nur dann, wenn man der Eigenschaft der Sterblichkeit einen so überragenden Wert beimißt, daß alle anderen Eigenschaften dagegen zu vernachlässigen sind – unter dem Gesichtspunkt der ungeheuerlichen Tatsache der Sterblichkeit, die alle anderen in den Schatten stellt und beide trifft, ist Sokrates allerdings nicht mehr als ein Hund. Weil unter der Perspektive des Todes die Differenzen des Lebens, die dieses erst zum Leben machen, zur Nichtigkeit werden, hat die Aufklärung sich auch immer gegen seine philosophische Pathetisierung gewandt – von Epikur bis Horkheimer und Foucault. Das „eigentliche Leben" ist ihr dieses selber, solange es eben währt, nicht wie bei Heidegger das bewußte Vorlaufen zum Tode.

Wie vor Gott, wenn es ihn gäbe, alle Menschen gleich wären, so sind sie es real angesichts des Todes, und so gälten einer ökumenischen Moral, die sich unter dem absolut dominanten Vermeidungsimperativ einer säkularisierten Apokalypse formulierte, alle gesellschaftlichen und politischen Systeme als gleich, sofern sie nur das Überleben der Gattung sichern. Da jene als Möglichkeit aber immer gegenwärtig bleibt, nur ihr endliches

Eintreten immer wieder neu verhindert, niemals mehr aber ihre Potentialität zum Verschwinden gebracht werden kann – ein Punkt, auf den Günther Anders ja nachdrücklich insistiert –, droht Politik reduziert zu werden auf die endlose Verschiebung der absoluten Katastrophe. Der Weltuntergang wird dann zum deus absconditus, dessen ständig drohende Epiphanie man mit dem Opfer politischen Denkens und dem Einfrieren aller Konflikte zu bannen sucht.

Daß gerade Anders dieses Opfer *nicht* bringt, macht nicht zuletzt seine Größe aus – aber auch seine Widersprüchlichkeit. Denn er legitimiert die Gewalt als Gegengewalt genauso abstrakt, wie seine pfäffischen Gegner sie verwerfen. Die plappern dann die gedankenlose Phrase daher, daß man mit Gewalt nichts beweisen könne, als ob es nicht darauf ankäme, was man beweisen will und welche Mittel man hat. Im übrigen ist das Gegenteil der These schon dadurch erwiesen, daß man sie ausspricht mit der Pistole auf der Brust. Was aus pragmatischen Gründen ein Gebot politischer Klugheit ist, wird duckmäuserisch zum zeitlosen Prinzip abstrakter Tugend erklärt. So was nannte man einmal „erpreßte Versöhnung". Dagegen regt Günther Anders mit Recht sich auf, ohne daß er deshalb Recht behielte.

## IV.

Um sich aus dem Zauberkreis des eschatologischen Denkens zu lösen, die Moral – und damit auch die Möglichkeit zu *differenziertem* politischen Handeln – wieder flott zu bekommen, wäre ein ordentlicher Schuß Lakonismus geboten, der manchem zynisch erscheinen mag, der aber immer schon die beste Medizin war gegen Frömmelei: In Situationen moralischer Erpressung ist Zynismus eine sittliche Qualität.

So sollte man zum Beispiel darauf verweisen, daß die Liebe zur „Menschheit", die man da retten will (warum sonst sollte man sie retten wollen?), wie diese selbst ein Abstraktum ist, die sich als solches in ihrer vorgeblichen Humanität selbst entwertet. Liebe gibt es nur zum einzelnen und zum Konkreten, nicht zum Allgemeinen, Liebe ist selektiv und also auch diskriminierend; ist sie es nicht, so ist sie auch keine, sondern reine Heuchelei, die eben jene Mechanismen in Bewegung setzt, gegen die sie sich dann wendet. Im übrigen ist nicht nur die „Menschheit" als ganze unliebbar, sondern es sind auch nicht alle Menschen liebenswert – wie einer sagte, der sie sehr gut kannte, nämlich Sigmund Freud.

Und gegen die moralisch erpresserische Formel vom drohenden „Tod der Menschheit", die angesichts des gegenwärtigen Elends in Gegenden, wo man nicht davon redet, ohnehin bloß schlecht idealistisch ist und gar nicht negativ-utopisch, wäre an die schlichte Tatsache zu erinnern, daß die Perspektive eines *jeden* Menschen der Tod ist, und daß daher durch alle einzelnen auch immer schon die sogenannte „Menschheit" stirbt, seit sie als biologische Gattung existiert, nur eben diachronisch, nicht synchron. *Wie* die einzelnen leben und um ihr Leben kommen, ist nach wie vor das Problem, auch im Zeitalter der Bombe, nicht, daß alle sterben. Eine universelle Moral hat nicht das Universelle als Abstraktum zu retten, sondern das Glück, die Freiheit und Gleichheit der einzelnen zu fördern, die jenes Universelle erst bilden; wissend, daß sie sterben, und daß jeder für sich alleine stirbt und mit ihm eine ganze Welt. Es gibt so viele Tode, und also Weltuntergänge, wie es Menschen gibt, und mehr als das Sequentielle zu synchronisieren, vermöchte auch die beste Apokalypse nicht, sei sie atomar oder ökologisch. Wo liegt da für den einzelnen der Unterschied? Er liegt in der Form – aber ob die schlimmer ist als konventionelle Formen, von unheilbarer Krankheit, Mord und Zu-Tode-Quälerei, das weiß ich nicht. Und es leidet immer nur der einzelne, das Kollektiv hat keine Nerven.

Gewiß, es gibt das Mit-Leid, eine äußerst schwache Kraft, aber die einzige, die für einen Atheisten, der keine transzendente Begründung anerkennt, den Erstimpuls für moralisches Handeln abgeben kann. Nach der Auflösung aller Gestalten objektiver Vernunft, den Verwesungsprodukten Gottes, ist Moral objektiv nicht mehr begründbar, denn dies verlangte zumindest die „Idee“ der Transzendenz; einzig das Mit-Leid ist noch übrig als subjektiver Impuls, als gleichsam „sinnliches Bewußtsein der Identität von Allgemeinem und Besonderem, als naturalisierte Vermittlung“.[9] Alle anderen immanenten Letztbegründungen sind gelehrte Makulatur, weil sie schon bei ihrem ersten Aufblitzen als Programm eben jenen moralischen Impuls voraussetzen, den sie anschließend erst begründen wollen – wie schon Schopenhauer zeigte in seiner vernichtenden Kritik an Kant, die Anders durchaus teilt. Weil er Moral mit Recht für nicht begründbar hält mit Mitteln der formalen Vernunft, formuliert er offen dezisionistisch seine ethische Maxime, in alttestamentarischem Ton: „Sei moralisch, obwohl du, daß Sollen sein soll, nicht begründen kannst, nein, sogar für unbegründbar hältst.“[10]

Dieser Dezisionismus ist aber selbst nicht grundlos (das ist er in Wahrheit ja nie), sondern gründet, nehmen wir es an, im Mitgefühl mit dem Nächsten. Es ist aber andererseits das Zentralstück der Andersschen Philosophie, daß unser Handeln in der technischen Welt unendlich über den Nächsten hinausgreift und nolens volens Menschen trifft, die wir emotional nicht mehr erreichen – sowohl in räumlicher wie in zeitlicher Dimension, als künftige Generationen. Dehnt man das Gebot jedoch auf diese aus, so reißt es sich los von seiner emotionalen Basis und verwandelt sich in ein abstraktes Dogma. Als solches birgt es die Gefahr in sich, die jedem Dogma eignet: daß es sich gegen die Intentionen seiner Begründung kehrt. Der Drang zur Rettung des Kollektivs schlägt dann um in Legitimation der Gewalt gegen einzelne, die das Kollektiv bedrohen. Diese uralte Dialektik des Guten ist bei Anders besonders scharf ausgeprägt, weil nach ihm die Bedrohung total ist und das gesamte Kollektiv trifft, auch noch seine Deszendenten. Deshalb sein moralischer Rigorismus, der zunächst ganz ohne Basis schien: Ist die Bedrohung total und trifft die ganze Menschheit, so ist es auch die „Begierde des Rettens“ (Hegel).

Doch kann man die These auch umdrehen und folgende Frage stellen: Ob nicht die „Begierde des Rettens“ primär ist und sich das Phantasma erst schafft, das jener ein Objekt gibt. (Nahegelegt wird die Frage durch Textpassagen wie diese, an denen der Anderssche Empörungsdiskurs rekursiv wird und umschlägt in eine Art moralisches perpetuum mobile: „Denen, die mich dazu zwingen, das Tötungstabu zu brechen, werde ich das niemals vergeben können."[11] Man muß den Satz auf der Zunge zergehen lassen, um die Ehrlichkeit seiner Tartüfferie zu erkosten.)

„Jeder, der ‚Menschheit' sagt, ist ein Betrüger" – diesem Verdikt Proudhons kann nur entgehen, wer die „Menschheit" zunächst ex negativo faßt, unter dem Aspekt ihrer Vernichtbarkeit, und genau das leistet die apokalyptische Konstruktion. Die drohende Apokalypse stellt die Menschheit als Ganze erst her, nicht anders als das bewußte Vorlaufen zum Tode bei Heidegger das Dasein zum Ganzen erst macht.

Anders hat Heidegger schon sehr früh, als der Existenzialismus noch Mode war, noch vor dem „Jargon der Eigentlichkeit", einer sehr scharfen und triftigen Kritik unterzogen, die vieles aus dem „Jargon" vorwegnimmt.[12] Und doch ist unübersehbar, daß seine Philosophie der Bombe im Grundzug die gleiche logische Struktur hat wie bei Heidegger die Analyse des Seins zum Tode: *Die Anderssche Apokalyptik ist die auf das Gattungssubjekt übertragene Heideggersche Thanatologie.*

Beide sind sie atheistische Philosophien, doch erkennen beide ein Absolutum an. Denn wie bei Heidegger der individuelle Tod die Stelle Gottes selber einnimmt, als höchste Instanz unseres „In-der-Welt-Seins", dem wir verfallen sind und der unser Dasein in seiner „Eigentlichkeit" bestimmt,[13] so nimmt sie bei Anders der drohende Tod der Gattung ein, der sie als Gattung überhaupt erst konstituiert; und wie bei Heidegger der individuelle Tod das in die Existenz hereinzuholende Ende des Daseins ist und das Sein zum Tode die Bedingung der Möglichkeit eigentlicher und eigenster Existenz, so ist bei Anders das unausgesetzte Bedenken der Apokalypse die eigenste Möglichkeit der Menschheit, in der sie sich als Menschheit erst erkennt. Indem das Dasein – das individuelle wie das kollektive – bewußt seine „Freiheit zum Tode" auf sich nimmt, reißt es sich los von seiner Verfallenheit an das „Man" (von seiner „Apokalypseblindheit") und konstituiert sich zur selbstbezüglichen Subjektivität (zur selbstverantwortlichen Gattung). Und wie nach Heidegger der individuelle Tod *unüberholbar* ist (denn es gibt keine radikalere Selbstbestimmung der Subjektivität des Subjekts als die durch den Tod, der Vorgriff auf ihn läßt die Faktizitäten des Daseins erst vollständig begreifen und ermöglicht ein freies Verhalten zu ihnen, weil er jede distanzlose Fixierung auf sie zerbricht); wie er *gewiß* ist (denn er kommt unumgänglich, und seine Gewißheit als je meine konstituiert die Selbstgewißheit der Subjektivität); wie er *unbestimmt* ist (denn er kann jederzeit eintreten, in jedem Augenblick, und ich erfahre ihn so als kontinuierliche Bedrohung meiner selbst: er ist als Möglichkeit ununterbrochen gegenwärtig, und im Ertragen der ständigen Angst vor ihm als „Grundbefindlichkeit des Daseins" bewährt sich dessen „Entschlossenheit") – so ist auch der globale Tod der Gattung im atomaren Harmaggedon nach Anders *unüberholbar* (denn er beschließt nicht nur die Geschichte als Prozeß, sondern löscht auch noch die Erinnerung an sie); er ist *gewiß* (denn irgendwann tritt er ein, das Wissen um die Bombe ist nicht mehr rücknehmbar, auch wenn man sie alle verschrottet, und irgendein Herostrat wird sich schon finden, irgendwann); und er ist *unbestimmt* (denn niemand weiß, wann er eintritt). Worauf es ankommt, ist, daß die Menschheit als Menschheit im Horizont ihrer apokalyptischen Bedrohung sich ihrer selbst bewußt wird und bleibt, und daß jeder alles unternimmt, daß sie jetzt nicht umschlägt in Wirklichkeit, daß keiner den Trigger auslöst zum endgültigen Blitz. Aber dieses Jetzt hat nie ein Ende, außer eben das Ende der Geschichte selber im integralen Tod. Ihm, in Form seiner Vermeidung, gilt alles Handeln bis dahin. Es kommt darauf an, ihn aufzuschieben, was nur gelingen kann, wenn man ihn stets im Auge behält. Diese „Faltung des Todes" ins Leben herein in der Andersschen Philosophie der Bombe ist strukturhomolog der Heideggerschen Thanatologie und erklärt die finstere „Entschlossenheit" bei beiden.

Gewiß: Den Unterschied ums Ganze macht, daß Anders weiß, wozu er sich entschließt, zu einem Kampf ums Leben. Aber es ist eine finstere Entschlossenheit, die vom Tod durchtränkt ist, weil sie dem einzelnen eine Verantwortung fürs Ganze auferlegt, die kein einzelner tragen kann. Im Grunde ist sie eine Flucht ins Kollektiv, die, indem sie die Sorge ums Ganze zur alleinigen eigenen Sorge macht, die eigene Sorge im Ganzen auflöst. Der kokett-heroische Satz: „Wenn ich verzweifelt bin, was geht's mich an!“, der unserem Symposion als Titel dient, plaudert diesen Sachverhalt offen aus. Die Angst vor der Apokalypse ist eine subtile Verdrängung der eigenen Todesangst. Denn der Tod der Gattung ist nur dann ein zweiter Tod, wenn man hofft, über den eigenen Tod hinaus in der Gattung fortzuleben. Das ist der Punkt, in dem das Denken von Anders und das von Bloch sich schneiden und der allem eschatologischen Denken gemeinsam ist, sei es dem der Erlösung oder dem des Untergangs.

Heiner Müller hat diese Position vor kurzem in einem wunderschönen Interview sehr klar und präzise zum Ausdruck gebracht und kritisiert: „Letztlich reduziert sich das alles auf ein sehr simples, elementares Problem, das Pascal auf den Punkt bringt: ‚Alles Unglück kommt daher, daß es die Menschen nicht aushalten, allein zu sein.‘ Der Drang zum Kollektiv aber gründet in der Todesangst, in der Unfähigkeit des Menschen, mit der Gewißheit seines eigenen Todes zu leben. Über die Jahrtausende war das die Grundlage aller Fundamentalismen, Religionen, Ideologien [...] Als Alternative bliebe nur Fatzers: ‚Alles, was nach mir geschieht, ist, als geschähe es nicht‘ – damit sind sämtliche Fundamentalismen erledigt.“[14]

## V.

Seit dem Ende der Antike beruht die abendländische Zivilisation auf der metaphysischen Verdrängung des Todes, die ihm reaktiv erst sein spezifisch europäisches Pathos verlieh. Zunächst durch das Christentum, dann durch die säkulare Heilslehre der Geschichtsphilosophie (die „hinterlistige Theologie“, wie Nietzsche sie nannte): Wenn schon nicht die Seele des einzelnen, so sollte doch die Gattung zur Erlösung finden und unsterblich sein; die Anderssche Apokalyptik ist nur ihre Konstruktion ex negativo. Dabei kam es immer auf ein Handeln des einzelnen an, das sich zu rechtfertigen hatte vor einer ihm heteronomen Instanz – sei es das göttliche Gebot, seien es die Gesetze der Geschichte. So wurde er verantwortlich für eine Zukunft, die nach seinem empirischen Ende lag und in der er imaginär weiterlebte; und er wurde schuldig, wenn er sich dieser Arbeit an der Verdrängung des Todes entzog. Daraus entsprang jene spezifische europäische Dynamik, die schließlich die ganze Welt mit Vernichtung überzog.

Wenn man wirklich eine andere Zivilisation herbeiführen möchte, die das empirische Leben *bejaht*, so wird man ein lakonisches Verhältnis zum Tod gewinnen müssen, zum eigenen und zu dem der Gattung. Letzteres dürfte leichter sein, als man glaubt, sofern man sich nicht selbst etwas vorlügt. Denn als biologische Spezies ist der Mensch ohnehin kein Wert, sondern nach dem Tode Gottes nur ein Faktum. Es geht immer nur um einzelne und um Formen des Umgangs mit denen, die mit einem leben, die wir lieben, die wir hassen. Und dieser Kreis ist begrenzt, auch im Schatten der Bombe. Wenn ich verzweifelt bin, darf ich auf Anteilnahme hoffen, weil ich sie auch manchmal anderen gewähre, aber diese ist durch nichts garantiert, und meine Verzweiflung geht zunächst einmal mich etwas an. Und ob die Geschichte als Ganze eine Grenze hat, beunruhigt mich zwar, ist aber nicht meine erste Sorge, denn ich weiß, daß mein und unser aller Leben *in ihr* eine Grenze hat, und daß nichts so sehr das Leben im Leben zerstört, wie die Sucht nach Unsterblichkeit. Angst sollte man nur vor einem haben: vor dem Leuchten in den Augen der Propheten. Denn es geht weder um Transzendenz noch um Geschichte (die säkularisierte Transzendenz), sondern um die Immanenz der Lebenszeit. Es handelt sich, für jeden einzelnen, jetzt und in Zukunft, wie in der Vergangenheit, darum, begrenzte Zeit zu gewinnen und sie im Wissen um ihre Begrenztheit einigermaßen angenehm und, wenn es geht, mit Anstand zu verbringen. Bis sie eines Tages zu Ende ist.

## *Konrad Paul Liessmann*
## Der Aufschub der Philosophie

„Ich sehe es noch genau vor mir: Ich saß in New York mit der Familie meiner damaligen Frau am Tisch, da kam die Radionachricht, daß eine Atombombe geworfen worden sei. Ich begriff sofort, daß der 6. August den Tag Null einer neuen Zeitrechnung darstellte: den Tag, von dem an die Menschheit unrevozierbar fähig war, sich selbst auszurotten." Was zur zentralen Erfahrung von Günther Anders und zur Grundlegung seiner Reflexionen werden sollte, bedeutete für ihn vorab eine – Sistierung der Philosophie. Das Bedenken und Begreifen der Bombe entzog sich den herkömmlichen Klassifizierungen des Denkens ebenso, wie die Bombe die Kategorie der Waffe sprengte. Der Absolutismus atomar gewordener Wirklichkeit zwang Günther Anders zu einem Aufschub der Philosophie, der schwerer fiel, als es vielleicht den Anschein haben mag: Denn durchaus fühlt er sich mit dem „Geburtsfehler des morbus metaphysicus" behaftet – und die „metaphysische Askese" um dessentwillen, was aufgrund der Weltlage getan und gedacht werden muß, ist für ihn wahrlich „kein Kinderspiel". Er weiß, zumindest in dem seltsamen lyrischen Philosophenmonolog „Mariechen", um die Lockung eines abgehobenen philosophischen Diskurses, der in sich selbst kreist: „Ich gestehe, gar nicht selten / (wenn ich mich moralisch völlig / gehen lasse) scheint mir jede, / selbst die zweifellose Antwort / ein Gemeinplatz, wenn verglichen / mit der Schönheit der Probleme." „Wenn ich mich moralisch gehen lasse": Das Auskosten der Differenz zwischen der ästhetischen Konfiguration eines Problems und den Ansprüchen der Wirklichkeit beschreibt Anders als eine Verlokkung, der nachzugeben unter den Bedingungen einer bedrohten Menschheit weniger Zynismus als Schwäche wäre. Nicht daß solche Schwäche unverzeihlich wäre, ist das Problem, sondern daß in ihr ein authentisches Humanum zum Ausdruck kommt: denn menschlich ist es, dem *morbus metaphysicus* nachzugeben, ohne dabei auf eine Weltlage Rücksicht nehmen zu müssen, die ohnehin einer Rücksicht entbehren kann. Wozu Anders sich moralisch aber nötigt, ist der Respekt vor einer Weltlage, die Philosophie als Denken des Denkens zu einer quantité négligeable erklärt. Das abrupte Innehalten im Philosophieren, Askese gegenüber der Lust an der Spekulation und statt dessen Konzentration auf die in ihrer Existenz bedrohte Menschheit, ist Resultat einer individuellen moralischen Anstrengung, die als angemessene Reaktion auf die Wirklichkeit gefordert ist. Wenn, wie Adorno notierte, nach Auschwitz alle Kultur Müll sei, dann auch alle Philosophie nach Hiroshima.

Die Absage an die Philosophie ist vom Zustand der Realität aufgenötigt – nicht von der Moralität eines Moralisten. Keine Frage, daß man den Anspruch der Wirklichkeit ignorieren kann – im Denken und im Leben. Keine Frage auch, daß man praktisch nicht anders kann, als in der Ignoranz zu leben. Am Wohlstand der Industrienationen teilzunehmen, ist angesichts des Massenelends wahrscheinlich schon an sich zynisch. Diesen Zynismus aufzudecken, hat in der Tat etwas von Aufklärung an sich: damit wird der Zustand der Welt beim Namen genannt. Die Analysen von Günther Anders sind selbst nicht frei von solchem Zynismus und können es gar nicht sein: Keiner wüßte besser als Anders, daß Moralität als solche eine antiquierte Kategorie ist; und keiner wüßte besser als er, daß die Affirmation von Menschsein keinen Rechts- und letztlich wohl auch keinen Gefühlsgrund auf ihrer Seite hat. Aber womöglich ist es gerade das, was an Anders so irritiert: daß er ein *nihilistischer Moralist* ist; daß er, ohne literarisch kokett das Ende der Menschheit als Sujet und Satire durchzuspielen und ohne pathetisch die Menschenwürde oder die Menschenliebe zu beschwören, diesem Ende als realpolitischer Perspektive seine Zustimmung verweigert, ihm Widerstand leistet. Die Diskrepanz zwischen einer philosophischen Position, die allen Moralbegründungsversuchen schon längst eine Absage erteilt hat und einer Haltung, die von sich und anderen die Treue zur

Gattung Mensch ohne das Netz von säuberlich gespannten Begründungsstrategien einfordert, ist vielleicht das Anstößigste an Anders. Der Duktus einer moralischen Erpressung, der in der Tat vielen Arbeiten von Anders eignet, ist aber nicht nur eine Erscheinungsform dieser Diskrepanz, ein Versuch die Leere zu füllen, die der Verzicht auf Begründungen hinterläßt, sondern eine Konsequenz der Weltlage selbst. Denkbar, daß sich der Satz von Günther Anders, die Bombe wirke auch dann ultimativ, wenn sie nicht eingesetzt, sondern nur gelagert ist, noch in der berechtigten und empörten Abwehr solch moralischen Ansinnens bestätigt: Es ist in der Tat ein Skandal, nur deshalb für die Menschheit sein zu sollen, weil ein paar tausend nuklearer Sprengköpfe deren Existenz in Frage stellen. Allein: die dadurch evozierte Nötigung zum Zynismus, die letztlich derselben Verzweiflung über die Ohnmacht des Subjekts entspringt wie Anders' trotziges „Was geht's mich an", bestätigt in der Abwehr womöglich noch einmal die These vom Ende der Geschichte und den Eintritt in die „Frist".

So wenig Geschichte sich zusammensetzt aus der Addition aller bisherigen Leben, so wenig läßt sich das Zeitenende schlicht antizipieren als die Addition aller noch möglichen Tode. Nicht in der Tatsache, daß es nach einem atomar verursachten Ende der Zeit kein Gedächtnis geben werde, das dieses aufbewahren könnte, liegt das Problem. Worauf Anders insistiert, ist nicht die Beschwörung dieser Apokalypse, sondern die Erinnerung an unser antizipatorisches Wissen-Können dieses möglichen Nichtseins und an die strukturierende Macht eines solchen Zeitenendes auf unser Leben im Hier und Jetzt. Im antizipierten Wissen um dieses mögliche Ende der Geschichte wird auch dieses Ende schon jetzt zu einem historischen Ereignis, das nach Anders nicht verdrängt, sondern in seiner endgültigen Auswirkung hinausgeschoben werden sollte – um des Lebens des einzelnen willen im Hier und Jetzt.

Müßig scheint es, den Rest von Geschichte, der uns bleibt, trotzig gegen dieses Ende der Geschichte aufrechnen zu wollen:

als wäre der Kampf gegen atomare Arsenale ein Kampf gegen ein Phantom, das nichts zu tun hat mit den konkreten politischen Ursachen des Elends. Sinnlos, die Millionen Hungertoten gegen jene Millionen aufrechnen zu wollen, die schon in sogenannten Friedenszeiten direkt oder indirekt an den Folgen von Atomversuchen gestorben sind. Entscheidend aber ist wohl, daß alle gelebte Fiktion des normalen Lebens nicht darüber hinwegtäuschen kann, daß die existente Technologie der Menschenvernichtung diese Fiktion permanent unterläuft. Abgesehen von den nur in Billionen Dollar zu beziffernden intellektuellen und materiellen Ressourcen, die die atomare Hochrüstung von anderen Lebens- und Forschungsbereichen abzieht, torpedieren die in ihren kaukasischen oder sibirischen Silos lagernden SS 20 auch noch jeden traditionellen Begriff vom Verlauf der politischen Geschichte. Daß die Sowjetunion zum Beispiel nicht mehr wie die Kolonialreiche des 19. Jahrhunderts einfach zerfallen kann, sondern daß ein Bürgerkrieg an der mongolischen Grenze oder der Freiheitskampf eines kaukasischen Bergvolkes zum nuklearen Vabanquespiel werden kann, demonstriert den fatalen Zusammenhang nuklearer Technologie und Gesellschaftsstruktur auch jenseits der großen Feindschaften.

Daß die Apokalypse als christlich-abendländische Denkfigur allerdings eine höhere Faszination ausübt als das alltägliche Leid, das um welcher Ziele auch immer noch von jedem letztlich in Kauf genommen wurde, nötigt allerdings zur Kritik. Nur verfehlt diese ihren Gegenstand, wenn sie über der Lust an der Destruktion einer Metapher vergißt, daß die Metapher aufgehört hat, Metapher zu sein. Denn Anders' Philosophie durchzieht eine verschwiegene Theorie der Moderne, die seinem Aufschub der Philosophie erst jene geschichtsphilosophische Pointe gibt, die diesen zu mehr macht als zu einer idiosynkratischen Form intellektueller Askese. In den Analysen von Anders, die sich methodisch als Einlösung jener Konkretisierung der Philosophie verstehen, die Heidegger nur angekündigt hatte, schimmert nämlich immer wieder die These durch, daß die eigentliche Konkretisierung der Philosophie und ihrer Denkfiguren vom technisch-industriellen Fortschritt selbst besorgt wird – allerdings: modo negativo.

Um beim entscheidenden Paradigma zu bleiben: Die in der Atombombe kulminierte negative Allmacht ist mehr als eine grausam in Erfüllung gegangene Omnipotenzphantasie; sie ist auch mehr als eine säkularisierte Möglichkeitsform christlicher Apokalyptik. In ihr realisiert sich durchaus etwas vom Programm der Hegelschen Phänomenologie: die Einheit von absolutem Wissen, Tun und dem Ende der Geschichte. Und in ihr realisiert sich auch jene Form der Selbstbehauptung des Menschen gegenüber der Einsicht in seine Kontingenz, die Anders in seiner frühen „Pathologie de la Liberté" noch mit den Worten Friedrich Nietzsches zum Ausdruck gebracht hatte: „Wenn es Götter gäbe, wie hielte ich's aus, kein Gott zu sein." Nur: was bei Hegel die Selbstreflexion des Bewußtseins hatte leisten wollen und nicht leisten konnte, was bei Nietzsches Zarathustra eine trotzige, aber letztlich vergebliche Geste gegenüber dem Nihilismus gewesen war, gelingt dem Scheine nach – aber der Schein ist tödlich – den Technikern und Konstrukteuren der Bombe: die „Kreation" des „Absoluten" – aber als Schrekken.

Wir leben, notierte Anders 1978, nicht im Zeitalter des Materialismus, sondern im *zweiten platonischen Zeitalter*. Das meinte alles andere als eine Renaissance der Ideenlehre, vielmehr deren pointierte Negation als Verwirklichung durch die Mechanismen der Industriegesellschaft: denn erst in der Epoche der Massenproduktion käme dem einzelnen Objekt ein geringerer Seinsgrad zu als seiner Idee – seinem blue print nämlich, dem Konstruktionsplan, radikaler noch: dem Wissen um seine Konstruier- und Produzierbarkeit: know how. Die Idee eines spezifischen gesellschaftlichen Massenproduktionswissens wird auch dann notwendig das Kriterium zur Bestimmung der Epoche: „Nicht dadurch sind wir 1945 in das atomare Zeitalter eingetreten, daß wir drei Atombomben fertiggestellt hatten, sondern dadurch, daß wir das nicht-physische Rezept für zahllose andere besaßen." Es ist wohl auch dieser zweite Platonismus, der Anders zu der Bestimmung unseres Zeitalters als schlechthin letztem führte – wie lange es auch dauern möge. Aufschiebbar ist das Ende der Zeiten; unwiderruflich aber ist, daß wir in der Zeit des Endes leben – so hieß es in dem Aufsatz „Die Frist". Denn jenseits aller Auf- und Abrüstungsspiralen, jenseits der Zahlen der gelagerten realen Atomsprengköpfe bleibt das Entscheidende die Idee, das Wissen um den Bau der Bombe, damit das Wissen um die Technik, die Gattung zu liquidieren. Und noch die Hierarchie des Platonischen Ideenreiches mit der Idee des Guten an der Spitze, deren Symbol die Sonne war, korrespondiert höhnisch mit dem ideellen Konstruktionsplan des ultimativen Vernichtungsgeräts – wirklich geworden strahlt es, nach einem journalistischem Wort von Robert Jungk, „heller als tausend Sonnen". Was Verwirklichung der Philosophie modo negativo meinen kann, läßt sich an diesem Beispiel ablesen.

Die „atomare Drohung" schärft allerdings noch eine andere philosophische Konstruktion: Heideggers „ontologische Differenz". Anders, der schon sehr früh, in dem 1948 publizierten Aufsatz „On the Pseudo-Concreteness of Heidegger's Philosophy", die falsche Unmittelbarkeit der Heideggerschen Daseinsanalytik einer beißenden Kritik unterzogen hatte, diagnostiziert, daß auch Heideggers Bestimmung des Daseins, des Menschen schlechthin, als jenes Seiende, dem es um sein Sein gehe, erst unter der Perspektive der atomaren Drohung vollen Sinn angenommen habe und wahr werde im buchstäblichen Sinn: „Auch wer die Aussage ‚das Seiende IST' als Tautologie beiseite schiebt, der kann der Aussage ‚das Seiende ist NOCH' Sinn und Inhalt nicht absprechen." Die Differenz von Sein und Seiendem gewinnt nach Anders ihre Rechtmäßigkeit in dem Augenblick, in dem das Nichtsein des Seienden als technische Möglichkeit der Vernichtung auftaucht. Und die ontologische Differenz verdanke ihr Dasein dem eisigen Schatten, den das mögliche Nichtsein in das Seiende hineinwirft. Der aufklärerische Entwurf eines „Menschengeschlechts", die einstens utopische Verbrüderungsmetapher der „Menschheit" wird tatsächlich erst in dem Moment zu einer real-politischen Kategorie, in dem die Gattung als solche bedroht erscheint. Noch die

Marxsche Bestimmung des Menschen als Gattungswesen, das im Proletariat seinen höchsten, weil entfremdetsten Ausdruck findet, erweist sich rückblickend als frommer Wunsch gemessen an der reellen Gewinnung des Gattungsbegriffs ex negativo: erst als universell vernichtbarer wird der Mensch tatsächlich zu einem Gattungssubjekt – aber eben als Objekt. Solche Rede von der bedrohten Menschheit ist nichts weniger als euphemistisch; es ist nur eine bittere Bestätigung der Einsicht, daß erst im Verlust das Wesen der Dinge in Erscheinung tritt. Was Adorno für die Metaphysik einforderte, darf wohl auch dem Menschen gewährt werden: Solidarität im Augenblick seines Sturzes.

Solche Bestimmung von Kategorien aus dem Geist ihrer negativen Realisation vollzieht nicht nur eine rhetorische Umdeutung philosophischer Begriffe. Es ist, pointiert, die zynische Arbeit der Geschichte selbst am philosophischen Begriff. Umgekehrt enthält der philosophische Begriff allenthalben immer schon etwas von seiner fatalen Realisierung: vorweggenommene Methexis an der Katastrophe. Der Aufschub der Philosophie, das Sistieren der reinen Reflexion ist Resultat einer Fortschrittsdynamik, die alle Motive europäischen Denkens in sich aufgenommen hat, um sie in jener Gestalt zu präsentieren, in der sie allein verwirklichbar scheinen: als technische Konfigurationen. Die Gentechnologie kann so auch interpretiert werden als die Fortsetzung der Humboldtschen Pädagogik mit anderen Mitteln: Menschenbildung. Es macht, so könnte man eine These formulieren, den eigentümlichen Charakter der Phänomenologie von Günther Anders aus, daß er wie kein anderer tatsächlich über jene Gegenstände nachdenkt, die ihm von außen aufgedrängt werden. Philosophie ist bei ihm in der Tat bei jenen Sachen, die den Menschen betreffen – existentiell betreffen. Aber die Analyse der Sachen selbst ergibt, daß sie seltsame Konkretionsformen philosophischer Spekulation sind – ihre Verwirklichung als Negation. Die Phantasmen, Sehnsüchte und Utopien der Menschheit, die sich in der Philosophie ihre begrifflich schärfsten Ausdrucksformen gegeben haben, werden im technischen Zeitalter in die Welt gesetzt – aber contre coeur. Die industrielle Zivilisation ist die Verwirklichung der Philosophie – aber anders, als es diese hatte sein wollen. Anders' umstrittene Einsicht, daß die *Technik* zum neuen *Subjekt der Geschichte* geworden sei, entfaltet ihre volle Provokation erst vor dieser Folie. Die Souveränität des Subjekts, die Emanzipation des Menschen von der Natur, der noch von Marx intendierte Austritt des Menschen aus der Vorgeschichte in eine Geschichte, die Resultat eines bewußten Handelns sein sollte – alles vergegenständlicht sich in einer Technik, die aber sogleich ihren Schöpfer unter ihre Gesetze und Maximen, die nicht mehr die seinen sind, zu zwingen scheint. Philosophie wurde sistiert, weil ihre Verwirklichung gelang – aber rein als techné. Die Theorie, die zur materiellen, und das hieß einstens: revolutionären Gewalt werden sollte, wenn sie die Massen ergreift, wurde zur alltäglichen Gewalt der Apparate über die Massen, weil diese den Griff nach der Theorie versäumt hatten. Was Marx einstens den bürgerlichen Produktionsverhältnissen zuerkannte – die Befreiung des Menschen von den feudalen Fesseln, aber als Lohnarbeit, gilt mutatis mutandis von den dadurch entwickelten Produktivkräften selbst: sie befreien den Menschen tendenziell von der Lohnarbeit, aber nur um den Preis der völligen Subsumtion unter das konstante Kapital; dieses, in seiner vergegenständlichten Erscheinungsform als Technik, saugt noch die letzten menschlichen Verhältnisse – die oft genug erbärmlich waren – in sich auf und setzt sich – high tech – an deren Stelle. Die „Antiquiertheit des Menschen" wäre auch als ein Stück *Kritik der politischen Technologie* zu lesen: In ihr entpuppen sich Menschen als Charaktermasken der Apparate, die ihrerseits den mystischen dialektischen Sprung von der Quantität zur Qualität geschafft haben.

Vielleicht wird dieser Sprung nirgends so deutlich wie in der Materialisation, die die Kategorien der klassischen Moralphilosophie nach Anders durch die Entwicklungen der technischen Zivilisation erfahren haben. Schon die Begriffe der „prometheischen Scham" und des „prometheischen Gefälles", durch die Anders das Verhältnis des Menschen zu seinen ungleich mächtigeren und vollkommeneren Geräten beschreibt, deuten an, daß es sich um kein äußerliches Verhältnis von Subjekt und Technik mehr handelt. Die Formel vom menschlichen Versagen gewinnt ihren Charakter als vernichtendes Urteil erst vor der Perfektibilität der Geräte. Hatte in den frühen anthropologischen Entwürfen von Anders noch die Einsicht in seine Kontingenz und Nichtigkeit dem Menschen die Schamesröte ins Gesicht getrieben, so sind es jetzt genau jene Produkte, die er herstellte, um dieser Nichtigkeit zu trotzen, die ihn die Augen niederschlagen lassen. Daß solche Scham allerdings zu keinem verbreiteten Lebensgefühl, nicht einmal zu einem Modebegriff werden konnte, ließe sich auch als eine Form der Abwehr durch Anpassung ans Unvermeidliche interpretieren. Die in der zeitgenössischen Anthropologie grassierende Metapher der kybernetischen Maschine gibt dem Menschen in der Tat jene Dignität zurück, die er schon zu verlieren drohte: wenn das Hirn ohnehin auch ein Computer ist, noch dazu ein ziemlich komplexer, dann ist die Welt wieder in Ordnung.

Die das Selbstbewußtsein peinigende und deshalb abgewehrte Subordination der Subjekte unter ihre eigenen Werke geht nach Anders aber bis in die Genese des sittlichen Subjekts selbst. Die radikalste Transformation von selbstbewußter Autonomie in maschinengeprägte Heteronomie wird dabei durch eine Umformulierung des Kategorischen Imperativs benannt, die nach Anders unsere Handlungsrealität bestimmt: „Handle so, daß die Maxime deines Handelns die des Apparats, dessen Teil du bist oder sein wirst, sein könnte." Und eine Pointe dieser Reformulierung liegt auch darin, daß der Kantsche Imperativ noch ein „Du sollst" implizierte, während der Imperativ der Apparate im Hintergrund ein höhnisches „Du kannst ohnehin nicht anders" bereithält. Der Wille wird zur nachträglichen Rechtfertigung dessen, was immer schon geschehen ist: „Wir tun, also haben wir es gewollt." Aber das Universum der Geräte, von dem Anders schon sprach, als die IBM-Welt und Apple-Talk noch lange nicht erfunden waren, garantiert wenigstens in seinem Zynismus, daß jedermanns Handeln einer Maxime folgt, die allgemeines Gesetz ist. Nicht die vernunftgeprägte Humanität erreicht die universelle Verständigung der Menschen, sondern die digitale Logik der Maschinensprachen diktiert diese – aber als rein formelles Verfahren. So holt noch seine inverse technische Realisation den Formalismus des Kategorischen Imperativs ein. Daß Anders dem die Empfehlung entgegenhielt, nur solche Geräte zu gebrauchen, die den eigenen sittlichen Maximen entsprechen könnten, rekurriert in der Tat auf ein Subjekt, das noch Entscheidungsmöglichkeiten aufgrund einer nicht korrumpierten Sittlichkeit haben sollte. Fraglos: wer die Technik zum Subjekt der Geschichte ausruft und gleichzeitig den Widerstand der entmachteten Subjekte dagegen mobilisieren will, verstrickt sich in einen unauflöslichen Widerspruch. Möglich, daß dieser Widerspruch Resultat einer Übertreibung ist, einer Übertreibung, die bei Anders Methode hat. Als rein didaktische Provokation liefe solche Übertreibung tatsächlich bald ins Leere; denkbar aber auch, daß die erkenntnistheoretischen Implikate dieser Methode weitergehen. Die Nötigung zur Übertreibung könnte auch aus der Einsicht erfolgen, daß die wuchernde Realität mit den gewohnten Begriffen nicht mehr beschrieben werden kann. Übertreibung findet statt gegenüber den überlieferten Terminologien: um einer Realität gerecht zu werden, die in der Tat Übertriebenes – Anders nannte dies stets das nicht mehr Vorstellbare – permanent produziert. Auch hier wäre vielleicht zu fragen, ob diese Antinomie eine des Denkens oder eine der Realität ist. Denn worauf die Reflexionen von Anders abzielen, ist, im Grunde, eine Theorie des *Monströsen*. Und damit ist nicht nur die Bombe gemeint. Die Konzentration, die Anders aufgrund seines Schocks für die Bombe aufwendete, darf nicht vergessen lassen, daß er diese nie isoliert, immer in ökonomischen, technischen und politischen Kontexten gesehen hat. Zu seinen am meisten ignorierten Thesen gehört immerhin die, daß Auschwitz und Hiroshima nur unterschiedliche Erscheinungsformen des eigentlich Monströsen gewesen wären: einer technisch vermittelten Arbeitsorganisation, die die Teilnahme an einem Massenmord von der Herstellung und Distribution irgendeines Produkts ununterscheidbar macht.

Mit Technik geht in der Tat alles leichter. Böse Taten, so Anders, sind nicht mehr die Taten böser Menschen, sondern Taten ohne Menschen – und sie werden deshalb auch nicht moralisch beurteilt. Je indirekter die Tat, desto schuldloser der Täter. Selbst in den Niederungen des Alltags nistet das Monströse sich ein – so gezähmt, daß es schlicht als persönliches Versagen, Unglück oder einfach Zufall erscheinen kann. Während jeder einsame Kinderschänder mit allem Aufwand an sittlicher Entrüstung, den die Gesellschaft zu bieten hat, gejagt wird, nimmt an den Tausenden statistisch kalkulierten Toten der Verkehrsindustrie niemand Anstoß. Kämen alle Verkehrsteilnehmer, die die Wahrscheinlichkeitsrechnung erbarmungslos zum Unfall verurteilt, so ums Leben wie Laios, hätte die ödipale Empörung und Mördersuche kein Ende. Wir supponieren noch immer einen pseudokantischen *bösen Willen* als Kriterium gesellschaftlicher Ächtung, wo längst auch diese Kategorie gerade noch ausreicht, das ganz private Glück zu trüben. Auch das wäre keine schlechte These im Anschluß an Anders: die von den Hochtechnologien aufgezehrten oder übriggelassenen philosophischen Kategorien kehren als die Gespenster der antiquiert gewordenen häuslichen Verhältnisse wieder: Sinn zum Beispiel, das Gute, der Anstand und die vielen Freiheiten des Konsums. Was aber sind diese privaten Verhältnisse in ihrer Stellung zur Objektivität anderes als gelebte Ideologie: falsches Leben im Falschen, das sich, wenn nicht für das Richtige, so doch für das Mögliche hält – nein, halten muß. Denn anders ist dieses Leben tatsächlich nicht mehr zu führen.

Der Aufschub der Philosophie: eine vor den Antinomien der Wirklichkeit wie vor dem Haupt der Gorgo versteinerte Reflexion. Nicht mehr singt das kritische Denken den versteinerten Verhältnissen ihre Melodie so lange vor, bis diese zum Tanzen kommen, sondern die *liquid* gewordenen Verhältnisse spielen dem Denken auf dem gesamtgesellschaftlichen Synthesizer seine eigene Melodie vor und bringen es so zum Erstarren. Die Verhältnisse also tanzen; wo aber ist die Rose?

## *Peter Strasser*
## Kritik der Antiquiertheit

An den Anfang meines Themas – „Kritik der Antiquiertheit", der Antiquiertheit des Menschen, Kritik also am opus magnum von Günther Anders – möchte ich einige Bemerkungen zur Logik moralischer Urteile stellen.

Wenn man einen Tatbestand moralisch qualifiziert, als gut oder böse einstuft, dann hat dies gewöhnlich zur Voraussetzung, daß ihn jemand herbeiführte, der ein moralisch zurechnungsfähiges Subjekt ist. Und moralische Zurechnungsfähigkeit setzt ihrerseits voraus, daß die Person, die den Tatbestand herbeiführte, sich auch anders hätte verhalten können. Demnach ist es sinnlos, das Erdbeben von Lissabon im Jahre 1755 moralisch zu qualifizieren, denn es gab niemanden, der ein moralisch zurechnungsfähiges Subjekt gewesen wäre und in dessen Macht es gestanden hätte, jenes Erdbeben zu verhindern – es sei denn, man glaubt an das unheilvolle Wirken einer dämonischen Instanz, eines Demiurgen, der den Menschen Böses antun will.

Nun muß man aber weiters beachten, daß nicht jedes Werturteil ein moralisches Urteil ist. Das Erdbeben von Lissabon realisierte für die Betroffenen zweifellos Unwert-Tatbestände: Tod, Zerstörung der Lebensgrundlagen, Verlust von Anverwandten und Bekannten. Dennoch, nicht jedes Unglück, nicht jede menschliche Katastrophe ist moralisch signifikant. Das, was wir heute Schicksal nennen, nennen wir gemeinhin so, um anzudeuten, daß es sich hierbei um einen moralisch signifikanten Glücks- oder – häufiger – Unglücksfall handelt. Für einen Schicksalsschlag ist niemand verantwortlich und daher auch niemand zur Verantwortung zu ziehen.

Dabei sollte man allerdings nicht vergessen, daß die Geschichte der Menschheit lange Zeit von einer Schicksalsidee beherrscht wurde, die wir heute als „archaisch" einzustufen geneigt sind, weil sie die moralische mit der Erfolgs-Haftung zusammenschließt. Demnach konnte – wovon die griechische Tragödie beredtes Zeugnis ablegt – der Mensch ohne subjektiven Schuldanteil schuldig werden. Ödipus' Schuld gründet darin, daß er ohne Wissen und Willen seinen Vater erschlägt und mit seiner Mutter schläft; seine Schuld ist sozusagen eine objektive, und die Sühne, die er übt, indem er sich selbst blendet, erschüttert uns Heutige nicht zuletzt deshalb, weil wir sie als zutiefst unbillig erleben. Wir hadern nicht mit Ödipus, sondern mit den Göttern, die den Menschen in eine derart grausame Situation der Selbstbestrafung hineinzwingen.

Über den seelischen Mechanismus, der dem antiken Schicksalskonzept und der ihm innewohnenden Evidenz einer objektiven Schuld zugrunde liegt, möchte ich hier nicht sprechen. Freuds diesbezügliche Spekulationen mögen stimmen oder auch nicht. Wichtig aber scheint mir, was der Gräzist E.R. Dodds zum untergründigen, äußerlich irrational anmutenden Fortbestehen jenes Konzepts sagte. Ein Autolenker, so Dodds in seiner Schriftensammlung „Der Fortschrittsgedanke in der Antike" (dt. 1977, S. 89), welcher ein Kind ohne subjektives Verschulden zu Tode fährt, wird sich unter Umständen peinvoll schuldig fühlen, obwohl ihn unsere moralische Kultur vollständig exkulpiert. Verschärfen wir das Alltagsbeispiel; denken wir an die Situation eines Wissenschaftlers, der eine chemische Reaktion entdeckt und publiziert, ohne auch nur zu ahnen, daß sie die Rüstungsindustrie zur Herstellung einer Giftwaffe verwenden wird – einer Waffe, welche, im sogenannten Ernstfall zum Einsatz gebracht, der Zivilbevölkerung einer Stadt schreckliche Qualen und todbringende Verletzungen bereitet: Wenn der unglückselige Wissenschaftler sich daraufhin erhängt, werden wir seine Reaktion als „menschlicher" empfinden, denn die Moral, die besagt, er hätte rechtens ohne Selbstvorwürfe weiterleben können.

Ich denke, der rationale Kern dieser unserer scheinbar unvernünftigen Reaktion gründet in folgendem: Obwohl wir uns dessen bewußt sind, daß den Wissenschaftler keine persönliche moralische Schuld trifft, dämmert uns doch, daß eine Welt, in der solches möglich ist, für einen einigermaßen mitleidensfähigen Menschen keine lebenswerte Welt ist. Uns dämmert, daß eine Welt, in der die Moral ein sinnvolles Regulativ des Zusammenlebens sein soll, gewisse Greuel *nicht* beinhalten darf. *Gewisse* Greuel nämlich konstituieren die Welt als einen Raum der Inhumanität, worin jede Berufung auf Moralität bloß noch zynisch anmutet.

Meine erste These lautet: Moral als ein Instrument der „Optimierung" von Humanität geht ihres Rechtsgrunds verlustig, sobald es keine menschliche Basissolidarität mehr gibt: Sobald Menschen mit Menschen alles, was überhaupt möglich ist, anstellen zu dürfen glauben, gerät der einzelne, der guten Willens und ohne böse Absicht handelt, in eine Situation, die ihn vor sich selber, was immer er auch unternimmt, zum Funktionär der Hölle werden läßt – zu einem, der sich aus dem Bannkreis des absolut Bösen nur erretten kann, nicht indem er sich auf seine subjektive Unschuld beruft, sondern indem er sich radikal exiliert: sich vorm Leben in Sicherheit und zu Tode bringt, sei dieser nun existentiell (Wahnsinn, psychotischer Stupor) oder physisch (Exitus).

Das Beispiel von Dodds liefert uns nur einen schwachen, aber eben doch einen Vorschein der eben geschilderten Situation. Der sensible Autofahrer, der ein Kind ohne eigenes Verschulden tötete, erlebt sich als Komplize einer Welt, in der man dadurch schuldig wird, daß man sich auf ihre, rechtlich normierten und daher jedenfalls statthaften, Verkehrsregeln einläßt. Man sollte indes tunlichst vermeiden, das Autofahrerbeispiel mit einer Weltsituation zu verwechseln, die das Konzept des zurechnungsfähigen Handelns seiner Funktion beraubt, weil moralische Autonomie zu einem Rad wird, das nichts mehr dreht: weil jede Handlung, die das Gute, minderenfalls nichts Schlechtes, keine Realisierung eines Unwerts will, doch immer nur Böses schafft. Eine solche Welt möchte ich als „tellurische Hölle" bezeichnen.

Das Wesen der tellurischen Hölle besteht darin, daß jede menschliche Regung durch das allumfassende Böse infiziert ist.

Man wird böse einfach dadurch, daß man lebt – als Handelnder oder Nichthandelnder. Entweder befördert man das Böse dadurch, daß man handelt, oder dadurch, daß man ihm handelnd nicht entgegentritt. Die Alternative, die dann noch bleibt, hat Ulrich Horstmann, der Verfasser des Buches „Das Untier" – und das Untier ist der Mensch – ingrimmig anempfohlen: Putzen wir uns selber weg, vermonden wir unseren stoffwechselsiechen Planeten! Dann erst wird Ruhe und wird das Böse besiegt sein. Gefordert ist nicht weniger als der Genozid, die Selbstausrottung der Gattung Mensch.

Das wäre in der Tat ein starker Schluß. Um freilich als vernünftiges Resultat einer unhaltbaren Gattungslage zu erscheinen, bedürfte er einer Prämisse, deren Wahrheit peinlich genau zu prüfen wäre; eben der Wahrheit des Satzes: „Die Welt, welche die unsere ist, ist die tellurische Hölle."

Der vorhin erwähnte Wissenschaftler – ich will ihn respekt-, aber nicht grundlos Chargaff nennen – hätte folgende Überlegung anstellen können: Da ich niemals mit hinlänglicher Sicherheit weiß, wozu die Ergebnisse meiner Forschung letztendlich verwendet werden, da ich ihren gröbsten Mißbrauch angesichts der real existierenden Verwertungsbedingungen im industriell-technischen Komplex nicht ausschließe, besteht meine einzige moralisch vertretbare Alternative darin, meinen Beruf an den Nagel zu hängen. Chargaff weiß natürlich auch, daß er als einer, der sein Dasein fristen muß, nicht nichts tun kann. Chargaff könnte sich natürlich entschließen, gar nichts mehr zu tun – er könnte sich entschließen, mehr als ein Säulenheiliger zu werden, der durch sein Beispiel vielleicht, ohne es zu ahnen, weiterem zukünftigen Unheil den Weg bahnt; er könnte sich in eine Höhle flüchten und, unter Ausschluß jedweder Art von Öffentlichkeit, verhungern. Vielleicht erwägt Chargaff diese Alternative. Doch er wird, darauf läßt sich wetten bei einem, der an keiner depressiven Psychose leidet, noch andere Alternativen erwägen. Wäre es nicht vernünftiger und überdies moralisch zulässig, Gärtner zu werden, Gemüse zu ziehen und nebenher Bücher über den miserablen Zustand der Welt, der Wissenschaft, der Kultur zu schreiben? Könnte er,

Chargaff, der Welt dadurch nicht mehr dienen als durch seinen Freitod?

Wir müssen überlegen, unter welchen Bedingungen Chargaff derlei Fragen mit einem begründeten Nein quittieren würde. Wohl nur dann, wenn er Gründe zu der Ansicht hätte, daß schlechthin jede Lebensregung einen Beitrag dazu leistet, das moralisch Böse in der Welt triumphieren zu lassen. Hat er solche Gründe? Er hätte sie dann, wenn er Gründe hätte anzunehmen, daß das menschliche Leben *wesensmäßig* böse und jede Lebensregung folglich eine Regung des Bösen sei. Hat er solche, hat er derart abgründige Gründe?

Das Leben, so müßte Chargaff argumentieren, ist insgesamt die Kreation eines bösen Gottes. Denn aus der Logik moralischer Urteile folgt – wir erinnern uns – zwingend, daß die Qualifizierung eines Tatbestands als böse nur Sinn ergibt, sofern ein zurechnungsfähiges Subjekt namhaft gemacht werden kann, welches als Urheber des Bösen fungiert. Ansonsten läge eine Kategorienverwechslung vor: Was in Wahrheit eine moralisch insignifikante und zutiefst tragische Schicksalslage des Menschen wäre, würde fälschlich als moralisch signifikante Situation beschrieben, als tellurische Hölle. Deshalb muß Chargaff argumentieren, das böse Leben sei die Kreation eines bösen Gottes, eines Demiurgen.

„Beweise!" fordert nun aber der Weltzuversichtliche, fordern wir alle. Und Chargaff, in Bedrängnis gebracht, müßte antworten: „Seht euch doch das Weltspektakel an – es *ist* die Hölle." Da freilich machen die Weltzuversichtlichen nicht mit. Sie sagen nämlich: „Du setzt das, was doch erst zu beweisen wäre, schon als bewiesen voraus. Einzig aus deiner demiurgischen Metaphysik folgt, daß die Welt eine Hölle ist, und du folgerst kehrterhand aus deinem Eindruck, Insasse der tellurischen Hölle zu sein, daß deine Metaphysik die richtige ist."

Anzunehmen, daß sich Chargaff diesem Einwand beugt (er ist ja bei Verstand und Sinnen, so wollen wir annehmen). Chargaff wird also Gärtner, zieht Gemüse, damit er was zu essen hat, und schreibt radikale Bücher gegen die Welt, die Wissenschaft, die herrschende Kultur. Denn er hat erkannt: *Die tellurische Hölle ist nur zu haben um den Preis eines Zirkelschlusses.*

Meine zweite These lautet deshalb: Jene radikalkritischen Menschenverächter, die uns die Welt als tellurische Hölle vor Augen führen, sind, in der Regel wider Willen, gezwungen, eine demiurgische Metaphysik vorauszusetzen, deren Gültigkeit sie nur zirkelschlüssig unter Beweis stellen könnten; weil sie aber gewöhnlich bei Verstand und Sinnen sind, *kaschieren* sie die Zirkelschlüssigkeit ihres Arguments, indem sie so tun, als ob der metaphysische Aspekt ihres Arguments dem bloßen Augenschein und den verfügbaren empirischen Daten gleichsam inhärierte. Als ob die Logik unserer moralischen Urteile und Distinktionen eine naive „Ideologie“ wäre. Als ob Kategorien wie Zurechnungsfähigkeit, Autonomie, Anders-handeln-Können dem Sprachspiel des Teufels angehörten, der möchte, daß die tellurische Hölle durch die beständige Selbstillusionierung ihrer Insassen in Gang gehalten und auf Ewigkeit gestellt wird. Als ob die Kategorie des Schicksals, wie sie uns heute einleuchtet, eine Camouflage objektiver Schuld wäre.

Ich will diese defekte Argumentationsfigur, die sich in der Nachkriegsliteratur bei so unterschiedlichen Autoren wie Theodor W. Adorno, Max Horkheimer, Martin Heidegger und zum Teil Herbert Marcuse findet, mit Blick auf den Autor der Schriftensammlung „Abscheu vor der Weltgeschichte“ (1988) die „Chargaff-Falle“ nennen.

Meine dritte These lautet: Wer in die Chargaff-Falle tappt, wird nicht das Opfer einer möglicherweise falschen Diagnose des Weltgetriebes und seiner Ursachen – einer Diagnose, die sich möglicherweise empirisch korrigieren ließe –; er wird vielmehr das Opfer einer logischen Konfusion, weil er moralisch insignifikante Tatbestände behandelt, als wären sie moralisch signifikant. Weil er die Kategorien des Schicksals und der Moral durcheinanderbringt und deshalb, wäre er konsequent, zur Annahme eines demiurgischen Täter-Phantoms gelangen müßte.

Was hat dies alles mit Günther Anders, dem scharfsichtigen Zeitanalytiker, zu tun, dessen Werk „Die Antiquiertheit des

Menschen“ hierorts, in Österreich, viele Jahre ignoriert wurde? Meine bisherigen Bemerkungen wären witzlos, weil thematisch unerheblich, wäre ich nicht der Meinung, auch Günther Anders sei in die Chargaff-Falle getappt.

Die Einleitung zur „Antiquiertheit des Menschen“ bietet eine konzise Zusammenfassung der zeitkritischen Diagnose des Günther Anders; sie lautet: „Durch unsere unbeschränkte prometheische Freiheit, immer Neues zu zeitigen (und durch den pausenlosen Zwang, dieser Freiheit unseren Tribut zu entrichten), haben wir uns als zeitliche Wesen derart in Unordnung gebracht, daß wir nur als Nachzügler dessen, was wir selbst projektiert und produziert hatten, mit dem schlechten Gewissen der Antiquiertheit unseren Weg langsam fortsetzen oder gar wie verstörte Saurier zwischen unseren Geräten einfach herumlungern.“

Die Wortwahl läßt keinen Zweifel darüber aufkommen, daß schon lange nicht mehr der Mensch die Geschichte der Welt bestimmt, sondern zu einem Knecht seiner eigenen technischen Produkte wurde. Das Bild von der Antiquiertheit des Menschen soll aber noch Schlimmeres vor Augen führen: Vor dem Hintergrund der Perfektion, durch die sich die Maschinenwelt auszeichnet, erscheint der Mensch, der diese Welt doch kreierte, als eine historisch veraltete Figur – er kann mit all seinen Mängeln, seinen biologisch und seelisch manifesten Beschränkt- und Begrenztheiten, der Vollkommenheit der technischen Produkte nichts Ebenbürtiges mehr entgegensetzen. Streng genommen ist der Mensch überflüssig geworden, weshalb er auch unter einer völlig neuen Art der Kränkung zu leiden hat. Ihn befällt jene Scham, die ein Prometheus empfinden muß, sobald er entdeckt, daß seine Schöpfungen mächtiger, funktionstüchtiger sind als er selber – sobald der Vergleich zwischen ihm und seinen Hervorbringungen zu deren Gunsten ausfällt.

Günther Anders erweckt allen Ernstes den Eindruck, das technisch-industrielle Universum hielte für den Menschen folgende triumphierende Botschaft bereit: „Du hast mich erschaffen, gut, aber nun wirst du einbekennen müssen, daß ich besser bin als du; warum also bestehst du noch darauf, Herr der Welt zu sein; sei einsichtig und überlaß mir diese Rolle, tritt ab von der Weltbühne – laß mich nur machen, ich kann's besser!" Dagegen hält Anders, der sich nicht völlig geschlagen geben will, wiewohl er zu wissen glaubt, daß die Technik nun unser Schicksal ist: „Und ist es uns vielleicht auch nicht möglich, die Hand unseres Schicksals zu leiten, ihm auf die Finger zu sehen, darauf sollten wir nicht verzichten." Dies aber ist, schlicht gesagt, unter den vorgetragenen Prämissen eine pickwicksche Ermunterung. Denn es hat doch nur dann einen guten praktischen Sinn, jemandem auf die Finger zu schauen, wenn man ihm notfalls auf die Finger klopfen kann.

Das können wir aber nicht mehr, wenn Anders recht hat. Dann nämlich sind wir relativ zu dem von uns geschaffenen Universum nicht mehr in der Position moralisch zurechnungsfähiger Subjekte, und waren es niemals (oder doch? – jedenfalls ist die Zeit, da wir vielleicht dispositionsfähig waren, längst vorbei). Über uns nämlich, so Anders, ist bereits verfügt: „Auch wir können frei darüber entscheiden, ob wir uns unser Heute als Bombenexplosion oder als Bobsleighrennen servieren lassen. Weil über uns, die wir diese freie Wahl treffen, weil über unsere freie Wahl, bereits verfügt ist. Denn daß wir *als* Rundfunk- bzw. Fernsehkonsumenten die Wahl zu treffen haben: als Wesen also, die dazu verurteilt sind, statt Welt zu erfahren, sich mit Weltphantomen abspeisen zu lassen; und die Anderes, selbst andere Arten von Wahlfreiheit, schon kaum mehr wünschen, andere sich vielleicht schon nicht mehr vorstellen können – darüber ist bereits entschieden."

Denn – so Anders im Vorwort zur 5. Auflage seines Buches, 1979 – wir sind der Perfektion unserer Produkte nicht gewachsen; wir stellen mehr her, als wir vorstellen und verantworten können; wir glauben, dasjenige, was wir können, auch zu dürfen, nein: zu sollen, nein: zu müssen. Kurz gesagt, wir sind unzurechnungsfähige Vollstrecker eines prometheischen Zwangsprogramms, dessen vorläufiger Höhepunkt die Konstruktion und der Einsatz von Atombomben ist.

Dagegen wiederum hält der Realist, der hier den Part des Weltzuversichtlichen spielt: „Die Entscheidung darüber, ob wir uns unser Heute als Bombenexplosion oder als Bobsleighrennen servieren lassen, steht uns offen und macht – entgegen dem Text von Anders, der einen zutiefst menschenverachtenden Zynismus offenbart – den entscheidenden Unterschied. Hätte Präsident Truman in Hiroshima und Nagasaki Bobsleighrennen veranstaltet, statt diese Städte atomar verwüsten zu lassen, oder hätte er – was zweifellos in seiner Macht gestanden hätte – den Dingen nach allen Regeln konventioneller Logistik und Diplomatie ihren Lauf gelassen, dann wäre das Ergebnis vielleicht unvergleichlich humaner gewesen. Ich sage ‚vielleicht', um klarzustellen, daß selbst der Einsatz von Atomwaffen nicht unter allen denkbaren Umständen die schlechteste Alternative darstellt. Der Zynismus von Anders, der sich so mitreißend humanitär gebärdet, ist nämlich das Ergebnis einer fatalen Weigerung – der Weigerung, über Entscheidungen unter Unsicherheit ernsthaft nachzudenken, zumal wenn davon das Schicksal ganzer Städte oder Völker betroffen ist. *Irgendeine* Entscheidung muß getroffen werden, und sei es nur die, sich für keine Alternative, weder für Bobsleighrennen noch für konventionelle Logistik und Diplomatie noch für Atombombenabwürfe, zu entscheiden. Und die Folgen der Entscheidung sind für die Betroffenen jedenfalls von vitaler Bedeutung. Es macht einen Unterschied, ob man Bob fährt oder im atomaren Hitzesturm schmilzt."

„Den Zynismus von Anders", so fährt der Realist fort, „eine heilsame Provokation zu nennen – und ich fürchte, viele Intellektuelle werden dazu neigen –, ist zumindest eine Form gehobenen Schwachsinns. Worin sollte denn das Heilsame einer Provokation liegen, die eine Bombenexplosion mit einem Bobsleighrennen junktimiert?"

Ich kann nicht umhin, dieser Kritik zuzustimmen, aber aus einem Grund, der den Realisten, von dem ich annehme, er sei antimetaphysisch disponiert, kaum beeindrucken wird. Mein Grund lautet: Die zynische Haltung, die Anders einzunehmen scheint, ist Resultat der Chargaff-Fixierung. Würde sich nämlich Anders zu einer demiurgischen Metaphysik bekennen, würde er sich als Gnostiker zu erkennen geben und die Welt als tellurische Hölle kenntlich machen, dann wäre ein Bobsleighrennen wesensmäßig dasselbe wie ein Atombombenabwurf – eben höllischer Teil des höllischen Ganzen. Indes, Günther Anders pocht darauf, radikalkritisch im Rahmen einer rein innerweltlichen Moral zu argumentieren. Und gelangt gerade deshalb zu dem eigentümlichen Ergebnis, daß das menschliche Schicksal, Reflex des Weltgetriebes, böse sei, obwohl er den Menschen gleichzeitig behandelt, als sei dieser gar nicht mehr in der Lage, das zurechnungsfähige Subjekt seines „Schicksals" zu sein – als sei er eben bloß noch Reflex des Getriebes.

Und Anders ist hier keinesfalls eine Ausnahmeerscheinung. Horkheimer und Adorno spinnen in ihrer „Dialektik der Aufklärung" (1947) einen Faden, der von dem menschlichen Bedürfnis nach Autonomie, nach Loslösung aus den Banden des Mythos und kreatürlicher Naturverfallenheit, sprich: Hunger, Unbehaustheit, Krankheit, Dämonenfurcht, geradewegs nach Auschwitz führt. Der Aufstand gegen die primäre Lebensnot, so die beiden Mentoren der Frankfurter Schule, gipfle in einem technischen Herrschafts- und Gewaltdispositiv, das schließlich alle moralischen Schranken niederreiße und den Mord am jüdischen Volk als Ausdruck deutsch-menschlicher Selbstbehauptung erscheinen lasse. Oder Heidegger: Nach seinem unseligen Engagement für die Nationalsozialisten behauptet er nach 1945, nun erst sei die Epoche äußerster Seinsverlassenheit angebrochen, Amerika und Rußland repräsentierten dasselbe Unwesen, weil beide Mächte, statt dem Zuruf des Seins zu lauschen, dem endgültigen Triumph der Technik Vorschub leisteten. Und Heidegger schreckt nicht davor zurück, die motorisierte Ernährungsindustrie als ihrem Wesen nach für dasselbe zu erklären wie die Vernichtung von Juden in Gaskammern. Gleichzeitig beteuert er in Gesprächen, daß ihm eine moralische Disqualifizierung der Technik völlig fernliege, weil sie, die Technik, das gegenwärtige Sein des Menschen adäquat repräsentiere – der Mensch habe zur Zeit keine Wahl. Heideggers untergründige Gnostik ist hier mit Händen zu greifen, aber ebenso sein moralisches Ressentiment gegen alles Neuzeitliche, zumal alles Moderne. Auch Heidegger zappelte in der Chargaff-Falle.

Unglaublich, wogegen sich die erlauchtesten Geister unseres Nachkriegszeitalters empörten: gegen den Jazz, gegen den Film, gegen das Fernsehen, gegen das Taschenbuch, gegen die Familienplanung, gegen die Gleichberechtigung der Frau, gegen das demokratische Mehrheitsprinzip, die moderne Agrikultur, die moderne Medizin, den modernen Städtebau. Die Liste ließe sich verlängern, sie umfaßte schließlich alles, was unsere kollektive Identität ausmacht.

Horkheimer setzt schlußendlich seine Hoffnungen auf das Christentum, verteidigt die „Pillenenzyklika" Papst Pius' XII. Heidegger läßt posthum verlauten, nur noch ein Gott könne uns erretten. Das ist immerhin konsequent gedacht. Die tellurische Hölle kann nur durch den Eingriff eines Gottes, der die demiurgische Höllendynamik stillegt, entdämonisiert werden.

Nein, Anders ist keine Ausnahmeerscheinung. Er paßt ins Bild gnostisch inspirierter Welt- und Menschenverächterei, auch wenn er mit Gott nichts zu schaffen haben will. Bleibt noch zu fragen, woraus diese Verachtung resultiert. Hierzu meine vierte und letzte These:

Es ist ein Kennzeichen gerade der wachsamsten Geister unserer Epoche, daß sie der europäischen Fortschrittsprogrammatik, die seit dem 18. Jahrhundert, dem Jahrhundert der Aufklärung, theoretisch, praktisch und moralisch zur treibenden Kraft wird, als kosmosophische Reaktionäre gegenüberstehen. Sie entziffern nämlich die manische idée fixe, wonach (um mit Kant zu sprechen) alle bisherige Unmündigkeit eine selbstverschuldete war und (um mit Comte und anderen Progressisten zu sprechen) der Mensch sich einzig durch seine technischen Produkte erlösen kann, als Teil eines demiurgischen Verhängnisses; eines Verhängnisses, das seit Anbeginn der Zeiten die menschlichen Werke unabwendbar zu Splittern im Kaleidoskop der kosmischen Unheilsgeschichte werden läßt. Aber weil jene wachsamen Geister mit dem Alptraum einer verfehlten Schöpfung nichts zu tun haben wollen, weil sie in ihrem antimetaphysischen Affekt doch Kinder der Aufklärung und Propagandisten eines sogenannt humanistischen Selbstbestimmungsideales sind, belasten sie den Menschen mit einer ebenso ungeheuerlichen wie absurden Schuld – mit einer Schicksalsschuld. Insofern sind sie verkappte kosmosophische Reaktionäre unter progressistischem Vorzeichen. Und deshalb tappen sie immer wieder in die Chargaff-Falle.

Einer der wenigen, die der Falle entgingen, ist E. M. Cioran. Zu Eingang seines Buches „Die verfehlte Schöpfung" (1969) lesen wir: „Unausdenklich altes Versagen, Bankrott, dessen Wirkungen sich im Maß, in dem die Geschichte abläuft, verdeutlichen. In den Zeiten des Ursprungs, in jener Promiskuität, in der sich das Abgleiten lebenswärts vollzog, muß etwas Unnennbares vorgegangen sein, das sich in unserem Unbehagen, wenn nicht in unseren Überlegungen, fortsetzt. Daß die Existenz in ihrer Quelle verdorben wurde, sie und die Elemente selber, wie kann man auf diese Hypothese verzichten? Wer nicht mindestens einmal am Tag bereit ist, sie ins Auge zu fassen, der hat als ein Schlafwandler gelebt."

Ist Ciorans Sicht der Dinge eine metaphysische Grille, herstammend aus einer Idiosynkrasie des Autors – kurz: eine Spinnerei? Dies zu bezweifeln fällt nicht schwer. In den großen alten Kulturen des Westens wie des Ostens trat der demiurgische Gedanke machtvoll auf und hinterließ tiefe, weitreichende Spuren. Seine Verdrängung durch das Christentum – das sehen wir heute wieder klarer – konnte die Evidenzen nicht beseitigen, die ihn seit altersher nährten. Freilich, diese Evidenzen mußten im biblischen Kontext – im Kontext einer Genesis, die Gott sein Werk betrachten und befinden läßt, es sei gut so wie es ist – radikal neu interpretiert werden. Und das Interpretationspostulat lautete angesichts der unbestreitbaren Tatsache des Bösen in der Welt: *Entlastung der Schöpfung, Belastung des Menschen!* – bis schließlich der Mensch vorm Menschen zu jenem Demiurgen wurde, als dessen Opfer er sich einstmals fühlen durfte. Dies setzte im judäochristlichen Raum eine Selbstbezichtigungsdynamik in Gang, die in der Weltgeschichte ihresgleichen sucht. Die Schöpfung ist gut, das Haus des Seins unschuldig; der Mensch aber, das exzentrische Wesen par excellence, versündigt sich, prometheisch aufgespreizt, mehr und mehr an der Natur, wird tauber und tauber für den Zuspruch des Seins und so fort.

Es sei mir gestattet, meine Ausführungen mit einem längeren Zitat und einem Kommentar dazu, den ich meinem Buch „Der Freudenstoff" (1990) entnehme, abzuschließen. Das Zitat stammt aus Hans Henny Jahnns Romanopus „Fluß ohne Ufer"; sein voller Wortlaut stehe hier für Unzähliges, unzählbar Unfaßbares:

„Es ist ein schöner Tag. Die Stille zwischen den Bäumen im Walde, als ob der Laut einer märchenhaften Stimme unmittelbar bevorstände. Die greisen Barrieren der Klippen tönen; sie sind das verschämte Echo emsig summender Bienen. Es ist der letzte Hall aus den tiefen Öden des irdischen Feuers. Die Wirklichkeit ist wie eine Verheißung.

Ich wurde aufgerüttelt. Ich will es kurz berichten: ich hörte aus einem Haufen lose aufgeschichteter dürrer Tannenzweige das Flügelschlagen eines großen Insektes. Ich trat nahe herzu und erkannte eine Libelle, die im durchlässigen Gitterwerk kleinen Geästes ängstlich flatterte. Es war nicht gleich zu erkennen, warum sie nicht die Freiheit suchte, die so leicht zu erreichen schien. Die Bewegungen des Insekts wurden wilder und verzweifelter. Es stieß mit dem Kopf gegen den Boden. Es schien die Umgebung nicht zu erkennen. Ich beugte mich hinab und sah nun, daß eine Anzahl Ameisen der Libelle Säure über die großen Netzaugen spritzten; andere bissen sich mit den Freßzangen in eben diesen Augen fest. Schnell griff ich zu, um das Tier zu befreien. Es war zu spät. Es war schon erblindet oder teilweise erblindet. Es stürzte, flügelschlagend, zuboden. Ich erkannte, aus den Augkuppeln waren winzige Tropfen ausgetreten. Das Tier atmete so stark, daß der ganze Leib bebte. (Ich habe kaum geahnt, daß das Atmen durch die Tracheen so heftig sein könne.) Es starb binnen einer Minute an Überanstrengung, einem Herzschlag erlegen oder an unvorstellbaren Schmerzen der Erblindung."

Mein Kommentar lautet: Es lohnt sich, darüber nachzudenken, wie eine wissenschaftliche „Sicht" der Welt attraktiv werden konnte, die angesichts der Jahnnschen Szene (welche uns einen Blick durch die allzeit offenstehenden Pforten der Hölle tun läßt) nicht nur den Vollzug eines moralisch untadeligen Geschehens postuliert – reine unschuldige NATUR! –, sondern darüber hinaus den Rundlauf eines „ökologischen Gleichgewichtsprozesses" affirmiert. Vor allem diese zwei Begriffe: „Ökologie" und „Gleichgewicht", vermitteln Gefühle der Reinheit und des Ausgewogenseins, welche zusammen die vielleicht größte Selbstillusionierung, in die der zivilisierte Mensch sich jemals begab, widerspiegeln. Der Ökologismus vereinigt die Schau des Schlachthauses, des Beinhauses, des Irrenhauses Natur als eines Paradieses (jeder letztklassige Tierfilm noch zeigt unterdessen sanft und trotz Belehrtheit kinderaugenblank, wie das Katzerl das Vogerl frißt) mit dem christlich inspirierten Hang des vermaßten, urban verklumpten Zeitgenossen zur Selbsterniedrigung (der größte Dummkopf weiß heute schon, daß auch *er* schuld ist am Untergang jener paradiesischen Gleichgewichtsstätte, die wir mittlerweile alle als Frau Mutter Natur verehren; daß im Grunde auch er einer *zuviel* ist; ja daß, von einigen Buschleuten abgesehen, *die Menschheit eine zuviel ist*).

Um nicht in die Chargaff-Falle zu tappen, werde ich zum kosmosophischen Reaktionär. Bei der Lektüre des Werkes von Günther Anders hat man den Eindruck, daß die Menschheit unterdessen eine zuviel ist. Sie ist antiquiert. Dagegen würde ich halten, daß *die Schöpfung* eine zuviel ist. Ich würde dies behaupten, um den Menschen vor der menschlichen Selbsterniedrigungswut in Schutz zu nehmen, um einer menschenmöglichen, Mensch und Natur umspannenden Solidarität im schlechten Leben willen – dem Leben, als welches das unsere unaufhebbar erscheint. Aber ich weiß, daß meine Position im Zirkelschlüssigen verharrt. Und eben deshalb bleibt meine Kritik an Anders letzten Endes prekär. Er steht im Regen und ich lande in der Traufe.

## *Robert Jungk*
## Günther Anders und die andere Zukunft

### I.

Im folgenden versuche ich etwas, mit dem die Exegeten des Werkes von Günther Anders vermutlich ebensowenig einverstanden sein werden wie er selber. Nämlich jenen Nachsatz ernstzunehmen, den der Beschwörer eines so gut wie unvermeidlichen Untergangs oft genug ans Ende seiner pessimistischen Beweisführung gesetzt hat: Den Aufruf, sich dieser Endkatastrophe tätig zu widersetzen, auch wenn dies hoffnungslos scheint. Sinnvoll kann eine solche Anstrengung nur sein, wenn sie nicht von Anfang an als vergeblich beurteilt wird.

Ich will also die Aufforderung „An die Arbeit!", die Anders der Maxime „Wenn wir verzweifelt sind, was geht's uns an" unmittelbar folgen läßt, an ihrer historischen und möglichen künftigen Wirkung messen. Sie wurde 1982 in der Einleitung zum Sammelband „Hiroshima ist überall" veröffentlicht und wurde damals auf dem Höhepunkt der deutschen Friedensbewegung besonders deshalb ernstgenommen, weil sie von jemandem kam, den man gewiß nicht des deklamatorischen Aktivismus zeihen konnte.

Es vollzog sich damals in den neuen sozialen Bewegungen zunächst kaum merklich, dann immer deutlicher eine Hinwendung vom Widerstand, der sein Ziel in der *Verhinderung* der drohenden Katastrophen sah, zu einem erweiterten Widerstand, der noch mehr wollte, nämlich entschiedene *Veränderung* einer todesverheißenden Entwicklung hin zu einer menschen- und umweltfreundlichen Zivilisation, einer „sustainable society", wie das gegen Ende des letzten Jahrzehnts unseres zu Ende gehenden Jahrtausends von einer Kommission der Vereinten Nationen unter dem Vorsitz der norwegischen Ministerpräsidentin Brundtland, verlangt wurde.

Wer ein solches Projekt als unmögliches Unterfangen ansieht, weil der „point of no return" angeblich bereits überschritten sei, behauptet etwas, was unbeweisbar ist und bleiben wird, weil es den jeweils Gegenwärtigen nicht und niemals gelingen kann, alle künftigen historischen Ereignisse im voraus zu kennen, also auch nicht das unerwartet Rettende, das möglicherweise im Schoße der Geschichte ruht und darauf wartet, geboren zu werden. Längst hat die Naturwissenschaft im Zeichen der neuen Entwicklungs- und Chaosforschung von den mechanistisch-deterministischen Vorstellungen vorhergehender Forschergenerationen Abschied genommen. Auf Historikertreffen der letzten Monate mit ihren zahlreichen Überraschungen ist deutlich gesagt worden, daß auch die gesellschaftlichen Entwicklungsvorstellungen sich nicht länger an Theorien vermeintlich allwissender Aufstiegs- oder Untergangsphilosophen halten, sondern überraschenden Ereignissen wieder genügend Bedeutung zumessen sollten.

In einer Periode erhöhter Unsicherheit, wie wir sie nun am Jahrtausend-Ende erleben, können auch quantitativ verhältnismäßig geringe Einflußgrößen schon entscheidende Umbrüche bewirken. Wenn diese von Ilya Prigogine aus seiner Erfahrung mit unstabilen chemischen Lösungen auf politische und gesellschaftliche Entwicklungen angewendete Erkenntnis zutreffen sollte, dann hätte radikal neues Denken und darauf gründendes Experimentieren, das geeignete Lösungen für die kritischen Probleme der in zunehmende Schwierigkeiten geratenen Technokratien anbieten könnte, gerade zum jetzigen Zeitpunkt besonders ernstzunehmende Chancen.

Hier liegen unerhörte Möglichkeiten für die von Günther Anders vermißte soziale Phantasie. Sie hätte allerdings etwas Zukunftsweisenderes zu tun, als sich nur das Wesen und die Wirkungen des Hergestellten vorzustellen. Ihre dringende Aufgabe wäre es vielmehr, sich endlich dem lange zugunsten technischer Erfindungen vernachlässigten Feld der *gesellschaftlichen Erfindungen* zuzuwenden.

## II.

Die Themen dieser notwendigen und dringenden schöpferischen Tätigkeit drängen sich vor allem dort auf, wo die Technokratie besonders unerträgliche und riskante Zustände geschaffen hat. Sie sind von den Wissenschafts- und Technikkritikern seit der Jahrhundertmitte deutlich genug benannt worden, und unter ihnen war Anders sicherlich einer, der am klarsten sah, weil er nicht nur wie die meisten anderen die Zerstörung der Umwelt schilderte und analysierte, sondern die Zerstörung der Menschen und der menschlichen Zusammenhänge.

Um so unbegreiflicher ist es, daß er bei der entscheidensten aller Fragen, dem Problem der Gewaltanwendung, unter seinem Niveau blieb und es nicht fertigbrachte, die alten Denk- und Handlungsweisen, denen sich vor allem die Mächtigen verschrieben haben, zu überwinden. Gerade er, der einen so genauen Einblick in die Wirklichkeit der enormen Mittel immer neuer und neuerer Waffentechnik besitzt, muß wissen, daß physische Gewaltanwendung Kettenreaktionen nach sich zieht. Einmal in Gang gesetzt, muß sie sich ständig steigern und verursacht schließlich nie wieder gutzumachende Schäden. In jeder von Gewalt geprägten Auseinandersetzung sind aber die Besitzer fortentwickelter destruktiver Machtmittel ihren verhältnismäßig primitiv bewaffneten Widersachern überlegen. Gelähmt können sie nur werden durch Formen des Widerstandes, auf die sie nicht vorbereitet sind oder nicht angemessen antworten können. Die Ereignisse in Osteuropa haben das deutlich gezeigt, sogar der Pyrrhussieg der chinesischen Konterrevolution erweist sich nur als vorläufiger militärischer Erfolg, der unter dem nunmehr gewaltlosen Druck der Betroffenen nach und nach zerbröselt.

Entscheidend für den Erfolg der von Anders vermißten „Hauptrevolution" wird es sein, daß der Gedanke der *Dezentralisierung* sich politisch, wirtschaftlich und schließlich auch technisch durchzusetzen beginnt. Wenn die von Lewis Mumford beschriebene, von wenigen zentral gelenkte „Megamaschine" der kapitalistisch-technizistischen Zivilisation in ihrer Gefährlichkeit und Ineffizienz nicht nur von ihren Opfern bedrängt, sondern auch von einer wachsenden Minderheit ihrer Betreiber allmählich unschädlich gemacht wird, müssen die Schatten der Endkatastrophe weichen. Ein solcher Prozeß hat heute bereits begonnen, obwohl oberflächlich gesehen der gegenläufige Vorgang der organisatorischen und institutionellen Zentralisierung noch weitergeht. Das im Entstehen begriffene Großeuropa muß noch vor seiner Vollendung den alten Regionen – wie Burgund, Toskana, Baskenland – erhöhten Einfluß einräumen; die Vereinten Nationen sahen sich im letzten September gezwungen, einen Weltkongreß der Gemeinden statt der Staaten einzuberufen, weil nur noch die Kommunen genügend Einblick in die sie bedrängenden Umweltprobleme haben und neue Lösungen erproben können.

Zu wenig bemerkt von den Philosophen, die sich so angestrengt mit der Unvermeidlichkeit des Todes beschäftigen und uns mit der brillanten Kritik der Kritik dann schließlich doch „im Regen stehen lassen", werden seit einigen Jahren fern von den Elfenbeintürmen in aller Welt *soziale Experimente* unternommen, in denen radikal andere Methoden der Produktion und neue Arbeitsstile erprobt werden (zum Beispiel in den „Technology Networks" des „Greater London Council"), aber auch andere landwirtschaftliche Arbeitsweisen, neue, demokratischere Formen der Verwaltung, ökologisch geeignetere Bau- und Lebensstile.

Diese meist spontan und mit ungenügenden Mitteln begonnenen Reformversuche müßten allerdings finanziell so lange unterstützt werden, bis sie sich aus eigener Kraft gegenüber den alten Verfahrensweisen durchsetzen können. Dies gilt besonders von den Bemühungen, eine sozial, ökologisch und sowohl physisch wie psychisch verträgliche Technik zu schaffen und am Leben zu halten. Auch hier ist, besonders auf dem Gebiete der alternativen Erzeugung dauerhafter und unschädlicher Energie, bereits viel in Bewegung geraten.

## III.

Wir dürfen solche Anfangserfolge nicht überschätzen, aber auch nicht unbeachtet lassen. Sie sind die noch schwachen, aber entwicklungsfähigen Kinder unserer kritischen und gewaltlosen sozialen Bewegungen. Sie zu verleugnen oder sogar als von den Feinden der Menschlichkeit benutztes Alibi zu verleumden, wäre verhängnisvoll und würde nur denen dienen, die so weitermachen wollen wie bisher.

Ob Günther Anders es anerkennt oder nicht, er hat dazu beigetragen, eine Zivilisation vorzubereiten, die seinen dunklen Weissagungen widerspricht. Denn sein Denken hat den verkrusteten Boden mit aufgerissen, in dem nun die Keime eines anderen Lebens Wurzeln zu schlagen beginnen. Wer ihn so lange kennt wie ich, wer sich so oft mit ihm gestritten, aber auch so oft mit ihm verbündet hat, wer ihn nicht nur als den strengen, sondern auch den lachenden Philosophen kennt, nicht nur als den rigorosen Denker, sondern auch als den liebenden, empfindlichen Menschen, wer seine musische Begabung nicht als Nebensache, sondern als das erkennt, woraus sein tieferes Begreifen entspringt, der hofft, daß der Freund diese im Lichte des klaren Verstandes für fast unmöglich gehaltenen, oft widersprüchlichen, ja wirren Neuanfänge mit Nachsicht, vielleicht sogar mit Freude betrachten wird. Könnte sein, daß er sogar einmal seinen Spott über das „Händchenhalten" der Friedensdemonstranten als verletzend und falsch erkennt. Denn aus diesen Berührungen entsteht die Kraft, aus der das Unwahrscheinliche und noch für unmöglich Gehaltene entstehen kann: Eine Zukunft ohne Angst, eine Zukunft der freundlichen schöpferischen Menschen, die ihr Schicksal nicht mehr den Managern und Bürokraten mit ihren Maschinen überlassen, sondern in ihre eigenen, eben diese „Händchen" nehmen werden.

# Anmerkungen und Literaturhinweise

## *E. Wittulski: Der tanzende Phänomenologe*

1 *K. Jaspers,* Rechenschaft und Ausblick, München 1951, S. 327. Nach *Manfred Sommer,* Lebenswelt und Zeitbewußtsein, Frankfurt/M. 1990, S. 224.
2 *G. Stern,* Die Rolle der Situationskategorie bei den „Logischen Sätzen", unveröff. Diss., Freiburg 1924.
3 *M. Horkheimer,* Gesammelte Schriften, Band 10: Nachgelassene Schriften 1914–1931, Frankfurt/M. 1990, S. 176.
4 Ebd., S. 178.
5 Husserliana – Edmund Husserl. Gesammelte Werke, Bd. XXVII, Dordrecht/Boston/London 1989, S. XIII, Fußnote.
6 Ebd., S. XII.
7 Ebd., S. XIII.
8 *Logos,* H. 3, 1911; abgedruckt in: Husserliana – Edmund Husserl. Gesammelte Werke, Bd. XXV, Dordrecht/Boston/Lancaster 1987, S. 3 ff.
9 Ebd., S. 3.
10 Ebd., S. 5.
11 Ebd.
12 Vgl. *E. Ströker/P. Janssen,* Phänomenologische Philosophie, Freiburg/München 1989, 15 ff.
13 *O. Pöggeler (Hrsg.),* Heidegger, Königstein/Ts. 1984, S. 17.
14 *G. Anders,* Der Mann auf der Brücke, München 1959. Jetzt in: *ders.,* Hiroshima ist überall, München 1982, S. 63.
15 *E. Husserl,* Manuskripte A VI 11 I, S. 67 b. In: *R. Bernet,* Edmund Husserl, Hamburg 1989, S. 133.
16 *K. Löwith* (1940), Mein Leben in Deutschland vor und nach 1933, Frankfurt/M. 1989, S. 26.
17 Ebd.
18 „Wenn ich verzweifelt bin, was geht's mich an?" Gespräch mit Günther Anders. In: *Matthias Greffrath,* Die Zerstörung einer Zukunft – Gespräche mit emigrierten Sozialwissenschaftlern, Hamburg 1979, S. 27 f.
19 Neue Rundschau, H. 5, Stockholm 1946, S. 51.
20 A. a. O.
21 Ebd., S. 38.
22 Ebd., S. 37. Im Vorwort zur 2. Auflage der „Logischen Untersuchungen" erklärte Husserl die erste Fassung für „einen Gewaltstreich", da

es „genau besehen" keinen empirischen Satz ohne Situationsbezogenheit gebe; vgl. Husserl, E., Logische Untersuchungen. Erster Band: Prolegomena zur reinen Logik, Husserliana, Bd. XVIII, Den Haag 1975, S. 13. Husserl unternahm Umarbeitungsversuche, die erst seit 1984 zugänglich sind; vgl. ders., Logische Untersuchungen. Zweiter Band. Zweiter Teil, Husserliana, Bd. XIX/2, Den Haag, 1984, S. 812–816.

23 *M. Horkheimer,* a. a. O., S. 386 f.

24 Greffrath, a. a. O., S. 26.

25 Das Dreieck, H. 2, Berlin 1924, S. 33.

26 Ebd., S. 36.

27 Ebd., S. 34.

28 Husserliana – Edmund Husserl: Gesammelte Werke Band VI, The Hague 1954, S. 188; vgl. *F. Fellmann,* Gelebte Philosophie in Deutschland, Freiburg/München 1983, S. 17 f.

29 *G. Anders,* Ketzereien, München 1982, S. 242; vgl. *ders.,* Der Mann auf der Brücke, a. a. O., S. 32.

30 Philosophischer Anzeiger, I., 2. Halbband, Bonn 1926, S. 359 ff.

31 Zeitschrift für Musikwissenschaft, Leipzig 1927, S. 610 ff.

32 Ebd., S. 612.

33 Ebd., S. 610.

34 Bonn 1928.

35 Titel: Philosophische Untersuchung über musikalische Situationen, entstanden um 1930.

36 „Über das Haben (...)", S. 83.

37 Ebd., S. 38, Fußtnote.

38 *G. Anders,* Die Antiquiertheit des Hasses; in: *Kahle/Menzner/Vinnai (Hrsg.),* Haß, Reinbek 1985, S. 12, Fußnote.

39 *J. Langenbach,* Günther Anders, Wien 1986. *W. Reimann,* Verweigerte Versöhnung, Diss., Berlin 1989.

40 *A. C. Ewing,* Über das Haben; in: Mind, Vol. 38, London 1929. *C. M. Fernkorn,* Über das Haben; Grundwissenschaften, XI, Leipzig 1932.

41 *G. Anders,* Ketzereien, a. a. O., S. 191.

42 Paris 1935. Marcel gibt hier auch Mitteilung darüber, daß Stern von seinen eigenen Untersuchungen „nicht befriedigt" war (S. 168).

43 Vgl. u. a. *E. Young-Bruehl,* Hannah Arendt, Frankfurt 1982; Greffrath a. a. O.

44 Une interprétation de l'a Postériori. In: Recherches Philosophiques 1934/35, Paris; Pathologie de la Liberté. In: Recherches Philosophiques 1936/37, Paris.

45 Husserliana – Edmund Husserl. Gesammelte Werke, Band XXVII, S. 173 f.

46 Ebd., S. 179.

47 Pathologie de la Liberté, a. a. O. (eigene Übersetzung).

48 *G. Anders,* Ketzereien, a. a. O., S. 244.

49 Ebd., S. 245.

50 *W. Reimann,* Verweigerte Versöhnung, a. a. O.
51 FORUM, H. März/April ff., Wien 1990.
52 Merkur, H. 322, Stuttgart 1975.
53 a. a. O., S. 128 ff.
54 *M. Sommer,* a. a. O., S. 220.
55 Daß der Name Günther Stern/Anders dann auch in phänomenologischen Handbüchern etc. nicht auftaucht, ist folgerichtig, wenn auch wahrscheinlich eher der Unkenntnis der betreffenden Autoren zuzuschreiben. Soweit ich sehen kann, ist nur in *H. R. Sepps* „Edmund Husserl und die phänomenologische Bewegung", München 1988, Anders richtig zugeordnet. Während z. B. *Ströker/Janssen* a. a. O., das sich immerhin als Handbuch versteht, auf Anders' Bedeutung für Sartre mit keinem Wort eingehen, Anders nicht einmal erwähnen.
56 *H. Hildebrandt,* Weltzustand Technik, Diss., Berlin 1990.
57 *„kasch",* Philosophie des Atoms; in: Abendzeitung, München, 5. 10. 1959.
58 *V. Hage,* Günther Anders – Philosoph der Liebe. In: Die Zeit, 7. 11. 1986, Hamburg.
59 *K. P. Liessmann,* Die große Hure. In: Falter, 25. 10. 1984, Wien.
60 München 1956.
61 Vgl. *W. Reimann,* a. a. O.
62 dazu *Anders* selbst in: Im Gespräch: Günther Anders; Österr. Rundfunk, 1. Programm, 20. 12. 1990.
63 *G. Bolte (Hrsg.),* Gegen Habermas, Lüneburg 1989.
64 Vgl. *G. Anders,,* Ketzereien, a. a. O., S. 225. „Brecht konnte mich nicht riechen" – Interview mit F. J. Raddatz; Die Zeit, 22. 3. 1985, Hamburg.

### *Helmut Hildebrandt: Anders und Heidegger*

1 *G. Anders,* On the Pseudo-Concreteness of Heidegger's Philosophy. In: Philosophy and Phenomenological Research, Vol. VIII (1947/48), S. 337–371 (unter G. Stern); ferner: *G. Anders,* Nihilismus und Existenz. In: Die Neue Rundschau, Okt. 1946, S. 48–76, im folgenden zitiert nach Die Stockholmer Neue Rundschau. Auswahl 1945–1948, Frankfurt/Main 1949, S. 96–124.
2 Eine Übersicht über die kritische Heidegger-Rezeption findet sich bei *I. Bachmann,* Die kritische Aufnahme der Existentialphilosophie Martin Heideggers, München 1985.
3 Vgl. *Th. W. Adorno,* Negative Dialektik, Gesammelte Schriften, Band 6, Frankfurt/Main 1973, insbes. S. 69–136.
4 *G. Anders,* Die Antiquiertheit des Menschen. Zweiter Band. Über die Zerstörung des Lebens im Zeitalter der dritten industriellen Revolution, München 1980, S. 129.
5 *G. Anders,* Die Antiquiertheit des Menschen. Zweiter Band, a. a. O.,

S. 130. Vgl. *G. Anders,* Pathologie de la Liberté. Essai sur la non-identification. In: Recherches philosophique VI, Paris 1936/37, S. 22–54 (unter G. Stern).

6 Vgl. *W. F. Haug,* Jean Paul Sartre und die Philosophie des Absurden, Phil. Diss., Berlin 1965, S. 106 f. und 227 f.

7 *G. Anders,* Die Antiquiertheit des Menschen. Zweiter Band, a. a. O., S. 9.

8 Ebd. Zu Anders' und Heideggers Technikphilosophie vgl. vom *Verf.:* Weltzustand Technik. Ein Vergleich der Technikphilosophien von Günther Anders und Martin Heidegger, Berlin 1990.

9 Ebd., S. 129.

10 Vgl. *G. Anders,* On the Pseudo-Concreteness of Heidegger's Philosophy, a. a. O., S. 339 ff.

11 *G. Anders,* Die Antiquiertheit des Menschen. Zweiter Band, a. a. O., S. 287.

12 „Wenn ich verzweifelt bin, was geht's mich an?" Günther Anders im Gespräch mit Matthias Greffrath. In: Das Günther Anders Lesebuch (Hrsg: *B. Lassahn*), Zürich 1984, S. 287–328, hier S. 290.

13 *H. Marcuse,* Beiträge zu einer Phänomenologie des Historischen Materialismus. In: *H. Marcuse, A. Schmidt,* Existenzialistische Marx-Interpretation, Frankfurt/Main 1973, S. 54.

14 „Wenn ich verzweifelt bin, was geht's mich an?", a. a. O., S. 290.

15 *G. Anders,* Rezension von *A. Fischer,* Die Existenzphilosophie Martin Heideggers. In: Zeitschrift für Sozialforschung VI (1937), S. 416 f. (unter Günther Stern).

16 *G. Anders,* Die Antiquiertheit des Menschen. Zweiter Band, a. a. O., S. 9.

17 Ebd., S. 422.

18 *M. Heidegger,* Sein und Zeit, 15. Auflage, Tübingen 1979, S. 84.

19 Ebd., S. 84.

20 Ebd., S. 68.

21 Ebd., S. 69.

22 Ebd., S. 68.

23 Ebd., S. 117.

24 Vgl. *G. Anders,* On the Pseudo-Concreteness of Heidegger's Philosophy, a. a. O., S. 357.

25 „Wenn ich verzweifelt bin, was geht's mich an?", a. a. O., S. 290 f.

26 *M. Heidegger,* Sein und Zeit, a. a. O., S. 28.

27 Ebd., S. 69.

28 Im Original deutsch.

29 *G. Anders,* On the Pseudo-Concreteness of Heidegger's Philosophy, a. a. O., S. 344 (eigene Übersetzung).

30 Ebd., S. 347 (eigene Übersetzung).

31 *G. Anders,* Die Antiquiertheit des Menschen. Zweiter Band, a. a. O., S. 433.

32 *M. Heidegger,* Brief über den ‚Humanismus'. In: *M. Heidegger,* Wegmarken, 2. Auflage, Frankfurt/Main 1978, S. 328.

33 *G. Anders,* Die Antiquiertheit des Menschen. Zweiter Band, a.a.O., S. 461.
34 Ebd., S. 129.
35 Ebd., S. 461.
36 Ebd., S. 95.
37 Ebd., S. 279.
38 *G. Anders,* Die Antiquiertheit des Menschen. Erster Band. Über die Seele im Zeitalter der zweiten industriellen Revolution, 5. Auflage, München 1980, S. 7.
39 *G. Anders,* Die Antiquiertheit des Menschen. Zweiter Band, a.a.O., S. 60.
40 Ebd., S. 115.
41 Ebd., S. 60.
42 *M. Heidegger,* Zur Sache des Denkens, 3. Auflage, Tübingen 1988, S. 64.
43 *J. Taubes,* Zeit heißt: Frist. Gespräch mit F. Rötzer. In: Frankfurter Rundschau vom 4. 4. 1987; auch in: *F. Rötzer (Hrsg.),* Denken, das an der Zeit ist, Frankfurt/Main 1987, S. 305–319, hier S. 307.
44 *G. Anders,* Die Antiquiertheit des Menschen. Zweiter Band, a.a.O., S. 32.
45 *M. Heidegger,* Identität und Differenz, 7. Auflage, 1982, S. 42.
46 *M. Heidegger,* Die Zeit des Weltbildes. In: *M. Heidegger,* Holzwege, 6. Auflage, Frankfurt/Main 1980.
47 *G. Anders,* Die Antiquiertheit des Menschen. Zweiter Band, a.a.O., S. 33.
48 *M. Heidegger,* Vorträge und Aufsätze I, 3. Auflage, Pfullingen 1967, S. 64.
49 *G. Anders,* Die Antiquiertheit des Menschen. Zweiter Band, a.a.O., S. 37.
50 Ebd.
51 *G. Anders,* Die Antiquiertheit des Menschen. Erster Band, a.a.O., S. 52.
52 *K. R. Popper,* Objektive Erkenntnis, 2. Auflage, Hamburg 1974, S. 123 ff.
53 „*Die Metaphysik ist als Metaphysik der eigentliche Nihilismus.* Das Wesen des Nihilismus *ist* geschichtlich als die Metaphysik, die Metaphysik Platons ist nicht weniger nihilistisch als die Metaphysik Nietzsches." (*M. Heidegger,* Nietzsche, Band II, Pfullingen 1961, S. 343).
54 *M. Heidegger,* Sein und Zeit, a.a.O., S. 42.
55 *G. Anders,* Nihilismus und Existenz, a.a.O., S. 98.
56 *M. Heidegger,* Was ist Metaphysik?, 12. Auflage, Frankfurt/Main 1981, S. 35.
57 *G. Anders,* Die atomare Drohung. Radikale Überlegungen, 4., durch ein Vorwort erweiterte Auflage von „Endzeit und Zeitenende", München 1983, S. 176.

## *Werner Reimann: Nihilismus und Scham*

Dieser Vortrag wurde komponiert aus Stücken meines Buches „Verweigerte Versöhnung. Zur Philosophie von Günther Anders" (Wien 1990).

1 *Günther Stern* (d.i. *Günther Anders*), Une interprétation de l'a postériori, in: Recherches Philosophiques, Vol. IV, Paris 1934–1935, 65–80; und derselbe, Pathologie de la liberté. Essai sur la non-identification, in: Recherches Philosophiques, Vol. VI, Paris 1936–1937, 22–54.

2 „... le fait de l'individuation ou plutôt de la ‚dividuation'; le fait qu'un être déterminé (l'homme) possède son être d'une manière relativement autonome et bien spéciale détaché de l'être comme Tout." *Günther Stern* (d.i. *Günther Anders*), Une interprétation de l'a posteriori, 70. (Rückübersetzung vom Verfasser).

3 „L'homme en effet, ne transforme pas seulement le monde donné en un monde déterminé et en monde à lui; celui qu'il vient d'établir, déjà il le transforme en un autre. L'homme n'est pas taillé pour ce monde-ci; mais il n'est taillé pour aucun autre. Tout ce qui lui importe c'est de vivre dans un monde à lui, créé par lui. Ce fait de ne pas être fixé est la condition sine qua non de sa liberté pour une histoire: sans attache avec le monde il n'a pas, par opposition à l'animal, à jouer aucun rôle déterminé; toujours différent il peut et doit emprunter les styles les plus variés; dans l'histoire et en tant qu'histoire il ne change pas seulement de masque, il se transforme." Ebd., 74, Anmerkung 2. (Rückübersetzung vom Verfasser).

4 „... l'artificialité est la nature de l'homme et son essence est l'instabilité." *Günther Stern* (d.i. *Günther Anders*), Pathologie de la liberté, 22. (Rückübersetzung vom Verfasser).

5 *Günther Anders*, Der Blick vom Mond, München 1970.

## *Evelyn Adunka: Günther Anders und das jüdische Erbe*

1 *G. Anders,* Mein Judentum. In: *H.J.Schultz (Hrsg.),* Mein Judentum, Stuttgart 1978, S. 63–76 (zitiert als „Mein Judentum").

2 Mein Judentum, S. 64.

3 Ebd., S. 65.

4 *F. Kafka,* Briefe an Felice, Frankfurt 1982, S. 699. *S. Freud,* Briefe 1873–1939, hrsg. von *Ernst L.* und *Lucie Freud,* Frankfurt 1968, S. 496 f.

5 Mein Judentum, S. 66 f.

6 Ebd., S. 65 f.

7 *Eva Michaelis-Stern,* William Stern 1871–1938 – The Man and his Achievements. In: Yearbook of the Leo Baeck Institute, XVII, 1972, S. 143–154.

Vgl. dazu auch *G. Stern-Anders,* Bild meines Vaters. In: *William Stern,* Allgemeine Psychologie auf personalistischer Grundlage, The Hague 1950, S. XXIII–XXXII; ebenfalls *G. Stern-Anders'* bewegendes Geleitwort zu *W. Stern,* Psychologie der Frühen Kindheit bis zum sechsten Lebensjahre, Darmstadt 1965, S. IX–XVI.

8 Mein Judentum, S. 66.

9 *S. Freud,* Briefe, a. a. O., S. 363 f.

10 Mein Judentum, S. 68 f.

11 Ebd., S. 69.

12 Ebd.

13 Neues Forum, Okt./Nov. 1983, S. 11.

14 Das Argument, Nov./Dez. 1982, S. 847.

15 Die Gemeinde, 6. 12. 1978, S. 13. Allerdings wurden in der von Leon Zelman in Wien herausgegebenen Zeitschrift „Das jüdische Echo" sowohl Anders' Aufsatz „Mein Judentum" (Nr. 1, Vol. XXVII, 1978, S. 97 f.) als auch Teile seines Buches „Besuch im Hades" (Nr. 1, Vol. XXVIII, 1979, S. 58 f.) abgedruckt.

16 Ebd.

17 Gespräch d. Verf. mit Günther Anders, 9. 2. 1991.

18 Vgl. dazu *Peter von Haselberg* über Adorno. In: Text und Kritik, Sonderband über Adorno, München 1983, S. 12; *Gershom Scholem,* Briefe an Werner Kraft, Frankfurt 1986, S. 22, 50 f.; *Franz Kafka,* Briefe an Felice, Frankfurt 1982, S. 252; Briefe 1902–1924, Frankfurt 1975, S. 224.

19 Mein Judentum, S. 73.

20 Ebd., S. 75 f.

21 Vgl. dazu vor allem *G. Anders,* Ketzereien, München 1982; Besuch im Hades, München 1979.

22 Gespräch d. Verf. mit Günther Anders.

### *Konrad Paul Liessmann: Die Herrschaft der Lüge ...*

1 *G. Anders,* Die Antiquiertheit des Menschen I, München $^{5}$1980, S. 26.

2 *G. Anders,* Die Antiquiertheit des Menschen II, München 1980, S. 174.

3 Ebd., S. 135.

4 *G. Anders,* Tagebücher und Gedichte, München 1985, S. 341.

5 *G. Anders,* Kosmologische Humoreske und andere Erzählungen, Frankfurt/M. 1978, S. 241 ff.; S. 271.

6 Vgl. den Beitrag von *W. Schmidt-Dengler* in diesem Band.

7 *G. Anders,* Ketzereien, München 1982, S. 334.

8 Günther Anders antwortet. Interviews und Erklärungen, hrsg. von Elke Schubert, Berlin 1987, S. 31.

9 Ebd.

10 Ebd., S. 90.
11 *G. Anders,* Die molussische Katakombe. Stark verkürzte Version 1938. Unveröff. Manuskript, S. I f.
12 Ebd., S. II.
13 Ebd., S. 100.
14 Ebd., S. 99.
15 Ebd., S. 92 ff.
16 Ebd., S. 317.
17 Ebd., S. 193.
18 Ebd., S. 109.

### *Thomas H. Macho: Die Kunst der Verwandlung ...*

1 *K. P. Liessmann,* Günther Anders zur Einführung, Hamburg 1988, S. 111.
2 *G. Steiner,* Martin Heidegger. Eine Einführung, München/Wien 1989, S. 79, 93 ff. oder 194.
3 *G. Picht,* Hier und Jetzt: Philosophieren nach Auschwitz und Hiroshima, Band I, Stuttgart 1980, S. 244.
4 *G. Stern,* Zur Phänomenologie des Zuhörens. (Erläutert am Hören impressionistischer Musik.) In: Zeitschrift für Musikwissenschaft, Jahrgang X (1927), S. 612.
5 Ebd., S. 611.
6 Ebd., S. 613.
7 Ebd., S. 618.
8 Ebd., S. 619.
9 *G. Stern,* Über das Haben. Sieben Kapitel zur Ontologie der Erkenntnis, Bonn 1928.
10 *G. Anders,* Philosophische Untersuchungen über musikalische Situationen, Unveröffentlichtes Typoskript (um 1930), S. 6 [künftig im Text zitiert unter der Sigle MS].
11 *R. Barthes,* Was singt mir, der ich höre in meinem Körper das Lied, Berlin 1979.
12 *G. Steiner,* Martin Heidegger. a. a. O., S. 95. Vgl. auch: *G. Steiner,* Von realer Gegenwart. Hat unser Sprechen Inhalt? München/Wien 1990, S. 283.
13 Vgl. *J. Hörisch,* Das Abendmahl, das Geld und die Neuen Medien. Poetische Korrelationen von Sein und Sinn, Bremen 1989.
14 *R. Carnap,* Überwindung der Metaphysik durch logische Analyse der Sprache. In: *W. D. Hund* (Hrsg.), Strukturalismus. Ideologie und Dogmengeschichte, Darmstadt/Neuwied 1973, S. 113.
15 *M. Heidegger,* Was ist Metaphysik? In: Wegmarken, Frankfurt/Main 1967, S. 8.
16 *J. Taubes,* Abendländische Eschatologie, Bern 1947, S. 7.

17 Ebd., S. 15.

18 *W. Benjamin,* Theologisch-politisches Fragment. In: Gesammelte Schriften, Band II.1 (= Werksausgabe Band 4), Frankfurt/Main 1980, S. 204.

19 *K. P. Liessmann,* Günther Anders, a. a. O., S. 16: „Der heraufdämmernde Faschismus zerschlägt diese Pläne, der junge Philosoph beginnt beim Börsen-Courier, auf Vermittlung von Brecht, als „Knabe für alles" zu schreiben, bis der damalige „Kulturpapst" im Börsen-Courier, Ihering, einmal meint, es könnten nicht die Hälfte aller Artikel mit Günther Stern unterzeichnet sein – „Dann nennen Sie mich doch irgendwie anders", schlug der Angesprochene vor –, und begann unter dem Namen zu publizieren, unter dem er auch bekanntgeworden ist: Günther Anders."

20 Den Hinweis auf das Anagramm zu Hannah Arendt verdanke ich Gerd B. Achenbach.

21 *G. Anders,* Mein Judentum. In: *B. Lassahn* (Hrsg.), Das Günther Anders Lesebuch, Zürich 1984, S. 234: „Bevor ich beginne, möchte ich ein mögliches Mißverständnis richtigstellen. Manche von Ihnen, die mich vielleicht von meinem Kampf gegen den Faschismus, gegen die Atomdrohung und gegen den Vietnamkrieg kennen, könnten erstaunt gewesen sein, zu erfahren, daß ich Jude bin. Denn mein Name klingt skandinavisch. Aber dieser Name ist ein Pseudonym, das ich vor vielen Jahrzehnten, und wahrhaftig nicht zwecks Aufnordung meiner Person, erfunden habe. Geboren wurde ich mit dem guten jüdischen Namen Stern."

22 Ebd., S. 236: „da spürte ich zum ersten Male, daß irgend etwas mit mir nicht ganz in Ordnung war. Und dieses hieß: ein Jude sein."

23 Vgl. auch *G. Anders,* Besuch im Hades. München [2]1985, S. 83: „Für mich selbst habe ich mich seit Jahrzehnten nicht interessiert. Umgekehrt diejenigen, die ihr Leben dazu benutzen, um in der Asche ihrer Vergangenheiten herumzustochern, oder die es sogar mit anderer Leute Hilfe versuchen, die feuchten Windeln ihres Embryonaldaseins noch rasch am letzten Zipfel zu erwischen, stets albern gefunden."

24 Vgl. *J. Hörisch,* Der satanische Engel und das Glück. Die Namen Walter Benjamins. In: Kaum, Halbjahresschrift für Pathognostik, Band 4, Wetzlar 1987, S. 45–55.

### *Franz Haas: „Sul ponte di Hiroshima" …*

1 *G. Anders,* Essere o non essere. Diario di Hiroshima e Nagasaki, Torino 1961 (mit einem Vorwort von Norberto Bobbio, Übers. von Renato Solmi).

2 *G. Anders,* Il pilota di Hiroshima. (La coscienza al bando. Il carteggio del pilota di Hiroshima Claude Eatherly e di Günther Anders), Torino

1962 (mit einer Einführung von Robert Jungk und einem Vorwort von B. Russell).

3 Anders bekam 1962 den „Premio Omega" der „Resistenza Italiana". Seine Dankrede wurde am 6. 1. 1963 in ‚Mondo nuovo' unter dem Titel „Siamo tutti come Eichmann?" veröffentlicht. Ein Wiederabdruck des Textes findet sich unter dem Titel „Per una critica del lavoro", in: ‚Linea D'Ombra' Nr. 22 (17/1987).

4 *G. Anders,* L'uomo è antiquato. Considerazioni sull' anima nell'era della seconda rivoluzione industriale, Milano 1963 (Übersetzung von Laura Dallapiccola).

5 *Ders.,* Mariechen. Eine Gutenachtgeschichte für Liebende, Philosophen und Angehörige anderer Berufsgruppen, München 1987, S. 61.

6 *Ders.,* Kosmologische Humoreske und andere Erzählungen, Frankfurt/Main 1978, S. 289 ff.

7 *Ders.,* Tagebücher und Gedichte, München 1985, S. 143.

8 *R. M. Rilke,* Duineser Elegien. In: R. M. Rilke, Werke, Bd. I, Frankfurt/Main 1987, S. 685.

9 Vgl. *G. Anders,* Kafka – pro und contra. Die Prozeß-Unterlagen. In: *Ders.,* Mensch ohne Welt. Schriften zur Kunst und Literatur, München 1984, S. 86–89.

10 Vgl. *Ders.,* George Grosz. In: Mensch ohne Welt, a. a. O., S. 204 f.

11 Vgl. *H. J. Syberberg,* Vom Unglück und Glück der deutschen Kunst nach dem letzten Kriege, München 1990, S. 130 und 180.

12 *L. Nono,* Presenza storica nella musica d'oggi (1959). In: Enzo Restagno (Hrsg.), NONO, Torino 1987, S. 244. Es handelt sich bei diesem Aufsatz um einen Vortrag, den Nono anläßlich der „Internationalen Ferienkurse für Neue Musik" 1959 in Darmstadt gehalten hat. Einer seiner Gegner und Diskussionspartner war John Cage, der in dem zitierten Passus direkt angesprochen wird.

13 Günther Anders in einem Interview mit Fritz J. Raddatz 1985 in der ‚Zeit'; wiederabgedruckt in: Günther Anders antwortet. Interviews und Erklärungen, hrsg. v. Elke Schubert, Berlin 1987, S. 110.

14 Schallplattenaufnahme: Luigi Nono: ‚Canti di vita e d'amore. Sul ponte di Hiroshima', Wergo-Schallplatten GmbH, Mainz 1962. Musikverlag: Ars Viva, Mainz, und: Ricordi, Milano. Komposition für Sopran- und Tenorsolo und Orchester. Synfonieorchester des Saarländischen Rundfunks, Saarbrücken. Leitung: Michael Gielen. Solisten: Slavka Taskova (Sopran) und Loren Driscoll (Tenor).

15 Unter den Schriften von und über Luigi Nono konnte ich keine Hinweise darauf finden, daß der Komponist sich mit dieser Problematik auseinandergesetzt hätte. In einem Telefongespräch im September 1990 sagte mir der Philosoph Massimo Cacciari, ein Freund und Mitarbeiter Nonos – auch Autor einiger Texte für dessen Werke – wörtlich: „In den zwanzig Jahren unserer Zusammenarbeit hat Nono mir nie den Namen Günther Anders erwähnt."

16 Luigi Nono in einem Interview mit Enzo Restagno. In: Enzo Restagno (Hrsg.), NONO, a.a.O., S. 53.

17 Vgl. *H. M. Enzensberger,* Mittelmaß und Wahn. Gesammelte Zerstreuungen, Frankfurt/Main 1988, S. 89–103.

18 *J. Baudrillard,* Die fatalen Strategien, München 1985, S. 220.

19 Vgl. *G. Vattimo,* La società trasparente, Milano 1989.

20 *J. Baudrillard,* Die fatalen Strategien, a.a.O., S. 91.

21 *L'uomo è antiquato II* ist vom Verlag Bollati-Boringhieri geplant. Eine briefliche Anfrage von mir im Juni 1990 um genauere Auskünfte blieb unbeantwortet.

22 Vgl. *A. Gambino,* Vivere con la bomba. La logica nucleare da Hiroshima alle guerre stellari, Bari 1986.

23 In der Kulturzeitschrift ‚Linea D'Ombra' erschien in der Nr. 15/16 (10/1986) Tesi su Cernobyl; in Nr. 17 (12/1986) Uomini senza mondo (das Interview mit Raddatz); in Nr. 19 (7–8/1987) Il mio ebraismo (Mein Judentum); und in Nr. 22 (12/1987) Per una critica del lavoro (= Siamo tutti come Eichmann?). Im Verlag dieser Zeitschrift erschien auch als letzte Buchpublikation: *G. Anders,* Discorso sulle tre guerre mondiali, Milano 1990. (Enthält: *Die Toten. Rede über die drei Weltkriege* und die „Einleitung 1982" zu *Hiroshima ist überall,* Übers. und Vorwort von Ea Mori.)

24 *P. P. Portinaro,* Il principio disperazione. La filosofia di Günther Anders. In: ‚Comunità' Nr. 188 (1986), S. 43.

25 Vgl. *A. Berardinelli,* I rumori dell'Essere. Heidegger, Derrida, Severino. In: ‚Diario' Nr. 6 (6/1988).

26 *G. Anders,* Kafka. Pro e contro. I documenti del processo, Ferrara 1989.

27 *G. Anders,* Nichilismo ed esistenza. In: MicroMega Nr. 2 (4–6/1988), S. 185–209. Der Aufsatz *Nihilismus und Existenz* ist bis jetzt nur einmal auf deutsch erschienen. In: ‚Die neue Stockholmer Rundschau' (1948), S. 48–76. Die Debatte um Heideggers Beteiligung am Nationalsozialismus wurde in Italien zur gleichen Zeit wie der Historikerstreit geführt; Gefühle und Argumente in beiden Auseinandersetzungen vermischten sich vielfach.

28 In einem erst nach dem Tod Heideggers erschienenen Interview mit Rudolf Augstein spricht Heidegger den romanischen Sprachen philosophische Kraft ab. In: ‚Der Spiegel' Nr. 23 (1976). Vgl. dazu *M. Huter,* Erinnerung an das Unbekannte. Zur Konjunktur der österreichischen Moderne in Italien. In: ‚Sprachkunst' XX, Bd. 2 (1989), S. 303 f.: „Die italienische Begeisterung für deutsche Literatur und Philosophie von Hölderlin bis Nietzsche und – nicht zuletzt – Heidegger selbst wirkt beinahe wie eine Bestätigung und freiwillige Unterwerfung unter dieses Urteil."

1 In: *G. Anders,* Die Antiquiertheit des Menschen, Bd. 1, München 1956, $1983^6$, S. 96 ff.
2 Ebd., S. 111.
3 Ebd., S. 232 ff.
4 Ebd., S. 204 ff.
5 „Das Dramatische im Film", unveröffentl. Typoskript (1930), S. 11.
6 „Absoluter Film", unveröff. Typoskript (1924).
7 Regie und Produktion: Fernand Léger; Kamera: Dudley Murphy; Musik: George Antheil. Länge: 240 m.
8 „Tonfilmphilosophie", unveröffentl. Typoskript (1929).
9 *G. Stern,* Une interprétation de l'apostériori" und „Pathologie de la liberté". In: Recherches Philosophiques 1935/36.
10 „Thesen zur Filmdramatik", unveröffentl. Typoskript (1930).
11 Bespr. in „New York Staatszeitung" vom 5. 5. 1939.
12 „Broadcast from Heaven", unveröffentl. Typoskript (1939), S. 4 ff.
13 *M. Horkheimer:* Gesammelte Schriften, Bd. 12, Nachgelassene Schriften 1931–1949, Frankfurt a. M. 1985, S. 332.
14 *W. Fuld,* Walter Benjamin. Eine Biographie, Hamburg 1990, S. 245 ff.
15 „Vorschläge für einen neuen Film-Typus", unveröffentl. Typoskript (1939).
16 *M. Horkheimer,* a. a. O., S. 579.
17 Die Antiquiertheit des Menschen I, S. 21 ff.

## *Klaus Albrecht Schröder:*
## *Die Genese von Günther Anders' Medienkritik*

1 Vgl. *K. P. Liessmann,* Günther Anders zur Einführung, Hamburg 1988, S. 52.
2 *G. Anders,* Die Antiquiertheit des Menschen, Bd. II, München 1980, S. 250.
3 Ebd., Bd. I, München 1956, S. 97–211.
4 *R. Barthes,* Rhetorik des Bildes, übers. v. *K. Komm,* Reinbek bei Hamburg, 1969, S. 41.
5 *A. Bazin,* Ontologie des fotografischen Bildes. In: *ders.,* Was ist Kino?, Köln 1975, S. 21 f. Erstabdruck Paris 1945.
6 *G. Anders,* Die Antiquiertheit des Menschen, Bd. I, S. 159.
7 Ebd., S. 161
8 *A. Alland,* J. A. Riis and the American City. Washington/London 1974, S. 11.
9 *G. Anders,* Die Antiquiertheit des Menschen, Bd. I, S. 166.
10 Vgl. *W. Kemp,* Theorie der Fotografie, Bd. III, München 1983, S. 19.
11 Ebd., S. 13.

12 Ebd., S. 16.
13 *G. Anders,* Die Welt als Phantom und Matrize. In: Die Antiquiertheit des Menschen, Bd. I, S. 97.
14 *S. Kracauer,* Die Photographie, wiederabgedruckt in: Das Ornament der Masse, Frankfurt 1963, S. 34.
15 *O. W. Holmes,* Das Stereoskop und der Stenograph (1859). In: *W. Kemp,* Theorie der Fotografie, Bd. I, S. 119.
16 *L. Mumford,* Eine Welt aus zweiter Hand (1952). In: *W. Kemp,* Theorie der Fotografie, Bd. III, S. 101 f.
17 *G. Anders,* Ikonomanie (1956). In: Die Antiquiertheit des Menschen, Bd. I, S. 56.
18 Ebd., S. 57.
19 Vgl. dazu: *Klaus A. Schröder,* Die Eisenbahn in der Kunst, Wien 1987.
20 *W. Kemp,* Theorie der Fotografie, Bd. III, S. 30.
21 *S. Kracauer,* Die Photographie, S. 21 ff.
22 *G. Santayana,* Das fotografische und geistige Bild (1905). In: *W. Kemp,* Theorie der Fotografie, Bd. I, S. 254.
23 *G. Anders,* Die Antiquiertheit des Menschen, Bd. I, S. VIII.
24 *G. Anders,* Mensch ohne Welt, Schriften zur Kunst und Literatur, München 1984, S. 22.

### *Wendelin Schmidt-Dengler: „Hoch die Metapher! ...“*

1 *K. P. Liessmann,* Günther Anders zur Einführung, Hamburg 1988, S. 7.
2 Die Sigle im Text bezieht sich auf *G. Anders,* Lieben gestern. Notizen zur Geschichte des Fühlens, München 1986. Kursivierung immer von Anders.
3 *G. Anders,* Warnbilder. In: *Uwe Schultz (Hrsg.)*: Das Tagebuch und der moderne Autor. Texte von Günther Anders, Heinrich Böll, Elias Canetti, Marie Luise Kaschnitz, Wolfgang Koeppen, Hans Werner Richter, Arno Schmidt, Ulrich Sonnemann. Frankfurt a. M./Berlin/Wien 1982, S. 75. Vgl. übrigens dazu die Partie, die in dieser Anthologie unter dem Datum Mai 1950 abgedruckt ist, mit der gleichlautenden Partie in: *G. Anders,* Tagebücher und Gedichte, München 1985, S. 121–126, wo diese unter dem Juli 1950 aufscheint. Fürwahr, für exakte biographische Nachforschungen bieten diese Art von Tagebüchern – und das ist hier keineswegs als Vorwurf gemeint – eine solide unzuverlässige Grundlage.
4 Vgl. *K. P. Liessmann* (Anm. 1), S. 31–49.
5 *G. Anders,* Kafka – Pro und Contra. In: *G. A.,* Mensch ohne Welt. Schriften zur Literatur, München 1984, S. 73–75.
6 Vgl. *G. Anders,* Mensch ohne Welt (Anm. 5), S. 89.
7 Vgl. dazu *W. Benjamin,* Das Passagen-Werk, hrsg. v. R. Tiedemann, 1. Bd., 1983, S. 423.

8 *F. Grillparzer,* Sämtliche Werke. Hist.-krit. Gesamtausgabe; hrsg. von *A. Sauer,* fortgesetzt von *R. Backmann,* 1. Abt., 11. Bd., Gedichte, 2. Teil, Wien 1933, S. 26.

9 Tristien, V. 37.

10 Vgl. *Liessmann* (Anm. 1), S. 126.

### *Wolfgang Müller-Funk: Bilderwelten …*

1 *G. Anders,* Die Antiquiertheit des Menschen, Bd. 1: Über die Seele im Zeitalter der zweiten industriellen Revolution, München [6]1983, S. 57 f. Daß in der „Ikonomanie" auch positive kulturelle Möglichkeiten liegen (im Sinne einer Entledigung von den Zwängen eines linearisierten Schriftdenkens, darauf hat Vilém Flusser hingewiesen: *V. Flusser,* Die Schrift. Hat Schreiben Zukunft?, Göttingen 1987; vgl. auch *ders.,* Ins Universum der technischen Bilder, Göttingen 1985.

2 Vgl. *W. Müller-Funk,* Die Rückkehr der Bilder. Beiträge zu einer „romantischen Ökologie", Wien 1988, S. 93–110.

3 *G. Steiner,* Von realer Gegenwart. Hat unser Sprechen Inhalt?, München 1990. Steiner interpretiert die Moderne als einen Bruch des „semantischen Vertrauens", als einen Bruch des „Vertrags zwischen Wort und Gegenstand" (ebd., S. 124): „Ich definiere diese Zeit als die des Epilogs (wiederum ein Begriff, in dem logos enthalten ist)." (Ebd., S. 128) Für Steiner gibt es einen engen Zusammenhang zwischen einer „epilogischen" Sprache, die nichts mehr zu sagen hat, und dem Journalismus. Auffällig bei Steiner, wie sehr „linke" und „konservative" Aspekte eines Unbehagens an einer bedeutungsleeren, epilogischen Moderne einander bedingen.

4 Daß die Bilder die Menschen überleben, demonstriert der argentinische Erzähler Bioy Casares in dem Roman „Morels Erfindung". Erst sehr spät merkt der auf eine Insel verschlagene Erzähler, dessen „Seele [...] noch nicht in das Bild übergegangen ist" (S. 121), daß es sich bei den vermeintlichen Inselbewohnern um Projektionen eines großen Apparates handelt, eben um Morels Erfindung, der in dem gespenstischen Geschehen seinen (damals noch lebenden) Gefährten verkündet: „Wir werden in dieser Photographie überleben, für alle Zeit." (S. 57) Zitiert wird nach *Adolfo Bioy Casares,* Morels Erfindung, Frankfurt/M. 1984.

5 *Ö. v. Horváth,* Der ewige Spießer, Frankfurt/M. 1976.

6 *J. Roth,* Gesammelte Werke in vier Bänden, Bd. 4, Köln 1975, S. 501 f.

7 *K. P. Liessmann,* Günther Anders zur Einführung, Hamburg 1988, S. 18.

8 *G. Anders,* Tagebücher und Gedichte, München 1985, S. 2.

9 *Ders.,* Die Antiquiertheit des Menschen, Bd. 2: Über die Zerstörung des Lebens im Zeitalter der dritten industriellen Revolution, München 1980, S. 250 f.

10 *Ders.*, a. a. O., S. 254; vgl. auch Liessmann, a. a. O., S. 58 ff.
11 Zur Geschichte des Bildes vor der Neuzeit vgl. *H. Belting*, Bild und Kult. Eine Geschichte des Bildes vor dem Zeitalter der Kunst, München 1990.
12 *F. Creuzer*, Symbolik und Mythologie, Leipzig und Darmstadt 1819, S. 57 (§ 28).
13 *Ders.*, a. a. O., S. 60 (§ 31).
14 *C. Castoriadis*, Gesellschaft als imaginäre Institution, Frankfurt/M. 1990.
15 *G. Anders*, Die Antiquiertheit des Menschen, Bd. 2, a. a. O., S. 58–61.
16 Vgl. hierzu: *R. Heinrich*, Die Erhebung des Gedankens, Wien 1990, S. 84.
17 *H. Blumenberg*, Höhlenausgänge, Frankfurt/M. 1989, S. 122–137 (Wie die Philosophen erstmals für den Staat unentbehrlich werden).
18 Vgl. *F. Schuh*, in: Profil, Bücherbeilage zur Frankfurter Buchmesse 1989.
19 Paraphrasiert wird hier das Kapitel „Die Welt als Phantom und Matritze", insbesondere 95 „Die Ereignisse kommen zu uns, nicht wir zu ihnen", in: *G. Anders*, Die Antiquiertheit des Menschen, Bd. 1, S. 111 ff.
20 *Th. W. Adorno*, Ästhetische Theorie, Frankfurt/M. 1973, S. 480: „Wird der Begriff des Ursprungs jenseits der Geschichte angesiedelt, so verfließt die Frage danach mit solchen ontologischen Stils, weitab von jenem festen Boden fester Sachhaltigkeit, den das Prestigewort Ursprung als Assoziation mit sich führt."
21 *G. Anders*, Die Antiquiertheit des Menschen, Bd. II, a. a. O., S. 58.
22 Ebd., S. 59.
23 *H. Belting*, Bild und Kult, a. a. O., S. 12.
24 *N. Bolz*, Kritik des Heimat-Lobs der Fremde, unpubl. Vortrag bei der 6. Internationalen Sommerschule in Raabs/Waldviertel (NÖ.).
25 *G. Anders*, Kosmologische Humoreske. Fröhliche Philosophie, Frankfurt/M. 1978, S. 7.
26 *Ders.*, a. a. O., S. 7 f.
27 *Ders.*, a. a. O., S. 8.
28 *Adorno*, Ästhetische Theorie, a. a. O., S. 27.
29 *G. Anders*, Kosmologische Humoreske, S. 33: „Etwas zwischen den Dingen", ein „Metaxu" möchte Bamba in die Welt setzen, etwas, das weniger Wirklichkeit besitzt als er selbst, flüchtige Phänomene.
30 *Adorno*, Negative Dialektik, Frankfurt/M. 1975, S. 15.
31 *Condorcet*, Entwurf einer historischen Darstellung der Fortschritte des menschlichen Geistes, Frankfurt/M. 1976, S. 71 f. (dort eine klassische Version der Priestertrug-Theorie, der Vorläuferin der Manipulationstheorien heutiger Provenienz: Die Bilder- und Wundermacher der modernen elektronischen Medien werden dabei in die alte Priesterrolle gesteckt).

## *Norbert Hofmann: Wegwerfwelt*

Eine kürzere Fassung dieses Beitrags wurde für die Sendereihe „Die Aula" des Südwestfunks geschrieben. Nicht alle Zitate im Text werden nachgewiesen. Die einleitende Glosse findet sich im Heft 8 der Zeitschrift „Zeno".

1 *Gabriele Althaus,* Leben zwischen Sein und Nichts, Berlin 1988.
2 *G. Anders,* Die atomare Drohung, München 1981, S. 38.
3 *G. Anders,* Die Antiquiertheit des Menschen II, München 1980, S. 465.
4 Die atomare Drohung, S. 196 ff.
5 siehe auch: Die Antiquiertheit des Menschen II, S. 439 f.
6 Antiquiertheit II, S. 24.
7 Antiquiertheit I, S. 213 ff.
8 Ebd., S. 180.
9 Antiquiertheit II, S. 145.
10 Antiquiertheit I, S. 171 f.
11 Zeitschrift f. Sozialforschung, Reprint München 1980, Bd. 5, S. 381.
12 *M. Greffrath,* Die Zerstörung einer Zukunft, Reinbek 1979, S. 57.

## *Bodo von Greiff: Produktion und Destruktion ...*

1 Bd. 1, Leipzig 1924, S. 758.
2 Off limits für das Gewissen – der Briefwechsel zwischen dem Hiroshima-Piloten Claude Eatherly und Günther Anders (1959–1961), hrsg. und eingeleitet v. Robert Jungk, Reinbek 1961, S. 17.
3 *G. Anders,* Die Antiquiertheit des Menschen, Bd. II. Über die Zerstörung des Lebens im Zeitalter der dritten industriellen Revolution, München 1980 (Bd. 1, München 1956), S. 26 f. – Seitenverweise auf dieses Buch setze ich im folgenden mit Klammern in den Kontext.
4 *Ralf Dahrendorf,* Wenn der Arbeitsgesellschaft die Arbeit ausgeht, in: Krise der Arbeitsgesellschaft? Verhandlungen des 21. Deutschen Soziologentages in Bamberg 1982, Frankfurt a. M./New York 1983, S. 34.
5 Klassisch dazu die Passage im „Wealth of Nations": „Bei den ersten Dampfmaschinen war ständig ein Junge damit beschäftigt, die Verbindung zwischen Kessel und Zylinder gemäß dem Auf und Ab des Kolbens abwechselnd zu öffnen und zu schließen. Einer dieser Jungen, der gerne mit seinen Freunden spielen wollte, stellte folgendes fest: Durch eine Schnur, welche vom Griff des Ventils [...] zu einem anderen Maschinenteil gezogen werden mußte, öffnete und schloß sich das Ventil ohne seine Hilfe, wodurch er die Möglichkeit erhielt, sich mit seinen Spielgefährten zu vergnügen." *Adam Smith,* Eine Untersuchung über das Wesen und die Ursachen des Reichtums der Nationen, 1776, Bd. 1, deutsch von Peter Thal, Berlin 1963, S. 16.

6 *Karl Marx,* Das Kapital, Bd. 3, Berlin 1965, S. 828.

7 Manifest der kommunistischen Partei. In: Marx-Engels-Werke, Bd. 4, Berlin 1964, S. 467.

8 *Walter Benjamin,* Geschichtsphilosophische Thesen. In: Zur Kritik der Gewalt und andere Schriften, Frankfurt a. M. 1965, S. 86.

9 *B. Dankbaar, U. Jürgens* und *Th. Malsch,* Die Zukunft der Arbeit in der Automobilindustrie, Berlin 1988, S. 73.

10 Eines der klügsten Bücher zur Maschinentheorie, das mit Marx argumentiert, ist noch immer *Hans-Dieter Bahrs* Schrift: Kritik der ‚Politischen Technologie', Frankfurt a. M. 1970.

11 Das Kapital, Bd. 1, Berlin 1965, S. 501 f.

12 Das Elend der Philosophie. In: Marx-Engels-Werke, Bd. 4, Berlin 1964, S. 157.

13 Siehe *H. Kern* und *M. Schumann,* Das Ende der Arbeitsteilung? Rationalisierung in der industriellen Produktion: Bestandsaufnahme, Trendbestimmung, München 1984; ferner dies. in Erwiderung auf die Kritik: Kontroverse um „neue Produktionskonzepte" – Replik, in: WSI Mitteilungen, 38. Jg., Nr. 6/1985.

14 Zur Debatte insges. siehe *S. Rosner,* Gesellschaft im Übergang? Zum Wandel von Arbeit, Sozialstruktur und Politik in der Bundesrepublik, Frankfurt/New York 1989, S. 136 ff. Zur Frage ‚Ende der Arbeitsteilung – Ende des Taylorismus' heißt es in der Untersuchung der internationalen Automobilindustrie: „Ist der Taylorismus/Fordismus am Ende? – Im internationalen Vergleich kann davon keine Rede sein. Die untersuchten US-Betriebe, die für die neue Fahrzeuggeneration [...] modernisiert wurden, können eher als Höhepunkt tayloristisch/fordistischer Fertigungsphilosophien gesehen werden [...] Auch im britischen Kontext haben wir kaum eine Aufbruchstimmung weg von tayloristisch-fordistischen Regulierungsprinzipien vorgefunden. [...] Im deutschen Kontext gibt es diese Aufbruchstimmung – aber sie ist außerhalb der Betriebe vielfach lauter zu hören als in den Betrieben. [...] Zu bedenken ist, daß die japanischen Unternehmen bisher nicht daran denken, vom traditionellen Prinzip des Fließbandes und erfolgreich praktizierter High-Speed-Fertigungsphilosophie auch nur einen Deut abzugehen." *Dankbaar, Jürgens* und *Malsch* (Anm. 9), S. 60 f.

15 *Theodor W. Adorno,* Jargon der Eigentlichkeit, Frankfurt a. M. 1964, S. 32.

16 Die aufschlußreiche Studie von Illich verdient es, ausführlich zitiert zu werden: „Der typische amerikanische Mann widmet seinem Auto mehr als 1600 Stunden im Jahr. Er sitzt darin, während es fährt und während es stillsteht. Er parkt es und sucht es wieder auf. Er verdient das Geld, um dafür eine Anzahlung zu leisten und die monatlichen Raten zu bezahlen. Er verbringt vier seiner sechzehn wachen Stunden auf der Straße oder damit, die Mittel für den Betrieb des Autos zu beschaffen. Diese Zahl beinhaltet nicht einmal die Zeit, die für andere,

durch den Transport diktierte Aktivitäten draufgeht: die Zeit, die man im Krankenhaus, vor dem Verkehrsrichter oder in der Werkstatt zubringt; die Zeit, die man damit verbringt, die Automobilreklame zu studieren oder sich beraten zu lassen, um das nächstemal einen besseren Kauf zu tätigen. [...] Aber noch aufschlußreicher ist der Zeitraub durch den Verkehr: Der typische amerikanische arbeitende Mann ...", weiter siehe oben; in *I. Illich,* Die sogenannte Energiekrise, Reinbek bei Hamburg 1974, S. 26 f.

17 Beginnend mit *Winfried Vogts* Aufsatz mit dem nämlichen Titel „Warum gibt es Massenarbeitslosigkeit"?. In: Leviathan, Zeitschrift für Sozialwissenschaft, Heft 3/1983; es folgen Aufsätze von *R. Hikkel, E. Altvater, K. G. Zinn, M. Schmidt, M. Krüger* und *F. Scharpf;* siehe die Hefte 4/1983, 1/1984, 2/1984, 3/1984 und 1/1985.

18 So *Rudi Schmiede* in dem außerordentlich informativen Aufsatz: Rationalisierung und reelle Subsumtion. In: Leviathan, Zeitschrift für Sozialwissenschaft, 8. Jg., Heft 4/1980, S. 489. Vom selben Autor siehe auch: Abstrakte Arbeit und Automation. In: Leviathan, Heft 1/1983, S. 55 f.

19 *Robert W. Smuts,* Women and Work in America, 1959, Taschenbuchausg., New York 1971, S. 11 ff.

20 Bei Braverman heißt es: „Diese ungeheure Zunahme der ‚absoluten Größe des Proletariats' war von einer ebenso ungeheuren Zunahme der industriellen Reservearmee begleitet." Siehe *Harry Braverman,* Die Arbeit im modernen Produktionsprozeß, 1974, deutsch Frankfurt a. M./New York 1977, S. 296.

21 „Ami, Ami go home / Spalte für den Frieden Dein Atom" lautete der Refrain eines Protestliedes in der Adenauer- und Eisenhowerzeit – eine heute undenkbare Vorstellung.

22 Im ersten Band der Antiquiertheit des Menschen (s. Anm. 3).

23 *John Locke,* Zwei Abhandlungen über die Regierung, 1690, deutsch Frankfurt a. M. 1967, S. 255.

24 *K. Marx,* Thesen über Feuerbach. In: Marx-Engels-Werke, Bd. 3, Berlin 1962, S. 6.

## *Barbara Hövener:*
## *Günther Anders und die Bewegung „Ärzte gegen den Atomkrieg"*

*Literaturhinweise*

„Rundbrief" Nr. 2 „Ärzte warnen vor dem Atomkrieg", Hamburg 1982.
Medizin und Atomkrieg – hilflos? Ärzte warnen vor dem Atomkrieg, Berlin 1983.
Im Jahr des Unheils 39, Frankfurter Rundschau, Frankfurt, Januar 1984.
„Rundbrief" Nr. 9 „Ärzte warnen vor dem Atomkrieg", Berlin 1984.
„Rundbrief" Nr. 18 „Ärzte warnen vor dem Atomkrieg", Berlin 1986.

„Rundbrief“ Nr. 27 „Ärzte gegen den Atomkrieg“, Berlin 1988.
„Deutsches Ärzteblatt“, Nr. 27/1958

*Rudolf Burger: Die Philosophie des Aufschubs*

1 *Th. W. Adorno,* Negative Dialektik, Frankfurt/M. 1966, S. 42.
2 *G. Anders,* Die Antiquiertheit des Menschen, Bd. 1, München 1956, S. 284.
3 *G. Anders,* Gewalt – ja oder nein. Eine notwendige Diskussion, hrsg. v. M. Bissinger, München 1987.
4 *Th. W. Adorno,* Blochs Spuren. In: Ges. Schriften 11, Frankfurt/M. 1974, S. 248.
5 *H. M. Enzensberger,* Das Nullmedium oder Warum alle Klagen über das Fernsehen gegenstandslos sind. In: *Ders.,* Mittelmaß und Wahn, Frankfurt/M. 1988, S. 89 ff.
6 *U. Horstmann,* Das Untier. Konturen einer Philosophie der Menschenflucht, Wien/Berlin 1983.
7 *Th. W. Adorno,* Negative Dialektik, a. a. O., S. 312.
8 *Ders.,* Fortschritt. In: Ges. Schriften 10. 2, Frankfurt/M. 1977, S. 629.
9 *M. Horkheimer, Th. W. Adorno,* Dialektik der Aufklärung, Amsterdam 1947, S. 123.
10 *G. Anders,* Philosophische Stenogramme, München 1965, S. 48.
11 *Ders.,* Reicht der gewaltlose Protest? In: Forum, H. 397/398, März 1987, S. 49.
12 *Ders.,* Nihilismus und Existenz. In: Die Stockholmer Neue Rundschau, Frankfurt/M. 1949, S. 96 ff.
13 Siehe zu Folgendem: *M. Heidegger,* Sein und Zeit, Tübingen [12]1972, insbes. §§ 46–53.
14 „Da trinke ich lieber Benzin zum Frühstück.“ Heiner Müller im Gespräch mit Frank Raddatz. In: Transatlantik 2/1989, S. 12.

# Die Autoren

*Adunka, Mag. Evelyn,* geb. 1965, Historikerin Wien; 1992 erscheint eine Biographie Friedrich Heers.

*Anders, Dr. Günther,* geb. am 12. Juli 1902 in Breslau. Nach dem Studium der Philosophie 1923 Promotion bei Husserl. Danach gleichzeitig philosophische, journalistische und belletristische Arbeit in Paris und Berlin. 1933 Emigration nach Paris, 1936 nach Amerika. Dort viele „odd jobs", unter anderem Fabrikarbeit, aus deren Analyse sich später sein Hauptwerk „Die Antiquiertheit des Menschen" ergab. Ab 1945 Versuch, auf die atomare Situation angemessen zu reagieren. Mitinitiator der internationalen Anti-Atombewegung. 1958 Besuch von Hiroshima. 1959 Briefwechsel mit dem Hiroshima-Piloten Claude Eatherly. Stark engagiert in der Bekämpfung des Vietnamkrieges. – Günther Anders erhielt 1936 den Novellenpreis der Emigration, Amsterdam; 1962 den Premio Omegna (der ‚Resistanza Italiana'); 1967 den Kritikerpreis; 1978 den Literaturpreis der ‚Bayerischen Akademie der Schönen Künste'; 1979 den Österreichischen Staatspreis für Kulturpublizistik und 1980 den Preis für Kulturpublizistik der Stadt Wien. 1983 wurde er mit dem Theodor W. Adorno-Preis der Stadt Frankfurt ausgezeichnet. Eine Übersicht über sein Werk findet sich am Ende des Buches.

*Burger, Prof. Dr. Rudolf,* geb. 1938 in Wien, Professor für Philosophie an der Hochschule für angewandte Kunst in Wien. Veröffentlichungen: Vermessungen. Essays zur Destruktion der Geschichte, Wien 1989; Abstriche. Vom Guten. Und Schönen. Im Grünen, Wien 1991.

*Fuld, Dr. Werner,* geb. 1947 in Heidelberg, lebt als freier Autor und Literaturkritiker in der Nähe von München. Er veröffentlichte u. a. die Biographie Walter Benjamins (1979, $^{3}$1990), als Herausgeber zuletzt „Schriften und Briefe" von Karl August Varnhagen von Ense (1991). Zahlreiche Aufsätze zur deutschsprachigen Literatur.

*Greiff, Bodo von,* geb. 1940, Philosoph und Politikwissenschaftler an der Freien Universität Berlin, Redakteur des Leviathan (Zeitschrift für Sozialwissenschaft). Wichtigste Publikation: Gesellschaftsform und Erkenntnisform, Frankfurt a. M./New York 1976.

*Haas, Dr. Franz,* geb. 1955 in Diesendorf/Niederösterreich, lebt seit 1985 in Rom, arbeitet als Universitätslektor und Publizist. Veröffentlichungen: eine Monographie über Ernst Weiß; verschiedene Studien zur österreichischen Gegenwartsliteratur; Literaturkritiken in „Frankfurter Rundschau" und „Die Zeit".

*Hildebrandt, Dr. Helmut,* geb. 1954, studierte Philosophie und Allgemeine und Vergleichende Literaturwissenschaften an der Freien Universität Berlin und promovierte mit einer Arbeit über die Technikphilosophie von Günther Anders und Martin Heidegger. Zur Zeit leitet er die Wörterbuch-Redaktion des Verlages Walter de Gruyter & Co. in Berlin. Veröffentlichung: Weltzustand Technik. Ein Vergleich der Technikphilosophien von Günther Anders und Martin Heidegger. Berlin 1991.

*Norbert Hofmann,* geb. 1950 in Oldenburg, Studium der Philosophie, Geschichte und Germanistik, lebt in Frankfurt, freier Mitarbeiter des Südwestfunks (Essays zur ‚Kritischen Theorie').

*Hövener, Dr. Barbara,* geb. 1942 in Hannover, Oberärztin an der Abteilung für Anaesthesiologie und Intensivmedizin im Evang. Waldkrankenhaus Spandau. Publikation: Unsere nie endende Aufgabe, erschienen in: Dokumentation zum 5. medizinischen Kongreß zur Verhinderung des Atomkrieges in Mainz, Hrsg. Till Bastian, Verlag Jungjohann 1986.

*Jungk, Prof. Dr. Robert,* geb. 1913 in Berlin, lebt als freier Schriftsteller, Futurologe und Friedensforscher in Salzburg. Zahlreiche Veröffentlichungen. Zuletzt erschienen unter anderem Projekt Ermutigung (1987) und Zukunft zwischen Angst und Hoffnung (1990).

*Liessmann, Univ. Doz. Dr. Konrad Paul,* geb. 1953 in Villach, Univ. Doz. am Institut für Philosophie der Universität Wien, Essayist und Kritiker. Wichtige Buchveröffentlichungen: Günther Anders – Zur Einführung, Hamburg 1988; Vom Denken – Einführung in die Philosophie (gem. mit Gerhard Zenaty), Wien 1990; Ästhetik der Verführung. Kierkegaards Konstruktion der Erotik aus dem Geiste der Kunst, Frankfurt/M. 1991; Ohne Mitleid. Zum Begriff der Distanz als ästhetische Kategorie mit ständiger Rücksicht auf Theodor W. Adorno, Wien 1991.

*Lohmann, Hans-Martin,* geb. 1944, lebt als freier Publizist in Heidelberg. Veröffentlichungen in Zeitungen, Zeitschriften und im Rundfunk. Letzte Buchpublikationen: Geisterfahrer. Blanqui, Marx, Adorno & Co. 22 Portraits der europäischen Linken, Hamburg 1989.

*Lütkehaus, Dr. Ludger,* geb. 1943, Promotion und Habilitation in der Neueren Germanistik, hat an den Universitäten London, Freiburg i. Br.,

Siegen, zuletzt als Visiting Professor an der Emory University, Atlanta (USA) gelehrt; heute lebt er als freier Publizist in Freiburg i. Br. Sechzehn Monographien und Editionen zur Literatur- und Philosophiegeschichte des 18.–20. Jahrhunderts, zuletzt bei S. Fischer „Dieses wahre innere Afrika. Texte zur Entdeckung des Unbewußten vor Freud“ und die erste Schopenhauer-Ausgabe nach den Fassungen letzter Hand (7 Bde., Zürich, Haffmans, 1988 f.). 1979 Sonderpreis der Schopenhauer-Gesellschaft.

*Macho, Univ. Doz. Dr. Thomas H.,* geb. 1952, Leiter des Studienzentrums für Friedensforschung in Stadtschlaining, Österreich; Mitherausgeber der „Zeitschrift für Didaktik der Philosophie“; zahlreiche Veröffentlichungen zu Fragen der Kulturanthropologie, Ästhetik und Religionsphilosophie. Zuletzt erschien Todesmetaphern. Zur Logik der Grenzerfahrung, Frankfurt/M. 1987.

*Müller-Funk, Dr. Wolfgang,* geb. 1952, lebt als freier Schriftsteller und Literaturwissenschaftler in Drosendorf/Niederösterreich und München. Zahlreiche Veröffentlichungen zur deutschen und österreichischen Literatur. Zuletzt erschienen die Essaybände Die Rückkehr der Bilder. Beiträge zu einer ‚romantischen Ökologie‘, Wien 1988 und Die Enttäuschungen der Vernunft. Von der Romantik zur Postmoderne, Wien 1990 sowie eine Monographie über Joseph Roth.

*Reimann, Dr. Werner,* geb. 1954, Soziologe, derzeit tätig im Bereich der Personalmanagerausbildung; Publikation: Verweigerte Versöhnung. Zur Philosophie von Günther Anders, Wien 1990.

*Schmidt-Dengler, Prof. Dr. Wendelin,* geb. 1942 in Zagreb, Professor für Neuere Deutsche Literatur an der Universität Wien. Wichtige Veröffentlichungen: Genius. Zur Wirkungsgeschichte antiker Mythologeme in der Goethezeit (1978); eine Avantgarde aus Graz (1979); Der Übertreibungskünstler. Zu Thomas Bernhard (1986); Editionen aus dem Nachlaß Heimito von Doderers, zahlreiche Aufsätze zur österreichischen Literatur des 19. und 20. Jahrhunderts.

*Schmidt, Prof. Dr. Burghart,* geb. 1942, Prof. Dr. phil. habil., Universität Hannover, Hochschule für angewandte Kunst in Wien, Akademie der bildenden Künste in Wien, Universität Klagenfurt, Studium der Biologie, Chemie, Physik, dann Philosophie und Kunstgeschichte. Publikationen: Benjamin zur Einführung, Hannover 1983; Ernst Bloch, Stuttgart 1985; Postmoderne – Strategien des Vergessens, Darmstadt 1986; Kritik der reinen Utopie, Stuttgart 1988.

*Schröder, Klaus Albrecht,* geb. 1955, Kunsthistoriker, Direktor des Kunstforums Wien; Ausstellungen unter anderem zu Kubin, Schiele, Waldmüller und Kokoschka. Zuletzt erschienen: Die lädierte Welt. Realismus und Realismen in Österreich, Wien 1987; Die Eisenbahn in der Kunst. Zur Motivgeschichte des 19. und 20. Jahrhunderts, Wien 1987; Ferdinand Georg Waldmüller, München 1990; zahlreiche Aufsätze zur Kunst des 19. und 20. Jahrhunderts.

*Sonnemann, Prof. Ulrich,* geb. 1912, Berlin, Autor und Hochschullehrer, Dr. phil. Basel 1934, Dr. phil. h. c. Bremen 1937, Associate Professor, New School for Social Research New York, 1949–51, Rückkehr aus dem amerikanischen Exil 1955, Dozent, Hochschule für Fernsehen und Film, München 1969–71, Gastprofessor Universität Kassel. Wichtigste Veröffentlichungen: Existence und Therapy 1954, Das Land der unbegrenzten Zumutbarkeiten. Deutsche Reflexionen 1963/85, Die Einübung des Ungehorsams in Deutschland 1964/84, Die Dickichte und die Zeichen, Roman 1963, frz. 1966, Negative Anthropologie. Vorstudien zur Sabotage des Schicksals 1969/81, Tunnelstiche, Reden, Aufzeichnungen, Essays 1987, Gangarten einer nervösen Natter bei Neumond. Volten und Weiterungen 1988.

*Strasser, Univ. Prof. Dr. Peter,* geb. 1950, Philosoph an der Universität Graz. Zuletzt erschienen: Die verspielte Aufklärung, Frankfurt/M. 1986, Philosophie der Wirklichkeitssuche, Frankfurt/M. 1989 und Der Freudenstoff, Salzburg 1990.

*Wittulski, Eckhard,* geb. 1962, 1982–1988 Studium der Sozialwissenschaften in Hannover, Dipl.-Sozialwissenschaftler; z. Zt. Arbeit an Diss., Titel: „Günther Anders – Treue Nach Vorn. Von der Phänomenologie zur Diskrepanzphilosophie." (kurz vor dem Abschluß); Veröffentlichungen u. a.: „Kein Ort. Nirgends – Zur Gesellschaftskritik Günther Anders.", Frankfurt/M. 1989; „Mora bricht Legalität", München (i. V.).

GÜNTHER ANDERS

Die Antiquiertheit des Menschen 1

Über die Seele im Zeitalter der zweiten industriellen Revolution

7. Auflage. 1987. XII, 353 Seiten. Paperback. Beck'sche Reihe Band 319

Die Antiquiertheit des Menschen 2

Über die Zerstörung des Lebens im Zeitalter der 3. industriellen Revolution

4. Auflage. 1988. 465 Seiten. Paperback. Beck'sche Reihe Band 320

Ketzereien

Durch ein Register ergänzte Auflage. 1991. 348 Seiten. Broschiert

Besuch im Hades

Auschwitz und Breslau 1966. Nach „Holocaust" 1979

2. Auflage. 1985. 218 Seiten. Paperback. Beck'sche Reihe Band 202

Die atomare Drohung

Radikale Überlegungen

5. Auflage. 1986. XIV, 224 Seiten. Paperback. Beck'sche Reihe Band 238

Hiroshima ist überall

1982. XXXVI, 394 Seiten, 3 Abbildungen. Broschiert

Mensch ohne Welt

Schriften zur Kunst und Literatur

1984. XLIV, 249 Seiten, 15 Abbildungen. Broschiert

Tagebücher und Gedichte

1985. VIII, 394 Seiten. Broschiert

Wir Eichmannsöhne

Offener Brief an Klaus Eichmann

2. Auflage. 1988. 100 Seiten. Paperback. Beck'sche Reihe Band 366

Der Blick vom Turm. Fabeln

Mit 12 Abbildungen nach Lithographien von A. Paul Weber

3. Auflage. 1988. 104 Seiten. Gebunden

VERLAG C.H. BECK MÜNCHEN